"十四五"时期国家重点出版物出版专项规划项目
智能汽车关键技术丛书

智能汽车设计理论

高振海　胡宏宇　高　菲　赵　睿　著

U0368947

机械工业出版社

智能汽车的技术核心正从机械工程领域转向系统/软件工程领域，系统和服务的复杂性正在迅速增长。当前，汽车具备了复杂的环境感知、智能决策与控制一体化的智能驾驶能力，以及宜人的座舱交互能力，实现了汽车电子系统内部近百个电子控制单元的网络互联，以及车与车、车与人、车与路、车与设备、车与电网、车与互联网、车与云端平台的高价值资源全方位网络互联。智能驾驶、智能底盘与智能座舱等多域功能对计算速度、可靠性、安全性、灵活性和可扩展性有其特定的要求。多功能映射到各自的软件系统和物理硬件上，由此产生的复杂性已达到要求架构重新开始的极限。与此同时，诸如与外部基础设施和车对车通信等创新功能需要后端服务器和云解决方案以及面向服务的架构。本书详尽探讨了智能汽车的设计理论，涵盖基本概念、体系架构、设计流程，以及智能驾驶、智能底盘与智能座舱功能域开发的关键技术。

本书适合汽车智能技术研究与应用相关技术人员学习参考，也可作为大专院校汽车相关专业师生的参考书。

图书在版编目（CIP）数据

智能汽车设计理论／高振海等著. -- 北京：机械
工业出版社，2024. 12. --（智能汽车关键技术丛书）.
ISBN 978－7－111－77387－0

Ⅰ. U46

中国国家版本馆 CIP 数据核字第 2025H6A736 号

机械工业出版社（北京市百万庄大街 22 号　邮政编码 100037）
策划编辑：孙　鹏　　　　　　责任编辑：孙　鹏　高孟瑜
责任校对：韩佳欣　张　薇　　封面设计：鞠　杨
责任印制：刘　媛
北京富资园科技发展有限公司印刷
2025 年 5 月第 1 版第 1 次印刷
169mm×239mm·20. 5 印张·365 千字
标准书号：ISBN 978－7－111－77387－0
定价：149.00 元

电话服务　　　　　　　　　　网络服务
客服电话：010-88361066　　　机　工　官　网：www.cmpbook.com
　　　　　010-88379833　　　机　工　官　博：weibo. com/cmp1952
　　　　　010-68326294　　　金　书　网：www.golden-book.com
封底无防伪标均为盗版　　机工教育服务网：www.cmpedu.com

前　言

伴随着汽车智能化、网联化、电动化及共享化需求的逐渐深入，汽车的内涵和外延不断丰富，具备了复杂的环境感知、智能决策与控制能力，实现了汽车电子系统内部近百个电子控制单元的网络互联，以及车与车、车与人、车与路、车与设备、车与电网、车与互联网、车与云端平台的高价值资源全方位网络互联。智能汽车从孤立的机械单元逐步发展，其与外界之间的界限变得模糊，逐步转变为智能交通系统、智慧城市系统的核心节点，其上运行有超过 1.5 亿行代码，协同边缘端、云端设备实现智能驾驶、智能底盘与智能座舱等多域功能。

智能汽车的技术核心正从机械工程领域转向系统/软件工程领域，汽车系统和服务的复杂性正在迅速增长。智能驾驶、智能底盘与智能座舱域都有其对计算速度、可靠性、安全性、灵活性和可扩展性的要求。智能汽车各功能域的电子系统将功能映射到各自的软件系统和物理硬件上，由此产生的复杂性已达到要求架构重新开始的极限。与此同时，诸如与外部基础设施和车对车通信等创新功能需要后端服务器和云解决方案以及面向服务的架构。

值此智能汽车发展的关键时期，本书聚焦创新的智能汽车设计架构和理论，以期与业界专家、学者等同仁共同推动智能汽车产业的发展。本书详细深入地阐述了智能汽车网络安全的开发、技术、创新和服务。

第 1 章概述了智能汽车基本概念、历史演进、体系架构、发展趋势、设计流程与关键技术等。

第 2 章概述了智能驾驶环境感知技术，包括车辆状态自感知、车辆外部环境感知和车前路面特征感知等。

第 3 章概述了智能驾驶环境认知技术，主要包括智能汽车车辆运动预测、行人运动预测、智能驾驶动态地图建模及认知模型在行为决策中的应用等。

第 4 章概述了智能驾驶决策规划技术，包括多目标决策架构与评价、基于强化学习的决策规划、考虑社会属性的决策规划和智能驾驶决策安全规约等。

第 5 章概述了车辆运动控制在自动驾驶中的关键作用，强调其在稳定性和轨迹跟随方面的重要性；介绍了纵向控制和横向控制的分离应用，以及模型预测控制在运动控制中的主流地位等。

第 6 章概述了智能汽车线控底盘的发展背景、构型分析及线控部件的发展趋势；回顾了线控底盘的发展历程，分析了不同类型的构型及其技术优势。

第 7 章概述了智能座舱的构成和发展，介绍了其硬件支撑层、系统软件层、功能软件层与应用服务层的多层架构等。

第 8 章概述了智能汽车的安全技术，包括主动安全、被动安全、功能安全、预期功能安全与信息安全。

第 9 章概述了智能汽车的定义、分类及其测试与评价的重要性，介绍了智能汽车自动驾驶等级的划分标准，强调了不同设计运行范围对智能化程度和使用体验的影响等。

第 10 章概述了智能汽车驾乘舒适性设计的重要性，强调高舒适性和良好人机交互在提升乘坐体验和减少驾驶疲劳中的关键作用等。

本书由吉林大学汽车工程学院、汽车仿真与控制国家重点实验室高振海，吉林大学汽车仿真与控制国家重点实验室胡宏宇、高菲，吉林大学汽车工程学院赵睿著。吉林大学汽车工程学院唐明宏、鲍明喜、于桐、郑程元、王媛媛、暴宇豪、温文昊、张汉英、朱乃宣、孙翊腾等，汽车仿真与控制国家重点实验室何磊、陈国迎、孙天骏、李钊、张天瑶、赵阳、张素民等参与了资料收集与校对整理工作。

恳请读者对本书的内容和章节安排等提出宝贵意见，并对书中存在的错误及不当之处提出批评和修改建议，以便本书再版修订时参考。

作　者

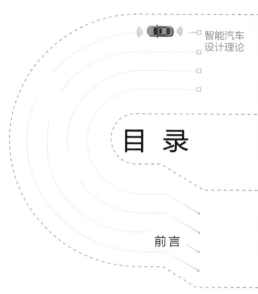

目 录

第 5 章

智能汽车自动驾驶运动控制技术

第 6 章

智能底盘

第7章
智能座舱

第8章
智能汽车
安全技术

**第9章
智能汽车自
动驾驶测试
与评价**

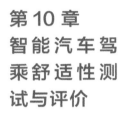

第 10 章
智能汽车驾乘舒适性测试与评价

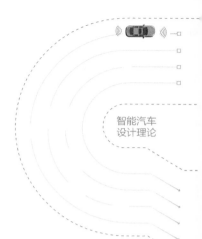

第1章
智能汽车设计

汽车的智能化、网联化、电动化与共享化交汇叠加，协作赋能产业变革，软件与电子的价值比重逐渐升高，智能汽车产业的供应链和价值链正在全面重构，智能汽车设计面临全新的挑战与机遇。本章概述了智能汽车基本概念、历史演进、体系架构、发展趋势、设计流程与关键技术等。

1.1 概述

1.1.1 智能汽车的基本概念

伴随着汽车智能化、网联化、电动化及共享化需求的逐渐深入，汽车的内涵和外延不断丰富，具备了复杂的环境感知、智能决策与控制能力，同时实现了车内与车外高价值资源的全方位网络互联。智能汽车不再是孤立的机械单元，与外界之间的界限变得模糊，逐步转变为智能交通系统、智慧城市系统的核心节点，协同边缘端、云端设备提供智能驾驶与智能座舱等多种功能应用。国家发展改革委（简称发改委）等 11 部委联合印发的《智能汽车创新发展战略》对智能汽车的定义为：通过搭载先进传感器等装置，运用人工智能等新技术，具有自动驾驶功能，逐步成为智能移动空间和应用终端的新一代汽车；工业和信息化部（简称工信部）与国家标准化管理委员会（简称国标委）联合印发的《国家车联网产业标准体系建设指南（智能网联汽车）（2023 版）》[1] 对智能汽车的定义为：搭载先进的传感器、控制器、执行器等装置，融合现代通信与网络、人工智能技术，实现车与 X（人、车、路、云端等）智能信息交换、共享，具备复杂环境感知、智能决策、协同控制等功能，可实现"安全、高效、舒适、节能"行驶，并最终可实现替代人来操作的新一代汽车；《中国汽车基础软件发展白皮书 2.0》对智能汽车的定义为：由单车智能与车联网组成，通过搭载先进传感器、控制器、执行器等装置，融合信息通信、物联网、大数据、云计算、人工智能等新技术，实现车内网、车外网、车际网的智能信息交换、共享、具备信息共享、复杂环境感知、智能化决策、自动化协同控制功能，与智能公路与辅助设施共同组成智能移动空间和应用终端的新一代智能出行系统。

汽车智能化主要面向智能驾驶、智能座舱与智能底盘三个维度发展。智能驾驶是指集成了智能感知、认知、决策、运控与线控技术的综合体，能够替代人类操作，实现安全、舒适、节能、高效行驶。智能驾驶的目标是具备面向全天候全场景的自动驾驶能力，其发展可分为辅助驾驶段阶与无须人工干预的全自动驾驶阶段。2013 年，美国国家公路交通安全管理局（National Highway Traffic Safety Administration，NHTSA）率先发布了自动驾驶汽车的分级标准[2]，采用五级分别代表人工驾驶、辅助驾驶、部分自动驾驶、条件自动驾驶和高度自动驾驶即无人驾驶。在此基础上，国际汽车工程师学会（Society of Automotive Engineers，SAE）重点强调"动态驾驶任务"概念，将高度自动驾驶细分为高度自动驾驶和完全自动驾驶，从而形成了 SAE 六级分类，如图 1 - 1 所示，其中 L0 ~ L2 级为具备驾驶员辅助系统的智能汽车，L3 ~ L5 级为具备自动驾驶系统的智能汽车。

2017 年，工信部与国标委联合印发了《国家车联网产业标准体系建设指南（智能网联汽车）（2023 版）》[1]，进一步将智能网联汽车的发展分为智能化、网联化两种路径，通过"智能化 + 网联化"融合发展，以系统最终替代人类实现全部驾驶任务为终极目标。在智能化方面，以目前业内普遍接受的美国 SAE 分级定义为基础，并考虑中国道路交通情况的复杂性，分为驾驶辅助、部分自动驾驶、有条件自动驾驶、高度自动驾驶、完全自动驾驶五个等级。

智能座舱是指集成了智能化和网联化技术、软件和硬件，并能够通过不算学习和迭代对座舱空间进行智慧感知和智能决策的综合体，能够融合用户需求与情感，满足用户不同应用场景。智能座舱的主要构成包括：车载信息娱乐系统、仪表显示系统、抬头显示系统、中控系统、流媒体后视镜系统、视觉感知系统、语音交互系统以及其他部件或软件。如图 1 - 2 所示，智能座舱自底向上可划分为硬件支撑层、系统软件层、功能软件层与应用服务层多个层级，依次集成了舱内外计算平台与外围设备，以及系统软件、功能软件与场景服务软件，并通过不算学习和迭代，实现在不同应用场景下，融合用户需求与情感，提供智能化、便捷化与宜人化的交互服务。

智能座舱涵盖人机交互、场景拓展、网联服务三个技术度，表 1 - 1 所列的智能座舱分级将座舱划分为 5 个等级，并展示了座舱三个技术维度在对应等级的核心特征。

自动驾驶	NHTSA	L0	L1	L2	L3		L4
分级	SAE	L0	L1	L2	L3	L4	L5
名称		人工驾驶	辅助驾驶	部分自动驾驶	条件自动驾驶	高度自动驾驶	完全自动驾驶
定义		由人类驾驶员全权驾驶汽车	车辆对方向盘和减速中的一项操作提供自动驾驶，人类驾驶员负责其余的驾驶动作	车辆对方向盘和减速中的多项操作提供自动驾驶，人类驾驶员负责其余的驾驶动作	车辆完成绝大部分驾驶操作，人类驾驶员需保持注意力集中以备不时之需	由车辆完成所有驾驶操作，人类驾驶员无需保持注意力，但限定道路和环境条件	由车辆完成所有驾驶操作，人类驾驶员无需保持注意力
驾驶操作		人类驾驶员	人类驾驶员和车辆	车辆	车辆	车辆	车辆
盲区监测		倒车影像	全景影像	人类驾驶员	车辆	车辆	车辆
接管		人类驾驶员	人类驾驶员	人类驾驶员	人类驾驶员	车辆	车辆
应用场景		无	限定场景			所有场景	

自动驾驶系统

前向碰撞预警 | 后向自动紧急制动 | 自适应巡航ACC | 交通拥堵辅助 | 高速拥堵辅助 | 非结构性道路驾驶

后方交通穿行提醒 | 自动紧急制动 | 高速公路驾驶辅助 | 高速驾驶 | L4自动驾驶

后向碰撞预警 | 前方交通穿行提醒 | 车道偏移预警 | 疲劳驾驶预警 | 代客泊车

车道保持辅助 | 盲区监测、倒车后视 | 全景影像 | 半自动/自动泊车

图1-1 NHTSA与SAE智能驾驶自动化分级

表 1-1 智能座舱分级

级别	表述	舱内融合		舱驾融合	网联服务
		驾驶员	乘员		
0	任务执行发生在舱内场景；座舱被动响应舱内驾驶员和乘员需求；具备车机服务能力	无	无	无	部分（车机服务）
1	任务执行发生在舱内场景；座舱在部分场景下具备主动感知舱内驾乘人员的能力，任务执行需要驾驶员授权；具备面向驾乘人员的舱域服务能力	座舱主动感知座舱授权执行舱内部分场景	座舱主动感知舱内部分场景	无	部分（舱域服务）
2	任务可跨舱内外部分场景执行；座舱具备舱内部分场景主动感知驾乘人员的能力，任务可部分自主执行；具备在舱外部分场景下与自动驾驶系统感知融合的能力；具备开放持续升级的云服务能力	座舱主动感知座舱部分主动执行舱内外部分场景	座舱主动感知座舱部分主动执行舱内外部分场景	感知融合舱内外部分场景	部分（开放网联云服务）
3	任务可跨舱内外部分场景执行；座舱具备舱内全场景主动感知驾乘人员的能力，任务可部分自主执行；具备在舱外部分场景下与自动驾驶系统感知融合的能力；具备开放持续升级的云控平台服务能力	座舱主动感知座舱部分主动执行舱内全/舱外部分场景	座舱主动感知座舱部分主动执行舱内全/舱外部分场景	感知融合舱内全/外部分场景	部分（云控平台服务）
4	任务可跨舱内外全场景执行，舱内可以无驾驶员；座舱具备舱内全场景主动感知舱内人员的能力，任务可完全自主执行；与自动驾驶系统实现感知决策规划控制全融合；具备社会级网联化服务能力	座舱主动感知与航行舱内外全场景	座舱主动感知与航行舱内外全场景	全融合舱内外全场景	全部（社会级服务）

第 0 级别传统座舱：任务执行发生在舱内场景，座舱被动响应驾驶员与乘员的需求，具备车机服务能力，如导航、应用与电话功能。

第 1 级别辅助智能座舱：任务执行发生在舱内场景，在部分场景下座舱具备主动感知驾驶员与乘员的能力，任务执行需要驾驶员授权，具备面向驾乘人员的舱域服务能力，如主动空调调节温度、风量调节的询问和执行。

图 1-2　智能座舱框架

第 2 级别部分认知座舱：任务能够跨舱内外部分场景执行，在部分舱内场景下座舱具备主动感知驾驶员与乘员的能力，任务能够部分自主执行，具备舱外部分场景下与自动驾驶系统感知融合的能力，具备开放持续升级的云服务能力。例如，根据行驶场景、人员偏好进行空调、座椅等部件的自适应调节，健康监测提醒，以及云服务推送等。

第 3 级别高阶认知座舱：任务能够跨舱内外部分场景执行，在全舱内场景下座舱具备主动感知驾驶员与乘员的能力，任务能够部分自主执行，具备舱外部分场景下与自动驾驶系统感知融合的能力，具备开放持续升级的云控能力，如在第 2 级别的基础上，提供云控服务。

第 4 级别全面认知座舱：任务能够跨舱内外全部场景执行，在舱内全场景下座舱具备主动感知驾驶员与乘员的能力，任务能够完全自主执行，具备与自动驾驶系统感知、决策、规划与控制全融合的能力，具备开放持续升级的云控能力，以及社会级网联化服务能力，如全舱驾融合、主动认知交互等。

智能底盘支底盘是指汽车上由行驶系统、转向系统、制动系统等部分组成的总成，起支承、安装汽车车身、动力电池及其他各部件、总成，形成汽车的整体造型，承受汽车动力，保证车辆正常行驶的作用。随着汽车智能化、电动化推进，线控制动/转向逐渐替换传统液压制动/转向系统，同时具有响应时间短、体积小、重量轻、可扩展性强等优点。高级自动驾驶汽车对制动系统的响应时间要求严苛，由于线控制动/转向执行信息是由电信号传递的，其响应相对更快，制动距离更短，因此成为未来汽车智能化的长期发展趋势。目前，智能制动系统（Intelligent Braking System，IBS）、电动助力转向（Electric Power Steering，EPS）和车身电子稳定系统（Electronic Stability Control，ESC，有时也称 ESP）是保障执行机构的组合，未来底盘线控将向横纵向控制一体化方向发展。同时，驾驶风格可编辑、可插拔电子电气架构是未来智能底盘的发展趋势。

新型的一体化底盘构型集中应用于智能纯电动车型领域，将制动、悬架、电动传动系统和电池等部件提前整合在底盘，主要特征如下。

1）一体化通用底盘高度集成化，三电系统、线控系统、热管理系统、计算单元以及车架部件全部集成封闭于非承载式结构的底盘上，毫米波雷达、激光雷达等感知部件根据智能化程度需求也可以进行集成。

2）一体化通用底盘实现驱动、转向、制动的全线控化，线控系统在执行、控制和传感器层的冗余设计提供了高度安全性，在集成化电子电气架构支撑下，高算力域控可根据需求进行底盘和动力域的协同控制。

3）车身与底盘分体式研发，车身和底盘结构从设计和功能上进行重构，底盘作为通用化的超大部件级总成平台，车身座舱能够根据不同场景需求选配安装。

4）一体化通用底盘采用软硬件接口标准化设计，通过硬件预埋和软件升级可以快速适配多样化车型的开发需求。

1.1.2 智能汽车的历史演进

由卡尔·本茨[3]发明的第一辆机动汽车诞生至今已有130多年，车辆重265kg，每千米耗油10L，最高速度16km/h。至此，汽车行业以提高交通效率、消除交通事故、为驾乘人员提供安全保障和舒适性能为目标一直向前演进。初期智能汽车自动驾驶技术起源于1925年，伴随着全球车辆定位技术、激光雷达技术、人工智能技术与车联网技术的革新，真正意义上的自动驾驶技术于20多年前诞生，并在21世纪初呈现出接近实用化的趋势。

1925年，美国无线电设备公司的自动驾驶研究项目"American Wonder"被认为是最早的自动驾驶技术研究，该项目中的自动驾驶汽车由后方的另外一辆汽车中的计算机所控制。1939年，纽约世界博览会Futurama展馆里，通用展示了自动驾驶愿景，如图1-3所示。

在20世纪80年代初，智能交通系统（Intelligent Traffic System，ITS）的研究显著增加，如图1-4所示。1980年，卡内基梅隆大学的"NAVLAB"项目设计了第一个基于视觉的自动驾驶车辆，能够在98%的自动驾驶情景行驶2850mile（1mile = 1609.344m）。1986年，梅赛德斯-奔驰的"VaMoRs"项目实现了自动驾驶汽车横向和纵向的协同控制，最高速度达到63km/h。美国国防部高级研究计划局于1984年推出了结合计算机视觉、光探测和测距、全球定位系统引导车辆的机器人控制技术的自动驾驶汽车。1989年，卡内基梅隆大学的科学家率先在自动驾驶车辆上使用人工智能技术，其在"NAVLAB"的自主导航测试车辆上应用人工神经网络，使车辆具有初步的感知能力。

a）美国无线电设备公司研究的由　　　b）通用公司在世界博览会展示
　　计算机控制行驶的汽车　　　　　　　的自动驾驶汽车

图1-3　智能驾驶发展初期

a）"NAVLAB"项目研究的　　b）"VaMoRs"项目的　　c）嵌入初步感知能力的
　　基于视觉的自动驾驶车辆　　　自动驾驶车辆　　　　"NAVLAB"自动驾驶汽车

图1-4　真正意义上的智能驾驶发展阶段

在20世纪90年代中期，通用汽车通过提出OnStar远程信息处理技术开启了智能车辆与其他车辆、基础设施通信连接的研究。美国交通部引入了"联网车辆"一词，提出车辆能够在行驶时与其他车辆（Vehicle-to-Vehicle，V2V）和基础设施（Vehicle-to-Infrastructure，V2I）通过专用短程通信（Dedicated Short Range Communications，DSRC）和蜂窝车联网（Wireless Access in the Vehicles Environment，WAVE）进行通信。随后，车联网扩展到车对万物（Vehicle-to-Everything，V2X）通信，如应用蜂窝技术将车辆连接到互联网和物联网。

2000年后，来自卡内基梅隆大学、斯坦福大学和麻省理工学院等学术领域的研究人员在智能车辆上应用了各种传感器，包括摄像头、激光雷达、GPS、惯性测量单元、雷达等，并对多传感器融合进行了研究。2009年，谷歌推出了基于高精度地图的自动驾驶汽车，其能够通过多种传感器感知周围环境并识别障碍物和相关标志，如图1-5所示。2012年，谷歌无

图1-5　谷歌自动驾驶汽车

人驾驶车型改为四驱版，累计完成了超过 300 000mile 的测试里程。此后，自动驾驶汽车发展迅速，2014 年，特斯拉推出 Autopilot 自动驾驶系统，支持有条件的自动驾驶；2016 年，英伟达创建了端到端驾驶神经网络架构，使用前置摄像头拍摄的图像像素来学习控制车辆，并将其直接映射为转向命令，成为推动自动驾驶应用落地的关键技术；2017 年，Waymo 宣布未配置安全驾驶员的情况下测试自动驾驶汽车；2018，Waymo 宣布其自动驾驶车队在公共道路上的路测里程已达 800 万 mile，Waymo 成为第一家推出全自动出租车服务并将其商业化的自动驾驶技术公司；2021 年，Mobileye 公司宣布其基于视觉与激光雷达方案的自动驾驶系统 Mobileye Drive 已经实现商用，2022 年，搭载 Mobileye Drive 的自动驾驶汽车在美国开始路测；2022 年，百度发布新一代无方向盘无人车 ApolloRT6，目前总测试里程超过 3200 万 km；2022 年，特斯拉推出超算架构，以支撑机器学习算法的大规模训练；英伟达推出下一代自动驾驶 AI 计算平台，能够将车辆整个计算基础平台集成至单个片上系统中。

车联网技术同样迎来了发展的第二阶段，该阶段主要围绕车载信息服务与智能驾驶方面，如以"云"为中心的车辆应用与服务、基于空中激活（Over the Air，OTA）技术的车辆更新服务、基于车联网的驾驶辅助应用等。近年来，车与物联网设备（Vehicle-to-Device，V2D）、车与能源网（Vehicle-to-Grid，V2G）互联进一步发展，不断丰富车对万物的互联生态。图 1-6 所示为智能网联汽车发展的时间线。

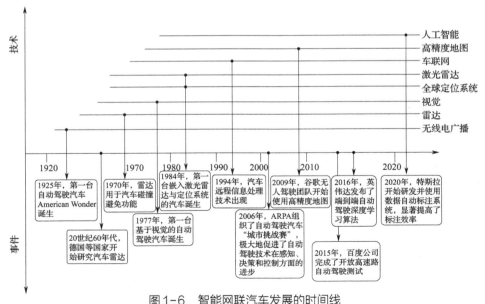

图1-6　智能网联汽车发展的时间线

1.1.3　智能汽车的体系架构

智能汽车的体系架构是现代汽车工业的核心，融合了多项前沿技术，以实现更高的智能化、信息化和互联化。这个架构通常包括感知系统、决策系统和执行系统三个主要部分。感知系统主要依靠各种传感器，如摄像头、雷达和激光雷达等，实时收集车辆周围的环境信息和车辆本身的状态数据。决策系统则通过先进的人工智能算法和高性能计算平台，对感知系统采集到的数据进行分析和处理，生成驾驶决策。执行系统负责将这些决策转化为具体的车辆控制指令，包括转向、加速、制动等操作。

为了确保智能汽车的高效运行和安全性，体系架构还整合了通信模块，使车辆能够与其他车辆（V2V）以及基础设施（V2I）进行信息交互。这种车联网技术不仅提高了车辆的智能化水平，也为实现自动驾驶奠定了基础。此外，智能汽车的体系架构还包括强大的软件平台和操作系统，支持各种应用程序的运行和更新，以满足用户不断变化的需求。

智能汽车的体系架构设计不仅要考虑技术的先进性和可靠性，还需兼顾系统的开放性和扩展性，以便于未来技术的升级和新功能的集成。通过这种高度集成和协同的体系架构，智能汽车能够实现更安全、更高效、更便捷的出行体验，引领汽车行业迈向新的发展阶段。

1.1.4　智能汽车的发展趋势

1）智能化。未来，汽车智能化将向功能完备性、安全可靠性与按需定制方向发展，自动驾驶技术加速普及，自动驾驶算法研发与测试强度将成为关键，如图 1-7 所示。在智能驾驶方面，L1 和 L2 级自动驾驶技术已相对成熟，渗透率将快速提升，L3 级自动驾驶技术正处于导入期，L4 和 L5 级技术仍处于试验、封闭或半封闭园区运营阶段。商业模式将从硬件主导向软件定义演进，从产品购买向订阅服务演进。在智能座舱方面，未来将向高舒适性、高拟人性与高安全性方向发展，打造人类办公和娱乐的第三生活空间，并辅助智能驾驶系统提供驾驶员状态与行为分析等功能。同时，智能座舱将利用虚拟现实技术打破空间交互的界限。基础技术与设施助力智能电动汽车发展，包括通信与电力、车端 - 边缘端 - 云端协同的方案将成为未来智能座舱服务与充电服务的主流发展趋势，如图 1-8 所示。

图 1-7　智能汽车自动驾驶发展趋势

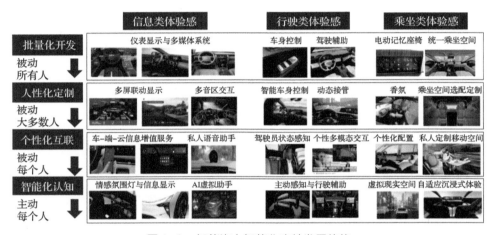

图 1-8　智能汽车智能化座舱发展趋势

2）网联化。汽车网联化在资源共享需求的推动下将向车与万物互联的方向发展，如图 1-9 所示，车辆将与可能影响或受车辆影响的任何其他实体进行通信，包括车与车、车与人、车与路、车与设备、车与电网、车与互联网、车与云端平台的高价值资源全方位网络互联。据 Juniper Research 预测，到 2025 年，联网汽车每小时将产生 25GB 的数据，如果实现完全自动驾驶，则高达 500GB。

图 1-9　智能汽车网联化通信链路发展趋势

麦肯锡提出了C3X框架，如图1-10所示，在基础式互联（L1）、个性化互联（L2）这两个级别上实现数据的货币化已经成了诸多企业盈利的核心。达到基于偏好的个性化（L3）水平时，车联网系统的关注范围会扩展到驾驶员之外的全部同乘人员，他们同样可以享有个性化控制、信息娱乐和定向广告。多场景实时互动（L4）则通过多模式（例如语音和手势）提供实时交互，允许驾乘人员与车辆自然"对话"，并通过该对话接收来自车辆服务和功能相关的主动建议。当达到框架顶层的虚拟代驾（L5）时，系统将成为认知化的AI。AI系统将胜任高度复杂的通信和协调任务，能够预测乘员需求并完成复杂且突发的任务。

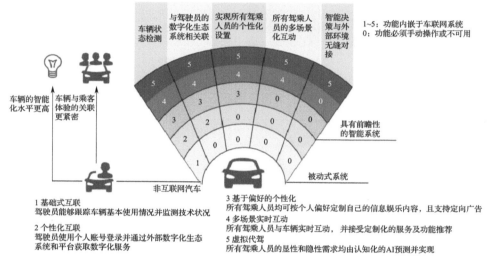

图1-10 智能汽车业务发展趋势

3）电动化。未来智能网联汽车的充电将向智慧充电、高压充电与动态无线充电、移动机器人充电与太阳能充电等多模式发展。微电网能够在电动汽车移动信息互联终端与充电桩这个固定信息互联终端之间组成能源、信息、交通网络。如图1-11所示，电动汽车不再只是接收电能，还将成为一种储能设备，并为微电网输送电力，充电桩也不仅只是为电动汽车充电，已经兼具能源汇集和调度、自动支付、技术升级和信息服务等功能。

4）共享化。未来智能网联汽车将向共享化方向发展，如图1-12所示，共享出行已经成为集互联网、人工智能、大数据于一身的全新业务场景，精准匹配出行供需资源，同时可满足用户的多元化需求。

5）安全。安全将成为智能网联汽车未来发展的根基与前提[4]，包括信息安全、功能安全以及与预期功能安全。汽车信息完全领域已出现多个软硬件方案提

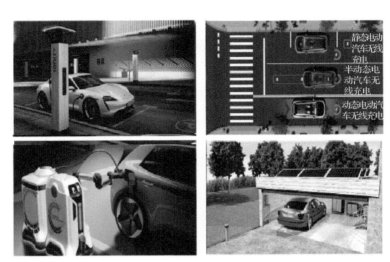

图 1-11　智能汽车电动化发展趋势

图 1-12　智能汽车共享化发展趋势

供商以及测试验证企业，未来信息安全法规与标准将进一步完善，车企将更重视智能网联汽车的信息安全问题，信息安全方案将从当前的计算机领域移植方案转向面向汽车领域的专用超轻量、强实时与高安全解决方案。面向功能安全以及预期功能安全的分析、设计与测试验证方案以及配套软硬件工具链将继续发展，以缩小智能驾驶软件复杂度与系统安全性之间的差距，如图 1-13 所示。

图 1-13　智能汽车安全

1.2 智能汽车设计流程

在汽车领域，经典的产品开发流程包括大众的产品诞生流程（Product Emergence Process，PEP）与通用的全球整车开发流程（Global Vehicle Development Process，GVDP）等[5]。造车新势力采用的产品开发流程通常在 PEP 和 GVDP 的基础上，从开发时间和关键结点均有所缩减。随着智能化和信息化水平的提高，虚拟技术以及远程实时在线验证与更新技术有利于传统产品开发流程的不断缩短，关键节点所需的验证和交付仍然保留，以保障产品功能与质量。

如图 1-14 所示，智能汽车产品流程开发通常包含产品战略规划流程、产品诞生流程与产品年型流程。产品战略规划流程是产品开发全流程的起点，产品诞生流程是产品开发全流程的核心，进一步包括产品定义、方案开发、数据开发与整车制造阶段，产品年型流程是产品开发逐年持续迭代与销售的过程。

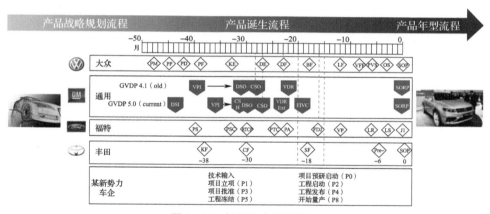

图 1-14　智能汽车设计流程

智能汽车产品形成全流程中通常会产生 5 种车，包括创意车、方案车、数据车、预批量车与商品车，如图 1-15 所示。创意车将企业决策者的战略思想通过产品战略融入企业经营活动，决定企业未来的发展方向；方案车将产品创意转化为方案和指标，并创造出贴近用户的产品，决定了产品的市场竞争力；数据车将方案变为合格数据，体现企业的技术能力和财务控制水平；预批量车将数据变为高质量实车，体现企业的生产制造、采购能力和质量控制水平；商品车将实车变为预期的利润，体现企业的营销能力和服务水平。

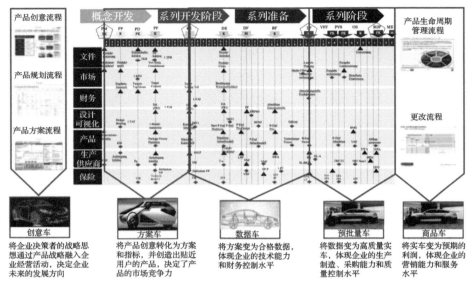

图1-15　智能汽车产品形成全流程

1.2.1　智能汽车产品概念阶段

在智能汽车产品的开发过程中，概念阶段是至关重要的起点。这个阶段不仅涉及产品的初步构思和创意，还包括对市场需求、技术趋势和竞争环境的全面分析。通过产品战略规划流程，企业决策者将他们的战略思想通过创意车的形式融入企业的经营活动，确定未来的发展方向。这一阶段的核心是将创意转化为具体的产品方案和指标，形成方案车，确保所开发的产品能够满足用户需求并具备市场竞争力。

概念阶段还利用了现代虚拟技术和远程实时在线验证与更新技术，极大地缩短了开发时间和关键节点的验证周期。在这一过程中，企业不仅要确保方案的创新性和可行性，还要考虑技术实现的可能性和成本效益。通过数据车的开发，企业能够将方案转化为详细的技术数据，体现出技术能力和财务控制水平，为后续的预批量生产奠定基础。

智能汽车产品的概念阶段不仅是产品诞生的起点，更是决定产品成败的关键一步。成功的概念阶段能够为后续的开发、制造和市场推广打下坚实的基础，使企业在激烈的市场竞争中占据有利位置。

1.2.2　智能汽车产品战略规划阶段

在产品战略规划阶段，车企决策者的战略思维通过创意车融入企业活动，引领企业未来的发展方向。创意车生成考虑内部因素，包括战略指标、平台技术和造型元素，以及外部因素，包括未来用户需求、竞品未来发展和技术发展，如图1－16所示。创意车的评价通常考虑销售指标评估、成本评估、经济性评估以及内部造型和技术评价、外部用户接受度评价。

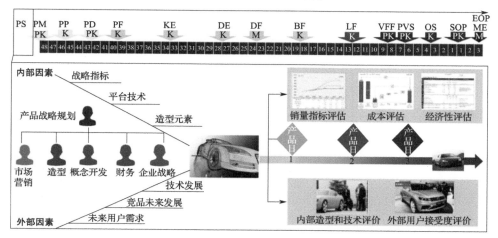

图1-16　产品战略规划阶段创意车生成规律

企业战略创意车制造首先调研市场评估、产品/市场总量、细分市场、客户分类、未来技术要求、未来客户要求，形成创意车的造型创意和创新技术，并综合考量产品周期、产能方案、投资/材料成本和经济性评价，如图1－17所示。

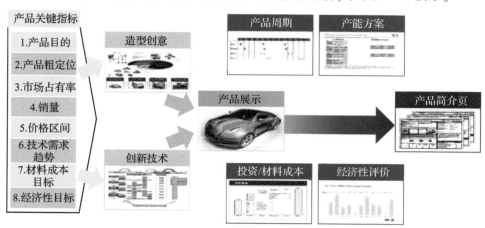

图1-17　产品战略规划阶段创意车制造过程

1.2.3　智能汽车产品诞生阶段

智能汽车产品诞生流程是产品开发全流程的核心，进一步包括产品定义、方案开发、数据开发与整车制造阶段[6]。

1. 产品定义与方案开发

产品定义与方案开发阶段，车企进行产品可研分析，综合考虑内部因素（包括产品指标、模块技术、造型技术）与外部因素（包括政策法规、竞品未来发展、用户特征目录），形成方案车，从销售指标评估、成本评估、经济性评估、造型评审、造型数据评审、造型用户测试等方面进行方案车评审，通过逐级报批，最终形成方案车的项目任务书用于指导整车开发、生产与验收。

该阶段通过内部因素与外部因素分析，根据用户特征目录与产品创意方案，形成三级整车特征目录，进而形成造型方案、整车技术方案与制造方案等，造型方案完成与技术方案匹配的造型定位图和草图创意构思，制作比例模型，编制造型策划报告，并从多个造型模型中筛选出两个造型，技术方案设计需完善备选整车技术方案（平台模块、车身技术、三电技术、智能驾驶技术、智能座舱技术与智能底盘技术），确定需开发的创新技术，如图1-18和图1-19所示。

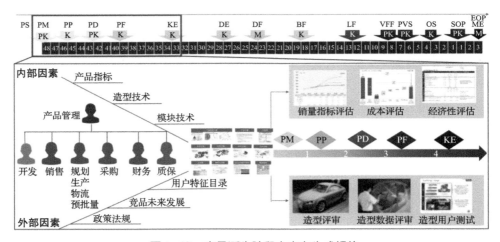

图1-18　产品诞生阶段方案车生成规律

图1-19　产品诞生阶段方案车生成过程

制作方案车需要考虑的内部因素主要包括产品指标、造型技术和模块技术，制作方案车需要考虑的外部因素主要包括政策法规、竞品未来发展和用户特征目录，如图1-20和图1-21所示。

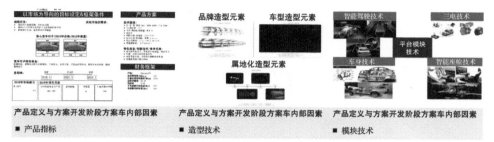

图1-20　产品诞生阶段方案车生成内部考虑因素

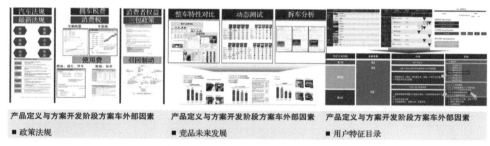

图1-21　产品诞生阶段方案车生成外部考虑因素

根据内外部因素形成开发方案，包括产品特征目录、产品方案、开发费用、车身方案、内饰方案1、内饰方案2、平台方案、总布置、轴距、价格、动力总成投产顺序和模块清单；同时生成制造与生产方案，包括产地、产能规划投资预测以及生产投资方案，如图1-22所示。

2. 数据开发

数据车将方案变为合格数据，体现企业的技术能力和财务控制水平。该阶段需要综合考虑开发资源（开发软件、硬件设备、数据分析人员）与数据要素（结构数据、表面数据、总布置数据），进行结构设计与控制器开发、细化模拟与计算，以及试验车规划、样车制造，同时开始前期采购，完成数据评审、虚拟评审、实车评审、可制造性评价、用户评价与经济性评价生成数据车，如图1-23所示。

生成数据车需要考虑数据要素中的结构数据，包括主机厂整车数据、供应商的零部件数据、主机厂的数据匹配、模具厂的可制造性分析，以及主机厂的数据认可。关键模块技术包括车身模块的空调、内饰、车门、安全系统，三电系统中的电池、电驱和电控，电子电器的网络系统、信息娱乐、驾驶辅助系统，底盘的转向、制动系统等，如图1-24和图1-25所示。

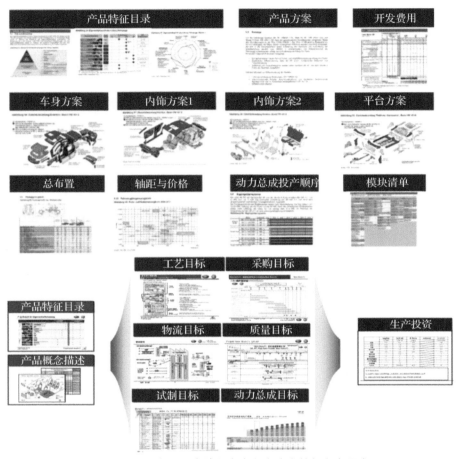

图1-22　产品诞生阶段方案车生成内外部考虑因素

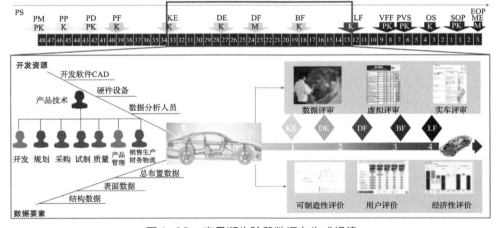

图1-23　产品诞生阶段数据车生成规律

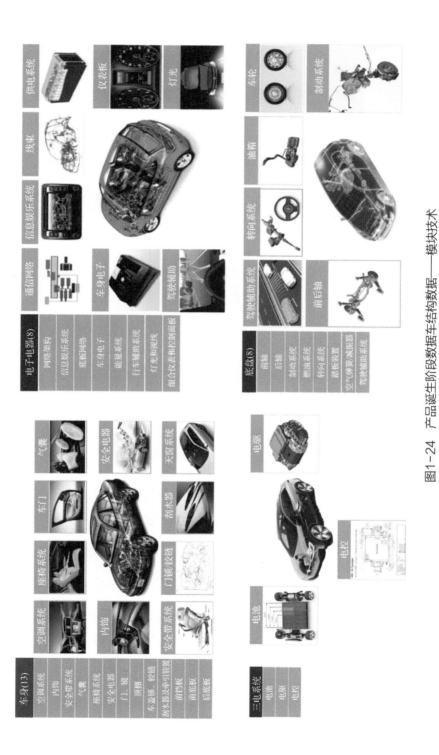

图 1-24 产品诞生阶段数据车结构数据——模块技术

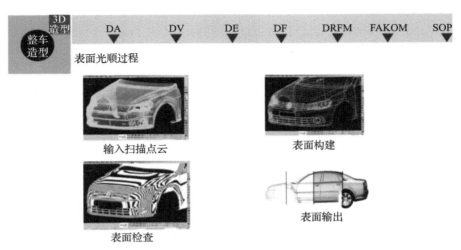

图1-25　产品诞生阶段数据车表面数据

　　生成数据车需要考虑的数据要素中，总布置数据主要包括整车基本尺寸、车辆主截面、区域方案设计。生成数据车要考虑的开发资源主要是开发软件、开发设备和数据开发，如图1-26和图1-27所示。

图1-26　产品诞生阶段数据车总布置数据

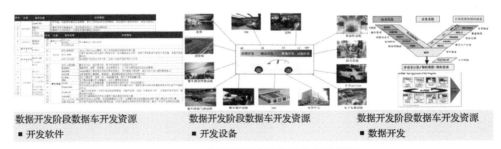

图1-27　产品诞生阶段数据车开发资源

在生成数据车之后要进行全方位的评审，通过评审后能够进入下一个生产准备阶段，数据车的评审包括虚拟验证，主机厂需要对人机工程、流体力学、续驶里程等在各种仿真软硬件中进行虚拟环境下的验证，如图1-28所示。

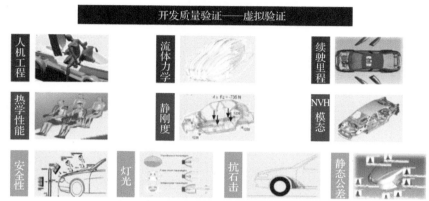

图1-28 数据车评审——虚拟验证

同时，主机厂还要对数据车进行实车验证，包括性能试验和可靠性试验，性能试验一般要测试空气动力学、NVH、热学性能、行驶动力性、操纵稳定性和一般性能；可靠性试验一般要测试车身可靠性、被动安全性、极端环境模拟、强化耐久试验、冬季和夏季试验、暴晒试验和腐蚀试验等，如图1-29所示。

图1-29 数据车评价——实车验证

3. 整车制造

整车制造阶段生成预批量车，预批量车将数据变为高质量实车，体现企业的生产制造、采购能力和质量控制水平。预批量车生成主要考虑制造要素，包括自制件、外购件、装配图，以及生产资源，包括厂房、设备/模具/工装、生产/检测人员；并对生产过程、物流过程和供应商进行审核，对单件、总成和整车进行认可，最终形成合乎企业要求的预批量车，如图1-30所示。

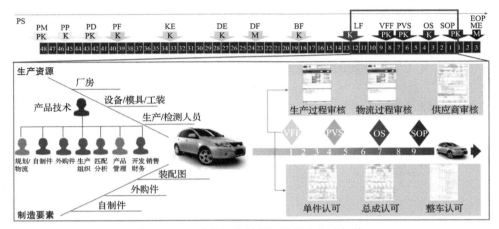

图1-30　产品诞生阶段预批量车生成规律

预批量车的评价与认可遵循质量屋，包括整车评价和认可，子系统评价和认可、零部件评价和认可，以及制造过程认可，如图1-31所示。

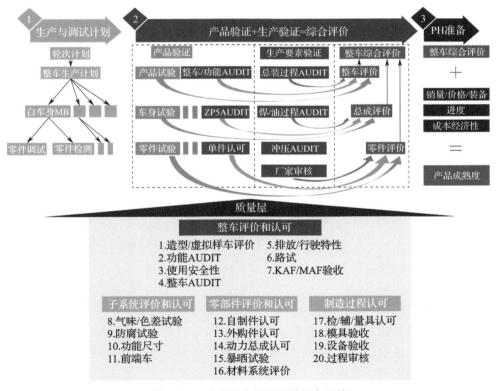

图1-31　产品诞生阶段预批量车评价

1.2.4　智能汽车产品年型阶段

产品年型阶段生成商品车，商品车将实车变为预期的利润，体现企业的营销能力和服务水平。这个阶段考量因素包括商品要素和营销资源，通过品牌建设、网络建设、营销和服务满意度、产品生命周期规律、产品满意度和经营分析，对商品车进行认可，如图1-32所示。

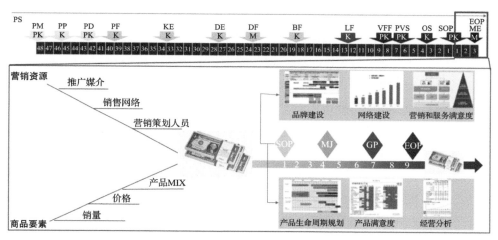

图1-32　产品年型阶段商品车生成规律

如图1-33所示，商品车的制造过程包括产品验证及方案优化、上市方案制定、成熟期营销方案制定和退市方案制定。

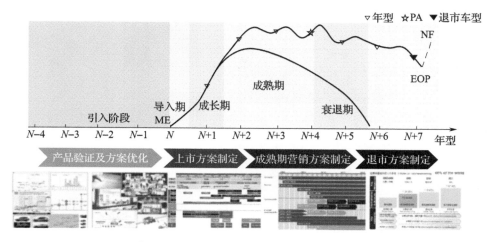

图1-33　产品年型阶段商品车制造过程

1.3 智能汽车关键技术

1.3.1 智能驾驶

智能驾驶是智能汽车的核心技术，通过融合多种先进技术，实现车辆在复杂道路环境中的自主驾驶。依据智能驾驶数据处理次序，智能驾驶的核心技术包括环境感知、决策规划和运动控制。环境感知技术依赖传感器，如激光雷达、摄像头等，实时采集车辆周围环境信息。通过多传感器融合，系统构建精确环境模型，识别道路、行人、车辆和交通标志。决策规划技术利用高精度地图和实时环境数据，为车辆制定最优行驶路线。通过人工智能和深度学习算法，系统分析环境信息，做出变道、超车和避障等驾驶决策。运动控制技术将驾驶决策转化为车辆控制指令，精准控制加速、转向和制动，确保车辆按规划路线行驶。人机交互技术确保系统与驾驶员有效沟通，通过车载显示屏、语音助手和警示系统传递信息，必要时请求人工干预，并支持远程监控和控制，提高驾驶安全性。智能驾驶技术不断进步，正在改变出行方式，提高交通效率，减少事故，并推动汽车产业向更智能、更环保方向发展，智能驾驶技术框架如图1-34所示。

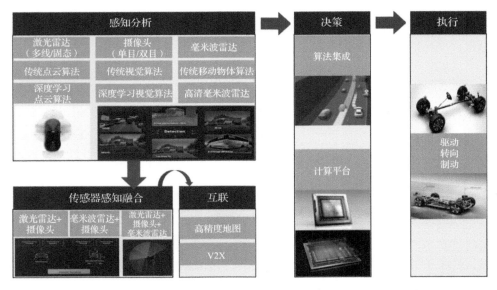

图1-34 智能驾驶技术框架

1. 环境感知

环境感知系统包括外部环境感知与内部环境感知，如图 1－35 所示，外部环境感知利用本地传感器和网联传感器，实现驾驶环境的综合感知；内部环境感知利用本地传感器，实现自车状态的感知；感知算法接收传感器数据，需要进行目标分类、检测、距离估计、多目标追踪和交通场景的理解。

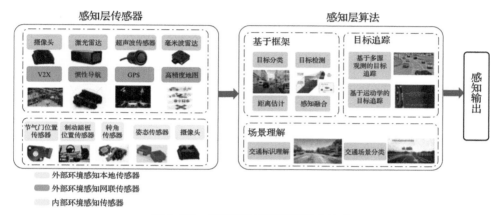

图1-35　智能驾驶环境感知核心技术

环境感知采用单一本地传感器以及多传感器融合方案的性能各有利弊，如图 1－35 所示，摄像头在障碍区边缘检测、车道追踪和成本方面优势突出，激光雷达在极端光照前提下健壮性较好。由于各类环境感知传感器具有各自的不同特点，考虑它们优势和劣势，采用不同传感器进行组合，可以实现优势互补，形成自动驾驶感知系统优化的解决方案，包括以视觉主导（摄像头＋毫米波雷达＋视觉芯片）、以激光雷达主导（激光雷达＋毫米波雷达＋摄像头）和纯视觉三种路径。

多传感器融合发挥各传感器的优势，使采集的信息有一定的冗余度，显著提高系统的容错性，提供全天候全场景的可靠感知，全冗余感知是未来的发展趋势。多传感器融合方式分为前端融合和后端融合，前端融合算法本质上就是每个传感器作为一部分融合成一个单一的传感器，从整体上来考虑信息，该方式数据关联性更强，能够较好地避免系统衰减。后端融合算法又被称为松耦合算法，对融合后的多维综合数据进行感知，该方式不存在传感器之间的约束，每个传感器独立处理生成的目标数据。多传感器融合常用的算法大致可以分为两类：随机类方法和人工智能方法。随机类方法的杰出代表是卡尔曼滤波法（Kalman Filtering，KF），此外还有加权平均法、贝叶斯估计法（Bayesian estimation）、D-S（Dempster-Shafer）证据理论等。人工智能方法常用方法主要有专家系统、模糊逻辑理论、深度神经网络、遗传算法等。未来，目标检测算法将以提升精度和效率为导向发展，同时将采用国内本土道路全天候全场景环境下的训练集，提高检测性能。

网联环境感知源主要为车联网与高精度地图信息，驾驶辅助—短时托管—长时托管—全场景全天候自动驾驶需要网联环境感知，弥补自车本地传感器在极端视角、恶劣环境、复杂场景下的功能局限性，车辆感知在短时间内难以效仿人类对海量复杂场景的柔性适应能力和泛化能力，需要充分利用信息系统，获得超视距的信息（如路口遮挡）、准确的近距离紧急信息，弥补感知目前的技术壁垒，如图 1–36 所示。

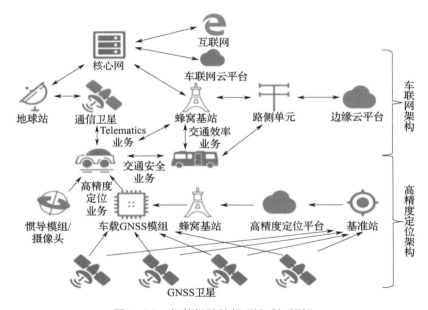

图 1-36　智能驾驶外部环境感知框架

2. 决策规划

智能驾驶决策规划利用感知层传输的信息，建立相应的模型，制定出适合的控制策略，主要包括环境理解、路径规划、行为决策与运动规划，如图 1–37 所示。

环境理解根据感知获取的自车信息与环境信息，理解交通环境，同时预测未来交通演变。目标预测是环境理解的主要部分，主要分为典型轨迹预测和基于数据驱动的轨迹预测。典型轨迹预测进一步分为基于运动学的移动目标轨迹预测与基于意图识别的移动目标轨迹预测，基于运动学的移动目标轨迹预测算法，根据车辆运动学模型预测目标未来轨迹或未来轨迹分布，在短时预测方面具有较高精准度，通常与感知信息协同滤波提升追踪性能；基于意图识别的移动目标轨迹预测根据车辆历史行驶信息，通常结合驾驶意图与交互行为进行目标轨迹预测，在长时预测方面具有较高精准度。基于数据驱动的障碍物轨迹预测方法，主要

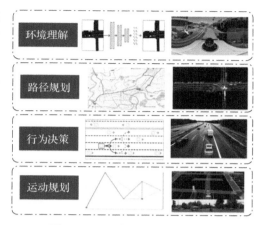

图 1-37　决策规划核心技术

通过海量历史轨迹数据来挖掘数据背后隐藏的障碍物行为特征，再与当前位置数据进行融合匹配，进而对目标的运动趋势进行预判，根据对历史轨迹数据特征的提取方式，算法主要分为概率统计、神经网络、深度学习和混合模型四大类。

路径规划是指自动驾驶车辆按照某一性能指标（如距离、时间等）搜索一条从起始状态到目标状态的最优或次优路径，典型的方法包括基于采样的规划和基于搜索的规划方法。行为决策是自动驾驶车辆需要根据具体的道路状况、交通规则、其他车辆与行人预测结果等情况做出合适的行为决策，代表性方法包括基于规则的决策与基于深度学习的决策。运动规划是指根据行为决策结果，规划起始点到目标点的最优化路径，代表性方法包括人工势场法、动态窗口法、曲线拟合法与深度强化学习方法。

3. 运动控制

运动控制根据决策层输出的驾驶轨迹，计算拟合预期轨迹的控制指令，包括横向控制、纵向控制与横纵向协同控制，如图 1-38 所示。

根据车辆模型的不同，横向控制可分为无模型的横向控制方法和基于模型的横向控制方法。基于模型的横向控制方法可进一步分为基于车辆运动学模型的横向控制方法，以及基于车辆动力学模型的横向控制方法。基于车辆运动学模型的横向控制代表性方法包括纯跟踪控制算法和前轮反馈控制算法等。基于车辆动力学模型的横向控制代表性方法包括 LQR 横向控制算法和模型预测控制（MPC）算法等。自动驾驶汽车纵向控制代表性方法包括 PID 速度控制与纵向速度前馈控制等。深度学习，尤其是深度强化学习，近年来在运动控制方面逐渐被应用。

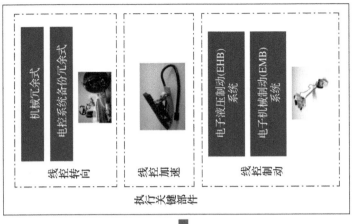

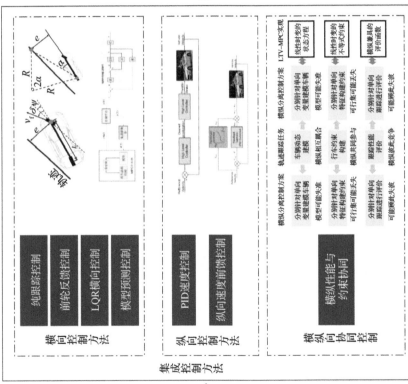

图1-38　运动控制核心技术

经典的横纵分离控制方案与人类驾驶横纵向紧密关联的特征不符，存在较多问题，包括：车辆动态建模包含横纵的相互耦合、行车约束构建需要横纵的共同参与、跟踪性能评价存在横纵的彼此竞争等问题，横纵向协同控制能够较好地解决上述问题。

4. 测试评价

智能驾驶中除了感知–认知–决策–运动控制技术外，测试评价是非常重要的一部分，自动驾驶系统开发和生产，需要不断地进行测试，从软件、硬件、子系统、整车级别，充分保障车辆自动驾驶功能的安全性。自动驾驶车辆的测试和评价，依赖于自然驾驶的场景库，软硬件的设计缺陷需要在海量复杂随机的自然驾驶场景中充分测试，才能够体现出来，因此高价值场景库的建立是自动驾驶测试评价技术的关键。测试评价核心技术如图 1-39 所示，自动驾驶系统的评价也需完整的体系。

1.3.2　智能座舱

智能座舱的硬件支撑层主要包括外围感知、交互零部件、车内外通信模块、座舱域控制器与云平台[7]。智能座舱的系统软件层主要为操作系统与相关设备驱动等。智能座舱的功能软件主要为各设备感知与执行基础功能，如信息显示、视觉与声音感知等，为上层场景服务软件提供输入和输出接口。智能座舱的场景服务层主要包括面向应用场景的驾乘人员交互意图认知与交互行为决策。

1. 智能座舱硬件支撑技术

硬件是座舱提供服务的基础保障与算力支撑，涵盖传感器与执行器外围设备、域控制器与云平台，以及互联网络。传感器和执行器外围设备负责感知和执行座舱内外的各种操作和环境信息。域控制器是智能座舱中的主要控制单元，负责管理和协调各种传感器和执行器的操作，同时也负责处理座舱内的数据和任务。云平台则提供了更大规模的计算和存储资源，支持座舱中的大模型的应用与座舱软件的功能成长。车内外互联网络则连接了智能座舱内的各种硬件设备，以及与车辆外部的通信和数据交换。

智能座舱人车交互不再局限于按键、触控及语音等方式，手势识别、指纹、声源定位、人脸识别、全息影像等交互方式陆续呈现，丰富的座舱场景与功能的设计需大量涵盖多种传感器与执行装置的外围设备支撑，包括视觉设备、听觉设备、触觉设备、嗅觉设备与其他设备等。

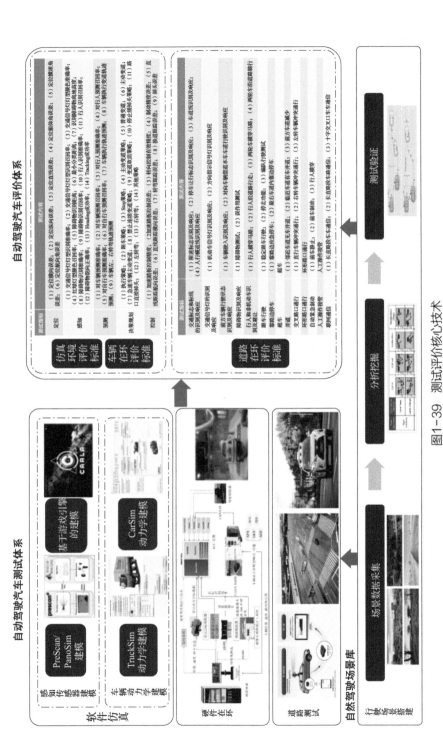

图1-39 测试评价核心技术

域控制器是智能座舱进行感知、认知和决策的中心，其功能的实现依赖于主控芯片、软件操作系统及中间件、应用算法等多层次软硬件的有机结合。随着智能座舱服务场景与能力的不断丰富与提升，座舱域控制器需具备驱动中控导航屏、液晶仪表屏、抬头显示、空调显示面板、前排娱乐屏以及后排娱乐屏等多个视觉设备以及听觉、触觉、嗅觉与生理设备的能力；同时具备支撑驾乘人员多模态交互行为的感知、交互意图的预测以及交互决策的实时高效计算的能力。因此，智能座舱域控制器通常兼具擅长指令处理的中央处理单元、图形处理的图形处理单元与人工智能处理的神经处理单元，同时具备连接不同外部设备的充足接口，支持与车内其他电子控制单元、车外其他网联设备协同的通信模块，以及支撑不同类型系统和应用有序稳定运行的安全模块。

中央计算 – 域控制架构下的智能座舱电子电气架构主要包括实现视频信号交互的高速视频传输网络、实现车内信息互联的车载网络、实现网联设备 5G + V2X 等与云端和边缘端的信息互联的车联网，实现与周边无线设备互联的无线连接子模块，以及包含音频子系统、摄像头子系统、显示子系统、存储子系统、安全子系统等在内的智能座舱域的电子组件。

2. 智能座舱系统技术

操作系统是控制和管理整个计算系统的硬件和软件资源，并合理地组织调度计算机的工作和资源，以提供给用户和其他软件方便的接口和环境的程序集合。智能座舱操作系统是连接硬件和应用程序的关键桥梁，为汽车信息娱乐服务以及车内人机交互提供接口与环境。座舱的多类型功能应用使得车内安全关键与非安全关键类型多操作系统共存，虚拟机协同解决多个操作系统的功能整合与安全隔离问题，使得智能座舱同时满足行驶安全性和汽车的智能娱乐需要。

3. 功能软件与交互服务技术

智能座舱功能软件支撑视觉、听觉、触觉和嗅觉等多模态感知和执行，以及顶层驾驶操控、乘坐舒适与信息娱乐多域交互服务。从交互机理与流程的角度，智能座舱交互任务流程如图 1 – 40 所示，智能座舱人机交互通常划分为多模感知、认知决策、主动交互与评价进化四个子任务。首先，通过安装在座舱内外的传感器采集包含车辆信息、用户信息的数据；其次，对各种来源的数据进行处理及分析，并预测用户在当前情境下的功能需求；再次，通过适当形式与用户交互，为用户提供服务；最后，获取用户对交互服务的量化评价，提升座舱感知、预测、决策与交互功能。

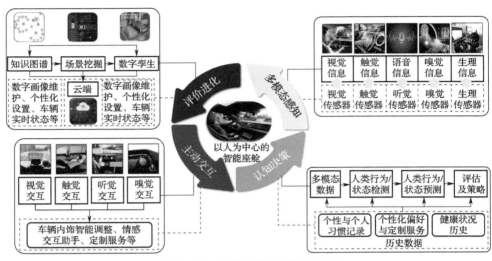

图1-40　智能座舱交互任务流程

1.3.3　智能底盘

随着汽车智能化、电动化推进，线控制动/转向逐渐替换传统液压制动/转向系统，成为智能底盘的关键技术[8]。未来底盘线控将向横纵向控制一体化方向发展。同时，驾驶风格可编辑、可插拔电子电气架构是未来智能底盘的发展趋势。在构型方面，新型的一体化底盘构型集中应用于智能纯电动车型领域，将制动、悬架、电动传动系统和电池等部件提前整合在底盘，三电系统、线控系统、热管理系统、计算单元以及车架部件，全部集成封闭于非承载式结构的底盘上。

1.3.4　智能架构

整车平台架构能够便于车企在同一平台上打造同级别车辆，根据具体产品需求进行简单调整，相同种类的模块可以重复使用和互换，以创建不同需求的产品，满足定制需求，同时降低整个产品生命周期中的采购、物流、制造和服务资源协同成本。未来，整车平台将向智能化与电动化方向转变，以形成大规模生产智能电动汽车的模块化架构，包括可配置电池包、高度集成的电驱动系统、多模式充电支撑、支持智能的功能架构、可扩展的计算集群、高速数据传输、数据信息安全全新数字化电子电气架构、支撑车内感决策控制模块共享底层代码的实时操作系统。

1. 智能座舱系统技术

架构通常用来描述建造设计，建筑行业设计师设计一栋建筑需根据需求和边界条件，从不同方面形成架构图，以描述建筑各组成部分的几何关系和电气连接。转换至汽车行业，电子电气架构（Electrical/Electronic Architecture，EEA，也称 E/E 架构）将传感器、ECU、线束、电子电气组件有机组合，实现汽车整体的配置和功能。EEA 的设计影响到系统功能到硬件的分配、数据网络的规划以及电能的分配。通过重复利用模块、接口，测试等模块化设计方法，将多项功能的电控逻辑全部进行标准化设计，显著减少开发时间和成本，形成向后兼容、规模化、可支配性、可扩展性的电子电气架构。

电子电气架构是整车平台架构的重要部分，它在标准化的网络架构基础上组合出各种整车电器方案，包括智能驾驶、智能座舱、三电系统、底盘控制、车身控制等。电子电气架构的演进路径为传统分布式架构、混合式架构、域架构、中央集中式架构，以及边云协同架构，如图 1-41 所示。

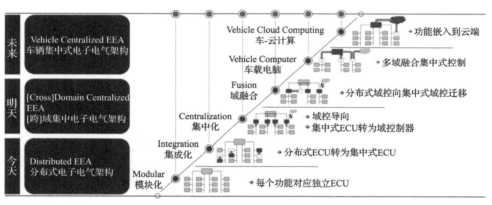

图1-41 整车电子电气架构的演进路径

未来整车电子电气架构将向集中式转变，以太网将成为主干网络，一个高度集成的控制单元实现对多个智能化功能的控制，宝马提出了一种中央计算平台的电子电气架构设计，如图 1-42 所示。

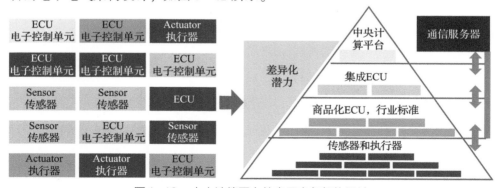

图1-42 中央计算平台的电子电气架构设计

2. 系统软件架构

系统软件架构是整车平台架构的另一个重要部分，自底向上通常包括系统软件、功能软件与应用软件。系统软件包括虚拟机、操作系统与中间件，功能软件包括自车功能相关的软件，如感知、决策与控制底层软件模块，应用软件包括上层应用软件，如图1-43所示。面向服务的架构是将一个系统所具有的能力抽象成可调用的，并具有标准接口的服务，从而可以通过调用一个服务或者调用多个服务的组合来满足系统的业务需求。汽车有限的资源和能力与安全行驶的无限需求之间的矛盾是系统设计面临的最大挑战，面向服务的架构将一个系统所具有的能力，抽象成可调用并具有标准接口的服务，以使用更少的能力满足更多的需求。集中式电子电气架构＋高安全强实时操作系统共同推进面向服务的架构在汽车上应用，完成各类感知场景类服务＋控制决策类服务＋动作执行类服务。

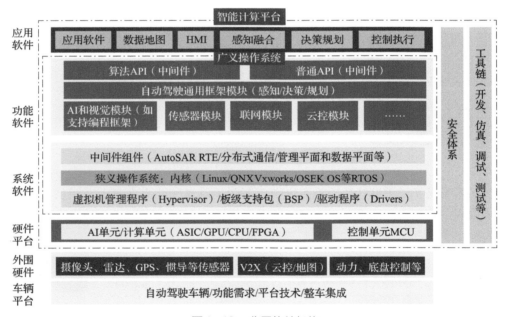

图1-43　分层软件架构

未来车辆软件架构将加速向面向服务方向转变，车辆架构将变得更加集成和分层，从软件垂直集成在架构中，ECU嵌入单一功能软件，转换为横纵一体化分层架构，将添加新的连接应用程序、人工智能和操作系统，实现即插即用的功能嵌入方式，如图1-44所示。

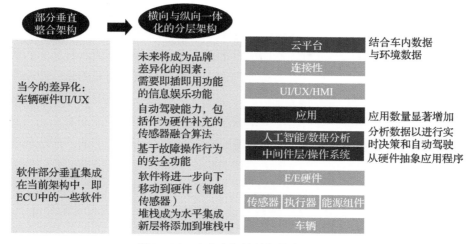

图1-44 未来车辆软件架构发展趋势

1.3.5 智能安全

功能安全、预期功能安全与信息安全成为智能驾驶汽车安全的三个关键要素，同时已成为汽车向更高智能化水平发展的前提。

1. 功能安全

功能安全指汽车内部由于软件/硬件故障引发的功能安全问题，随着汽车内部电子功能的增加，功能安全问题频发，如 TESLA 触摸屏故障、电子驻车功能故障、驾驶辅助系统软件故障等造成车辆召回。面向功能安全的分析、设计与测试验证方案是保障智能汽车安全的关键核心技术，如软硬件冗余设计，感知、决策与控制的硬件计算单元以及软件方法的冗余将成为主流，包括多源感知之间的冗余、双决策系统的冗余与线控底盘控制的冗余等。

2. 预期功能安全

预期功能安全指自动驾驶系统感知决策控制功能的局限性以及座舱人为误用所导致的安全问题，如感知误识别、决策不完善等[9]。面向预期功能安全的分析、设计与测试验证方案是保障智能汽车安全的关键核心技术，如运行设计域分析、感知、决策与控制的硬件计算单元，软件方法的冗余设计以及形式化实时在线验证方法设计等。

3. 信息安全

智能汽车的快速发展衍生了网络安全问题，每出现一种新的联网接口和电子功能，都将产生新的攻击途径，攻击的影响范围覆盖整个生态系统。近年来，以信息篡改、病毒入侵、恶意代码植入等手段获得智能网联汽车电子系统访问权限，并向其内部车载网络进行攻击而引发的敏感数据泄漏、车辆远程恶意控制等汽车网络安全问题愈发严峻。针对智能网联汽车的攻击事件与日俱增，攻击类型呈现出多样化的发展趋势，涉及 PKES 车钥匙、TSP 服务器、手机 App、ODB 接口以及 ADAS 控制器等，攻击影响范围从单个车辆扩大至同一车型甚至与云端互联的全部车辆，如图 1-45 所示。攻击每时每刻都在全球各地上演，而能够引起关注的攻击只是冰山一角，现阶段汽车正面临巨大的网络安全风险，对功能安全的影响正在不断加剧，对车内驾乘人员、交通系统乃至国家的安全构成了严重威胁，网络安全已经成为影响传统汽车面向智能网联汽车发展过渡的关键。

当前出台的原则与法规针对汽车联网、自动驾驶等应用场景，引导汽车产业链上各环节加强对安全保障投入的探索模式，各个国家汽车产业组织正在积极研究并发布汽车网络安全相关政策和指南等，为行业提供可实施的网络安全防护设计原则与规范。汽车产业链较为复杂，需多级供应商协同探索保障汽车信息安全的解决方案。当前，企业与机构处于被动应对状态，未达到"安全可控"，迫切需要从整体视角分析智能汽车的网络安全态势，纵深协同地设计智能汽车的网络安全架构。信息安全方案将从当前的计算机领域移植方案，转向面向汽车领域的专用超轻量、强实时与高安全解决方案。

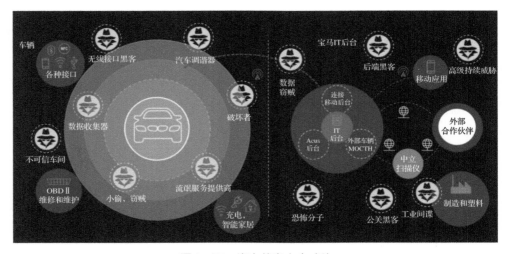

图1-45　汽车信息安全威胁

发动机功率、油耗、驾驶舒适性，以及汽车底盘和车身的精度，可以用来定义传统汽车质量。随着越来越多的核心车辆功能通过在专用硬件上运行的软件实现，这些组件的网络安全性、功能安全性、预期功能安全性都将成为汽车行业质量的另一类非常重要的方面。

1.3.6　智能舒适

随着科技的飞速发展，以及人们生活水平的提高，车辆驾乘人员对座椅舒适性的要求日益增加，人们对人机关系的研究已然从"人适机"进入"机宜人"的阶段。车辆驾乘人员背部、腰部、臀部以及大腿部等与座椅长时间接触，易引发肌肉疲劳，造成旅途劳累，甚至引发腰椎间盘突出等驾驶职业病。因此，高乘坐舒适性、良好的汽车人机交互不仅是提升车辆驾乘人员的乘坐体验感、降低驾驶疲劳的关键，也是研发高品质汽车座椅的核心技术，是车用座椅，甚至整车产品形成市场竞争力的关键[10]。

在当今汽车设计过程中，有关人性化的设计和发展已经得到了更多的关注。经过多年的发展，我国整车厂已经拥有了丰富的主观评价实验规范并积累了大量的调校经验，可以利用汽车评估师的心理主观感觉打分评价人机操纵的便捷舒适性能。但同时在实际工程实践中也发现汽车人机交互技术本地化开发缺乏基础数据支撑，尤其是缺乏涉及生物力学、心理生理学等多学科基础理论。

参考文献

[1] 工业和信息化部，国家标准化管理委员会. 国家车联网产业标准体系建设指南（智能网联汽车）（2023 版）[EB/OL].（2023 – 07 – 18）[2024 – 09 – 01]. http://www. gov. cn/zhengce/zhengceku/202307/content_6894735. htm.
[2] 袁春苗. 美国国家公路交通安全管理局对汽车自动化的分级 [N]. 东方早报，2014 – 12 – 30.
[3] 季美华. 卡尔·本茨：现代汽车工业的先驱者 [J]. 智慧中国，2016 (11)：71 – 72.
[4] 薛松. 基于自动驾驶场景的预期功能安全危害分析评估方法设计与实现 [D]. 上海：华东师范大学，2022.
[5] 陈新亚. 汽车是怎样设计的 [M]. 北京：机械工业出版社，2023.
[6] 马忠伟. 某自主品牌汽车新产品开发质量管理方法研究 [D]. 长春：吉林大学，2020.
[7] 陈士涛，李书，李大喜. 智能座舱辅助系统研究 [J]. 中国电子科学研究院学报，2023，18 (3)：280 – 283.
[8] 贯怀光，郭蓬，杨建森，等. 智能底盘辅助驾驶系统控制精度测试验证及分析 [J]. 汽车工程师，2024 (2)：21 – 26.
[9] WANG H，SHAO W，SUN C, et al. 自动驾驶汽车的新兴安全挑战——预期功能安全研究（英文）[J]. Engineering，2024，33 (2)：17 – 34.
[10] 陈虹，郭露露，宫洵，等. 智能时代的汽车控制 [J]. 自动化学报，2020，46 (7)：1313 – 1332.

第 2 章
智能驾驶环境感知技术

2.1 概述

　　智能驾驶环境感知技术在自动驾驶系统中扮演着至关重要的角色，它涵盖了车辆状态自感知、车辆外部环境感知和车前路面特征感知三个核心方面。首先，车辆状态自感知技术通过多种车载传感器（如惯性测量单元、车速传感器、方向盘角度传感器和轮速传感器）实时监测和评估车辆的速度、位置、加速度、姿态及方向等状态参数。自感知技术分为正常态自感知和异常态自感知两个部分。正常态自感知确保车辆在正常驾驶条件下的稳定性和安全性，通过高精度的状态感知提供必要的数据支持，使自动驾驶系统能够进行实时调整和优化。异常态自感知则用于检测和识别车辆在异常工况下的状态变化，如故障、碰撞或其他紧急情况，帮助自动驾驶系统及时采取应对措施，保障车辆和乘客的安全。其次，车辆外部环境感知技术通过摄像头感知、激光雷达感知、毫米波雷达感知和多传感器融合，配合先进的机器学习和深度学习算法，实现对周围环境的全面感知和理解。这些技术可以准确识别和追踪其他车辆、行人、交通标志等目标，并进行场景理解，从而帮助自动驾驶车辆做出合理的驾驶决策。最后，车前路面特征感知技术利用视觉和雷达传感器检测车前路面不平度和车前路面状态等信息，确保车辆能够在各种复杂的道路环境中安全行驶。通过高精度的路面特征检测和状态评估，自动驾驶系统能够及时识别和避让潜在的道路障碍，保持行驶的平稳和安全。因此，智能驾驶环境感知技术不仅是自动驾驶系统实现高效、安全运行的基础，也是推动智能驾驶技术发展的关键动力。

2.2 车辆状态自感知

　　车辆状态自感知是指通过车载传感器和系统对车辆自身的状态参数进行实时监测和评估。这些状态参数包括车辆的速度、位置、加速度、姿态以及方向等。通常将车辆状态自感知分为正常态自感知和异常态自感知两个部分。

2.2.1 正常态自感知

汽车主动控制系统与辅助及智能驾驶系统的实现以获取汽车的基本运动状态为前提。一般来说，这些信息可以直接从传感器获取。然而由于传感器的精度与成本的限制和量测噪声的分布特性难以确定等问题，有些状态信息无法找到有效适用的传感器来直接进行测量或测量精度不高。合理的方法是基于廉价传感器的信息，结合状态估计算法来进行软测量。

车辆状态自感知主要包括车身动态状态估计。基于多体的坐标系统，如车身坐标系统和车轮系统，用于描述各种车辆运动。如图 2-1 所示，车身坐标系由车身固定坐标系定义，原点位于重心（CoG）。X 轴指向前方，Y 轴指向车身左侧，Z 轴指向上方。因此，CoG 处的车辆速度被分解为纵向速度 v_x、横向速度 v_y 和垂直速度 v_z。此外，所描绘的围绕车辆主轴线的旋转自由度被称为横摆角（围绕 Z 轴旋转）、侧倾角（围绕 X 轴旋转）和俯仰角（围绕 Y 轴旋转）。因此，围绕 X 轴、Y 轴和 Z 轴的旋转速率（表示为 p、q 和 r）分别称为侧倾率、俯仰率和横摆率（也称偏航角速率）。此外，根据

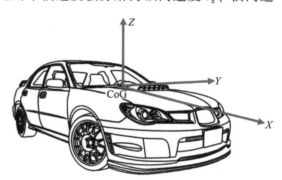

图 2-1 车身坐标系

右手法则，假设逆时针方向的所有旋转均为正。在 CoG 处，纵轴方向和行驶方向之间的角度称为质心侧偏角。然而，当汽车转弯时，它表现出偏航，导致方向改变，并且侧向加速度指向转弯中心。在这种情况下，CoG 处的行驶方向偏离车辆的方向。因此，产生不为零的质心侧偏角。

1. 状态自感知算法架构

无论估计哪个状态，重要的是开发合理的估计结构，以同时简化估计问题并获得准确的结果。根据可用于不同车辆的不同传感器，车辆动态状态估计的算法结构主要分为两种：集成结构和模块化结构。

集成估计方案的结构相对简单。然而，由于需要同时获得所有动态信息，因此在集成估计结构中使用的车辆模型通常是复杂的。此外，道路参数经常被用作观察者的未知输入。这些道路参数的估计通常需要扩展车辆动力学模型，这进一步增加了车辆模型的复杂性。

车辆动态状态估计的集成方案示例如图 2-2 所示。该方案建立了八自由度车辆模型，并使用随机行走模型将轮胎力扩展到八自由度汽车动力学模型。扩展卡尔曼滤波器（Extended Kalman Filter，EKF）用于根据纵向速度 v_x、横向速度 v_y、横摆率 r、侧倾率 p、纵向轮胎道路力 F_{xi} 和横向轮胎道路力 F_{yi} 的测量值来预测车辆动态状态。此外，通过参数识别方案获得轮胎 – 道路摩擦系数。还有其他一些方案使用集成结构来重建车辆动态状态信息，例如在某些估计方案中同时估计纵向速度、横向速度、横摆率和轮胎 – 道路摩擦系数。

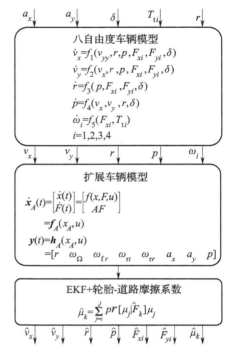

图 2-2　车辆动态状态估计的集成方案示例

考虑到传感器设备和车辆子系统的不同位置，模块化估计方案被提出并采用。该设计可以根据动态模块的估计要求，采用灵活的设计方法，包括不同的观测器或估计器。然而，具体的模块化估计方案随着要估计的动态状态、车辆传感器的位置和估计器的节点位置而变化，这些都是通过分析基于网络的车辆系统来确定的。此外，模块化估计方案的稳定性问题需要详细讨论。

车辆动态状态估计的模块化方案示例如图 2-3 所示。为了使纵向和横向动力学解耦，由横摆率和横向加速度产生的科氏加速度被视为对纵向运动影响较小的扰动。有研

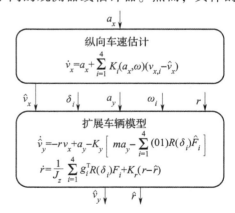

图 2-3　车辆动态状态估计的模块化方案示例

究基于非线性观测器，提出了纵向速度、横向速度和横摆率估计的模块化估计方案。此外，采用输入状态稳定性（Input State Stability，ISS）来分析模块化估计方案的整体稳定性。首先分析了纵向和横向速度观测器的模块稳定性；然后，

以科氏加速度作为振幅扰动输入，分析了模块观测器的整体稳定性。模块化估计方案是许多研究人员采用的一种流行技术。

无论采用何种方案，都应考虑激励条件，因为道路信息始终被视为车辆动力学的未知输入。此外，激励时间越长，获得的车辆动态状态越准确。这是一个值得深入研究的问题，需要在车辆状态估计期间进行深入考虑。

2. 状态自感知算法常用车辆模型

车辆动态状态估计可分为运动学模型和动力学模型。

（1）运动学模型

基于运动学的方法关注对象的运动，而不考虑力和力矩。由于车辆系统中运动学建模的不同观点，存在大量运动学模型。

如考虑横向加速度 a_y、横摆率 r 和横向速度变化 $\dot{v}_y$ 之间关系的代表性运动学模型：

$$\dot{v}_y = -rv_x + a_y \tag{2-1}$$

此外，考虑到横摆率 r、横向加速度 a_y、纵向速度 v_x、道路倾斜角 θ 和质心侧偏角 β 之间的关系，横向加速度 a_y 表示为

$$a_y = (\dot{\beta} + r)v_x - g\sin\theta \tag{2-2}$$

因此，质心侧偏角估计也可以通过积分获得。

$$\beta = \int \left(\frac{a_y + g\sin\theta}{v_x} - r \right) \mathrm{d}t \tag{2-3}$$

使用运动学模型的车辆动态状态估计主要涉及传感器的数值积分或根据配置建立运动学估计器。然而，当长时间积分时，噪声累积，导致较大的估计误差。因此，近年来，基于运动学的方法变得不太常见。

（2）动力学模型

车辆动力学相关的研究有很多。车辆动态状态估计应集中于与状态估计相关的动力学。每种类型的车辆动力学模型都基于适当的假设。

1）纵向动力学模型。纵向动力学模型集中于纵向方向上的力或转矩，而忽略横向动力学。当讨论摩擦系数或纵向速度估计时，纵向运动中考虑了纵向速度和车轮转速。根据纵向力平衡和车轮转动转矩平衡，模型如下：

$$\begin{cases} J\dot{\omega} = T_t - R_\omega F_x - T_b \\ m\dot{v}_x = -F_x \end{cases} \tag{2-4}$$

式中，J 为转动惯量，用来衡量车辆旋转时惯性的大小；$\dot{\omega}$ 为角加速度，描述车辆转动速度的变化率；T_t 为转矩；R_ω 为轮胎半径；F_x 为纵向力；T_b 为制动转矩；m 为车辆质量；v_x 为车辆沿 x 方向的速度。

系统的动态行为隐藏在纵向力 F_x 的表达式中。F_x 的一般表达是复杂的，因为它取决于道路、轮胎和悬架的大量特征。通常，它可以表示为法向轮胎力 F_z 和轮胎 – 道路摩擦系数 μ 的函数，而 μ 通常是纵向滑移 S_x、车轮侧偏角 $\alpha_{f,r}$ 和一组基本参数 v_r 的函数。

$$F_x = F_z \mu(S_x, \ \alpha_{f,r}; \ v_r) \tag{2-5}$$

2）单轨模型。单轨模型也称为自行车模型或二自由度车辆动力学模型，如图 2-4 所示。它目前用于描述车辆的横向动态行为。在该模型中，垂直运动、横摆和俯仰被忽略，纵向速度被假定为恒定。

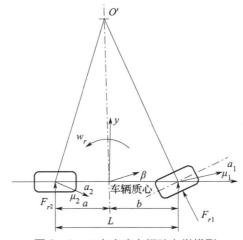

图 2-4　二自由度车辆动力学模型

自行车模型有两种形式，考虑了不同的状态变量。在一种形式中，车辆在偏航平面内的操纵动力学由质心侧偏角 β 和横摆率 r 的状态表示，如下所示：

$$\begin{cases} mv_x(\dot{\beta} + r) = (F_{y1} + F_{y2}) \\ I_z \dot{r} = L_f F_{yf} - L_r F_{yr} \end{cases} \tag{2-6}$$

式中，m 为车辆质量；F_{y1}、F_{y2} 为车轮在纵轴方向上的力；I_z 为车辆绕其垂直轴的转动惯量；L_f、L_r 分别为前轴和后轴到车辆质心的距离；F_{yf}、F_{yr} 分别为前轴和后轴的横向力，横向轮胎道路力 F_{yf} 和 F_{yr} 是横向侧偏角的函数，可以通过各种类型的轮胎模型获得。例如，线性轮胎模型用于描述轮胎路面力，并根据假设计算前轮横向侧滑角 α_f、后轮横向侧滑角 α_r：

$$\begin{cases} \alpha_f = \beta + \dfrac{L_f r}{v_x} - \delta_f \\ \alpha_r = \beta - \dfrac{L_r r}{v_x} \end{cases} \tag{2-7}$$

式中，δ_f 为前轮转向角。

最常用的自行车模型将横向车辆速度 v_y 和横摆率 r 视为动态状态，二自由度车辆模型可描述为

$$
\begin{cases}
mv_x(\dot{v}_y + rv_x) = (F_{y1} + F_{y2}) \\
I_z\dot{r} = L_f F_{yf} - L_r F_{yr}
\end{cases}
\tag{2-8}
$$

在假定纵向速度恒定的条件下，式（2-6）和式（2-8）中描述的这两种车辆模型是等效的。

3）三自由度车辆模型。上面介绍的二自由度车辆模型仅考虑横向动力学。如果还考虑纵向动力学，可以以纵向速度、横向速度和横摆率的形式获得三自由度车辆模型，其描述如下：

$$
\begin{cases}
\dot{v}_x = rv_y + \dfrac{f_x(v_x, v_y, r, \delta)}{m} \\[2mm]
\dot{v}_y = -rv_x + \dfrac{f_y(v_x, v_y, r, \delta)}{m} \\[2mm]
\dot{r} = \dfrac{M_z(v_x, v_y, r, \delta)}{J_z} + \Gamma\varepsilon
\end{cases}
\tag{2-9}
$$

其中，$f_x(v_x, v_y, r, \delta)$、$f_y(v_x, v_y, r, \delta)$ 和 $M_z(v_x, v_y, r, \delta)$ 是根据轮胎道路力计算的。在可以测量纵向加速度和横向加速度的条件下，可以简化三自由度车辆模型。考虑到纵坡、道路倾斜角和空气阻力的存在，上述三自由度车辆模型可以写成如下：

$$
\begin{aligned}
\dot{v}_x &= rv_y + a_x - C_x v_x^2 + g\sin\theta \\
\dot{v}_y &= -rv_x + a_y - C_y v_y^2 - g\cos\theta\sin\varphi \\
\dot{r} &= \frac{M_z(v_x, v_y, r, \delta, \theta, \varphi)}{J_z}
\end{aligned}
\tag{2-10}
$$

式中，φ 为横摆角；C_x 和 C_y 分别为纵向侧偏刚度和横向侧偏刚度。

4）七自由度车辆模型。基于式（2-10）中描述的三自由度车辆模型，引入了七自由度车辆模型，将四轮转速视为附加动态状态。

$$
\dot{\omega}_i = \frac{1}{J_i}(T_{ti} - T_{bi} - F_{xi}R_{\omega i}), \quad i = 1, \cdots, 4
\tag{2-11}
$$

可基于上述描述来计算车轮转速。当假设滑移率为 0 时，车轮转速可转换为纵向速度 v_x，车轮 i 的速度 v_{xi} 转换表达式为

$$
v_{xi} = R_{\omega i}\omega_i\cos\delta_i \pm b_{F/R}r
\tag{2-12}
$$

其中计算的纵向速度通常用作纵向速度估计的校正。

除了上面列出的传统车辆模型之外，还有五自由度和六自由度车辆模型，它们是从所讨论的车辆动态状态中提取的。此外，通过考虑垂直方向上的转向动力学和悬架运动，可以获得十四自由度车辆模型或其他自由度的车辆模型。

3. 状态自感知常用算法

车辆动态状态估计的常规方法包括卡尔曼滤波类算法、基于观测器的算法、基于优化的算法、基于人工智能的算法。

（1）卡尔曼滤波类算法

卡尔曼滤波器（Kalman Filter，KF），也称为线性二次估计（Linear Quadratic Estimation，LQE），它使用随时间观察到的一系列测量值，并包含噪声和其他不确定性，以产生未知变量的估计值。KF 是一种传统的方法，它递归地对噪声输入流进行操作，以产生车辆动态状态的统计最优估计。该滤波器由两步过程组成，即预测步骤和更新步骤。

在预测步骤中，KF 估计当前状态及其不确定性。在观察到下一次测量的结果后，使用加权平均值更新估计值。基于 KF 的经典估计算法已经被广泛应用在状态估计中。例如，基于三自由度车辆模型的 KF 来估计侧倾角和侧倾率；基于自适应卡尔曼滤波（AKF）的新方法，通过在线更新噪声的均值和协方差来估计车辆速度。该方法具有很高的适应性，在选择适当的逻辑阈值时可以获得较高的精度。但是 KF 适用于正常驾驶条件下的车辆动态状态估计。车辆实际行驶条件极其复杂。当车辆在临界条件下运行时，车辆表现出很强的非线性。在这种情况下，由线性车辆模型描述的车辆动力学与实际车辆系统之间的偏差很大。因此，KF 在这种情况下的性能大大降低，在某些情况下，出现了发散现象。在这种情况下，EKF 被用于使用更精确的非线性车辆模型来估计车辆动态状态。

EKF 使用一阶泰勒展开将当前均值和协方差的估计线性化。然后应用线性KF，例如使用 EKF 方法估计车辆速度、横摆率和道路属性，并获得估计的车辆纵向轮胎力和轮胎 – 道路摩擦系数。基于这些结果还可以获得估计的道路倾斜角和车辆侧滑角。还有基于 EKF 的轮胎路面力最小均方误差估计，有效地估计了车辆侧滑角和轮胎侧偏刚度。EKF 适用于车辆参数变化的情况。为了解决轮胎 – 道路摩擦系数和摩擦力的变化，有研究提出使用双扩展 KF（DEKF）的基于模型的车辆估计器的实现。

EKF 采用具有高精度车辆描述的非线性车辆动力学模型。此外，采用递归处理，简化了计算，易于实现，获得了高精度的估计。因此，EKF 被广泛用于讨论车辆动态状态估计问题。然而，EKF 有其自身的缺点。当路面黏附系数变化时，必须重新调整 EKF 参数。EKF 适用于讨论弱非线性的估计问题。高度非线性条件下的性能可能会大幅恶化，这是需要改进的关键问题。

（2）基于观测器的算法

如果车辆动态系统可以被描述为确定性系统，则车辆动态状态估计可以被表述为观测器设计问题。为了补偿建模误差、过程噪声和未建模动态的影响，根据测量输出和待估计状态之间的关系确定校正项。Luenberger 观测器通常用于估计车辆动态状态。有研究提出两个基于运动学的 Luenberger 观测器，以使用惯性测量单元（IMU）估计车辆横摆角和俯仰角。此外，随着观测器增益的变化，估计的横摆角或俯仰角被证明渐近收敛到真实值。上述观测器的测试结果在车辆运行的线性区域中是令人满意的，但观测器的精度随着速度的增加而降低，因为估计精度与车辆模型密切相关。因此，研究人员引入了非线性车辆动力学模型和非线性观测器来估计动态状态。

基于 Luenberger 观测器原理的非线性观测器已被广泛讨论。有研究使用非线性观测器估计车辆速度和横摆率。输入 – 状态稳定（ISS）方法相对容易获得稳定的结果，可以使用该方法进行观测。此外，基于侧倾动力学模型，使用观测器估计侧倾角。非线性优化（NLO）的性能与 EKF 一样好，同时具有显著更低的计算复杂性。非直瞄方法是灵活的，可以根据不同的车辆模型获得各种观测结果。NLO 在正常和临界条件下都取得了良好的测试结果。因此，NLO 对进一步研究具有重要价值。与 EKF 相比，非线性观测器的结构相对简单。此外，与 EKF 和最优估计方法相比，当 NLO 应用于实际车辆时，获得了令人满意的实时性能。然而，在不同的参数条件下，NLO 是不稳定的。在这种情况下，未知输入观测器（UIO）是一个合适的解决方案。例如有研究基于非线性 UIO 设计用于坡路上的车辆横向速度估计，其中得出的结论是，非线性 UIO 的误差动力学模型具有与无未知输入的非线性观测器相同的结构。

除 NLO 外，序列最小优化（SMO）算法通常用于估计车辆动态状态。SMO 的特点是计算量小，设计程序简单。此外，它可以通过迫使系统进入滑动模式表面来重建状态。SMO 还继承了通过改变结构控制来抑制模型误差中的参数不确定性的优点。然而，滤波时间的选择必须同时尽可能小且足够大以抑制系统的高频噪声。因此，过滤时间的选择是困难的。同时，与非线性观测器一样，观测器增益的选择需要大量的重复规则来满足车辆主动安全系统的精度要求。

（3）基于优化的算法

近年来，基于与模型预测控制（MPC）相同优化原理的移动时间窗口估计（MHE）已经应用于车辆动态状态估计问题。通过充分利用给定的状态和干扰信息，MHE 可以明确地表达和优化估计过程中的状态约束，因此，提高了估计

的合理性和准确性。上述 MHE 方法广泛地解决了车辆动态状态估计问题；然而，由于 MHE 需要大量的计算，这影响了车辆动态状态估计的实时性，因此这些估计方案尚未得到实验验证。这是 MHE 的主要缺点，影响了其大规模应用，应在未来的评估研究中加以改进。

（4）基于人工智能的算法

用于车辆动态状态估计的人工智能估计方法是传统估计方法和智能方法的结合。它的产生和发展依赖于传统的估计方法。人工神经网络和模糊逻辑是最常见的智能方法。

人工神经网络（ANN）是一种受生物中枢神经系统启发构建的计算模型，能够进行机器学习和模式识别。有研究将实验数据应用于神经网络，来估计质心侧偏角。除了上述神经网络之外，基于两级径向基函数（RBF）神经网络，以单轮模型来逼近系统的未知部分，这使得轮胎力的估计对模型精度敏感。神经网络具有强大的智能处理能力，包括自学习能力、自适应能力和复杂关系映射能力。因此，它适用于只知道输入和输出信息的非线性系统。该方法的应用产生了良好的测试结果，特别是在车辆驾驶的非线性领域。然而，用于训练神经网络的测试数据应反映各种驾驶条件。此外，ANN 的映射关系强烈依赖于实验数据，并且难以描述映射关系的机制。神经网络应用于车辆动态状态估计的收敛速度相对较慢，因此，有时很难确定数值稳定性。

模糊逻辑可以应用于可以表示为"部分正确"的概念。尽管其替代方法，如遗传算法和神经网络，在许多情况下可以表现得与模糊逻辑一样好，但模糊逻辑可以用人类操作员来表达，其经验可以包括在估计器的设计中。有研究采用模糊逻辑程序识别质心侧偏角估计中的稳态和瞬态条件。模糊逻辑方法不需要对输入信号进行特殊假设，并且在面对变化的车辆参数和噪声输入时具有良好的鲁棒性。由于基于模糊的观测器获得高频响应，因此，模糊逻辑估计可以获得较高的估计精度，适用于非线性系统的状态和参数估计。此外，模糊逻辑的实时性满足了车辆主动安全系统的要求，并且可以很容易地整合工程师的经验。然而，模糊逻辑有其自身的缺点。例如，它严重依赖于权重参数选择的经验，并且没有可供参考的定性规则。由于车辆运行条件的多样性和复杂性，完整的模糊规则往往难以建立。由于缺乏完整的模糊规则，模糊逻辑无法满足主控制逻辑的要求，无法考虑车辆的整体行驶条件，因此，在工程应用中存在困难。

2.2.2 异常态自感知

随着车辆运行时间的增加，汽车的各种使用性能可能出现衰退，另外还可能出现各种机械故障。车辆的这些变化会影响自动驾驶系统的决策与控制。因此自动驾驶系统有必要获取本车的性能衰退信息以及机械故障信息。

1. 汽车使用性能衰退感知

目前，汽车使用性能衰退信息的获取主要依靠离线的车辆检测。通过在转鼓试验台上进行的各项性能试验，来判断实际的车辆性能衰退。下面简要介绍动力性能衰退的测试方式。

图 2-5　车辆固定在转鼓试验台上

根据驱动方式将车辆以图 2-5 所示的方法固定在转鼓试验台上。

根据整车参数设定行驶阻力，即设定转鼓试验台的参数 A、B、C，如图 2-6 所示。根据下列公式可计算汽车的滚动阻力、空气阻力、坡道阻力、加速阻力：

$$\begin{cases} F_t = A + B + Cv^2 \\ F_t = mgf\cos\alpha + \dfrac{C_D A u_a^2}{21.15} + mg\sin\alpha + m\delta\dfrac{\mathrm{d}u}{\mathrm{d}t} \end{cases} \qquad (2-13)$$

式中，F_t 为总牵引力；A、B、C 分别为试验台设置的车辆空气阻力、滚动阻力、坡道阻力；v 为车辆的行驶速度；f 为路面滚动阻力系数；α 为道路坡道角；C_D 为空气阻力系数；H 为车辆的迎风面积；u_a 为空气相对于车辆的速度；δ 为旋转质量因子；$\dfrac{\mathrm{d}u}{\mathrm{d}t}$ 为车辆的加速度，即速度随时间的变化率。

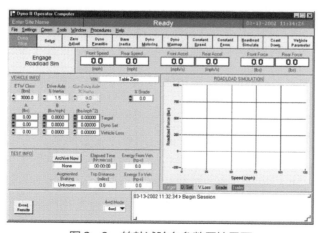

图 2-6　转鼓试验台参数原始界面

最高车速试验依据为 GB/T 12544—2012《汽车最高车速试验方法》[1]、GB 38900—2020《机动车安全技术检验项目和方法》[2]、GB/T 12548—2016《汽车速度表、里程表检验校正方法》[3]。

对车辆额定质量进行装载，装载质量均匀分布，乘车人员质量可用载荷代替。检查轮胎胎压、燃料制动液等是否符合要求。然后将车辆固定于底盘测功机上，并在控制界面输入车辆在路面行驶时的阻力参数。起动车辆后调整车辆档位，使车辆能够达到其最高稳定车速，并记录车速值。转鼓试验台参数原始界面如图 2-6 所示。

未来需要进一步开发在线的车辆性能衰退检测技术。随着车辆数据的不断丰富，基于数据挖掘的车辆性能在线评估技术成为可能。

2. 基于异响判断某些零部件的故障状态

目前，先进的智能车辆对于自身状态的感知主要基于特定物理量的传感器，对于外界的感知主要基于视觉与雷达测距的方式。声音对于人类驾驶员来说是一项重要的信息来源。通过车辆在行驶过程中的异常响动，有经验的驾驶员可以判断出是否出现故障，甚至判断出故障的位置；周围车辆鸣笛的声音可以帮助驾驶员判断周围车辆的驾驶意图。此外还有一些人类驾驶员无法分析的声音信号（如轮胎的噪声），这些信号也蕴含了丰富的信息。在已有的研究中，基于声信号感知自身以及外界的应用有：发动机故障的感知、车辆自身状态的感知、路面感知。下面主要介绍基于异响判断某些零部件故障状态的研究。

基于异响判断某些零部件故障状态的目的是对严重的汽车事故进行高级预防，并通过存储累积汽车问题的声音来诊断和修理汽车故障。当某个部件出现故障或发出故障通知时，汽车会通知驾驶员一些症状。这些症状就像驾驶员感觉到的异常振动、驾驶员可以看到的一些症状、驾驶员闻到的异常气味以及驾驶员听到的机器发出的声音。其中，声音起到了直接预警的作用。此外，由于声音的表达方式多种多样，因此通过声音信息作为诊断程序很有价值。当汽车量产后，可以通过声音向驾驶员提供汽车诊断程序，可以通过安装在汽车上进行自我诊断，并且可以与智能环境中的应用程序一起使用。

下面介绍一些通过声音对汽车进行诊断的研究。对于个人而言，这项研究需要大量的时间和人力。因此，需要与修理公司、汽车制造公司和汽车研究中心合作。虽然每种车型都不同，但基本结构和原理是相同的。出现问题的同一部分发出类似的声音。根据声音进行故障诊断的研究与汽车型号无关。然而，如果在智能环境中使用自诊断程序和应用程序，则应引入语音识别技术。因此，应该使用相同的模型来获得准确的诊断结果。最好的方法是，当汽车制造公司制定新车计划时，会故意制造故障条件，在发布汽车之前提取声音并存档数据。为了在汽车上安装自发声诊断系统，语音识别器应该安装在汽车上，并且需要编程来分析汽车的存档声音。这一努力不仅有助于一个国家与汽车相关的文化和技术进步，还可以通过降低汽车故障导致的事故率来防止一个国家的损失并提高经济价值。常用的故障识别算法分为两类，一类是基于声信号特征的算法，另一类是基于机器学习的算法，下面分别介绍这两类算法。

（1）基于声信号特征的算法

通过比较正常 SUV 的发动机空转声音和同一车型异常汽车的发动机空转声音（当汽车停车时显示问题的症状），找出了声音的特征，并诊断了使用声音进行汽车故障诊断研究的可能性。声信号自感知检查系统和应用智能环境应用程序的示意图如图 2-7 所示。

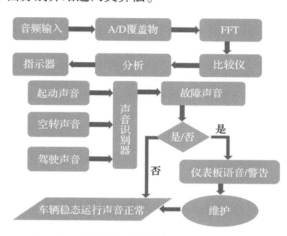

图2-7　声信号自感知检查系统和应用智能
环境应用程序的示意图

首先，在记录正常汽车停车时发动机的空转声音后，保存数据。其次，在记录同一车型异常汽车的发动机空转声音后保存数据，该声音显示了异常车辆停车时出现问题的症状。正常汽车的发动机空转声音称为标准声音，异常汽车的发动机空转声音称为故障声音。最后，通过声学分析程序分析标准声音和故障声音，获得差异数据。

通过对正常声音和异常声音的频谱分析，得出了两者的区别。正常汽车的发动机声音是柔和、有节奏的中低音。然而，传动带和发电机出现问题时的发动机声音为 3000～8000Hz 的摩擦声，如向上的波形。与本实验中的波形分析一样，通过根据相同类型的故障情况制作通用波形分析数据，确认了汽车故障诊断程序商业化的可能性。通过声音识别器将起动声音、发动机声音和驾驶声音与故障声音的现有数据进行比较和分析，并通过指示器、警报或声音发出警告，驾驶员可以进行预防性维护。因此，它们可以防止汽车故障引起的事故。

（2）基于机器学习的算法

神经网络（NN）、模糊逻辑（FL）、专家系统和进化算法是故障诊断中广泛使用的模式识别技术。它们通常以混合方式使用，以获得更好的性能。由于其高学习和泛化能力，神经网络被用于对不同的机械故障进行分类。NN 是一种传统的分类方法，多个 NN 模型，如多层感知器、径向基函数、反向传播 NN、概率 NN、广义回归 NN 和小波 NN 已用于故障诊断。自联想神经网络和自组织映射是应用于诊断的无监督传统神经网络技术。FL 和决策树已被组合以从特征集自动生成规则。NN 和 FL 的组合提高了自适应和自学习阶段的学习能力。神经模糊方法旨在使用神经网络自动设计模糊系统。

2.3 车辆外部环境感知

车辆外部环境感知是自动驾驶车辆理解周围环境并做出驾驶决策的关键技术。在感知硬件部分，本章详细介绍了几种主要的感知设备，包括摄像头、激光雷达、毫米波雷达和多传感器融合。这些设备各自具有独特的技术特点和适用场景，例如激光雷达的高精度距离测量、毫米波雷达的全天候工作能力、摄像头的高分辨率图像获取以及多传感器融合的全面感知能力。

2.3.1 视觉感知

视觉感知主要通过摄像头获取车辆周围的图像信息，并利用图像处理和计算机视觉技术进行分析。摄像头的高分辨率图像获取能力使其能够捕捉到丰富的环境细节信息，例如交通标志、车道线、行人、其他车辆以及道路状况等。视觉传感器一直是智能驾驶汽车最常用于感知行车环境的传感器之一。尤其是高分辨率彩色摄像头，它是检测交通信号灯、车道线、交通标志标牌等目标的主要首选。和其他感知器相比，视觉传感器价格较低，并且体积小，容易安装在车上。此外，它可以提供车辆周围丰富的环境信息，包括物体的颜色、纹理等，而这些信息对于目标的识别至关重要。

传统的视觉检测本质上是通过计算机视觉技术和图像处理方法对图像中的像素进行分析和处理，从而实现对物体、人脸、文字等目标的识别、定位和分类等功能。传统的视觉检测方法主要基于手工设计的特征提取和分类器模型，包括方向直方图梯度（HOG）、尺度不变特征转换（SIFT）、加速稳健特征（SURF）等特征提取算法和支持向量机（SVM）、Adaboost 等分类器模型。这些方法需要人工提取、设计和选择特征，然后训练分类器模型，虽然能够取得一定的识别效果，但是对于复杂场景和变化多端的图像数据表现较差。

近年来，深度学习技术不断发展和普及，其在图像识别和分类任务中也取得了显著的效果。这些深度学习模型能够自动地学习数据的特征和规律，从而实现更加精准和高效的图像检测和识别。目前基于深度学习的目标检测算法主要分为两类：基于区域提取的算法（Region-Based）和基于密集预测的算法（Dense Prediction）。

基于区域提取的算法将目标检测任务转化为目标区域提取和分类两个子问题。这类算法通常采用滑动窗口或选择性搜索等方法生成一系列候选区域，然后对每个区域进行特征提取和分类，最后根据分类结果进行目标检测。代表算法包括 RCNN、Fast RCNN、Faster RCNN 等。

基于密集预测的算法则直接对图像中的每个像素点进行目标分类和位置回归，不需要显式地生成候选区域。这类算法通常采用全卷积神经网络（Fully Convolutional Network，FCN）或者卷积神经网络和池化层的组合进行特征提取，然后在特征图上进行密集的像素级别预测，得到每个像素点的目标类别和位置信息。代表算法包括 YOLO、SSD、RetinaNet 等。

在机器视觉的目标检测中，二维目标检测技术是视觉目标检测的主力军。然而对于自动驾驶，车辆四周环境的监测是非常重要的，对于纯视觉的感知来说，准确测距是最关键也是最难的问题。对于图像中的物体，难以判断它是一个远处的大目标，还是一个近处的小目标，这种情况对于道路驾驶检测是致命的。

基于以上问题，具有上帝视角的鸟瞰图（Bird-Eye-View，BEV）是一个很好的解决方案。鸟瞰图是一种从高处俯视的图像，可以提供更加全面和细致的地理信息，能够让车辆无遮挡地"看清"道路上的实况信息，包括道路布局、车辆位置、交通标志和行人等。对于自动驾驶而言，鸟瞰图具有以下好处：

1）提供更加全面的场景信息。鸟瞰图可以捕捉到整个交通场景，包括道路、车辆、行人和建筑等，从而为自动驾驶系统提供更加全面和准确的场景信息，有利于系统做出更好的决策和行动。

2）改善传感器盲区问题。传统的摄像头和雷达等传感器可能存在盲区，无法完全覆盖交通场景。而鸟瞰图可以从高处获取场景信息，不存在二维检测任务中普遍存在的遮挡或尺度问题，可以较好地解决遮挡或交叉交通车辆的识别问题。

3）更加精确的车辆定位。通过鸟瞰图可以获取车辆在地图中的准确位置和方向，从而提高自动驾驶系统的车辆定位精度和可靠性，有利于系统实现更加精准的导航和路径规划。

4）有利于高精度地图构建。鸟瞰图可以为高精度地图的构建提供更加全面和准确的场景信息，有利于地图的更新和维护，从而提高自动驾驶系统的可靠性和安全性。

目前对于 BEV 的大量研究都是基于深度学习的方法，主要包括卷积神经网络（CNN）和循环神经网络（RNN）等。在 BEV 中，CNN 可以通过输入多个图像，如前后左右四个方向的摄像头图像，来生成一个高分辨率的 BEV。CNN 的优点是可以学习到图像的高级特征，同时可以进行端到端的训练，简化了模型的设计和调整。对于循环神经网络，研究者通常使用长短期记忆网络（LSTM）或门控循环单元（GRU）等模型来捕捉时间序列数据中的长期依赖关系，以实现对 BEV 的预测。例如，可以使用 RNN 模型来预测车辆的行驶轨迹或行人的移动方向。RNN 的优点是可以处理时间序列数据，能够学习到数据中的长期依赖关系，从而提高预测的准确性。

国际上许多学者也对 BEV 视角下的环境感知做了大量研究，研究出了很多优秀成果。英伟达提出了一种多视角摄像头图像到 3D 空间 BEV 下的方法 LSS（Lift，Splat，Shoot），对采集到的环视图像进行特征提取，并根据估计出来的离散深度信息，实现图像特征向 BEV 特征的转换。Junjie 等人提出的 BEVDet 是一种自底向上建立 BEV 的方法，先对多视角图像进行特征提取，再通过基于 LSS 的视角转换将多视角特征投影到 BEV 空间下，再对 BEV 特征进行编码，最后进行目标检测。它的好处是具有显式的 BEV 特征。DETR3D 是建立在 DETR 的基础上，将二维检测推广到 BEV 的三维检测模型，是一种自顶向下的稀疏 BEV 特征建模，在 DETR 的基础上，构建了多层解码器对特征进行解码。BEVFormer 是从 DETR3D 发展而来的，通过多摄像头的内外参投影到多视角 2D 图像上，该算法有一个创新之处是时序特征融合，即用前一帧和当前帧的 BEV 特征进行交互，获取当前帧缺失的时序特征，用来解决当前帧目标遮挡或者不稳定的问题。DA-BEV 应用了一种隐式深度学习方法，以环视图像作为输入，在 BEV 视角下利用 Transformer 进行 3D 目标检测。

2.3.2 激光雷达感知

激光雷达（LiDAR）通过发射激光束并接收反射信号，获取周围环境的高精度三维点云数据。激光雷达的高精度距离测量和广泛的视野使其成为自动驾驶系统中的关键感知设备。目前，基于激光雷达进行 3D 目标检测的方法就是将不规则点云转换为类似于图像的规则形式，以便利用 3D 卷积神经网络进行特征提取，根据其数据表示方法可以分为基于体素的表示方法和基于原始点云的表示方法。基于体素的表示方法中，较为经典的算法代表有 PointPillar[4]，它由三大部分组成：利用 Pillars 的方式将点云转化为稀疏伪图像、使用 2D 网络进行特征的学习和 SSD 检测头进行 Bbox 的回归。PointPillar 提出了一种新的编码方式，利用柱状物（Pillar）的方式生成伪图像，每个 Pillar 中随机保留固定数量的点云，并使用 PointNet 网络提取 Pillar 中点云全局特征，作为 Pillar 的特征。PointPillar 大幅度提升了目标检测的速度，相对于仅适用点云数据作为输入，3D 目标检测算法的精度得到了大幅度的提升。2016 年，苹果公司提出了 VoxelNet 点云检测模型，它将三维世界中的空间划分成一个个栅格，然后使用 PointNet 网络得到每个栅格的体素级特征，用获取到的特征数据代表每个栅格，并放回三维空间中，使得无序的点云在三维空间中变成了一个个有序的高位特征数据[5]。之后利用 3D 卷积神经网络层进一步抽象得到局部的特征，最后使用区域生成网络（RPN）对物体进行分类检测与位置回归。2018 年，Yan 等人[6]提出了基于 VoxelNet 的 anchor-based 点云检测方法 SECOND，该方法提出的网络结构和实现与 VoxelNet 相近，SECOND 在 VoxelNet 的基础上，利用系数卷积对网络结构中间层的 3D 卷积进行了改进，不仅提高了网络的训练效率和推理速度，还解决了 VoxelNet 在角度预测时，因为物体位置摆放完全反向而导致损失函数增大的问题；SECOND 算法还提出了一种名为 “GT_Aug” 的点云数据增强方法，旨在增加训练数据的多样性并提高算法的鲁棒性[6]。GT_Aug 通过在训练时随机扰动真实标注框的大小和位置来生成新的训练样本，从而增加了训练数据的数量和多样性。这种数据增强方法可以有效地减轻模型在真实世界中遇到的各种不确定性因素所带来的影响，提高了算法在真实场景中的表现水平。基于体素进行 3D 目标检测的方法中，PointNet 是基于原始点云进行目标检测的开创性方法[7]。PointNet 由两部分组成，一部分用于提取全局特征，另一部分用于点云分类或者点云分割，它直接将 3D 点云作为输入，输出预测的类别，巧妙地运用了 Max Pooling，解决了直接以点云作为输入，造成点云的点数不确定且无序的问题。PointNet + + 在 PointNet 网络的基础上，针对 PointNet 中无法提取局部点云特征的问题，提出了多层次特征提取结构，通过该结构有效提升了网络提取局部和全局特征的能力[8]。PointNet + + 网络能够有效学习深度点集特征，特别是在具有挑战性的 3D 点云基准上具有明显优势。PV-RCNN 发布于 2020 年，该方法结合了体素化和原始点云表示的优点，旨在提高基于 VoxelNet 的计算效率，并降低细粒度定位精度的信息损失[9]。同时，它利用 PointNet + + 中的 SA

层来扩大感受野，解决了基于 PointNet 的计算成本高的问题。PV-RCNN 包含两个策略：体素到关键点场景编码（Voxel-to-Keypoint Scene Encoding）和点到网格 RoI 特征提取（Point-to-Grid RoI Feature Abstraction）。该方法将整个检测任务转化为如何聚合关键点特征以进行有效检测，具备 3D 卷积神经网络有效学习和高质量 3Dbox 提案的优点，同时还具有基于 PointNet 的方法中感受野灵活性的优势。

2.3.3 毫米波雷达感知

毫米波雷达利用毫米波信号进行探测，具有较强的穿透能力和抗干扰能力，适用于各种天气条件下的环境感知。毫米波雷达是辅助驾驶系统中不可或缺的传感器，目前已经成为高档车的标配。毫米波是一种线性调频脉冲的电磁波，其频率随时间变化呈线性升高，并且它的穿透力强、分辨率高、抗干扰能力比较好。其工作原理是通过发射毫米波信号，将信号反射回来的时间和强度转化为距离和目标物的特征，实现对周围环境的感知。目前，不同国家在车载毫米波雷达频段分配方面存在差异。然而，其频段主要集中在 24GHz 和 77GHz。这些频段在车载毫米波雷达应用中被广泛使用，24GHz 频段主要用于短距离传感应用，如自动停车和安全警告系统，而 77GHz 频段则主要用于长距离传感应用，如自动紧急制动和自动巡航控制系统。图 2-8 所示为毫米波雷达检测图。

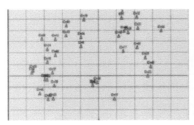

图 2-8　毫米波雷达检测图

毫米波雷达具有高精度、全天候性能、宽带性能、穿透能力强的特点，毫米波雷达的这些特点形成了其独特的优势：

1）穿透能力强，毫米波雷达具有超高的抗干扰能力，不受光照、雨雪、雾等恶劣天气的影响，可以实现全天候的环境感知，具有更强的穿透能力，并且可以工作在较宽的频带范围内，提供更高的测量分辨率和更长的探测距离。

2）毫米波雷达由于其波长短、天线口径小以及元器件尺寸小等特点，其系统具有体积小巧紧凑、重量轻、易于安装在汽车上的优势。此外，相比于其他雷达技术，毫米波雷达对于相同的物体具有更大的截面积和更高的灵敏度，能够精确地探测和定位小目标，从而提供更高的识别精度。

早期的毫米波雷达技术多运用于军事领域，主要用于探测和跟踪敌方飞机、导弹等目标。随着雷达技术的发展与进步，毫米波雷达在 20 世纪 90 年代开始逐步应用于民用汽车领域。1999 年，德国汽车制造商奥迪在其 A8 车型上首次使用毫米波雷达，实现了自适应巡航控制（ACC）和预碰撞系统等功能[10]。同样是 1999 年，日本车厂本田在其 Inspire 车型上采用了毫米波雷达技术，实现了车道保持和自适应巡航控制等功能。2000 年，丰田在其 Celsior 车型上使用毫米波雷达，成功实现了前向碰撞预警和自适应巡航控制等功能。2004 年，欧洲车厂宝马在其 5 系车型上采用了毫米波雷达技术，从而实现车道保持和车辆盲区警示等功能。2012 年，Bsrsch 等人进行了一项研究，使用了 24GHz 毫米波雷达技术对行人进行分类[11]。该研究主要依据行人的物体面积、形状和多普勒光谱等特征来进行行人检测和分类。这些资料表明毫米波雷达技术为自动驾驶目标检测等领域的发展奠定了技术基础。

国内对车载毫米波雷达的研究虽然起步较晚但发力较快，有许多知名高校和优秀企业从事毫米波雷达相关的研究工作。2018 年，余月琴探讨了如何使用调频连续波（FMCW）毫米波雷达进行行人识别，并提出了一种基于多普勒补偿和非线性补偿技术的行人判决器。该算法能够有效提高目标能量的聚焦性能，从而提高行人识别的准确性和可靠性。2020 年，蒋新通过研究多特征融合的分类算法，建立了分类机制和整体分类识别框架，并基于支持向量机算法的原理，设计了一种基于各类道路目标的决策树 – 支持向量机分类识别模型。这一模型可以对道路目标进行有效的分类识别，为智能交通系统的发展提供了有力支持。2020 年，浙江大学利用 77GHz 毫米波雷达技术首先获取行人和车辆的回波数据，然后采用基于密度的聚类算法 DBSCAN 进行点云聚类处理，从而提取出具有十一维特征的点云数据[12]。随后，针对这些反映物体形状和速度的特征，采用基于线性核、多项式核和高斯核的支持向量机进行物体识别分类。

2.3.4 多传感器融合

多传感器融合通过综合利用多种传感器的数据，提高环境感知的准确性和可靠性。不同传感器各有其优缺点，融合多种传感器的数据可以弥补单一传感器的不足，提供更全面和精确的环境感知信息。多传感器信息融合是模仿人脑综合处理各种感知信息的能力，实现对环境中多个传感器获取到的信息进行整合和分析的过程。这种技术可以使得机器能够更加准确地理解周围环境、感知外部情况并做出决策，类似于人类利用各种感觉器官和已有知识来解决问题的方式。多传感器融合的目的是通过融合不同传感器获取到的信息，从而提高检

测的准确性。近年来，国内外研究大多是通过毫米波雷达、激光雷达和视觉三者中的两种传感器进行融合处理。

1. 视觉和毫米波雷达融合

近年来有很多国内研究学者对雷达和视觉融合网络投入大量研究，因此发力较快。2021 年，王章靖等人基于毫米波雷达与摄像头融合的技术实现目标检测与分类，它通过将雷达和摄像头检测到的目标位置进行精确计算，确定相应的感兴趣区域[13]。利用联合分类网络，从频谱和图像中提取微多普勒和纹理特征，从而实现对目标的分类。唐甜针对自动驾驶系统中使用单一传感器进行环境感知的局限，利用毫米波雷达与视觉信息融合对车辆进行检测，解决雷达数据中的噪声杂波以及提出一种图像融合的检测算法[14]。电子科技大学的王宇轩[15]利用异步来处理毫米波雷达和机器视觉的目标，然后基于扩展卡尔曼滤波设计的融合算法进行实验。

国际上在雷达和视觉融合网络方面也有一定的研究成果。RadSegNet 创建一种语义点网格（Semantic Point Grid，SPG）表示，将摄像头图像中的语义信息编码到雷达点云中[16]。为了将语义与雷达点相关联，SPG 查找每个雷达点的摄像头像素对应关系，从摄像头中提取信息，然后添加到雷达中，并在此增强的雷达表示上检测，提取所需的独立信息。CRFNet[17] 和 CenterFusion[18] 均是特征级融合，CRFNet 通过在网络层中融合摄像头数据和雷达稀疏点云投影后的数据，来增强 2D 目标检测的效果，并提出了一种新的训练策略 BlackIn，将网络训练的重点放在学习雷达数据上。CenterFusion 检测网络分为两步：通过视觉检测获得一个初步的预测框；将已经检测出来的 3D 框投影到 BEV 视角中，通过深度和 3D 框的大小去关联毫米波的点云，对框外的点云进行剔除。CRAFT 是2022 年提出的一种非对称融合方法，其在极坐标系下与点云关联，通过自注意力机制来增强毫米波点云[19]。由于毫米波在远处的角度分辨率较低，但是在径向距离上误差小，因此更具有关联价值。

毫米波雷达采样速率为每帧 500ms，而摄像头的采样速率为每帧 200ms。由于采集数据时存在时间延迟问题，在 100ms 内，毫米波雷达仅能获取 1 帧数据，而摄像头则能获取 2 帧数据。一般采用以雷达采样周期为基准的时间同步方式，并采用向下兼容的方式进行同步处理。这样做是由于毫米波雷达采样周期较长，无法与摄像头完全同步，而以雷达采样周期为基准的时间同步方式可以有效地避免数据采集过程中的时间延迟问题。毫米波雷达和摄像头的时间同步如图 2-9 所示。

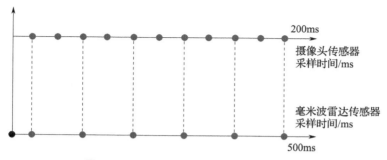

图 2-9　毫米波雷达和摄像头的时间同步

在毫米波雷达点云转换过程中，需要用到世界坐标系。世界坐标系其实是一个假想的三维坐标系。它的作用是从雷达坐标到世界坐标再到摄像头坐标的转换。此外，由于雷达和摄像头安装位置不一样，所以它们存在于不同的"空间"，就需要利用一个中间变量进行转换，来描述摄像头和雷达的位置。视觉和毫米波雷达的融合存在诸多难点，为了使融合检测取得更好的效果，需要将雷达坐标系下的目标位置转换到图像、像素坐标系下，利用世界坐标系作为转换媒介，进而实现不同传感器数据空间上的统一。这种方法在多传感器数据融合中得到了广泛应用。毫米波雷达和摄像头的空间同步如图 2-10 所示。

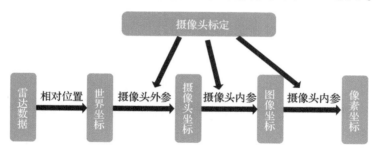

图 2-10　毫米波雷达和摄像头的空间同步

2. 视觉和激光雷达融合

基于激光雷达与摄像头信息融合的三维环境感知方法被越来越多的学者所关注。这种方法能克服单一传感器的局限，优势互补，提升感知的完整性、准确性和可靠性。其按照设计思路大致可分为两类：一类利用成熟的 2D 目标检测模型从 2D 图像中生成二维候选框，然后将其映射到点云进行抽取、处理，从而得到 3D 感兴趣区域；另一类采用多视图融合策略，基于鸟瞰图、前视图、摄像头图像等端到端地进行候选框推荐和边界框回归。

F-PointNet 是一种由二维区域图像驱动的三维目标分割、检测网络[20]，其算法网络结构如图 2 – 11 所示，由三部分组成：视锥体候选框生成（Frustum Proposal）、实例分割（3D Instance Segmentation）、三维边界框预测（3D Amodal Boundary Box Estimation）组成。首先，将基于二维图像生成的 2D 候选框投影、挤压成 3D 视锥体；然后，对视锥体内的点云 $n \times c$（n 个点，每点 c 个通道）进行实例分割（二分类）；接着，应用一个轻量级的 PointNet（T-Net）对分割得到的目标点云（$m \times c$）进行平移、对齐，使其形心靠近三维边界框中心；最后执行三维边界框回归。F-PointNet 将成熟的 2D 目标检测器和先进的 3D 网络模型相结合，使其在强遮挡或点稀疏的情况下仍能精确地估计三维边界框，具有良好的远、小目标检测性能。

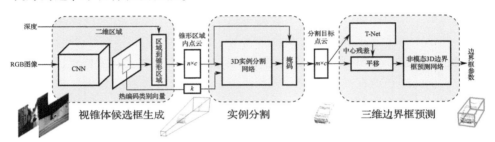

图 2-11　F-PointNet 算法网络结构

AVOD 是一种基于聚合视图的三维目标检测算法，其算法网络结构如图 2 – 12 所示，首先，设计特征提取器，分别作用于点云鸟瞰图和 RGB 图像，以生成高分辨率特征图；然后，将先验锚框投影到相应特征图上提取区域特征，将来自不同视图的区域特征融合后，经由全连接网络生成可靠的三维候选框；最后，将候选框重投影、重采样、再融合（过程类似锚框处理），基于多模态特征的融合结果进行边界框回归和类别预测。

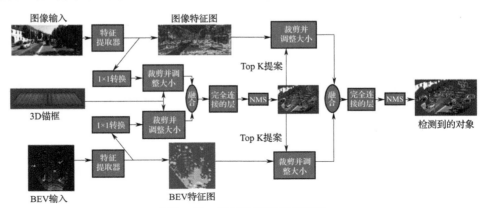

图 2-12　AVOD 算法网络结构

2.4　车前路面特征感知

车前路面特征感知是确保自动驾驶车辆能够安全行驶的重要技术之一。本节介绍了不同路面特征感知方法，包括路面结构检测、路面状态评估和路面标线识别等。

2.4.1　车前路面不平度检测

车辆前方路面信息的引入可以有效提升动力学控制系统、驾驶员辅助系统和无人系统的效能，为车辆带来动力性、舒适性与安全性的提升并强化自车的态势感知能力。而现有的底盘电控和智能驾驶系统通常缺乏对车辆前方路面附着特性和凹凸不平等复杂轮地关系的精准检测手段，从而难以根据前方路面状况主动调节车辆的驾驶行为。在介绍具体感知技术前，首先应当确定影响轮地关系的路面特征分类，见表 2 - 1。

表 2 - 1　影响轮地关系的路面特征分类

几何属性		物理属性		使用属性	
路面不平度	路面粗糙度	摩擦系数	路面质地	路面设施	路面破损
颠簸、起伏	路面纹理	路面材质	松软路面	减速带	裂纹、坑
路面坡度	路形	覆盖物	坚硬路面	井盖等	洞、车辙

根据国际耐久性协会提出的路面构造分类，沿纵剖面（沿车辆行驶方向）的路面不平度根据波长可分为：长波、短波、粗糙纹理。波长越短，造成车辆振动的频率越高，轮胎磨损也越严重；波长越长，车辆行驶时路面不平度对舒适性的影响越大。路面的物理属性主要由路面的质地、路面的路面材质及覆盖物决定。在车前路面状态即物理属性的感知中，主要关心的是路面峰值附着系数。路面的使用属性主要包括两方面：①为了发挥路面功能而人工修建的路面设施；②路面自身在使用过程中产生的破损、缺陷等。

本节聚焦于对车辆轮地关系影响较大的两类路面特征：路面不平度和路面附着特性。图 2 - 13 所示为路面信息的种类及其所需的环境感知传感器，同时列举了道路信息在车辆动力学控制系统、辅助驾驶系统和智能驾驶系统中的应用及其带来的有益效果。

路面不平度、路面凸起/凹陷或具有高程的路面设施（如减速带、井盖等）

会对车辆带来振动与冲击，不仅对舒适性造成影响，还容易导致车辆部件的损坏。当车辆高速驶过路面坑洞时，容易引发爆胎事故。因此，获得车辆前方的路面不平度信息并提前做出相应的反应对于提高车辆的舒适性、安全性与操纵稳定性具有重要意义。

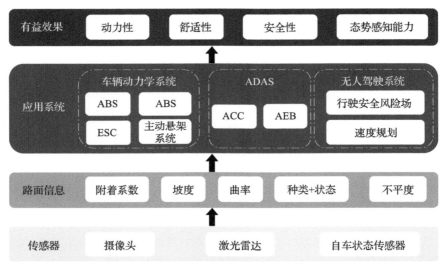

图 2-13　路面信息的获取、应用及有益效果

1. 车前路面不平度信息的获取

路面不平度信息获取的技术方案可分为 3 类：①基于动力学响应，通过布置在轮轴或车身的加速度传感器等实时解算车辆当前位置的路面不平度，通常应用于半主动/主动悬架的控制或路面辨识；②基于预瞄传感器，通过自车搭载的环境感知传感器，如激光雷达（LiDAR）、立体摄像头等，获取车辆前方一定范围内的路面高程信息；③基于外部信息源输入，通过地面基站、其他车辆或道路测量产生的数据库获取道路信息，通常与 V2N（Vehicle-to-Network）、V2I（Vehicle-to-Infrastructure）和 V2V（Vehicle-to-Vehicle）等通信系统相关联。本节主要关注基于预瞄传感器的路面不平度信息获取方案。

目前，主流的车前路面不平度重构方案主要采用激光雷达和立体摄像头。激光雷达与毫米波雷达相比，具有更高的角分辨率，能够扫描并生成物体的三维轮廓；与立体摄像头相比，具有更远的有效探测距离和更为准确、稳定的测距信息。同时，激光雷达还具有较高的采样率和较广的视野范围，通过对多帧扫描进行匹配叠加，可以构建稠密的地形地图以解决单帧扫描点云稀疏的问题。因此，激光雷达是目前最为常用的路面扫描传感器。采用激光雷达重构路面不平度需要基于激光雷达原始点云特性设计感知算法。首先, 激光雷达点云分布具有近处密集、远处稀疏的特点; 同时, 对于路面特征的尺度来说, 当前自动驾驶车辆常用的 16 或 32 线激光雷达的点云密度仍不够稠密, 如图 2-14a 所示。其次, 多线激光雷达的垂直分辨率分布不均匀。由于目前多线激光雷达均针对交通参与者和障碍物的感知任务而设计, 因此在接近激光雷达中心平面的区域垂直分辨率较低, 在远离中心的区域线束逐渐发散, 如图 2-14b 所示。这导致水平布置的激光雷达投射到地面上的点云密度较为稀疏, 难以对路面的坑洞、减速带等特征进行精确的表征。

a)　　　　　　　　　　　　b)

图 2-14　激光雷达点云特性

　　针对激光雷达点云密度稀疏的问题, 目前常用的做法是将多帧点云数据叠加到车前一定的区域内, 如图 2-15 所示。为增加路面点云的信息密度, 需要将多帧点云统一到一个共同的坐标系下。在这一过程中通常需要引入如下四个坐标系: 惯性坐标系、车身坐标系、传感器坐标系以及地图坐标系。通过将点云由传感器坐标系转换到地图坐标系, 同时以一定的规则移动地图坐标系并更新候选区域内的点云点实现多帧点云的叠加。

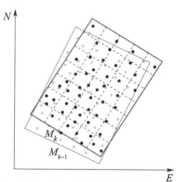

图 2-15　点云的多帧叠加

　　为了便于路面轮廓高程值或其他特征信息的存储与索引, 需要将环境空间以一定规则进行离散化。环境空间离散化技术源自于移动机器人领域对环境模型的数字化重构。早期受传感器技术所限, 对环境的建模通常不包含路面的高度信息, 如基于特征点的 SLAM 地图和二维占用栅格地图。为了解决地面无人车辆在非结构路面的导航问题, 基于规则网格的 2.5D 数字高程模型开始被应用于地形表示中。该模型将环境离散化为间隔均匀的 2D 单元网格, 每个网格由一个位于其中心的节点代表, 每个节点都具有唯一的高度值, 表示网格内的最大/平均高度。2.5D 规则网格地图更适用于在较小的平面范围内表征较大的高程差, 而倾斜表面或曲面受地图数据结构的限制，表面质量较差。为实现对地形的连续表示，有研究者提出了 2.5D 三角网格模型。该模型由一系列三角形表面元素组成，能够根据环境的粒度和传感器点云数据的密度调整地图单元的尺寸，从而更高效地利用存储空间。此外，在环境的三维重构领域出现了八叉树地图（OctoMap），它将空间离散为一系列立方体并根据其被占据的情况动态调整地图的空间分辨率。近年来，为了增强无人车对复杂轮地关系的感知能力，还出现了融合多种路面属性信息的多模态地图。

对于在路面不平度重构区域内雷达点云密度不均匀的问题，通常采用多分辨率地图法和扩展采样区域法来均衡地图中的数据密度。在上述 2.5D 规则网格地图中，构成地图单元的网格尺寸处处相同；而在多分辨率地形地图中，地图单元网格的尺寸根据点云密度的变化而变化，这样既保证了靠近车辆部分的地形重构有足够的细节，也使远处的地形块内有足够的数据。图 2-16 所示为采用循环缓冲区的多分辨率地形地图构建方法。地图根据分辨率的大小划分为 3 个层次，随着分辨率的降低，地图层级覆盖的区域逐渐扩大。当车辆运动时，地图与车辆的相对位置关系以及每一层次的单元格数量保持不变。随着车辆的移动，不断有车辆前方的点云数据超出地图范围，同时地图尾端的单元格内不断有点云离开。地图更新算法会不断清除无数据单元格并向新产生的数据区域添加单元格，通过这种方式实现地图随车辆的移动。

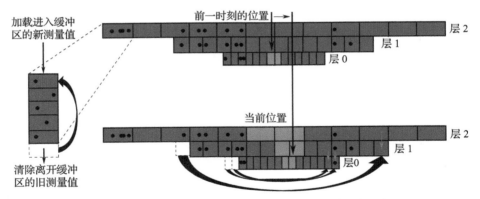

图 2-16　采用循环缓冲区的多分辨率地形地图构建方法

对于地图中数据缺失区域的修复问题，有研究者将计算机视觉领域的卷积方法应用于规则网格地图的降噪与修补中，采用滤波器对网格地图进行卷积操作，使得缺失数据的网格可以由其临近网格内的地形参数进行估计。

当车辆在不平路面上运行时，车辆位姿的动态变化会对路面高程估计造成很大影响。因此，有必要对车辆位姿变化引起的传感器数据偏差进行补偿。对于激光测距传感器，通常需要对车身质心处的垂直位移、由车身俯仰和侧倾引起的传感器处的垂直位移以及传感器的布置与水平方向所呈的角度等进行补偿。

2. 车前路面不平度重构算法

在车辆上应用的路面重构系统应当充分考虑系统的精度、实时性、稳定性和成本等。因此，下面介绍一种基于单线激光雷达的路面不平度重构方案。为了增加点云密度，选择将激光雷达垂直布置于前照灯位置处以获得车轮轨迹前方的路面高程轮廓。单线激光雷达点云往往呈现出以下特性：①激光雷达测量点在测量范围上分布不均匀，呈现近处密集、远处稀疏、中远距离的路面轮廓细节难以得到准确的表征；②点云点在路面上的投影并非无限小的几何点，而是呈现为随距离增加而不断扩张的光斑，实际上每个离散测量值都将映射为测量光斑的平面分布，因此需要对测量值在光斑平面上返回位置的统计学特性进行表达，单线激光雷达测量点的概率密度分布如图 2-17 所示；③单线激光雷达的测量误差通常在 ±2cm 之间，提高测量精度的关键在于对同一位置进行多次扫描，进而利用统计学特性通过多帧匹配叠加获得测量值的准确估计。

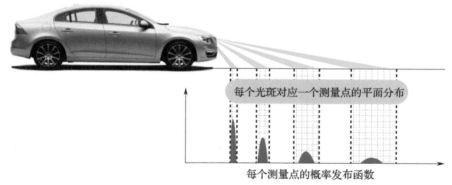

每个光斑对应一个测量点的平面分布

每个测量点的概率发布函数

图 2-17　单线激光雷达测量点的概率密度分布

基于上述考虑，将道路高度信息与概率密度函数相联系，为算法加入测量的统计学特性。假设测量值返回在光斑平面范围内服从正态分布，其概率密度函数如下式所示：

$$\xi_i(x) = \frac{1}{\sigma_i(x_i)\sqrt{2\pi}}\exp\left\{-\frac{1}{2}\left[\frac{x - x_{\mathrm{ref},i}}{\sigma_i(x_i)}\right]\right\} \qquad (2-14)$$

式中，$\sigma_i(x_i)$ 为光斑尺寸，是一个与测量距离相关的函数，需要通过试验测定；x_i 为激光雷达返回的测量点位置；$x_{\mathrm{ref},i}$ 为实际测量点的中心。

如前所述，仅通过单帧激光雷达扫描信息重构路面会导致测量结果的不准确与不完整，因此如果能够充分利用连续扫描的采样点存在部分重叠这一事实，可以在一定程度上将扫描信息叠加以提高信息密度。为了使相邻帧的点云具有相同的距离基础，构建等距移位寄存器以存储叠加、融合后的高程估计值，并根据当前扫描帧的每个扫描点为等距移位寄存器的每个位置建立一个概率密度函数，进而形成了如下概率密度矩阵：

$$\boldsymbol{\xi}_i(x_{\text{register},j}) = \frac{1}{\sigma_i(x_i)}\exp\left\{-\frac{1}{2}\left[\frac{x_{\text{register},j} - x_i}{\sigma_i(x_i)}\right]^2\right\} \tag{2-15}$$

式中，$x_{\text{register},j}$ 为等距移位寄存器每个点的坐标；x_i 为原始点云点的坐标；$i = 1,\cdots,n$，$j = 1,\cdots,m$，n 和 m 分别为点云点数量和等距移位寄存器的等距点数目。这样既使得所有扫描点具有相同的坐标参考，又充分利用了采样点的重叠，提高了信息密度。

在将新旧扫描进行匹配之前必须考虑两帧扫描之间的相关性，由于测量值的分布是一个服从正态分布的光斑平面。因此，新旧扫描对应点的概率密度曲线的重叠区域为两帧扫描的相关性范围，重叠区域面积为相关性系数。相关性系数取决于车速和激光雷达的扫描频率，激光雷达的扫描频率越高，两帧间的重叠区域也就越大，从而使重构算法能在更高的车速下保持较高的精度。在扫描频率一定的情况下，随着车速的增加，两帧扫描之间的重叠区域越来越小。因此，重构算法只有在一定的车速范围内才能进行有效的匹配与融合。扫描匹配时的相关性如图 2-18 所示。

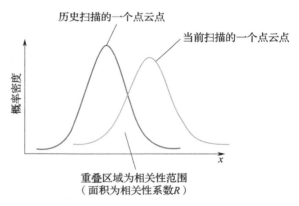

图 2-18　扫描匹配时的相关性

在此基础上，使用当前扫描以及历史扫描的信息以提高道路信号质量。通过一维卡尔曼滤波融合计算出道路高程轮廓更新后的估计值：

$$z_{\text{filtered}} = \frac{z_{\text{register},\text{hist}}\sum\xi_{\text{hist}} + z_{\text{register},\text{cur}}\sum\xi_{\text{cur}}}{\sum\xi_{\text{hist}} + \sum\xi_{\text{cur}}} \tag{2-16}$$

式中，$\sum\xi_{\text{cur}}$ 和 $\sum\xi_{\text{hist}}$ 分别为当前和历史扫描的点云点的概率密度分布函数在寄存器每个等距点上的概率密度值的累加；$z_{\text{register},\text{cur}}$ 和 $z_{\text{register},\text{hist}}$ 分别为等距移位寄存器当前扫描和历史扫描的高程序列；z_{filtered} 为融合后的路面轮廓高程值。

3. 车前路面不平度重构技术的应用

路面不平度信息有助于对路面凸起/凹陷等特征进行准确识别，从而实现具有前瞻性的智能底盘运动控制。此外，车辆前方路面不平度信息的引入能够有效提升车辆的态势感知能力，将决策规划与运动控制从平面扩展到曲面。下面将从主动悬架预瞄控制和高级驾驶辅助系统两个应用领域对车前路面不平度重构技术的应用进行简要介绍。

将路面不平度信息应用于车辆运动控制中的研究最早出现在 1968 年，Bender提出了车前路面轮廓预瞄的概念，他采用维纳滤波器和四分之一车辆模型合成了具有前方道路轮廓和无限预瞄时间的传递函数，并与无预瞄最优控制方法进行比较，结果表明，有预瞄的控制方法能够显著提高车辆的平顺性。图 2-19所示为具有预瞄功能的主动悬架与无预瞄主动悬架的性能对比。该试验采用液压供能的主动悬架系统和无状态反馈的前馈补偿器。在液压执行器中输入两个级别的压力，分别为 30bar（$1bar = 10^5 Pa$）和 70bar，代表在各自的测试中能够达到的最大压力。当以 70bar 执行器压力在平整路面行驶时，引入预瞄控制能够对车身垂向加速度和轮胎垂向力变化带来约 30% 的改善；在粗糙路面上，对车身垂向加速度和轮胎垂向力变化的改善分别约为 29% 和 60%。

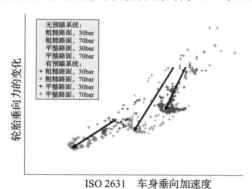

图 2-19　具有预瞄功能的主动悬架与无预瞄主动悬架的性能对比

当前的高级驾驶辅助系统（Advanced Driving Assistance System，ADAS）的使用场景通常是铺装道路，旨在降低驾驶员的操作负担、拓展驾驶员的感知能力、辅助驾驶员对车辆进行控制以保障行车安全。在车辆的 ADAS 中实时引入前方路面信息可以有效提高此类系统的效率。当前的自动驾驶车辆的感知和规划等系统均以平整路面假设为基础，很少将路面不平度对舒适性的影响纳入考虑。对于车辆舒适性的提升，除了主动悬架系统外，有经验的驾驶员还会根据路面的状况调整车速。通过建立车速、路面不平度与车辆的垂向振动或加速度响应三者之间的关系，可以利用动态规划原理对车辆的速度进行优化以实现基于舒适性的速度规划方法；也有研究采取监督学习的方式使车辆在遭遇冲击时的减速过程与人类驾驶员的驾驶行为相匹配。此外，对于路面坑洞和破损的检测也能够为驾驶员提供对前方危险道路事件的预警信息；将该信息共享至云端能够使路政部门快速获悉路面的状态。路面坑洞检测系统如图2-20所示。

图2-20　路面坑洞检测系统

2.4.2　车前路面状态检测

1. 车前路面状态信息的获取

路面附着系数表征轮胎与路面之间能够产生的最大相互作用力，直接影响着汽车的驱动性、制动性以及操纵稳定性。提前感知前方路面附着特性的变化有助于主动安全系统及时调整控制策略。当前对路面附着特性的识别方法主要可分为两类：基于原因（Cause-Based）的识别方法和基于结果（Effect-Based）的识别方法。基于原因的识别方法主要通过附着特性的产生机理，如路面的材质与纹理、轮胎与路面中间层的性质（路面积水、积雪、结冰等），同时结合经验模型预测路面的附着系数。采用Cause-Based的方案需要通过视觉或雷达传感器对车辆前方的路面进行主动探测，结合已有的数据集以及路面状态分类与附着系数之间的映射关系判断车前的附着系数范围。（Effect-Based）的方案利用车辆在不同路面行驶时车身或轮胎产生的动态响应信息估计当前行驶路面的附着系数。与 Cause-Based 的方案相比，该方案无须安装额外的环境感知传感器。路面附着特性估计方案分类如图 2 - 21 所示。

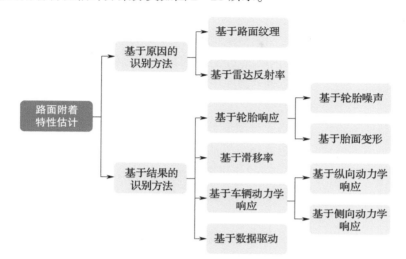

图 2 - 21　路面附着特性估计方案分类

Effect-Based 的方案不依赖任何先验信息，环境适应性好且能够获得每个车轮处的附着系数精确估计值。但该方案存在如下缺陷：接触式的附着特性估计方案需要一定的激励水平才能获得准确的估计值，这意味着在车辆运行时，需要在一定强度的驱动或制动工况下才能发挥作用；基于状态估计的方法依赖于车辆与轮胎模型的精度，车辆与轮胎的部分参数难以准确获取；此外，Effect-Based 的附着特性估计方法只能实现被动式的底盘控制系统，底盘电控系统在估计由激励作用产生的车辆动态参数响应后才执行控制动作，无法实现最优的控制效果。因此，下面主要针对 Cause-Based 的方案进行介绍。

2. 车前路面状态辨识算法

通过视觉传感器对前方路面的种类与状态进行辨识能够有效提高当前辅助驾驶系统的效能。基于视觉信息方案的实现成本低且便于与现有的智能驾驶系统的感知设备结合，无须添置额外的环境感知传感器，因此得到了广泛的应用。通过该方法估计路面的附着系数分为两个主要阶段：①通过车载摄像头拍摄得到的图像识别路面类型；②基于先验知识建立路面类型与附着系数之间的映射关系。

目前，路面类型的识别多采用卷积神经网络（CNN）模型进行图像分类。常用的分类网络包括 AlexNet、ResNet、SqueezeNet、VGG 等。所涉及的路面类型与状态通常包括干/湿沥青路面、干/湿水泥路面、草地、积雪路面、结冰路面、砾石路面、鹅卵石路面等。目前有研究通过自行采集的数据集将路面的种类与状态划分为 12 个类别，在验证集上达到了 97.35% 的准确率，在新采集的数据集上准确率达到 84%。

　　尽管基于分类网络的方法能够在典型路面上取得较高的精度，但当前方路面状况不断变化时，基于分类网络的方法由于只能输出路面类型标签而无法处理混合路面。因此，为了增强车辆对复杂路面条件的理解，近年来许多研究者将语义分割技术应用于路面状态辨识。通过语义分割，不仅能够获得混合路面的状态分类，还能够输出不同路面类型所处的区域且可以有效避免非路面区域的影响。因此，下面将通过一个案例介绍基于语义分割的路面附着特性辨识方法。

　　实现对路面类型准确识别的前提条件是能够建立完善的路面图像数据库。首先通过长时间的路面图像数据采集实验，收集了包含不同季节、不同天气状况（晴天、阴天、雨天、雪天）和不同时间段（白天、傍晚、夜晚）的车载视频数据。为平衡样本比例，通过自动驾驶开源数据集和网络素材进行样本补充。整理得到了含 8 种路面类型的图像样本库，包括砖铺路、松雪、冰膜、压实雪、干沥青、湿沥青、干水泥、湿水泥，如图 2-22 所示。然后采用镜像、平移和调整明暗度的方法来扩充数据规模。最终得到了每个类别均为 1000 张，共计 8000 张路面样本图像。

图 2-22　不同类型路面图像示例

　　在完成数据集构建后，通过语义分割网络提取路面区域，首先应当选择合适的语义分割网络。语义分割网络的设计包括如下结构：ShuffleNet V2 特征提取器、编码器头（Dense Prediction Cell，DPC 或 DeepLab V3）、解码器（双线性插值上采样模块）和预测输出模块。上述语义分割网络用于在车辆运行时实时提取路面区域，然后将只包含路面区域图像送入分类网络进行分类。对于路面区域的提取任务，采用 Cityscapes 数据集对语义分割模型进行训练。然后将原始图像网络和语义分割后的网络通过掩膜处理，得到仅包含道路区域的路面图像数据集，这将作为训练与评估路面类型分类识别网络的最终数据集。由于此时经过语义分割网络和掩膜处理的图像仅包含路面区域，因此可以通过图像分类网络对路面类型进行辨识。目前，基于视觉的车前路面状态识别方法仍存在以下问题：①目前尚未出现统一的路面分类和附着系数估计精度的评估基准，许多研究都是基于研究者自行采集的数据集进行模型的训练与评估，难以对不同方法的性能进行对比；②基于视觉的路面分类精度依赖于数据集样本的规模和多样性，目前并没有针对路面分类任务的数据集，只能从当前用于自动驾驶的数据集中收集图像，而单一数据集覆盖的道路种类、光线和天气状况较少且各类样本数量分布不均匀；③基于纹理特征的方法易受环境因素的干扰，如干燥路面上的阴影会导致其被错误分类为潮湿路面；④绝大多数基于视觉的路面附着系数估计的研究仅实现路面分类或针对某几种道路输出固定的附着系数，难以对混合路面进行有效的处理。

激光雷达在不同材质表面上的反射强度存在差异，可以利用这一特性实现对前方路面状态的主动探测。图 2-23 所示为基于激光雷达反射率的路面附着特性辨识技术流程。首先对路面区域的点云点进行提取，滤除交通参与者和障

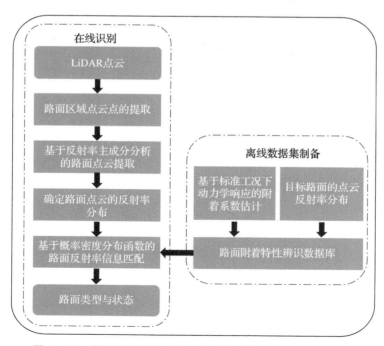

图 2-23 基于激光雷达反射率的路面附着特性辨识技术流程

碍物上的点云。然后假设在同一类型的均质路面上激光雷达反射率呈正态分布，可采用混合高斯分布模型求解其反射率分布的均值和标准差，从而将不属于路面的部分（如车道线和路面交通标志）剔除。最后将路面点云反射率的概率密度分布函数与数据集中的先验信息进行匹配得到当前路面状态。

3. 车前路面状态检测技术的应用

传统被动式动力学控制系统往往根据车轮或车身运动状态的变化确定路面状态，其控制作用具有一定的滞后性。将车前路面信息引入此类系统中能够使车辆在驶入不良路况前完成对自身运动状态的调节，从而避免车辆失稳。对于防抱死制动系统（ABS），车前路面状态信息能够使 ABS 在第一个循环周期以最优的制动压力进行制动以缩短制动距离，但在后续的循环周期内对制动效能的改善并不明显；对于牵引力控制系统（TCS），将车前路面状态信息用于最优滑转率的选择能够提高车辆的动力性和在复杂路面下的通过性；对于电子控制悬架（ECS），车前路面状态信息的引入能够有效提高质心侧偏角的观测精度，从而提高车辆在紧急规避工况下的操纵稳定性。

在当前的 ADAS 中，路面摩擦系数通常是一个静态值。该值是根据城市沥青路面的平均摩擦水平设置的，这会导致在积雪、结冰和湿路面上产生较大的误差。对于自适应巡航控制（ACC）系统，路面附着系数可用于参与安全距离的计算或作为车辆加减速度或其他动力学参数的约束条件。对于自动紧急制动（AEB）系统，车辆的最大减速度/制动强度取决于路面的附着系数。对于具有固定摩擦系数的 ADAS，采用较高的默认值会导致在低附着系数路面的临界距离过小，存在碰撞的安全隐患；采用中等或偏低的默认值会导致系统在高附着系数路面上过早地起动。尽管当前基于车辆动力学响应的附着系数估计方法已经用于 ACC 或 AEB 系统的控制当中，但当车辆前方路面类型发生跳变或遭遇混合路面时，前瞻性的路面状态辨识系统更能提高车辆应对复杂路况的能力。

参考文献

[1] 全国汽车标准化技术委员会. 汽车最高车速试验方法：GB/T 12544—2012[S]. 北京：中国标准出版社，2012.

[2] 中华人民共和国公安部. 机动车安全技术检验项目和方法：GB 38900—2020[S]. 北京：中国标准出版社，2020.

[3] 全国汽车标准化技术委员会. 汽车速度表、里程表检验校正方法：GB/T 12548—2016[S]. 北京：中国标准出版社，2016.

[4] GAN X L, SHI H, YANG S, et al. MANet: End-to-end learning for point cloud based on robust pointpillar and multiattention[J]. Wireless Communications and Mobile Computing, 2022, 10: 202 – 209.

[5] XIE J, ZHENG Z, GAO R, et al. Generative VoxelNet: Learning energy-based models for 3D shape synthesis and analysis[J]. IEEE Transactions on Pattern Analysis and Machine Intelligence, 2020, 44 (5): 2468 – 2484.

[6] ALSFASSER M, SIEGEMUND J, KURIAN J, et al. Exploiting polar grid structure and object shadows for fast object detection in point clouds[C]//Twelfth international conference on machine vision (ICMV 2019). Washington: SPIE, 2020, 11433: 111 – 118.

[7] SHOKRI D, ZABOLI M, DOLATI F, et al. PointNet + + transfer learning for tree extraction from mobile lidar point clouds[J]. ISPRS Annals of the Photogrammetry, Remote Sensing and Spatial Information Sciences, 2023, 10: 721 – 727.

[8] ZHU Y, XU R, AN H, et al. Anti-noise 3D object detection of multimodal feature attention fusion based on PV-RCNN[J]. Sensors, 2023, 23(1): 233.

[9] 黄昌霸. 车载毫米波雷达目标检测技术研究[D]. 成都: 电子科技大学, 2020.

[10] BARTSCH A, FITZEK F, RASSHOFER R H. Pedestrian recognition using automotive radar sensors [J]. Advances in Radio Science, 2012, 10(B. 2): 45 – 55.

[11] ZHAO Z, SONG Y, CUI F, et al. Point cloud features-based kernel SVM for human-vehicle classification in millimeter wave radar[J]. IEEE Access, 2020, 8: 26012 – 26021.

[12] WANG Z, MIAO X, HUANG Z, et al. Research of target detection and classification techniques using millimeter-wave radar and vision sensors[J]. Remote Sensing, 2021, 13(6): 1064.

[13] 唐甜. 基于毫米波雷达与视觉信息融合的前方车辆检测[D]. 成都: 电子科技大学, 2021.

[14] 王宇轩. 毫米波雷达与机器视觉双模探测关键技术的研究[D]. 成都: 电子科技大学, 2020.

[15] BANSAL K, RUNGTA K, BHARADIA D. RadSegNet: A reliable approach to radar camera fusion [J]. arXiv preprint arXiv: 2208. 03849, 2022.

[16] NOBIS F, GEISSLINGER M, WEBER M, et al. A deep learning-based radar and camera sensor fusion architecture for object detection [C]//2019 Sensor Data Fusion: Trends, Solutions, Applications (SDF). New York: IEEE, 2019: 1 – 7.

[17] NABATI R, QI H. Centerfusion: Center-based radar and camera fusion for 3D object detection[C]// Proceedings of the IEEE/CVF Winter Conference on Applications of Computer Vision. New York: IEEE, 2021: 1527 – 1536.

[18] KIM Y, KIM S, CHOI J W, et al. CRAFT: Camera-radar 3D object detection with spatio-contextual fusion transformer[J]. arXiv preprint arXiv: 2209. 06535, 2022.

[19] QI C R, LIU W, WU C, et al. Frustum pointnets for 3D object detection from RGB-D data[C]// Proceedings of the IEEE Conference on Computer Vision and Pattern Recognition. New York: IEEE, 2018: 918 – 927.

[20] WANG Z, JIA K. Frustum convNet: Sliding frustums to aggregate local point-wise features for amodal 3D object detection[J]. arXiv preprint arXiv: 1903. 01864, 2019.

第3章
智能驾驶环境认知技术

3.1 概述

随着汽车数量的增加，道路安全问题受到人们的广泛关注。虽然传统的汽车安全控制系统如汽车防抱死制动系统和汽车车身电子稳定系统等，在一定程度上能够改善汽车行驶安全性，但由于这类系统一般不考虑汽车行驶过程中人和环境的因素，其作用仍然十分有限。相关报告指出，在交通事故中由驾驶员疏忽引发的事故比例超过90%，人为因素已经成为交通系统中最薄弱的一环。

自动驾驶以及高级驾驶辅助系统（ADAS）等技术可有效地解决此类问题，因此成为时下的研究热点。自动驾驶的目的就是全面评估周围环境的态势，进而规避风险获得安全舒适的乘车体验。轨迹预测作为自动驾驶技术中的一环，能够使 ADAS 等技术得到进一步提升。然而，真实场景中交通情况的错综复杂以及不同交通参与者行动特性的不同，使得轨迹预测长期以来都是研究人员重点研究的方向。因此，作为交通参与者的重要组成部分，研究者们对车辆和行人的预测投入了大量的研究工作。

此外，随着智能汽车研究的不断深入，人们对车辆环境感知能力的精度、鲁棒性和稳定性要求越来越高。利用多源传感器数据进行环境目标的综合识别，可以拓宽智能汽车感知探测的时空覆盖范围，提高检测的准确度，博采众长地发挥各类传感器的优点，从而有效提高目标识别的准确率和可靠性，而且多传感器融合后抗干扰噪声的能力也远远优于单个传感器，增强了系统的鲁棒性和容错性。信息融合的意义主要就在于准确识别被测目标并理解目标，对于智能汽车，周围障碍物识别和环境的语义划分无疑是决策环节中最重要的一环，具有很高的研究应用价值。然而，仅基于道路检测的自动驾驶决策可能无法处理某些紧急情况，例如在某些紧急情况下，由于车辆或行人突然出现，检测到可行的道路变得无法行驶。事实上，当驾驶汽车时，驾驶员通过将障碍物与非障碍物分类来理解场景，而不仅仅是识别道路中的一些标志物。因此，当紧急情况发生时，驾驶员通过对道路环境的理解可以采取不同的应急措施。对于智能汽车来说，这种对周围环境的语义理解能力同样重要，它为后续的决策过程提供了更全面的信息，允许智能汽车像人类驾驶员一样驾驶车辆。在这样的背景下，智能汽车动态地图的概念应运而生。智能汽车动态地图构建是车辆环境认知发展的核心技术，它的主要工作原理是借助各类车载传感器数据和车辆自身状态信息，依据先验知识建立当前车辆周围环境的紧凑表达模型，实现了智能汽车对环境更深层次的理解，保障了智能汽车的行驶安全。

本章将主要讨论智能驾驶系统认知环节的各个组成部分，分别从智能汽车车辆运动预测、智能汽车行人运动预测、智能驾驶动态地图建模以及认知模型在行为决策中的应用四个方面展开论述，探讨其理论及作用机理。

3.2　智能汽车车辆运动预测

3.2.1　车辆轨迹预测

1. 基于物理模型的短期预测

基于物理模型的方法虽然在长期预测中的效果不佳，但是却胜在模型简单、计算效率高。它将车辆表示为受物理定律支配的动态实体，利用动力学和运动学模型预测未来运动。这些模型将转向、加速等控制输入和重量等车辆特性，以及路面摩擦系数等外部条件与车辆位置、速度、航向角等运动状态的演变联系起来，如图 3-1 所示。

车辆动力学模型主要用于描述车辆所受力与其运动之间的联系，所受力主要是轮胎与路面之间相互作用所提供的附着力。驾驶员对发动机、变速器、车轮等进行的操作，使得车辆受复杂物理关系支配，因此其动态模型可能会非常复杂。同时，动力学建模需要车辆精准的物

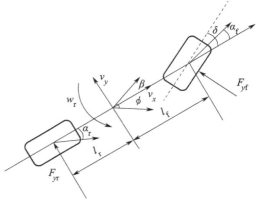

图 3-1　二自由度车辆动力学模型

理参数，如转动惯量、转向系传动比、质心与前后轴距离等，而这些参数往往很难精确得到。复杂动力学模型主要用于车辆操纵性、转向驱动性等方面的研究，其计算求解实时性差且时间代价昂贵，因此只有将其简化才能满足运动预

测实时性的要求。经典的二自由度模型就是最简单的动力学模型，如图 3-1 所示，它将车辆简化为两轮运动自行车。运动学模型则相对简单，它是车辆实际运动状态与车辆运动参数之间的映射表达。

受车载传感器自身精度以及环境噪声影响，速度、加速度、横摆角速度等一些车辆重要状态参数无法准确获得。因此，不少学者利用正态分布将这些车辆的状态参数建模为高斯分布概率模型。为了处理高斯噪声，最常用的方法是卡尔曼滤波，它可以从嘈杂的传感器观测值中递归估计车辆的状态。下面将通过一个基于无损卡尔曼滤波的预测实例来说明。

（1）无损卡尔曼滤波

卡尔曼滤波主要是根据系统的观测数据及其线性状态方程，对于系统的状态做出最优估计，由于数据中存在噪声，一般也将上述过程看作针对观测数据的滤波过程，目前已经广泛应用于通信、控制和导航等方面。卡尔曼滤波通过高斯函数实现测量数据和预测结果的不断更新和迭代，它能够滤除传感器原始数据的噪声，也能利用系统状态方程对传感器的不可观测量进行最优估计，其根本是使用系统的状态方程预测状态值，再通过传感器测量值对其修正，以获得最优值的过程。

然而，卡尔曼滤波只适用于线性高斯模型，但在实际系统中却存在着多种多样的非线性关系，需要进行开方、平方等运算。对此，产生了在非线性系统中应用更为常见的是扩展卡尔曼滤波（Extended Kalman Filter，EKF）。利用所有变换都是准线性的假设，EKF 简单地线性化所有非线性变换，并用雅可比矩阵代替 KF 方程中的线性变换。虽然 EKF 保持了 KF 优雅且计算效率高的递归更新形式，但它受到许多严格的限制。经验表明，EKF 除了可靠性之外，难以实施、难以调整，且由于拓展卡尔曼滤波对于每个具体的问题都要求解对应的一阶偏导（即雅可比矩阵），而求解雅可比矩阵本身就是费时的计算，这导致扩展卡尔曼滤波的实时性较差，这对于智能汽车系统是难以接受的延迟。因此，在本案例中选用一种计算量相对较少的状态估计算法：无损卡尔曼滤波，它是一种通过非线性变换来实现均值和协方差信息更新迭代的方法，它更准确、更容易实现，并使用与线性化相同的计算顺序。

无损卡尔曼滤波（Unscented Kalman Filter，UKF）是一种新型的滤波估计算法。它以无损变换为基础，采用了统计线性化技术，同时沿用了原有的框架，但放弃了对非线性函数进行线性化的传统做法。无损卡尔曼滤波借助无损转换来处理均值和协方差的非线性传播，考虑的是随机变量的拓展，通过对其传递函数概率密度分布的模仿，借助确定的样本集来近似状态的后验概率。由于无损卡尔曼滤波近似的是传递函数的概率分布，而不是函数本身，因此不必对雅可比矩阵进行求导计算。

（2）基于无损卡尔曼滤波的车辆预测模型

利用无损卡尔曼滤波进行车辆的跟踪，需要选择合适的车辆运动模型。根据运动模型的复杂程度（次数）将常用的运动模型进行分类，主要可分为一次运动模型（也称线性运动模型）和二次运动模型。一次运动模型主要包括恒定速度（CV）模型和恒定加速度（CA）模型，上述一次运动模型均假定目标是进行直线运动的，并不考虑车辆的转弯。二次运动模型主要包括恒定转率和速度（CTRV）模型、恒定转率和加速度（CTRA）模型，CTRV 模型目前多用于机载追踪系统（飞机），这些二次运动模型大多假定速度 v 和偏航角速度 ω 没有关系，因此在这类运动模型中很容易受到角速度测量不稳定因素的影响。为了解决这个问题，速度 v 和偏航角速度 ω 的关联可以通过令转向角 φ 恒定的方法来确定，这样就引出了恒定转向角和速度模型。

2. 基于意图识别结果的长期预测

尽管现有的隐马尔可夫模型（Hidden Markov Model，HMM）、高斯过程回归、支持向量机和概率有限状态机等方法能够实现一定程度上的轨迹预测。然而，这些方法忽略了与周围车辆的相互作用，在复杂的交通环境下预测误差较大。因此，随着深度学习的发展，学者们设计了多种神经网络结构以解决障碍车的意图及轨迹预测问题[1-2]。

目前的轨迹预测大多是基于 RNN 或 LSTM 等网络结构的，这是因为它们能够提取上下文时间步长中隐藏的依赖关系。它们的功能是对序列的每个输入项执行相同的操作，同时考虑前一个输入项的计算。由于车辆轨迹预测是一个序列到序列的任务，因此采用 LSTM 编码器/解码器框架是非常常见的。例如，Deo 等人[3-4]使用卷积社交池层作为对社交池层的改进，以更好地学习车辆运动中的相互依赖关系。此外，模型根据机动类别输出未来轨迹的多模态预测分布。结果表明，在模型的预测分布下，预测误差的均方根值和真实未来轨迹的负对数概率损失函数，改进了现有的技术。基于卷积社交池的轨迹预测模型如图 3-2 所示。

Kim 等人[5]提出了一种基于循环神经网络的高效车辆轨迹预测框架。车辆轨迹的特征与传统移动物体不同，因为它受到道路结构、交通规则和驾驶员意图等多种潜在因素的影响。通过深度神经网络模型从大量轨迹数据中学习车辆的复杂行为。所提出的轨迹预测方法采用了 LSTM 的循环神经网络来分析时间行为，并预测周围车辆的未来坐标。所提出的方案将从传感器测量获得的车辆坐标序列输入到 LSTM，并在占用网格图上产生有关车辆未来位置的概率信息。基于占用网格图的轨迹预测架构如图 3 – 3 所示。

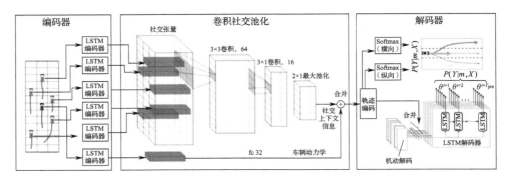

图 3-2　基于卷积社交池的轨迹预测模型

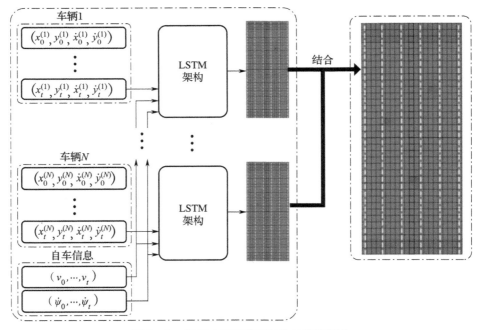

图 3-3　基于占用网格图的轨迹预测架构

3.2.2　车辆意图识别

从认知心理学角度来看，意图指的是人在行动之前所拥有的想法，因此，驾驶意图具体体现为对未来车辆控制行为的态度。人类驾驶员天生就具备通过自己的观察，以及所学到的社会知识识别他人意图的能力。但目前大多数智能汽车仍缺乏自我学习和总结的能力，很难准确推断驾驶意图并与驾驶员进行交互。准确的意图预测可以更好地评估潜在风险，从而有助于智能汽车做出安全且符合社会规范的决策，从而在不过于保守的情况下显著提高驾驶安全性。用于驾驶意图推断的信息主要可以分为三类，分别是交通情境信息、车辆动力学信息以及驾驶员行为信息。其中交通情境信息是形成驾驶意图的主要刺激因素，深刻理解它可以提高意图推断准确率。车辆转向角、制动踏板位置以及速度等车辆动力学信息，是对驾驶员控制动作的直接回应。而驾驶员行为信息，如眼睛和头部的运动，可以给出关于驾驶意图的早期线索。

目前意图预测算法主要有生成模型、判别模型、模糊逻辑以及深度学习模型。以隐马尔可夫模型为代表的生成模型适用于多目标问题，而以支持向量机（Support Vector Machine，SVM）为代表的判别式模型在单目标检测问题上效果更佳。随着深度学习领域的重大突破，RNN 以及它的变种 LSTM，在序列预测问题上取得了良好表现，也被广泛应用于意图预测。

1. 隐马尔可夫模型方法

隐马尔可夫模型是通过可观测的单个离散随机变量，来描述隐藏系统过程状态的时间序列概率模型[1]，其结构如图 3-4 所示。隐马尔可夫模型中随机生成的状态的序列，称为状态序列，由状态变量 I 组成，图中对应的状态序列为 $I = I_1, I_2, \cdots, I_{T-1}, I_T, I_{T+1}$，在系统中 I 不可直接观测，具体数值在其可能状态中选取，可以将这组可能状态记作 $Q = \{q_1, q_2, \cdots,$

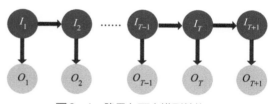

图 3-4　隐马尔可夫模型结构

$q_N\}$，而不可观测的状态变量会生成一个与之对应的可观测变量 O，由观测变量组成的随机序列为观测序列，记作 $O = O_1, O_2, \cdots, O_{T-1}, O_T, O_{T+1}$。对于一个隐藏的状态变量可以通过多个可观测变量进行观测，即有 $V_t = \{V_t^1, V_t^2, \cdots, V_t^G\}$。

隐马尔可夫模型主要应用体现在以下三个方面：

1）当 HMM 参数确定，如何准确求解对应观测序列的生成概率？如何分析实际模型与观测序列之间的契合值？

2）当 HMM 参数和观测序列确定，如何找到目前情况下最为契合的状态序列？如何借助观测推断出隐藏的模型状态？

3）当观测序列确定，如何改进模型令序列最可能出现？如何对模型进行离线学习能够更好地体现观测状态？

第一个是评价问题，根据隐马尔可夫模型得到一个生成对应的可观测状态序列的概率；第二个是解码问题，解码的前提是已经有一个确定的 HMM，找到一个隐藏状态的序列使得这个序列产生一个可观察状态序列的概率最大；前两个是模式识别的问题，第三个是学习问题，根据一个可以观察到的状态序列产生一个 HMM。

由于在对于道路车辆的行为识别问题中，驾驶员的行为不是一个可观测的具象化的变量，需要通过可观测的传感器变量进行估计，并且针对一个行为识别问题并不能一开始就拥有确定的系统模型。因此，道路车辆的行为识别问题可以分解为学习问题和解码问题。首先，根据观测值求解最可能的系统模型，然后，借助系统模型来求解隐藏的系统状态。一些文献中的应用表明了 HMM 在车辆行为识别问题中的不俗表现。HMM 对于道路车辆的换道行为进行识别，将交通车辆的侧向行为作为 HMM-GMM 中状态变量，则其可能状态有向左换道（Left Changing，LC）、车道保持（Lane Keeping，LK）、向右换道（Right Changing，RC）三种情况，则 $Q = \{q_1, q_2, \cdots, q_N\} = \{LC, LK, RC\}$，其中，$N = 3$。

2. 支持向量机方法

SVM 是一种监督式分类机器学习算法，在解决小样本、非线性和高维的机器学习问题中优势明显。其基本思想可用图 3-5 表示：图中叉形和圆形分别代表两类不同的样本（如安全换道样本、风险换道样本）；中间的实线为区分两类样本之间的最优分类面；外侧两条虚线之间的距离为分类间隔；虚线上的点就是支持向量点。

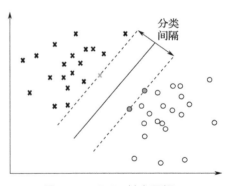

图 3-5　SVM 基本思想

SVM 非线性分类的原理和线性分类一样。对于非线性问题，支持向量机的优势在于可以将低维空间的训练样本通过核函数 $K(x_i, y_i)$ 映射到高维特征空间中求线性分类面，则最优分类面的目标函数为

$$Q(a) = \sum_{i=1}^{m} \alpha_i + \frac{1}{2} \sum_{i,j=1}^{m} \alpha_i \alpha_j y_i y_j K(x_i, y_j) \qquad (3-1)$$

式中，α_i、α_j 为拉格朗日乘子；m 为训练样本的数量；y_i、y_j 为训练样本的标签；$K(x_i, y_j)$ 为核函数。

由于高斯核函数的映射能力较强，所以选取它为核函数，则

$$K(x_i, y_j) = \exp\left(-\frac{\|x_i - y_j\|^2}{2\sigma^2} \right) \qquad (3-2)$$

一般认为车辆换道行为表征参数与换道类别之间存在非线性关系，所以最终用下式所示的决策函数来对不同的车辆换道行为类别予以区分：

$$f(x) = \text{sgn}\left[\sum_{i=1}^{m} \alpha_i y_i K(x_i, y_i) + b\right] \tag{3-3}$$

3. 神经网络方法

近年来，深度学习发展迅速，在机器视觉和对图像的分类方面，卷积神经网络取得了巨大成就，而在对自然语言和时间序列数据的处理方面因为其独特的结构存在着天然的优势。LSTM 是一种特殊的 RNN，解决了 RNN 在训练过程中梯度消失的问题。车辆行驶过程中产生的数据是明显的序列数据，因此 LSTM 与其他深度学习方法相比使用频率更高。

LSTM 是一种时间循环神经网络，是为了解决一般的 RNN 存在的长期依赖问题而专门设计出来的，适合处理和预测时间序列中间隔和延迟较长的重要事件[2]，其网络结构如图 3-6 所示。

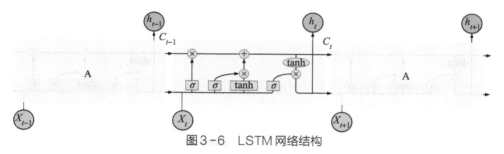

图 3-6　LSTM 网络结构

LSTM 实现了三个门计算，即遗忘门、输入门和输出门。输入门负责处理当前序列位置的输入，本书的输入门 X_t 包含方向盘转角 δ_{sw}、车速 v、方向盘转速 $\dot{\delta}_{sw}$、纵向加速度 a_x、横向加速度 a_y 和经过计算得到的航向角 ψ 的时间序列。输入门由两部分组成，第一部分使用了 sigmoid 激活函数，输出为 i_t，第二部分使用了 tanh 激活函数，输出为 a_t，两者的结果后面会相乘再去更新细胞状态。表达式如下：

$$\begin{aligned}
i_t &= \sigma(W_i h_{t-1} + U_i x_t + b_i) \\
a_t &= \tanh(W_a h_{t-1} + U_a x_t + b_a)
\end{aligned} \tag{3-4}$$

式中，W_i、U_i、b_i、W_a、U_a、b_a 为线性关系的系数和偏移；σ 为 sigmoid 激活函数。

遗忘门在 LSTM 中以一定的概率控制是否遗忘上一层的隐藏细胞状态、上一序列的隐藏状态 h_{t-1} 和本序列数据 x_t，通过一个 sigmoid 激活函数，得到遗忘门的输出 f_t。由于 sigmoid 的输出 f_t 在 [0，1] 之间，因此 f_t 代表了遗忘上一层隐藏细胞状态的概率，表达式如下：

$$f_t = \sigma(W_f h_{t-1} U_f x_t + b_f) \tag{3-5}$$

式中，W_f、U_f、b_f 为线性关系的系数和偏移。

输入门和遗忘门的结果都会作用于细胞状态 C_t。细胞状态 C_t 由两部分组成，具体表示如下：

$$C_t = C_{t-1} \odot f_t + i_t \odot a_t \tag{3-6}$$

输出门的输出描述如下：

$$\begin{cases} O_t = \sigma(W_O h_{t-1} + U_O x_t + b_O) \\ h_t = O_t \odot \tanh C_t \end{cases} \tag{3-7}$$

下面简单介绍一种基于 LSTM 和 CNN 混合结构神经网络的驾驶员换道意图预测方法，需要使用目标车辆在车道中的位置信息，以及目标车辆与其周围车辆的距离和车速差构成的交通环境信息。与其他类型神经网络相比，一维卷积神经网络（1D-CNN）可以更加敏锐地捕捉到一维序列数据中的局部相关特征，车辆行驶过程中的横向位置轨迹数据是典型的一维序列数据，不同交通情况下或是不同驾驶员在换道时车辆的横向轨迹变化都有所不同，卷积神经网络在训练过程中大量卷积核可以学习到各种不同换道轨迹中的细节特征，所以使用一维卷积神经网络从车辆在车道中的横向位置数据中提取特征。而 LSTM 在自然语言的处理方面已经得到了广泛应用，其拥有的记忆能力在处理目标车辆周围交通环境信息时同样具有优势。在自然语言中，一句话中的每个词语相互独立，但又相互联系，相互作用决定了一个句子的含义，而本节定义的影响目标车辆的交通环境信息包括周围车辆和目标车辆的距离和车速差变化情况，每辆车的信息独立存在，但又存在联系，驾驶员会综合所有车辆的情况进行换道决策，因此 LSTM 在处理时会有不错的表现。结合两种网络结构特点分别提取特征，最后将两部分特征进行融合，通过 Softmax 函数输出左换道、不换道和右换道的概率，最终将概率最大的类别作为预测结果输出，此方法的整体结构如图 3-7 所示。

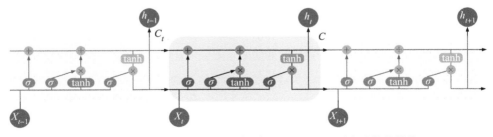

图 3-7　基于 LSTM-CNN 的驾驶员换道意图预测方法整体结构

3.3 智能汽车行人运动预测

近年来，行人轨迹预测在多个领域中受到越来越多的关注，例如自动驾驶汽车、智能交通、智慧城市等领域。行人作为交通场景中的主要参与者，对其未来运动轨迹的合理推理和预测对于自动驾驶和道路安全至关重要。在交通场景中，行人的运动轨迹不仅会受到本身意图的影响，还会受到周围行人、车辆的影响，所以行人轨迹预测是一项极具挑战性的工作。本节简单介绍了几种常用的行人轨迹预测方法，包括基于 LSTM 的行人轨迹预测、基于 GCN 的行人轨迹预测、基于 GAN 的行人轨迹预测方法，最后对行人轨迹预测的难点及发展趋势做出总结与展望。

3.3.1 基于 LSTM 的行人轨迹预测

RNN 是最早用于行人轨迹预测的模型，它通过输入和存储在历史网络中的信息共同决定输出，RNN 通过这种特性使其能够根据历史序列信息去预测未来值。但传统的 RNN 的一个缺点是会将所有历史信息都存储于网络之中，在训练时会导致大型网络产生梯度消失或者梯度爆炸。而在行人轨迹预测中，需要大量的网络节点和庞大的数据集对网络进行训练以提高预测的精度。因此传统的 RNN 将不能满足行人轨迹预测的需求。

为了将 LSTM 应用到行人轨迹预测的方法中，Alahi 等[6]提出了一种 Social LSTM 模型，模型结构如图 3-8 所示。Social LSTM 方法解决了以往工作中行人轨迹预测遇到的两个难点。

1）现有的模型不能通过数据驱动的方式来展示交互关系，需要手工构造函数来表现，导致模型只能捕捉简单的交互情景。

2）现有的轨迹预测工作中所针对的任务通常是距离很近的情景，而没有考虑更远距离可能发生的交互问题[6]。

针对这两个难点，Alahi 的论文提出了一种 Social LSTM 模型，通过为场景中的每个行人配备一个独立的 LSTM 网络，用于预测其运动轨迹；通过社交池（S-Pooling）层相互连接来计算周围其他行人交互产生的影响。Social LSTM 填补早期工作的空白，实现了很好的行人轨迹预测效果。

Zhu 等人[7]提出了一种 StarNet 星形拓扑网络，StarNet 模型结构如图 3-9 所示。通过对行人之间的全局交互建模实现高效的行人轨迹预测。该模型中 Hub Network 模块是基于 LSTM 的全局时序交互计算网络，用于获取所有行人的

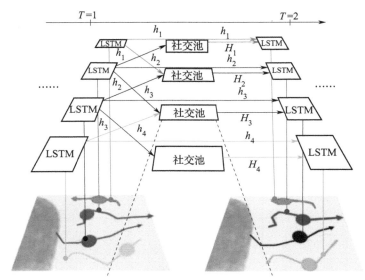

图 3-8　Social LSTM 模型结构

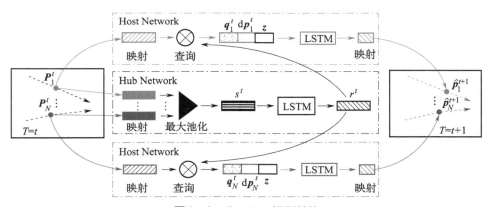

图 3-9　StarNet 模型结构

观察轨迹。Host Network 是基于 LSTM 的轨迹预测网络，每个 Host Network 对应一个行人，通过参考描述信息对未来轨迹进行预测。在 ETH 和 UCY 数据集上，该网络在 80% 的场景下都优于其他算法，且实时性高。

由以上分析可知，基于 LSTM 的神经网络模型主要解决行人本身对轨迹的影响问题，再根据社会交互模型的结论去修正目标预测轨迹，进而得出更加准确的预测结果。

3.3.2　基于 GCN 的行人轨迹预测

图卷积神经网络（Graph Convolutional Network，GCN）是一种能对图数据

进行深度学习的方法，通过使用图的边和节点数据作为输入进行学习训练。在行人轨迹预测领域，GCN 通过加入时空数据进行行人轨迹预测，因而能够理解行人行为，从而加快社交互动的建模进度，所以 GCN 在轨迹预测方向有很大的应用前景。

为了将 GCN 应用到行人轨迹预测的工作中，Shi 等人[8]提出一种用于行人轨迹预测的稀疏图卷积网络模型（Sparse Graph News Network，SGCN），解决了行人密集无向交互中存在的建模冗余和忽略轨迹运动趋势的问题。GCN 模型结构如图 3 - 10 所示，通过使用稀疏有向空间图对稀疏有向交互进行建模，以捕获自适应交互行人；使用稀疏有向时间图来建模运动趋势，便于对观测方向进行预测。将上述两种稀疏图融合在一起，推算出用于轨迹预测的双高斯分布参数进行轨迹预测，最终在 ETH 和 UCY 数据集上实现了精准的行人轨迹预测结果。

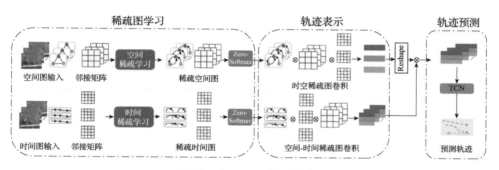

图 3 - 10　GCN 模型结构

Bae 等人[9]研究了基于社交关系的行人轨迹预测，针对现有轨迹预测方法过多估计行人个体的社会力量，无法解决过度避碰的问题，提出了一种用于社交纠缠行人轨迹预测的解耦多关系图卷积网络（Deep Multi-Relational Graph Convolutional Network，DMRGCN）。DMRGCN 模型结构如图 3 - 11 所示。该模型中通过解耦的多尺度聚合区分相关的行人，使用多关系的 GCN 提取场景中复杂的社交行为，模型中加入全局时间聚合函数用于补偿因过度避碰而累积的误差。实验结果分别在平均位移误差（Average Displacement Error，ADE）和最终位移误差（Final Displacement Error，FDE）上超过了最先进的方法，实现了准确的预测效果。

由上述分析可知，GCN 主要是将行人社交模型加入预测模型之中，对行人历史轨迹进行优化处理，进而提升预测速度和预测精度，从而实现准确预测行人轨迹的目的。其缺点是不能够单独使用完成轨迹预测任务。

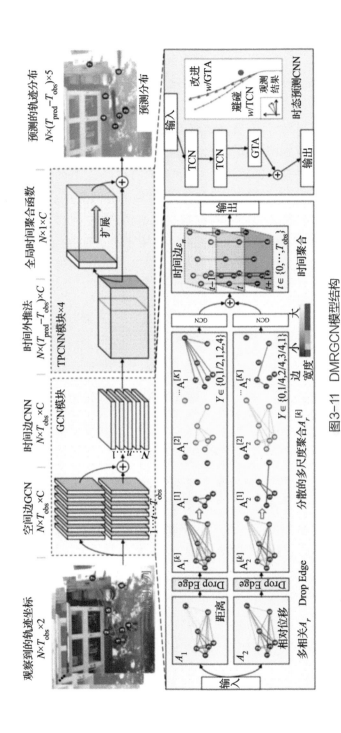

图3-11 DMRGCN模型结构

3.3.3　基于 GAN 的行人轨迹预测

生成式对抗网络（Generative Adversarial Networks，GAN）是一种无监督学习的深度学习模型，主要结构由两部分组成：生成器，用于学习数据的分布并生成相似的数据；鉴别器，计算来自真实数据的可能性，并将其分类为真实或虚假。GAN 通过生成器和鉴别器的相互博弈来达到使网络相互学习的目的。在行人轨迹预测中加入 GAN，可以弥补过去仅能预测一条"最优"轨迹的缺陷，此网络能够预测多条可行的轨迹，并通过博弈的思想进一步优化预测精度。

Gupta 等人[10]首次将 GAN 的对抗思想引入行人运动轨迹预测的任务中，提出一种 Social GAN 的轨迹预测方法。该网络将 LSTM 用作运动编码器模块处理时间信息，并采用位置编码器模块对空间交互进行建模，结合来自序列预测和生成对抗网络的工具来解决行人轨迹预测问题。Social GAN 模型结构如图 3-12 所示。

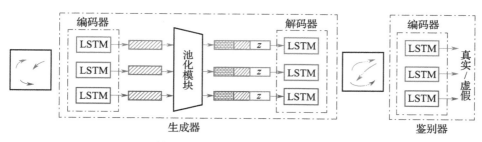

图 3-12　Social GAN 模型结构

由于 GAN 易受模式崩溃和模式下降的影响，Amirian 等人提出了 Social Way 网络模型，通过加入 info-GAN 来改进多模式轨迹预测，避免 GAN 出现的问题，Social Way 模型结构如图 3-13 所示[11]。该模型是继 Social LSTM、Social GAN 模型之后的进一步提升，在理想的监控俯瞰数据库 ETH、UCY 上进行数据的预测，通过引入注意力机制使模型自主分配对交互信息的关注，并且模型结构上舍弃了 L2 代价函数，引入基于互信息的信息损失，使得网络在多模态行人轨迹预测上有着良好的训练效果，如图 3-13 所示。

GAN 能够在行人轨迹预测方面实现较好的预测效果，但也会存在一些缺点影响其网络性能。比如：

1）网络训练不稳定，容易出现梯度消失、模式崩溃等问题，进而造成生成结果较差。

2）GAN 训练时需要达到纳什均衡才能够拥有良好的预测精度，若不满足则会导致网络不收敛。

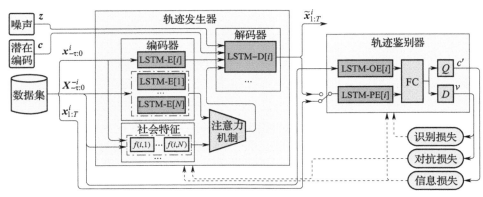

图 3-13 Social Way 模型结构

3）由于网络训练过程中没有使用损失函数，造成对当前的训练效果处于一个未知的状态，如果网络训练过程中出现生成器退化现象，则网络将无法继续训练。

3.4 智能驾驶动态地图建模

3.4.1 基于网格地图的表达方式

网格化的概念均来自于地理信息系统（Geographic Information System，GIS），也是目前自动驾驶轨迹预测领域中最热门的高精度地图表示方法。网格地图以二维矩阵的形式表现空间数据，每个矩阵单元称为一个网格单元（Cell）或像元（Pixel），每个单元用二进制描述其信息，类似于点阵。网格化的方法有着强大的语义信息提取、嵌入、布局、动态、实时反馈等多种使用功能，在室内场景中拥有良好的效果。

1. 占用网格方法

传统的占用网格方法是围绕当前自车位置的离散化网格，这种离散化可以在二维或三维上完成，如图 3-14 所示。占用网格的每个网格方块用以表示该网格位置中是否存在静态物体。如果存在静态物体，则该网格位置被归类为已占用。可以被分类为占用网格单元的静态物体的示例可以包括树木、建筑物、路标和灯杆。

图 3-14 道路网格划分

在自动驾驶汽车领域，其他一些静态物体也应归类为占用空间，包括所有不可驾驶的表面，例如草坪或人行道。占用网格的每个方块可以使用 0 或 1 来表示是否被占用，其中 1 表示该方块被静态物体占用，而 0 表示没有。在图 3 - 15 所示的占用网格地图中，有树木和草地的正方形被标记为 1，而道路被标记为 0。网格中所有占据的方块都是紫色的，对应于可驾驶表面的方块为透明。

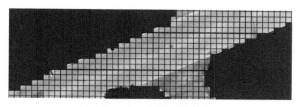

图 3 - 15　占用网格地图

因此，要制作理想的占用网格地图必须满足以下假设条件：

1）占用网格地图是对道路行驶区域中的静态环境的描述。也就意味着，在制图前必须将地面、动态物体（车辆、行人等）从传感器数据中移除掉。

2）每个单元与其他的网格的状态是相互独立的，即它的状态不受周围其他网格状态的影响。

3）在每个时刻，车辆的位置是精确的、已知的。

2. 概率占用网格方法

在自动驾驶汽车领域，激光雷达是目前最常用的主动测距传感器。激光雷达传感器使用激光脉冲来测量汽车与周围所有物体的距离，并在整个视野范围内返回测量点云。图 3 - 16 所示为激光雷达传感器的输出。在使用点云数据构建占用网格之前，需要过滤掉一部分激光雷达数据。

图 3 - 16　激光雷达传感器的输出

首先，过滤构成地平面的所有激光雷达点。在这种情况下，地面是自动驾驶汽车可以安全行驶的路面。其次，所有出现在车辆最高点之上的点也被过滤掉。这组激光雷达点可以忽略不计，因为它们不会阻碍自动驾驶汽车的前进。

最后，需要移除激光雷达捕获的所有非静态物体。这包括所有车辆、行人、自行车和动物。激光雷达数据过滤完成后，需要将 3D 激光雷达数据投影到 2D 平面，用于构建我们的占用网格。现在经过过滤和压缩的激光雷达数据类似于来自高清 2D 距离传感器的数据，该传感器可以准确地测量到车辆周围所有静态物体的距离。但是，仍然存在一个问题，在完成所有过滤后，由于过滤方法、数据的复杂性以及环境和传感器噪声，仍然存在地图的不确定性。

为了处理这种噪声，占用网格将被修改为概率性的。每个方块不再存储表示占用的二进制值，而是存储一个介于 0 和 1 之间的概率值。概率值越高，给定方格被占用的概率就越高。因此占用网格现在可以以置信图的形式表示。

为了转换回二进制地图，可以建立一个阈值，当置信度大于阈值则表示该单元格被占用。任何置信度低于设定阈值的单元格都将被设置为空闲。举个例子，图 3 - 17 中被占据的方块的概率为 0.97，方块分类为被占用。在街道上找到的广场只有 0.13的概率表示被占用，因此将被归类为空闲位置。

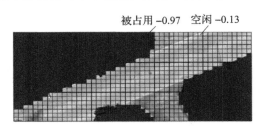

图 3 - 17　概率占用地图

3.4.2　基于行驶风险场的表达方式

自动驾驶的目的之一是提高车辆的安全性，并降低驾驶员的行车危险。为了处理车辆行驶过程中的关键场景，自动驾驶系统对周围场景的风险评估必须能够快速完成。但是在日益复杂的交通环境下，时间、地点以及周围交通参与者的不同，都可以改变车辆的行驶风险水平。为了快速量化自主车辆在环境中的行驶风险水平，众多研究者开始尝试对自车周围的风险进行建模，并基于人工势场理论构建行驶风险场。

1. 环境风险的产生及机理

交通环境中的风险（Hazard）是指任何可以引发碰撞危险的物体。一般而言，交通环境中的风险特指可能会引发碰撞危险的道路使用者，道路使用者包括行人、机动车和非机动车等。为了避免发生交通事故，在行车过程中，驾驶员必须快速识别交通环境中的潜在危险，并执行相应的行为策略，这种能力就是风险认知（Hazard Perception）。作者认为风险认知包括四个过程，即风险识别、风险评估、行为选择和行为执行。驾驶员风险认知模型如图 3 - 18 所示。

首先，驾驶员识别交通环境中的潜在危险，即可能引发交通事故的交通参与者，然后进一步评估危险的等级程度。潜在危险的等级程度则受到一些调节因素的影响，如与其他交通参与者的距离或自车速度等。考虑这些因素对潜在危险进行评估，然后筛选安全可行的行为策略，最后执行相应的操作行为，从而对识别到的危险做出应对。

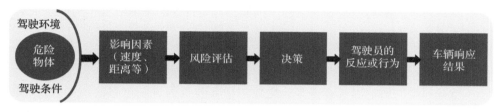

图 3-18　驾驶员风险认知模型

综上所述，交通环境中的潜在危险会引导驾驶员做出相应的行为，这也对自动驾驶的运动规划系统做出了指导。识别交通场景中的潜在危险，并根据影响因素进行风险评估，对于后续行为选择与运动规划算法的开发有很大的帮助。

2. 场的概念及基本特性

物理量在空间或时间上的一部分就称为场。场是物质存在的一种基本形式，具有能量、动量和质量，能传递实物间的相互作用。场论是关于场的性质、相互作用和运动规律的理论。场具有与行车风险类似的基本特性。

1）场是客观存在的。随着人们对科学的认知越来越多，场的存在已经被人们所证明，如电场、磁场、电磁场、引力场等，这正如交通各要素对行车造成的潜在风险是客观存在的。

2）场是普遍存在的。地球上存在各种各样的场，并且这些场弥散于整个空间，场的存在具有普遍性，这正如行车风险弥散于整个交通环境，具有普遍性。

3）场是可变的。场量在时间、空间上是变化的，是空间坐标和时间的函数，它们随时间的变化可用于描述场的运动，这正如行车环境的动态变化导致行车风险也是可变的。

4）场是可测的。每种场都有对应的物理特性或物质属性，例如电磁场对应于电磁特性。场所存在的空间里可以测量到反映物理作用的物理量，所有的场都是可以测量到物理量的空间。场的物理性质可以用一些定义在全空间的量描述（例如电磁场的性质可以用电场强度和磁场强度或用 1 个三维矢量势和 1 个标量势描述）。这正如行车风险在一定程度上也是可测与可控的。

从上述分析中可看出，交通要素对行驶车辆产生的风险与场具有相似的特性。交通系统的各组成要素都可能产生风险，这种风险是客观存在的，并且这种风险具有和场一样的时空特性。场由场源产生，就如同行车风险由交通要素产生。场量可以表征为时空函数，离场源越远的场的能量就越弱，而交通要素对行车安全的影响也随时间和空间的变化而变化，交通要素离行驶车辆越远，则产生的风险就越小。对于矢量场而言，场量具有方向，而对于交通各要素而言，其对行车的影响也是有方向的。例如，对向行驶的车辆对自车的风险最大。因此，可以考虑用场论研究行车风险。

3. 风险场的影响因素

行车风险的影响因素有很多，主要包括驾驶员因素、道路使用者因素、道路环境因素。驾驶员因素主要包括生理因素和心理因素，生理因素包括驾驶员的年龄、性别、驾驶技能、驾驶经验、体质状况等，而心理因素则包括驾驶员的素养、性格特点、精神状态、职业道德、驾驶专注度等。道路使用者因素主要包括机动车、非机动车、行人，甚至行驶在道路上的动物等。机动车与非机动车对安全的影响因素主要包括车辆类型、车辆性能、车辆技术状况、运动状态等，而行人及动物等对安全的影响因素主要包括其所在的位置、运动状态等。道路环境因素主要包括道路条件和环境条件。道路条件包括道路附着系数、道路线形、道路设施等，而环境条件主要包括道路周边环境条件、天气状况、交通流状况等。影响行车风险的交通参与者不管是行人还是车辆，都统一称为障碍物。

4. 风险场建模

为了快速评估与量化交通环境中的障碍物引发的潜在危险，目前一般通过建立障碍物及其他道路条件的行驶风险场，进而将引发的潜在危险映射到交通环境中的相应位置。常见的行驶风险场主要由以下 3 个部分组成：第一个部分是静态风险场，静态风险场仅由障碍物本身属性以及外形决定；第二个部分是动态风险场，动态风险场则由障碍物的运动和自动驾驶车辆的运动所决定；第三个部分是道路场，它反映了车辆在车道内的位置，以及道路边界所产生的风险。

（1）风险场范围

对于风险场范围的设计，需要在预测效果和计算效率之间取得平衡。场的尺寸越大，算法实时性能就越差；反之，尺寸越小，决策就越容易陷入局部最优解。因此，本节从可行区域和观测区域两个方面对风险场范围进行了限定。

可行区域主要由道路的限速和车辆的加速性能决定，定义为车辆从当前速

度 v_e 加速到最大速度 v_{max} 和减速到最小速度 v_{min} 所包含的范围。在这个过程中，为了保证建立的风险场能够随着自车一同移动，采用相对距离进行计算。

从当前位置 x_e 出发，通过加速到达的区域为

$$\Delta x_f = \frac{v_{max}^2 - v_e^2}{2a_e} - v_e(v_{max} - v_e)/a_e \qquad (3-8)$$

式中，a_e 为自车加速度，本节取 $2m/s$；v_{max} 由道路限制最高速度和自车期望速度的较大值决定。

同理，后方区域也可得到：

$$\Delta x_r = \frac{v_{min}^2 - v_e^2}{-2d_e} - v_e(v_{min} - v_e)/d_e \qquad (3-9)$$

式中，d_e 为自车减速度，本节取 $-3m/s$；v_{min} 由道路限制最低速度和自车期望速度的较小值决定。

观察区域由车头时距（Time Headway，TH）确定，它保证了自车能够提前分析环境状态并做出应对。由于后方车辆一般会根据自车的运动自主调整策略，危险程度较低，因此本节对前方的观察区域进行了加长，前后方的车头时距分别取 $TH_r = -1$，$TH_f = 3$。观测区域计算如下：

$$x_r = v_e TH_r, \quad x_f = v_e TH_f \qquad (3-10)$$

最终，风险场在纵向的范围取可行区域和观察区域的较大值，即

$$X_r = \max(\Delta x_r, x_r), \quad X_f = \max(\Delta x_f, x_f) \qquad (3-11)$$

在横向方向上，边界 $Y = nW$，其中 n 为车道数，W 为车道宽度。

正如图 3-19 所示，$t-1$ 时刻的风险场如蓝色虚线框所示，对于窗口外蓝色车辆和静态障碍物，很难造成迫在眉睫的碰撞风险，在计算时暂时将其忽略；随着自车的行驶，在 t 时刻，风险场也随之位移到了绿色实线框区域。此时，自车需要同时考虑多个交通参与者的风险。

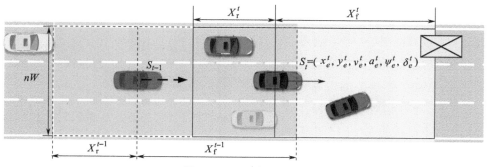

图 3-19　风险场范围

（2）静态风险场

静态风险场主要考虑障碍物的属性以及外形，静态风险场的场强大小受到两个因素影响：一是自主车辆与障碍物的相对距离；二是自主车辆接近障碍物的方向。当自主车辆与障碍物之间的相对距离越小，发生交通事故的可能性就越大，因而静态风险场的场强越大。对于机动车而言，其行驶方向受到限制，也就是机动车的侧向速度通常远小于纵向速度。因而，在障碍物的纵向方向上（机动车行驶的方向），静态风险场有较大的影响范围；而在障碍车的侧向方向上，静态风险场的影响范围较小。因此，对于障碍物的静态风险场可采用二维高斯函数。对于外形尺寸较小的障碍物而言，二维高斯函数在障碍物中心达到峰值，在障碍物边缘也有较大的场强，因而较为合适。但是对于外形尺寸较大的机动车来说，机动车边缘与中心点的场强差值较大，二维高斯函数不太合适。因此，采用高阶高斯函数作为障碍物的风险场。高阶高斯函数展平了函数的峰顶，使得整个障碍物表面都有相近的风险场场强。

基于上述分析，车辆 i 在静止状态下的风险场场强为

$$
\begin{cases}
E_{p(i)}(x,\ y) = A_{\mathrm{obs}} e^{-\left\{\left[\frac{(x'-x_{\mathrm{obs}(i)})^2}{\sigma_x^2}\right]+\left[\frac{(y'-y_{\mathrm{obs}(i)})^2}{\sigma_y^2}\right]\right\}^{\beta}} \\[2mm]
\theta' = \arctan\left[\dfrac{y-y_{\mathrm{obs}(i)}}{x-x_{\mathrm{obs}(i)}}\right] - \psi \\[2mm]
x' = x_{\mathrm{obs}(i)} - \cos(\theta')\sqrt{(x-x_{\mathrm{obs}(i)})^2+(y-y_{\mathrm{obs}(i)})^2} \\[2mm]
y' = y_{\mathrm{obs}(i)} - \sin(\theta')\sqrt{(x-x_{\mathrm{obs}(i)})^2+(y-y_{\mathrm{obs}(i)})^2}
\end{cases}
\tag{3-12}
$$

式中，$(x_{\mathrm{obs}(i)},\ y_{\mathrm{obs}(i)})$ 为障碍物 i 中心的横纵坐标；A_{obs} 为场强系数；β 为高阶系数，调整势场峰的形状，本节取 2；σ_x 和 σ_y 为障碍物外形系数，与其横纵向尺寸相关。同时，考虑到障碍物的不同朝向，将其当前航向角 ψ 也融入风险计算中。

静态场示意图如图 3 - 20 所示，对于不同外形尺寸的障碍物，势能场随着障碍物的横纵向长度的增加，影响范围也越来越大。场强随着相对距离的减小而增大，对于接近障碍物边缘的点，场强接近峰值，整个障碍物表面的场强大小相近。

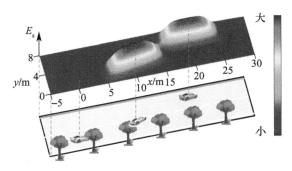

图 3-20　静态场示意图

（3）动态风险场

动态风险场的构建需要综合考虑障碍物的运动以及自动驾驶车辆的运动。动态风险场的场强大小主要受到四个因素影响，分别是相对距离、相对速度的绝对值、相对速度的方向以及自车的接近方向。当相对速度以及接近方向相同时，相对距离越小，则引发交通事故的可能性就越大，因而动态风险场的场强越大。对于相对速度的绝对值，当其他三项相同时，相对速度的绝对值越大，则引发交通事故的可能性也越大，因而动态风险场的场强越大。而当相对速度的方向与接近方向相同时，相对距离越小，相对速度的绝对值越大，则发生交通事故的可能性就越大，动态风险场的场强越大。相对速度的方向为障碍物相对于自动驾驶车辆的运动方向，其影响动态风险场的位置。在车道上行驶时，机动车的行驶方向必须与车道规定的行驶方向相同。处于相同行驶方向的交通环境下，障碍物相对于自动驾驶车辆的运动可以分为"接近"和"远离"两种。对于自动驾驶车辆而言，如果前车车速高于自动驾驶车辆且相对速度保持不变时，前车相当于逐渐"远离"自动驾驶车辆，因而前车对于自动驾驶车辆的危险程度较小；而当前车车速低于自动驾驶车辆且相对速度保持不变时，前车相当于逐渐"接近"本车，因而前车对于本车的危险程度将会越来越大。对于自动驾驶车辆周围的其他障碍物而言，危险程度也是类似。为此，动态危险场需要根据相对运动方向有所偏斜。当障碍物"接近"自动驾驶车辆时，随着自动驾驶车辆与障碍物之间的相对距离的减小，自动驾驶车辆首先受到动态风险场的影响，且动态风险场的场强随着相对距离的减小而增加。随着相对距离继续减小，动态风险场逐渐达到峰值，其后自动驾驶车辆受到动态风险场与静态风险场的共同影响。而当障碍物"远离"自动驾驶车辆时，这时自动驾驶车辆与障碍物之间的空间基本不受动态风险场的影响，随着自动驾驶车辆与障碍物之间的相对距离的减小，自动驾驶车辆首先受到静态风险场的影响。而当障碍物与自动驾驶车辆的纵向速度相同时，障碍物与自动驾驶车辆是相对静止的，此时本节认为障碍物不存在动态风险场，或者是此时该障碍物的动态风险场的场强为零。最后一个影响因素，即自动驾驶车辆接近障碍物的方向对动态风险场的场强的影响与静态风险场相同。

在此基础上，本节将运动障碍物 i 的动态场建模为

$$
\begin{cases}
E_{k(i)}(x,\ y) = A_{\mathrm{d}} e^{\left\{ \frac{-\left[\sqrt{(x'-x_{\mathrm{c}})^2 + (y-y_{\mathrm{c}})^2} - R_{\mathrm{car}} \right]^2}{2\sigma_v^2} \right\}} \\
x' = \left[1 - \mathrm{sign}(v_{\mathrm{obs}(i)} - v_{\mathrm{e}}) \right] x_{\mathrm{obs}(i)} + \mathrm{sign}(v_{\mathrm{obs}(i)} - v_{\mathrm{e}}) x
\end{cases}
\tag{3-13}
$$

式中，$v_{\mathrm{obs}(i)}$ 为障碍车 i 的速度；$(x_{\mathrm{c}},\ y_{\mathrm{c}})$ 为障碍车转向圆心坐标；R_{car} 为转向半

径；A_{d} 和 σ_v 分别为动能场的高度和宽度系数。

高度系数 A_{d} 主要决定了风险场的陡峭程度及衰减特性，构造如下：

$$A_{\mathrm{d}} = k_{\mathrm{s}}(t_v v_{\mathrm{obs}(i)} - s)^2 \tag{3-14}$$

式中，k_{s} 为陡峭系数；t_v 为预测时间。

对于空间上一点 (x, y)，s 定义为该点所对应的转向弧长，计算公式如下：

$$s = R_{\mathrm{car}} \left| \arccos \frac{(x_{\mathrm{obs}(i)} - x_{\mathrm{c}})(x' - x_{\mathrm{c}}) + (y_{\mathrm{obs}(i)} - y_{\mathrm{c}})(y - x_{\mathrm{c}})}{\sqrt{(x_{\mathrm{obs}(i)} - x_{\mathrm{c}})^2 + (y_{\mathrm{obs}(i)} - y_{\mathrm{c}})^2} \sqrt{(x' - x_{\mathrm{c}})^2 + (y - y_{\mathrm{c}})^2}} \right| \tag{3-15}$$

式中，$(x_{\mathrm{obs}(i)}, y_{\mathrm{obs}(i)})$ 为障碍物质心坐标。

宽度系数 σ_v 决定了场在宽度方向的扩展特性，构造如下：

$$\sigma_v = (k_1 + k_\delta |\delta|)s + W \tag{3-16}$$

式中，k_1 为基础扩散系数，以保证车辆直线行驶时风险场的扩散特性；k_δ 为转角增益系数，它可以基于转角放大或缩小高斯风险场宽度；W 为车辆宽度。

动态场示意图如图 3-21 所示，蓝色车辆车速较自车慢，并且开始右变道，因此风险产生在车辆后方，并且向右侧车道偏移；绿色车辆速度较快，风险产生在车辆前方。两车产生的风险均随距离减小而减弱，并且速度越快的车风险越高。

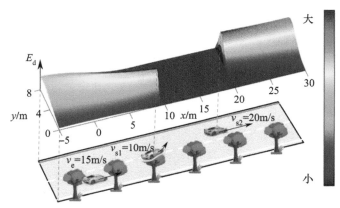

图 3-21　动态场示意图

（4）道路场

对于交通场景中的结构化道路，车道线以及道路边界是影响自车行驶的主要影响因素。因此，道路场应具有以下特征：

1）道路边界的危险程度高于车道线。

2）每条车道中心的位置风险最低。

3）道路风险模型仅与车辆的横坐标 y 有关。

因此，道路场建模为

$$E_{\text{road}(i)}(y) = \frac{1}{2}k_1 e^{\sin\left[\left(\frac{|y-d_c|}{d}\pi\right)\right]-1} \qquad (3-17)$$

式中，d 为车道宽度；k_1 为车道线类型系数，白色虚线值最小，双黄线较大，道路边界最大；d_c 为当前车道中心位置。

道路场示意图如图 3-22 所示，风险从车道中心至边界逐渐上升。当周围没有车辆时，道路场会使车辆沿车道中心行驶。

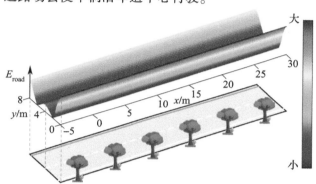

图 3-22　道路场示意图

（5）场的叠加

针对不同的环境特征，本节分别构建对应的风险场。如图 3-23a~c 所示，静态场描述障碍物外形等静态属性；动态场表征运动状态；道路场取决于车道标识。之后，本节将三个场归一化并选取最大值表征整个环境的风险，如图 3-23d 所示。其表达式为

$$E_c(x,y) = \max\left[\sum_{i=1}^{m}E_{s(m)}(x,y), \sum_{i=1}^{m}E_{d(m)}(x,y), \sum_{i=1}^{n}E_{\text{road}(n)}(y)\right] \qquad (3-18)$$

式中，m 为当前周围环境中障碍物的数量；n 为车道边界或线的数量。

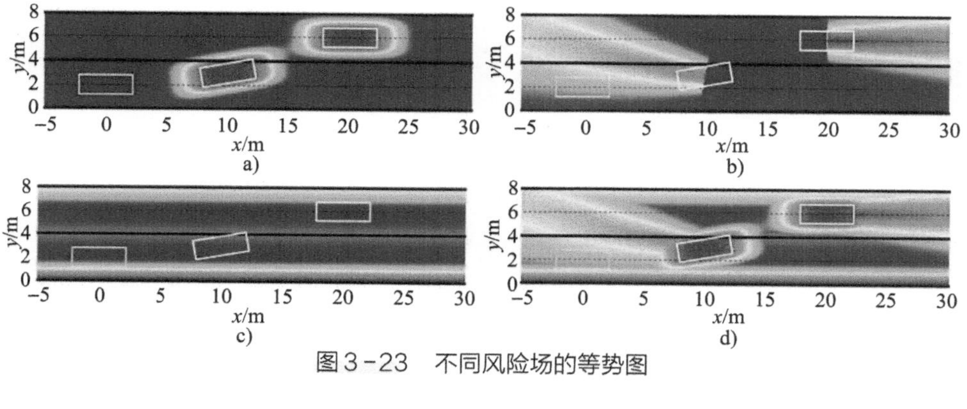

图 3-23　不同风险场的等势图

3.5 认知模型在行为决策中的应用

本章在上一节中介绍了智能车动态驾驶地图的两种主要建模算法,在本节将分别选取一个案例说明如何将生成的驾驶地图应用在智能驾驶领域,如何借助地图更好地辅助智能车进行决策与控制。

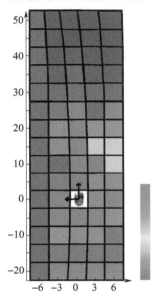

图3-24　动态概率网格地图示意图

3.5.1　基于网格地图的辅助驾驶预警策略

如何根据当前时刻的动态概率驾驶地图(Dynamic Probabilistic Driving Map,DPDM)给出精准有效的驾驶意见?即行为决策模块的实现方法。在本节中,从车辆行驶的安全性、动力性、行驶平顺性等角度考虑,设定各项行为操作的成本并建立车辆行为决策成本方程,以此来作为意见提出的理论依据。动态概率网格地图示意图,如图3-24所示。

在本方法中,我们提出了车辆驾驶行为的建议。这些建议包括建议执行对应操作的内容和时间,指引驾驶员如何以及何时改变车道、加速、减速或停车避让等,这是一个以大量变量为特征的问题,围绕车辆运动状态、车道、障碍物、道路车辆有无数种组合情况需要考虑。借助 DPDM 可以将道路空间、车辆状态和法律约束集成为一个概率来表示,并借此计算执行各项行为操作所需的时间、加速度及速度等。

可行驶性单元属性见表3-1,DPDM 的每个单元都具有可行驶性的概率 $P(D)$,

表3-1　可行驶性单元属性

属性	公式	描述
P1,P2,P3,P4	X,Z	凸四边形的点参数,单位为 m
L1,L2,L3,L4	$aX+bZ+c=0$	凸四边形的线参数,单位为 m
位置	X,Z	单元中车辆/障碍物的位置,单位为 m
速度	$\Delta X,\Delta Z$	单元中车辆/障碍物的速度,单位为 m/s
尺寸	W,L	单元中车辆/障碍物的宽、长,单位为 m
$(\psi,\Delta\psi)$	$\psi,\Delta\psi$	单元中车辆/障碍物的横摆角,单位为 rad,横摆角速率,单位为 rad/s
$P(D)$	—	单元的可行驶性概率

以及位于单元边界内的每个被跟踪车辆或障碍物的位置、尺寸和运动状态量参数。我们用色域中的一段颜色来显示每个单元当前的可行驶性概率,高概率区域用绿色表示,低概率区域用红色表示,其中越接近绿色表示可行驶性概率越高,反之即越低。

在车辆行驶时为避免与前方车辆发生追尾事故,需时刻与前车保持必要的安全距离,即安全车距。对于智能车辆来说,时刻保持与前方车辆的安全距离,从而确保车辆无论在什么极端情况下都不会与前方车辆发生追尾事故,这是保障智能车安全平稳行驶的首要条件。

在实际道路行驶时,安全车距并没有绝对标准,只有动态标准。能够对安全车距产生影响的最直接、最重要的因素就是车速。当车辆高速行驶时,紧急制动所需的制动力、制动距离和驾驶员反应过程中车辆行驶的距离都远高于低速状态。因此,本节在考虑设置安全车距范围时,引入了"三秒间距"的事实,即如果车辆在 3s 内就会到达或经过该标志物,则表示本车与前车距离过近,需要采取措施以达到安全距离;反之,如果 3s 后本车才到达该标志物,就说明本车与前车的距离在安全距离之内。

基于 DPDM,本节设计了图 3-25 所示的保持安全车距流程图,其会读取系统的每一采样周期下的 DPDM 地图及本车车速,由于考虑的是同车道上车辆的保持车距问题,因此实际上只需查找 DPDM 中的第三列第 $1 \sim 10$ 的单元中离本车最近的交通车占据单元,记作 $C(x, 2)$,并判断该单元距本车的最短距离 $\mathrm{Dist} = 5 \times (9 - x)$ 是否在安全车距外,若是,则前后车车距安全;反之,则考

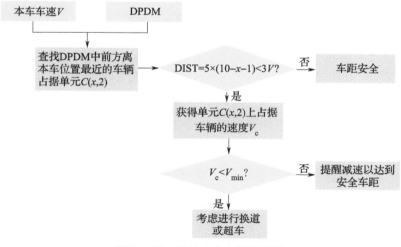

图 3-25　保持安全车距流程图

虑占据该单元的车辆速度，当该车辆速度较低时，从车辆行驶动力性等角度分析，考虑进行换道或超车等操作，具体操作根据后续的动态规划来决定；反之，则提醒驾驶员减速以达到安全车距。

除了保持安全车距外，我们还需对其他工况下车辆的行为进行决策。将车辆的行为操作成本分解为面向安全性、动力性、行驶平顺性等不同需求的行为成本，该过程主要根据 DPDM 的各项参数进行求解。安全性方面主要考虑给定单元的可行驶性的概率。动力性方面考虑在给定时间段内以车辆当前状态到达给定单元位置所需的加速度。行驶平顺性方面则主要考虑在存在其他交通车的情况下，能够安全平稳执行操作的可能性，以及是否存在碰撞风险等。驾驶辅助效果图，如图 3-26 所示。

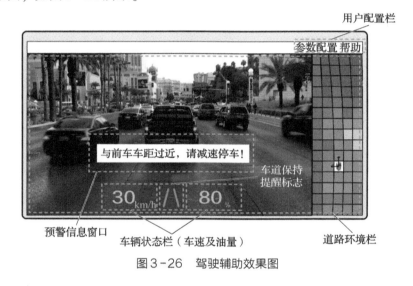

图 3-26　驾驶辅助效果图

（1）安全性成本

在驾驶辅助信息提醒策略中，安全性成本的提出主要为了解决两个问题：确保推荐的行为操作不会导致本车与本车道或相邻车道上的道路车辆或障碍物发生碰撞；确保推荐的操作是合法的。安全性成本通常可以给出给定的操作何时何地有效，其求解方法如下：

$$\text{Safe. Cost}_{i,j} = K[1 - P(D_{i,j})] \tag{3-19}$$

式中，$P(D_{i,j})$ 为 DPDM 中对应单元的可行驶性概率。

本节通过 $P(D_{i,j})$ 推导出了安全性成本。对于给定的道路单元，显而易见，安全性成本与单元不可行驶的概率成正比，即该单元的不可行驶概率越高，则行驶到该单元所存在的安全隐患越多，安全性成本亦越高，也就是，具有较低的可驾驶性的单元具有较高的安全性成本。本节将 K 值设置为 100。

（2）动力性成本

除了安全性之外，每个行为操作都隐藏着其内在的动力性意义，其实现需要借助必要的加速度和能够成功执行的时机。考虑动力性成本可将 DPDM 中的单元划分为两类：相同车道上的单元、相邻车道上的单元。对于相同车道上的单元，其动力性主要受车速影响，而车速除受车辆安全性、行驶平顺性成本约束外，还取决于驾驶员的主观意愿，因此本节中不考虑相同车道上 DPDM 单元的动力性成本，将其均设为 0。

而对于相邻车道上每个 DPDM 单元的动力性成本，在求解时存在以下两种约束条件：

1）一个典型的驾驶员需要 4 ~ 6s 来完成换道过程，并根据这个事实来决定换道的初始时机。

2）当系统存在换道意图时，考虑减少换道过程中的车辆侧偏力的影响，一般将换道时的速度降到 30 ~ 40km/h 的范围。

在上述约束条件下，可以获得车辆行驶到可以求解时间 t 之后，速度为 V_0 的车辆行驶到距离 D_j 处所需的加速度，即

$$D_j = v_0 t + \frac{1}{2} a_j t^2 \qquad (3-20)$$

式中，j 为给定 DPDM 单元的纵向位置；D_j 为其在 DPDM 的移动参考系中与本车的纵向距离。借此，假设车辆进行匀加速运动，可以根据当前速度求解行驶到 D_j 的恒定加速度。对于求解动力性成本，采用功的牛顿表达式，即 maD，忽略本车的质量，并将其设置为 1，则相邻车道上 DPDM 单元的动力性成本为

$$\text{Dist . Cost}_j = a_j D_j \qquad (3-21)$$

至此，可以给出整个 DPDM 中各单元动力性成本的求解公式如下：

$$\text{Dist . Cost}_j = \begin{cases} 0, & \text{相同车道单元} \\ a_j D_j, & \text{相邻车道单元} \end{cases} \qquad (3-22)$$

（3）行驶平顺性成本

上述表达式计算了本车在给定时间内行驶一定距离所需的加速度。然而，在实际环境中，还需要一些额外的计算来考虑周围道路车辆的状态。这一部分的成本主要基于 DPDM 中给出的道路车辆单元的纵向位置 x_0 和速度 v_0 计算出当前的碰撞时间（Time To Collision，TTC）。

$$
\begin{cases}
\text{TTC} = \dfrac{x_0}{v_{\text{ego}} - v_0} \\[2mm]
a_{\text{safe}} = \begin{cases} \dfrac{3\,(v_0 - v_{\text{ego}})^2}{2\,(v_0 t_{\text{s}} - v_0)}, & \text{TTC} < \tau \\[2mm] 0, & \text{其他} \end{cases} \\[4mm]
t_{\text{safe}} = \begin{cases} \dfrac{v_0 - v_{\text{ego}}}{a_{\text{safe}}}, & \text{TTC} < \tau \\[2mm] 0, & \text{其他} \end{cases} \\[4mm]
D_{\text{safe}} = \begin{cases} \dfrac{a_{\text{safe}} t_{\text{safe}}^2}{2}, & \text{TTC} < \tau \\[2mm] 0, & \text{其他} \end{cases} \\[4mm]
\text{Dyn. Cost}_{i,j} = a_{i,j,\text{safe}} D_{i,j,\text{safe}}
\end{cases}
\tag{3-23}
$$

3.5.2 基于风险场的自主换道决策应用

对于行驶风险场，它能够实时反映环境的状态。在此基础上，现有的研究主要是通过场强梯度或目标函数规划来获得局部轨迹。但是，这种方法无法考虑全部的可达区域，容易陷入局部最小值。为了获得更好的决策性能，本节选用强化学习模型，将风险场作为奖励函数的重要部分，指导车辆学习到最优换道策略。驾驶策略学习的状态空间、动作空间及奖励函数设计如下：

（1）状态空间

为了决策的安全性和效率性，本节选取的状态空间在范围上与风险场观测区域相同，并且综合考虑了与主车、道路以及其他车的状态。状态空间可以写成

$$
\begin{cases}
\text{ST}_i = \left[\, I_{\text{e}}, \ v_{\text{e}}, \ \text{yaw}, \ I_i, \ v_i, \ d_i \,\right] \\[1mm]
s = \left[\, \text{ST}_1, \ \cdots, \ \text{ST}_n \,\right]
\end{cases}
\tag{3-24}
$$

式中，I_{e} 和 I_i 分别为自车和障碍车所在车道；yaw 为自车的横摆角；d_i 为他车与自车的相对距离。

（2）动作空间

对于换道决策问题，本节将驾驶决策中的变道行为划分为高层决策（车道选择）和低层控制（转角控制），并分别使用一个 DQN 实现其功能。对于高层决策，将其划分为车道保持、左换道和右换道。在每个时间步骤中，代理必须从三个操作中选择一个。高层决策空间定义为

$$
A = \begin{cases} 0 & \text{车道保持} \\ 1 & \text{左换道} \\ 2 & \text{右换道} \end{cases}
\tag{3-25}
$$

对于运动控制部分，分别采用两个 DQN 实现了对横向位置的跟踪和车速的控制。

（3）奖励函数

奖励函数关系强化学习中智能体是否能够顺利完成任务。在本节中，我们希望找到一种可以优化行驶风险的驾驶策略。因此，将构建的风险场的场强参数引入强化学习，将问题转化为鼓励智能体找寻到空间中风险最小的位置，学习到稳健安全的换道策略。

基于动态风险场的决策示意图如图 3 - 27 所示，在当前时刻下，车辆存在两种操纵策略，从而导致不同的期望轨迹。图 3 - 28 显示了自车按照两种决策方式行驶时受到的场强，明显可以看出，换道操作会使得自车受到的风险逐渐上升，不利于车辆的安全行驶；而保持车道在短期内风险变化不大，但在前车换道完成后，风险将进一步降低。因此，此时保持车道是更好的选择。

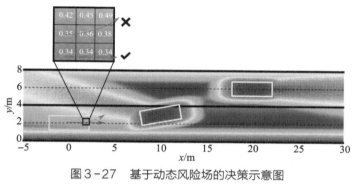

图 3-27　基于动态风险场的决策示意图

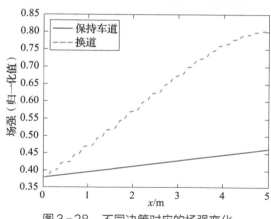

图 3-28　不同决策对应的场强变化

因此，定义了风险回报，具体公式如下：

$$r_{\text{risk}} = E_{\text{max}} - E \tag{3-26}$$

式中，E 为自车所在位置的风险场场强；E_{max} 为环境最高风险，考虑到其进行了归一化，因此 $E_{max} = 1$。

除此之外，为了遵守交通规则和人类驾驶习惯，还加入了其他奖励。

为了提高效率，我们根据汽车的速度来定义效率奖励：

$$r_{eff} = \lambda (v - v_{ref}) \qquad (3-27)$$

式中，v_{ref} 为自车的参考速度；λ 为归一化系数。

同时，为了避免无意义的换道行为，如果自车在没有前车或风险低于邻车道的情况下选择变换车道，则给予负奖励 $r_{lc} = -2$；为了避免碰撞，如果因为换道决定导致汽车发生碰撞，将获得一个较大的负奖励 $r_{collision} = -10$。

综上所述，高层策略的奖励函数可以表示为

$$r_{high} = r_{risk} + r_{eff} + r_{lc} + r_{collision} \qquad (3-28)$$

由于场景中的车辆均是运动的，无法通过一张图表明全部的状态，因此，选取了两种典型工况进行了分析，两种典型工况下的风险场场强变化如图 3-29 所示。

图 3-29a 反映了前车驶离工况的决策过程。在 $t = 8.4s$ 时，本车道前车开始驶离车道，同时，两个算法也开始产生出截然不同的决策。由于传统 DQN 仅基于障碍车辆状态信息进行决策，未能考虑其运动趋势及整体的风险分布，因此它认为：本车道前方存在慢车，需要进行换道；对于 RF-DQN 而言，因为前车的换道趋势，风险已开始向另一车道转移，因此它认为自车继续保持车道的风险反而更小。在 $t = 11.3s$ 时，虽然 DQN 已经觉察到了前车的插入，但是在紧急向左变道的过程中发生了碰撞；而 RF-DQN 则一直平稳行驶。

图 3-29c 从整体上反映了自车各个时刻的风险。开始时，两种策略差距不大，自车均处于较低的风险水平；之后，DQN 选择了与前车相同的换道策略，导致风险逐渐上升，直至车辆碰撞时达到最大。反观 RF-DQN，风险一直稳定在较低水平，保证了车辆的安全行驶。

图 3-29b 反映了前车插入工况的决策过程。在 $t = 17.6s$ 时，邻车道前车开始驶入本车道。由于此时障碍车还没有进入本车道，DQN 未能预知其影响，因此依旧保持着之前的策略；然而，从实际的风险分布可以看出：自车前方的风险已经远高于邻车道。因此，RF-DQN 立刻采取了换道操作。在 $t = 19.7s$ 时，DQN 因其滞后的换道时机发生了碰撞，而 RF-DQN 却能够平稳地完成换道。这一点从图 3-29d 所示的自车场强变化也可以看出。

总体而言，在融入了风险场后，算法能够在保证行车安全的情况下，适当提高行驶效率。在这个过程中，因为风险场的预测作用，决策是具有预见性的，总能提前根据环境车辆的变化做出合理的应对。

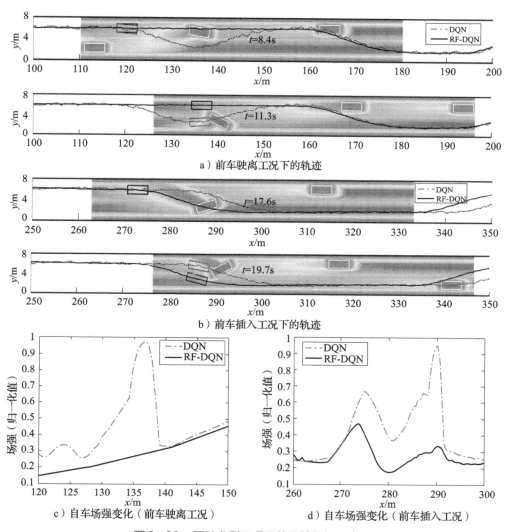

图 3-29 两种典型工况下的风险场场强变化

参考文献

[1] MARTIN M, JULIAN G. A comparison of profile hidden Markov model procedures for remote homology detection[J]. Nucleic Acids Research, 2002(19): 4321-4328.

[2] GERS F A, SCHMIDHUBER J, et al. Learning to forget: Continual prediction with LSTM[J]. Neural Computation, 2000. DOI: 10.1162/089976600300015015.

[3] DEO N, TRIVEDI M M. Multi-modal trajectory prediction of surrounding vehicles with maneuver based LSTMs[C]//2018 IEEE Intelligent Vehicles Symposium (IV). New York: IEEE, 2018: 1179 – 1184.

[4] DEO N, TRIVEDI M M. Convolutional social pooling for vehicle trajectory prediction[C]//2018 IEEE/CVF Conference on Computer Vision and Pattern Recognition Workshops (CVPRW). New York: IEEE, 2018: 1468 – 1476.

[5] KIM B D, KANG C M, LEE S H, et al. Probabilistic vehicle trajectory prediction over occupancy grid map via recurrent neural network[J]. IEEE, 2017.

[6] YAN Y, MAO Y, LI B. SECOND: Sparsely embedded convolutional detection[J]. Sensors, 2018. DOI: 10. 3390/s18103337.

[7] ZHU Y, QIAN D, REN D, et al. StarNet: Pedestrian trajectory prediction using deep neural network in star topology[C]//2019 IEEE/RJS International Conference on Intelligent Robots and Systems. New York: IEEE, 2019. DOI: 10. 48550/arXiv. 1906. 01797.

[8] SHI L, WANG L, LONG C, et al. SGCN: Sparse graph convolution network for pedestrian trajectory prediction[C]//2021 IEEE/CVF Computer Vision and Pattern Recognition. New York: IEEE, 2021. DOI: 10. 48550/arXiv. 2104. 01528.

[9] BAE I, JEON H G. Disentangled multi-relational graph convolutional network for pedestrian trajectory prediction[C]//National Conference on Artificial Intelligence. Menlo Park: AAAI Press, 2021: 189 – 200.

[10] GUPTA A, JOHNSON J, LIF F, et al. Social GAN: Socially acceptable trajectories with generative adversarial networks[C]//2018 IEEE/CVF Conference on Computer Vision and Pattern Recognition. New York: IEEE, 2018. DOI: 10. 1109/CVPR. 2018. 00240.

[11] MIRIAN J, HAYET J B, PETTRE J. Social ways: Learning multi-modal distributions of pedestrian trajectories with GANs[C]//2019 IEEE/CVF Conference on Computer Vision and Pattern Recognition. New York: IEEE, 2019. DOI: 10. 1109/CVPRW. 2019. 00359.

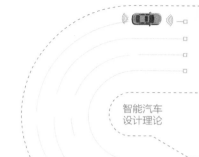

智能汽车
设计理论

第4章
智能驾驶决策规划技术

　　智能驾驶技术的发展和应用，推动了交通运输系统的变革，车辆的自动化、智能化和网联化相互交织，形成了新的技术与产业格局。智能驾驶系统通过环境感知、决策规划和运动控制等技术，实现了车辆在复杂交通环境中的高效、安全运行。随着多目标决策、强化学习决策、社会群体协同决策和智能驾驶安全规约等多种方法的应用，智能驾驶系统的决策规划能力不断提升。本章全面介绍了智能驾驶决策规划的核心方法，涵盖多目标决策理论、强化学习在决策规划中的应用、社会群体智能的协同决策以及智能驾驶安全规约模型的具体实现。通过结合实际应用案例，本章深入解析了各类决策方法的技术架构和实践效果，探讨了智能驾驶决策在现实交通环境中的优化和应用前景，旨在为智能驾驶系统的发展提供全面的理论支持和技术指导。

4.1　概述

　　随着人工智能技术的迅速发展和应用，智能驾驶系统成为未来交通运输发展的重要方向。当前，智能驾驶系统通过融合环境感知、决策规划与运动控制技术，显著提升了车辆在复杂交通环境中的通行效率与安全性能。智能网联汽车已经成为各国科技竞争和产业升级的重点领域，展现出强大的科研创新能力和技术攻关水平。智能驾驶决策规划作为智能驾驶系统的核心技术之一，其主要任务是在综合利用环境感知结果后，为车辆选择最优的行驶策略和动作。

　　为了实现智能驾驶系统的高效和安全决策，当前国内外各界已尝试了多种关键技术和方法。首先，多目标决策方法在复杂交通环境中，通过综合考虑安全、效率、乘客舒适度等多种因素，实现多目标优化决策，以选择最佳行驶策略。这种方法使智能驾驶系统能够在面对多种复杂情况时，做出最优决策。随后，强化学习决策规划方法通过利用强化学习技术，使得智能驾驶汽车在不断的学习和模拟训练中，提高了在实际交通环境中的适应能力和决策水平。强化学习使得系统能够自主进行行为改进，从而在各种复杂情况下做出更为准确和安全的决策。此外，考虑社会属性的协同决策方法通过考虑车辆之间的相互协作和信息共享，实现了交互行为的决策优化，提升了整体交通系统的通行效率和安全性。这种方法强调车辆之间的协同工作，通过恰当的配合来提高决策的准确性和有效性性。最后，智能驾驶安全规约方法通过形式化的数学模型和安全规约，确保智能驾驶系统在复杂环境中的安全性。该方法为智能驾驶决策提供了理论保障和实际应用的指导，确保车辆在各种交通状况下的安全运行。

本章将深入探讨智能驾驶系统决策层中的几种关键技术和方法，包括：多目标决策方法，即在复杂交通环境中，实现多目标优化决策，以满足不同驾驶需求和安全要求；强化学习决策规划方法，即利用强化学习技术，通过持续学习和优化，实现智能驾驶系统的自主决策和行为改进；考虑社会属性的决策规划方法，即考虑社会属性和车间交互，通过协同决策提高车辆间的协调和配合；智能驾驶安全规约方法，即通过形式化的数学模型和安全规约，确保智能驾驶系统在复杂环境中的安全性。

通过对上述技术的理论研究和实际应用案例的分析，本章旨在为智能驾驶决策规划技术的发展提供理论支持和实践指导。

4.2 智能驾驶多目标决策架构与评价

随着智能交通系统和汽车电子控制系统研究的逐步深入，车辆智能驾驶的研究在西方各发达国家得到了研究人员越来越多的重视。由于汽车智能驾驶系统研究的最终目的是部分或全部地代替真实驾驶员来控制汽车的运动，因此对一个工作良好的汽车智能驾驶系统来说，它的控制特性应该与熟练并具有高超驾驶技术的驾驶员操作行为基本一致。在目前的汽车智能驾驶系统研究中，人们大多直接从安全性、舒适性等单一角度来解决智能驾驶中遇到的问题，而从决策理论角度讲，驾驶员的轨迹决策思维活动是一个多目标决策问题。

4.2.1 智能驾驶决策层架构

目前典型的自主决策方案分为两类：分层式和端到端式。分层式方案将决策过程分解为一系列子问题，如情景认知、行为决策、路径规划等，每一个问题独立解决，如图4-1所示。其中，情景认知模块输出对自车所处驾驶环境的认识与理解，包括道路环境划分（如高速公路、城市道路等），交通参与者行为模式与轨迹预测（如行人横穿马路），其方法可分为基于物理特性、驾驶行为和意图识别等。行为决策模块输出驾驶行为的选择结果（如超车、换道），其主要方法有基于规则的［如有限状态机（Finite State Machine，FSM）］和基于推理的［如马尔可夫决策过程（Markov Decision Process，MDP）］。而路径规划模块输出局部最优的可行路径，常用的算法有基于采样的（如快速扩展随机树）、基于优化的（如模型预测控制）和基于搜索的（如 A *）等。分层式决策方案的优势在于复杂问题可分解、任务可分工、易于模块化、决策算法可控性高、可解释性强，方便工程实现。但是，其缺点在于如何将决策系统进行分层尚未达成共识，人为划分不同功能层后语义化信息传递存在损失，并且分层式决策系统往往对应分类别场景应用，而人为划分的场景难以涵盖实际道路中所有的情况。

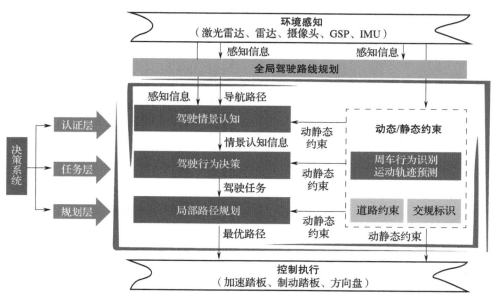

图 4-1　分层式决策架构

　　与分层式决策系统将决策过程化整为零相反，端到端式决策方案将决策过程视作一个不可分解的整体模块，以车载传感器信息为输入，以加速踏板、制动踏板、方向盘等车辆执行器操作为输出。实现端到端式决策的主要方法包括监督学习和强化学习。监督学习方法利用深度神经网络模仿优秀驾驶员的驾驶行为。英伟达是代表性的研究团队，其利用深度神经网络，通过输入摄像头信息，输出学习到的方向盘转角等，实现洲际公路 10mile 的自动驾驶。监督学习方法易于理解、便于应用，但是其数据需求量巨大，训练过程漫长，且容易忽视小概率出现的场景。强化学习方法以"试错"的方式进行学习，通过与环境进行交互获得的回报（安全性、舒适性等）指导驾驶行为，其目标是使自车完成某一驾驶任务，获得最大的累计回报，使智能车不断提高驾驶技能，输出最优驾驶决策。强化学习不依赖标签数据，对数据利用率也更高，因而成为自动驾驶决策方法的研究热点，但是如何构建恰当的回报函数是该方法的一大挑战。端到端决策方案的优点在于感知信息无损、体系框架简洁，且随着深度（强化）学习的发展能够有效提升决策系统性能。但是，其缺点在于过于依赖神经网络，难以嵌入已知驾驶经验，同时黑匣子式的算法也难以理解与持续改进。

4.2.2 智能驾驶决策评价方法

本节分别概述安全性、舒适性、功效性、合法性各目标如何评价，采用哪些指标。从决策理论角度讲，驾驶员的轨迹决策思维活动是一个多目标决策问题。真实驾驶员在进行轨迹决策时主要考虑如下两个影响因素：一是前方道路的可行行车区域（车道的宽窄及曲率变化），将其定义为驾驶安全性评价指标；二是对自身体力负担的考虑，将其定义为对驾驶轻便性的评价指标。根据对驾驶员实际驾驶经验的分析，建立了 8 个描述驾驶安全性的评价指标和 1 个描述驾驶轻便性的评价指标，并根据实际情况采用了 S 形函数来定义驾驶安全性和轻便性评价指标隶属度函数。需要注明的是：这里的道路可行行车区域实际上是给出了一个有待于驾驶员进行预期轨迹决策的可行预期决策点的集合。

1. 驾驶安全性评价指标（Index of Drive Safety，IDS）

IDS 描述了智能驾驶汽车对驾驶安全性的考虑，定义为控制器根据未来位置点与前行车辆之间的纵向相对距离与理想的安全距离之间的关系而获得的安全性指标。其特征值 xsi 用未来位置决策点与前行车辆之间的纵向相对距离来描述，该特征值越大表示评价指标 IDS 越好。

安全性评价指标 IDS1、IDS2、IDS5、IDS6 是根据驾驶员对可行预期轨迹决策点与道路左右两侧边界及前方道路左右两侧边界之间相对距离的评估而得出的；IDS3、IDS4、IDS7、IDS8 是根据驾驶员对可行预期轨迹点与道路左右两侧边界及前方道路左右两侧边界曲率变化之间的关系评估而得出的。

2. 驾驶工效性评价指标（Index of Drive Efficiency，IDE）

驾驶工效性是对驾驶员最快速通过原理（驾驶员在实际行驶过程中，总是希望在安全的情况下以最快的速度通过某一路段）的模拟。IDE 由汽车在当前时刻 i 时的目标点位置及相应建立的 IDE 隶属度来确定，由当前两车间距和当前安全距离这两个距离，来确定汽车当前的目标点，然后用这个目标点来描述汽车的工效性评价指标。

3. 驾驶轻便性评价指标（Index of Drive Handiness，IDH）

IDH 表示驾驶员的驾驶负担，用对应可行预期轨迹点的方向盘转角或汽车可行的侧向加速度来描述。驾驶轻便性指标描述了控制系统中控制指令（加速踏板或制动踏板输入）的变化程度。就通常的汽车驾驶来说，汽车速度等行驶状态参数不可能急剧地突变；如果控制量变化急剧也会导致乘客乘坐舒适程度的下降。将未来位置决策点的纵向加速度增量定义为 IDH 的特征值 xhi，特征值绝对值越小，表示操纵变化量越小，IDH 越好。由上述 IDH 的定义可以看出，IDH 越好，表明对应于未来位置决策点的纵向加速度增量绝对值越小，或者说加速度的变化越趋平缓，因此适当地定义 IDH，可以在预瞄加速度的决策过程中，确保车辆纵向加速度变化的平顺性，从而保证车辆的行驶平稳性与乘坐舒适性。

安全性评价指标 IDS1、IDS2、IDS5、IDS6 是属于越大越好的评价指标，而评价指标 IDS3、IDS4、IDS7、IDS8、IDH 则属于越小越好的评价指标。

4. 驾驶合法性评价指标（Index of Drive Legality，IDL）

IDL 描述了 ACC 系统对道路交通法规的考虑。由于交通法规的条目众多且又相互交叉影响，因此仅选取行驶限速这种与车辆纵向控制密切相关的典型情况加以讨论，其他情况处理方式基本与之类似。行驶限速分为限制最高车速（vlh 表示限制的最高车速）与限制最低车速（vll 表示限制的最低车速），以预期位置点对应的汽车预期行驶速度作为评价指标特征值来描述。限制最高车速时，特征值与 vlh 之间的差值越小，驾驶合法性越好；限制最低车速时，特征值与 vll 之间的差值越大，驾驶合法性越好。根据上面的分析，建立限制最低车速 vll 与限制最高车速 vlh 的驾驶合法性隶属度。

根据上述计算所得的未来位置点集合及所建立的四个基本预期位置决策模糊评价指标，采用系统模糊决策方法，控制器就可以从未来位置点集合中决策出理想的预期位置点及其对应的理想的汽车纵向加速度，并以理想汽车纵向加速度作为理想控制输入进行下一步的操作校正行为。

4.3　基于强化学习的决策规划

在智能汽车设计过程中，智能驾驶系统的决策环节扮演着十分重要的角色。传统的广为人们所认知与认可的决策方法大多与控制方法相耦合，例如：自适应控制算法（Adaptive Control Algorithm）、模糊控制算法（Fuzzy Control Algorithm）、PID 控制算法（Proportion Integration Differential Control Algorithm）

与模型预测控制算法（Model Prediction Control Algorithm）等。与此同时，上述决策控制算法之间也存在相互关联，例如：自适应模糊控制算法（Adaptive Fuzzy Control Algorithm）、模糊 PID 控制方法（Fuzzy PID Control Algorithm）与自适应 PID 控制方法（Adaptive PID Control Algorithm）等。目前，国内外科研院所针对传统的决策控制算法研究较为深入和系统，面对传统方法中模型单一固化、参数动态难调等技术难题，国际上最新的研究动态与趋势是将机器学习与人工智能相结合，利用跨领域优势互补的方式突破现有技术方案的瓶颈。

在城市道路建设高度发展的今天，传统基于规则与既定逻辑的决策控制算法已无法应对复杂的交通场景。与此同时，国内外针对机器学习与人工智能相结合的大部分研究都是相对独立的，一方面是着重考虑车辆相对运动关系，另一方面则是套用人工智能理论。前者所涉及的模型参数往往相对固化，不能满足大多数驾驶员的行为习惯需求，缺乏对驾驶员不确定性和复杂性的考虑；后者虽然可以融入驾驶员对车辆动力学特性的理解，但也存在算法结构复杂、逻辑可解释性差以及学习训练耗时长等问题。

因此，为了提升智能驾驶系统对复杂、陌生及突发工况的处理能力，在决策环节中亟须建立一种拟人智能化的自学习与自进化机制，从而使智能汽车的动态决策实现行为选择类脑、行为动作类人。随着机器学习领域中关键技术的发展与突破，智能驾驶行为决策已逐步向基于学习的决策与控制方法转型。

4.3.1　基于强化学习的决策规划方法

近年来，随着智能驾驶技术的发展，基于强化学习的决策规划方法在智能驾驶系统中的应用越来越受到关注。强化学习作为一种重要的机器学习方法，通过与环境的交互，逐步优化策略，实现最优决策，在复杂的交通环境中展示了巨大的潜力。强化学习的基本概念包括状态、动作、奖励、策略和价值函数。状态描述智能体所处的环境，动作是智能体在每个状态下可以采取的行为，奖励是智能体在执行动作后得到的反馈，用于评估动作的好坏，策略是智能体从状态到动作的映射关系，而价值函数则是评估在某一状态下执行策略的预期回报。通过这些元素的交互，强化学习逐步学习最优决策。

在智能驾驶系统中，强化学习算法的应用可以显著提升系统的自主学习能力和决策优化能力。Q 学习算法是其中一种经典的强化学习方法，通过迭代更新 Q 值表，智能体逐步学习在不同状态下的最优动作。这种方法适用于静态或相对简单的交通环境，例如固定路线的高速公路行驶。随着环境复杂度的增加，深度 Q 学习算法应运而生。深度 Q 学习结合了深度学习，将 Q 值函数近似表示为神经网络，解决了高维状态空间的问题。它特别适用于复杂的城市道路环境，能够处理多种交通状况。策略梯度算法则通过梯度上升法直接优化策略，使得在给定状态下选择最优动作的概率最大。这种方法适用于需要连续动作控制的场景，例如无人驾驶车辆的转向控制。英国智能驾驶公司在 2018 年发表 *Learning to Drive in a Day*，论文主体使用了一种 Actor-Critic 结构的强化学习算法，对整车驾驶进行控制。

强化学习的仿生机理模仿了生物在自然环境中的学习过程，其主要通过探索与利用、延迟奖励和环境模型构建等方式实现。在未知环境中，智能体需要在探索新策略和利用已有策略之间进行平衡，以最大化长期回报。智能体不仅需要即时的反馈，还需要考虑当前动作对未来状态的长期影响，优化整体决策过程。例如，当智能驾驶系统在高速公路上行驶时，需要持续学习和调整策略，以应对突发情况和复杂的交通流量。同时，通过不断与环境交互，智能体建立环境模型，以预测未来状态和奖励。这种预测能力对于提高智能驾驶系统在动态交通环境中的应对能力至关重要。

在跟车行为中，传统基于规则的决策方法存在既定的因果关联，如果针对每种特殊工况都编写新的规则，还需考虑各功能之间的独立性与兼容性，撤销或更改原规则都将使得系统的稳定性降低。因此，以真实驾驶员决策过程为原型，利用"回报"作为交互纽带，实现从相关性推理到因果性推理的过渡成为当前主流的技术手段。强化学习算法的建模过程包括状态集与动作集的设计、回报函数的设计和更新函数的设计。状态集通常包括自车速度、前车速度、自车与前车距离以及车道信息等，动作集则包括加速、减速和保持当前速度等。回报函数的设计是关键，它涉及多个方面的考虑，包括安全性奖励、舒适性奖励和功效性奖励。例如，与前车保持安全距离时，系统会给予正向奖励；而与前车过近时，则会给予负向奖励。类似地，保持平稳驾驶时会得到正向奖励，而频繁加速或减速时则会得到负向奖励。此外，节能驾驶时系统会给予正向奖励，高油耗驾驶时则会给予负向奖励。通过这样的回报机制，系统能够逐步学习并优化其驾驶策略，从而实现安全、舒适和高效的驾驶体验。

更新函数在强化学习中也至关重要。通过贝尔曼方程，智能体可以迭代更新 Q 值，逐步逼近最优值。贝尔曼方程的核心思想是将未来的回报视为当前决策的延续，从而通过不断调整策略来优化决策结果。同时，策略梯度法通过对策略参数进行调整，直接优化决策过程。策略梯度法在处理连续动作空间时具有显著优势，能够更好地应对复杂的驾驶场景。

在实际应用中，强化学习算法的效果通常通过离线仿真测试进行验证。例如，在前车匀速行驶工况下，智能驾驶系统通过强化学习算法能够有效学习并保持安全车距，同时优化油耗。在这种情况下，智能体需要在保持与前车安全距离的同时，尽量减少油耗，从而实现高效驾驶。而在前车变速行驶工况下，智能驾驶系统需要迅速适应前车速度变化，保持稳定驾驶行为。这种适应能力对于确保驾驶安全和提升行驶舒适性至关重要。仿真测试示例表明，强化学习算法在复杂交通环境中能够有效提高智能驾驶系统的决策能力和适应性。

此外，强化学习方法的实际应用案例包括高速公路自动驾驶和城市道路自动驾驶。在高速公路场景中，智能驾驶系统通过强化学习算法，优化行驶速度和车道选择，提高行驶效率和安全性。在复杂的城市道路环境中，强化学习算法帮助车辆应对各种交通状况，确保安全和合规行驶。通过这些实际应用案例，可以看出强化学习算法在不同场景中的灵活性和高效性。

总结起来，基于强化学习的决策规划方法在智能驾驶系统中展示了巨大的潜力。通过强化学习算法，智能驾驶系统能够在复杂的交通环境中实现自主学习和优化决策，为实现高效、安全的自动驾驶提供了重要支持。在未来的发展中，随着强化学习算法和智能驾驶技术的不断进步，智能驾驶系统将能够更好地应对复杂多变的交通环境，实现真正高效、安全、智能的自动驾驶。

4.3.2 基于强化学习的决策规划实例

首先，利用 Simulink 构建汽车纵向运动控制模型。其中，感知模块负责输出当前车辆运动状态信息及行驶环境信息；决策模块则基于所设计因果推理型决策，负责输出理想的动作信号；控制模块负责将行为指令转化为具体的控制量施加于本车。然后，在 CarSim 平台中设计目标车随机行驶的仿真场景，并针对跟车中典型的跟随、切入和驶离工况，进行仿真测试。

对于车辆模型以及工况环境的设置都是在 CarSim 软件中完成的，主要对整车参数、发动机的稳态输出特性等进行配置，还包括制动系统参数配置、轮胎模型参数配置、雷达参数配置、道路及天气环境参数设置、车辆模型的输入设置和输出设置。此处不再赘述。

1. 前车变速行驶工况仿真示例

前车初始速度为 60km/h，本车初始速度为 70km/h，期望速度为 40km/h，设置期望相对距离为 50m，初始相对距离为 20m。其中，前车在第 20s 时前车驶离本车道，在第 27s 时切入本车道，在第 42s 时超出本车雷达监测范围，在第 70s 时恢复本车雷达监测范围，本车跟随中速随机变速行驶前车的仿真结果如图 4-2 所示。

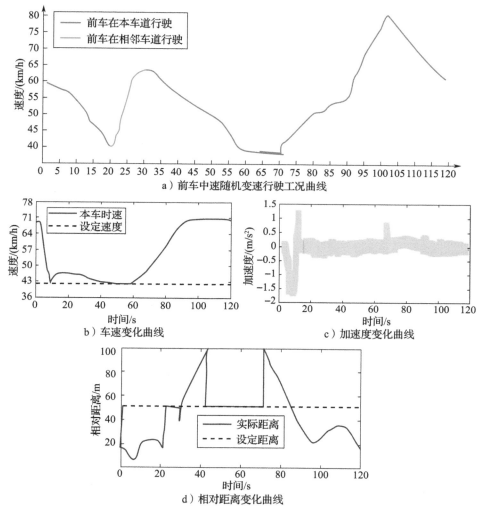

图 4-2　本车跟随中速随机变速行驶前车的仿真结果

从上述仿真结果来看，当前车保持匀速运动时，本车虽然保证了跟随过程的安全性，但会产生频繁的加速度波动，导致速度增减明显，最终呈现出忽快忽慢的运动效果。而当跟随前方随机运动车辆时，本车能够体现出良好的自适应性，加速度波动较小且速度跟随情况较好，同时也能保持理想的相对距离。

2. 前车匀速行驶工况仿真示例

前车以 80km/h 的低速保持匀速行驶 100s，两车初始距离为 20m，本车初始速度为 80km/h, 期望速度 80km/h, 设置期望距离为 20m。其中, 前车在第50s 时驶离本车道, 在第 70s 时切入本车道, 仿真结果如图 4 - 3 所示。

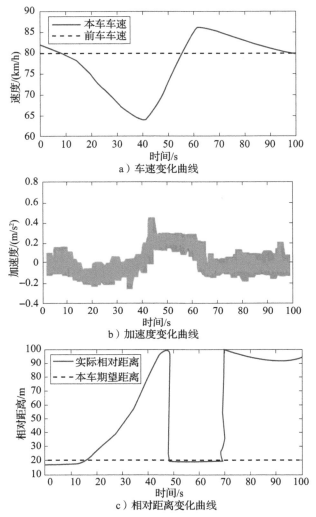

图 4 - 3　本车跟随中速匀速行驶前车的仿真结果

4.4 考虑社会属性的决策规划

自动驾驶汽车能显著提升交通效率并降低事故率, 其已成为国际汽车工程乃至信息与计算机科学等相关领域的研究热点。目前以提高安全性为设计目的的辅助驾驶技术已在量产车型上广泛应用, 而以完全替代驾驶员操纵为设计目的的自动驾驶尚处于示范运行阶段。自动驾驶汽车若想走入人们的日常生活，必将与人类驾驶的车辆在道路上长期共存，这种人机共存的新型混合交通流将成为未来道路交通的新常态。这势必会带来大量的交互场景，而这就要求自动驾驶在算法设计时，不能只考虑特定工况下本车的安全舒适，还要考虑与他车的交互协同，只有如此，才能于人机共存的交互场景中正常地完成驾驶任务。

交互场景是指场景中各智能体间发生相互作用，且各智能体的行为轨迹会相互影响的情况，其往往会产生竞争与合作等交互行为。例如安全合法框架以外的"减速让行"和"停车让行"等合作性利他行为，或是会带来安全隐患的"别车""加塞"等竞争性对抗行为。这种交互行为常常与社会性因素相关，这是因为人类具有与生俱来的社会性，其在判断与决策时不仅考虑自身利益，还会考虑他人以及整体的收益。这类竞争与合作行为的产生机制在认知心理学和社会心理学中被广泛研究，并被普遍认为与"社会偏好"等因素相关。

自动驾驶车辆因其高度的自主性，故其若想由示范运行发展到市场应用，就不能只考虑自身的安全舒适，还应融入人类现有的交通体系当中，并与其他参与者恰当地交互。人类的合作交互行为基于社会性因素，这就要求自动驾驶在设计时就引入对社会性的考虑，以融入混合交通流中。现有的自动驾驶运动规划算法并没有充分考虑社会性因素来进行设计，而仅仅从自身的安全舒适出发，这在某些场景下会带来驾驶困境并大幅降低驾乘人员的体验感，甚至会带来安全隐患。例如，很多体验过自动驾驶的乘客均表示车辆很难进行无保护左转和匝道汇入，此外，自动驾驶车辆在右转时的突然减速差点导致了一起追尾事故的发生。

考虑社会性行为的算法能够使自动驾驶车辆与人类驾驶车辆间的协同交互更加默契，进而避免与他车配合不当而导致的过度谨慎或过度鲁莽等行为，从而进一步提升道路交通的安全性与效率，并提升大众对自动驾驶车辆的亲切感与接受度，进一步加快自动驾驶走入人们的日常生活。在这一背景下，如何建立定量模型以描述人类驾驶过程中社会性行为的形成机制，并构建考虑社会属性的自动驾驶决策规划方法，已经成为国际前沿的研究热点。

4.4.1 考虑社会属性的自动驾驶决策规划方法

考虑社会属性的自动驾驶决策规划方法基于对驾驶员社会性行为的分析与模仿，其于十年前开始逐渐兴起，并在最近五年中得到蓬勃发展。按照方法类型及发展的先后脉络，可分为基于理论的方法、基于数据驱动的方法和理论与数据驱动相结合的方法三种，如图 4-4 所示。随着研究的不断深入，当下的自动驾驶社会性决策规划方法以第三类方法为主。因此，本节将对三类方法进行介绍，并选取典型案例进一步详细讲解其方法与应用效果。

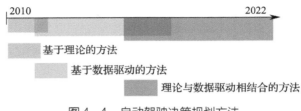

图4-4　自动驾驶决策规划方法

1. 基于理论的方法

早期的方法大都仅基于理论来实现社会性运动规划。例如，Ratsamee 等人[1]通过对社会力模型进行改进，实现了对行人运动的预测，并设计了仿人机器人与人类的避撞功能。该方法将行人和机器人均视为满足牛顿力学定律的自由粒子，两两之间存在引力或斥力的作用。考虑到人们一般不愿长时间与机器对视，他们在原有的社会力模型的基础上，加入了由行人面部朝向所带来的斥力，其会促使行人朝向与机器人错开的方向行进。

扩展的社会力模型（Extended Social Force Model，ESFM）[2]也被用于预测和规划算法的设计。由于社会力模型在使用时需要知道每个行人的目的地，而现实应用中无法直接获知其他行人的目标，因此贝叶斯预测器被引入其中并用于长期意图的预测。这种将长期意图预测与社会力模型相结合的方法被称为 ESFM方法。ESFM 方法在工程应用上具有更好的可操作性，也更加适合机器人与行人的交互式轨迹规划问题。例如，Ferrer 等人[3]利用 ESFM 设计了一种预测与规划相融合的算法，其能在拥挤的城市环境中使机器人自身行为对附近行人产生的影响降低到最小。

虽然基于理论的方法较早地被研究并应用于运动规划中，但由于驾驶员社会性行为的相关理论模型尚不完善，其形成机理仍处于研究探索之中，因此基于理论的方法效果不佳，其与人类的真实交互行为仍存在一定区别。此外，由于早期的理论研究大多仅针对特定场景，故其方法的泛化性较差，且缺乏足够的数据为其有效性与可靠性进行支撑。

2. 基于数据驱动的方法

随着机器学习等数据驱动技术的发展，其在大数据挖掘、规律推理等方面大放异彩。驾驶行为会产生海量数据，其与数据驱动方法间存在很高的适配性。

因此部分研究用其发掘人类驾驶数据中所蕴含的内在规律，并进一步将其应用于自动驾驶社会性决策规划领域。相关研究主要可分为基于数据驱动的方法以及理论与数据驱动相结合的方法，下面介绍基于数据驱动的方法。

基于数据驱动的方法直接从人类行为数据集中学习社会性行为，其主要可分为监督/无监督学习和强化/逆强化学习两类。前者主要用于分类和预测，其具有强大的函数逼近能力，以 RNN 和 LSTM 为代表；后者主要用于最优控制等决策规划问题中，以 Q 学习和最大熵逆强化学习为代表。例如，2012 年，Luber 等人[4]基于无监督学习方法，从公开的监控数据集中学习人类的相对运动行为，并基于此设计了动态成本图，进而将其与 A* 算法相结合，实现了兼顾客观标准（如路程与时间）和主观标准（如社交舒适度）的路径规划。此外，为了学习和重现社会性行为，他们将两个个体的时空轨迹之间的接近角作为算法训练中的关键特征参数，如图 4-5 所示。

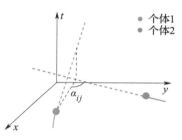

图 4-5 两个个体之间的接近角

逆强化学习方法也被广泛应用于社会性行为的生成中。逆强化学习又被称为逆最优控制，属于模仿学习的一种，其可以从专家范例中学习其行为模式与背后的回报函数，并进而实现最优控制。逆强化学习常用于回报函数无法明确定义的任务中，例如自动驾驶任务，我们可以宽泛地定义频繁加减速、激进超车等行为是不好的，但是很难将人们的行为量化为统一且适用于所用场景的数学标准，逆强化学习则可以直接从范例中学习难以人工建立的回报函数。例如，Priyanshu 等人[5]通过最大熵方法捕捉人类行为的特征，并以此生成社会性的行为。类似的，Kretzschmar 等人[6]也通过最大熵逆强化学习的方法来模仿人类行为。他们所提出的概率框架可以从所给的范例中学习智能体间的互动，其使用的基于样条的轨迹表示可以有效地计算概率密度的梯度，从而使其方法可以使用混合蒙特卡洛算法，进而提高了逆强化学习在该问题上的训练效率，如图 4-6 所示。此外，该方法还能够捕捉到所观察轨迹中的随机性，这可以很好地反映人类的随机行为。

虽然数据驱动方法能够较好地模仿人类的社会性行为并基于此进行运动规划，且有大量的数据为其提供支撑，但是其缺乏足够的理论基础。这使得算法变成了黑盒子，其输出结果无法被解释，算法出现异常也无法定位原因。这显然无法直接应用到对安全性与可靠性要求极高的自动驾驶系统中。为此，很多研究将理论方法与数据驱动技术相结合，以获得取长补短的效果。

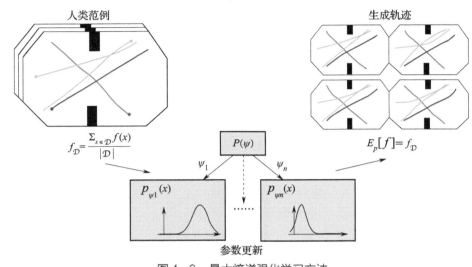

图4-6 最大熵逆强化学习方法

3．理论与数据驱动相结合的方法

随着研究的不断深入，近年来，越来越多的学者将理论与数据驱动方法相结合，并在特定场景下取得了较好的效果，其已成为当前社会性决策规划方法的主流。理论与数据驱动相结合的方法可根据对驾驶中社会性行为理论化方法的不同分为两类，下面将分别对其介绍。

第一类从驾驶现象中简单抽象并概括出某一类社会性特征或行为，并利用数据驱动方法对其加以模仿。例如，加州大学伯克利分校的 Sun 等人[7]利用利己和礼貌这两个抽象的社会性特征构建成本函数，并通过逆强化学习从人类驾驶数据中学习成本函数中礼貌项的权重，进而将成本函数与 MPC 算法结合以完成考虑社会属性的决策规划。为了将礼貌这一抽象概念用数学语言表达并建模，他们把自动驾驶车辆给人类驾驶车辆所带来的不便程度作为衡量礼貌性的标准。具体来说，该方法首先假设自动驾驶车辆不存在，并计算该情况下人类驾驶的车辆的最低成本；然后，再计算真实情况（也即自动驾驶车辆存在的情况）下的人类所驾驶车辆的最低成本；最后，将两者的差值作为自动驾驶车辆的礼貌成本。然而，该研究发现基于逆学习获得的模型虽然与人类驾驶员较为一致，但其未必是人们所期待的自动驾驶决策模型。

在此基础上，Wang 等人[8]进一步对礼貌特征和利己特征的表达进行优化，并从人类社会行为中提取出自信特征，将三者结合起来构建本车的奖励函数，其由利己奖励、礼貌奖励和自信奖励构成。针对自信这一抽象特征，该研究认为智能体更喜欢通过将他人的行为约束在一个集中分布中来获得信心，也即智能体对自己做出行为的信心越高，其越相信他人会做出自己预期内的回应。他们使用差分模型来描述自动驾驶的自信度，进而定义了自信奖励的数学表达。不同策略倾向下自动驾驶决策规划的对比如图 4-7 所示。

此外，Sun 等人[9]模仿人类的社会感知行为设计了相应模块，并将其融入基于模型预测控制的概率规划框架中。Sadigh 等人[10-11]通过模仿人类的主动行为（如减速让行或加速超车等），来使自动驾驶汽车能够与其他车辆主动交互，以影响其他驾驶员的决策或获取周围驾驶员的驾驶风格等信息。

除了上述这类从驾驶现象中进行简单抽象的方法外，还有一类方法是将已有的社会性行为理论体系应用到驾驶任务中，并将其与数据驱动方法相结合，以生成考虑社会属性的驾驶行为规划。

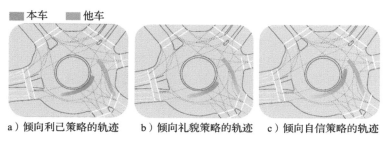

a）倾向利己策略的轨迹　　b）倾向礼貌策略的轨迹　　c）倾向自信策略的轨迹

图 4-7　不同策略倾向下自动驾驶决策规划的对比

例如，Galvan 等人将 ESFM 与贝叶斯人体运动意图预测方法相结合，以实现机器人的避撞功能。卡耐基梅隆大学的 Vemula 等人提出社会注意力机制，并将其与 RNN 相结合，以捕捉并学习行人间的人际互动和人群中每个人对他人的行为规划所产生的影响。Fernando 等人将软硬注意力机制引入 LSTM 中，以学习相邻轨迹间的联系。斯坦福大学的 Alahi 等结合深度学习方法提出了社会池化层理论，并基于此建立了社会性 LSTM 网络（Social-LSTM），其成功预测了同一场景中多个个体社会互动所产生的各种非线性行为。在此基础上，Alahi 等人又建立了社会性的生成对抗网络，其使用改进的社会池化层对人与人之间的交互行为进行建模，并生成了多样的社会性行为规划。

麻省理工学院的 Schwarting 等人创造性地利用社会心理学中的社会价值取向（SVO）工具量化个体的利己和利他程度，并将其与同步选择博弈理论相结合，实现了多主体的交互式轨迹规划。他们通过三角函数的形式来表示驾驶员的 SVO。图 4-8 所示是并道场景下不同驾驶员的 SVO 估计值，可以很好地展示 SVO 的角度特性。值得一提的是，该方法不仅计算自身的 SVO，还会通过最大熵方法实时估计交互过程中其他驾驶员的 SVO 变化。这带来了两点改变：首

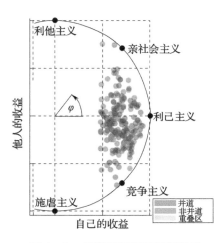

图4-8 并道场景下不同驾驶员
的 SVO 估计值

先，他们在社会性运动规划中考虑了其他驾驶员的社会属性，也即考虑了其他驾驶员的 SVO，而非将其简单假定为理性人；其次，他们实现了对其他驾驶员社会属性的实时在线估计。这两点改变使得所提出的方法更加贴近实际，因为真实生活中参与交互的驾驶员都有自身的社会偏好，且其偏好并非一成不变，而是会受到过去场景、当前场景以及未来目的地等多种复杂因素的影响，因此对其进行实时估计是非常必要的。此外，针对同步选择博弈难以求解的问题，该方法通过 KKT 条件进行简化，将极难求解的两级优化问题，简化为较易求解的单级优化，并实现了较为快速的求解。该方法在 NGSIM 数据集上进行了验证，结果表明其能够成功地预测其他驾驶员的社会行为并实现本车的社会性运动规划。

通过本节的介绍，可以看出考虑社会属性的方法在处理交互式运动规划问题上已展现出优于传统方法的性能，其所规划的轨迹更加接近人类，在安全性和通行效率上也有更好的表现。目前业内已在社会性决策规划领域开展了初步的研究，由于理论与数据驱动相结合的方法取得较好的效果，其已逐渐占据主流地位。然而，现有方法仍存在一定问题，如前所述，只是简单使用逆强化学习模仿某一类人的行为特征未必符合人们对自动驾驶车辆的期待。此外，现有方法大多数是对社会性特征（如礼貌、自信、利己等）的简单抽象与模仿，但是人类复杂的社会性行为很难用一两个词语完全概括描述，因此这样的模仿未必会带来理想的效果。未来研究应更加系统完善地结合社会学领域的相关理论体系，以进一步提升人们对自动驾驶决策规划的接受度与满意度。

4.4.2 考虑社会属性的自动驾驶决策规划实例

本节以麻省理工学院的 Schwarting 等人提出的基于 SVO 工具的自动驾驶社会性决策规划方法为例，展示其仿真应用于自动驾驶决策规划的成果。

为了更好地量化所提出方法的性能，Schwarting 等人将他们的算法与 SVO 偏好的几种变化以及非交互式基准算法进行了对比。在基准算法中，每个主体作为一个单独计算的策略，不考虑系统中其他主体的互动和奖励，其把所有的其他主体均视为只进行简单车道动作的动态障碍物，并且不预测其加速度的变化。这种基准算法类似于目前在没有通信的情况下为多主体行为建模的方法，他们把这种算法称为"baseline"智能体方法。

对于其他基准，他们将采用 SVO 估计值的算法，即动态更新其他主体的 SVO 值的算法，与在整个交互过程中保持 SVO 值不变的算法进行比较。这种比较突出了多主体博弈论公式的性能如何随着更好的 SVO 预测而提升。对比算法包括："egoistic"，其 SVO 被固定为利己主义，这展示了多主体博弈论模型在不使用 SVO 的情况下的性能；"static best"的方法是指在一个场景 SVO 保持不变，但该静态 SVO 值是所有静态值中误差最小的 SVO 值，这展示了采用 SVO 指标的好处，即在决策过程中考虑到他人回报的好处；而"estimated"是指基于本工作中提出的估计技术来动态在线估计 SVO，并将动态 SVO 应用于多主体博弈论模型中。

从 NGSIM 的数据集中，他们在 92 种并道场景下进行了测试，并比较了所有场景下的性能。在这里，他们预测了汽车在并道过程中的轨迹，并计算了预测时域内的均方根误差（MSE）。与基线代理模型相比，使用多主体博弈论方法可以减少预测误差。此外，他们还补充了自动驾驶高速公路强制并道的仿真实验，并对这一案例进行分析，以进一步展示社会属性给决策规划所带来的改变。

测试场景是高速公路并道的例子，自动驾驶车辆必须在一定距离内并入另一个车道。图 4-9 和图 4-10 分别说明了利己行为和亲社会行为的区别。在每个场景中，自动驾驶汽车都是汽车（$i=1$），并以红色显示，必须试图与周围的三辆汽车一起并道到高速公路上。在图 4-10 中，品红色的汽车（$i=4$）是一个利己的代理，因此预计不会容纳自动驾驶汽车。正如预期的那样，利己的代理不给自动驾驶汽车让出空间，自动驾驶汽车必须在车辆通过后减速以合并。相反，图 4-10 说明了其他三辆亲社会汽车的情况。在这个场景中，我们看到红色自动驾驶汽车合并到绿色（$i=3$）和品红色（$i=4$）汽车之间的间隙中。

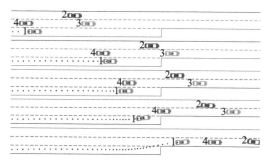

图4-9 利己车辆并道规划

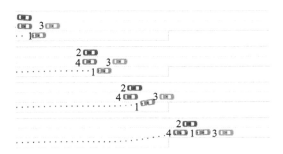

图4-10　亲社会车辆并道规划

4.5　智能驾驶决策安全规约

4.5.1　智能驾驶决策安全规约方法

随着自动驾驶技术的发展，确保自动驾驶车辆在各种复杂交通环境中的安全性成为一个关键问题。智能驾驶决策安全规约方法通过责任敏感安全（RSS）模型来实现，这是一种形式化的数学模型，将人类对安全驾驶的概念转化为具体的计算规则，以确保自动驾驶车辆能够在各种情况下做出安全的决策。

RSS模型的核心思想是通过定义一系列的常识性安全规则来规范车辆的行为。这些规则包括保持安全距离、不强行超车、优先避让和合法行驶等。车辆在行驶过程中必须与前车保持安全距离，这一距离随车速的变化而调整，确保在任何情况下都有足够的时间和空间进行安全反应。在超车过程中，车辆必须确保有足够的安全距离，并且在超车过程中不得对其他车辆造成威胁。遇到紧急情况时，车辆必须优先避让行人和其他障碍物，确保不发生碰撞。此外，车辆必须遵守交通规则，包括速度限制、交通信号等，确保行驶过程中的合法性。RSS模型通过这些规则，结合车辆的实时状态信息（如速度、位置等），计算出车辆的安全状态，并据此调整车辆的行为。例如，当前方车辆突然减速时，自动驾驶车辆将根据RSS模型计算出所需的减速程度，以确保不会发生追尾事故。

在实际应用中，基于RSS的安全验证过程包括环境感知、状态评估、规则应用和行为调整等步骤。首先，通过传感器（如摄像头、雷达等）获取车辆周围的环境信息，包括其他车辆、行人、道路标志等。然后，根据获取的环境信息，评估车辆的当前状态和未来状态，包括速度、位置、加速度等。接下来，将RSS模型中的安全规则应用于当前状态，计算出安全状态下的车辆行为。最后，根据计算结果，调整车辆的行驶行为，包括加速、减速、转向等，以确保满足安全规则。基于 RSS 的安全验证可以通过离线仿真和实车测试两种方式进行。在离线仿真中，使用计算机模拟真实交通环境，验证 RSS 模型在不同场景下的有效性。在实车测试中，通过实际驾驶车辆，在真实道路环境中验证 RSS 模型的应用效果。

智能驾驶决策安全规约方法是确保自动驾驶车辆在复杂交通环境中安全运行的关键。通过 RSS 模型的应用，能够通过形式化的数学模型和具体的计算规则，确保自动驾驶车辆在各种情况下都能够做出安全的决策。RSS 模型通过定义一系列常识性安全规则，确保车辆在行驶过程中能够保持安全状态。这些规则基于人类驾驶员的经验和判断，转化为具体的数学计算，以便自动驾驶系统能够实时应用。

为了确保这些安全规则能够在实际驾驶中有效应用，RSS 模型结合了环境感知和实时状态评估等技术手段。环境感知通过传感器获取车辆周围的实时信息，包括前方车辆的速度和位置、道路标志、行人等。状态评估则根据这些信息，结合车辆自身的速度、加速度等参数，实时计算出当前的行驶状态。通过这种方式，RSS 模型能够动态调整车辆的行驶策略，确保在各种复杂交通环境中始终保持安全。

基于 RSS 的安全规约方法需要通过严格的验证和测试，确保其在各种复杂交通环境中的有效性。验证和测试主要分为离线仿真和实车测试两种方式。在离线仿真中，在计算机上模拟真实的交通环境，测试 RSS 模型在不同场景下的表现。通过仿真，可以快速验证模型的有效性，并进行调整和优化。在实车测试中，在实际道路环境中进行测试，验证 RSS 模型的实际应用效果。实车测试能够更真实地反映系统在实际驾驶中的表现，发现和解决潜在的问题。

RSS 模型不仅适用于基本的安全规约，还可以扩展应用于更复杂的交通场景和决策问题。在多车道高速公路上行驶时，系统需要同时考虑纵向和横向的安全距离，确保在变道和超车时不会发生碰撞。在城市道路环境中，交通状况更加复杂，系统需要综合考虑多个因素，包括交通信号、行人、自行车等。RSS 模型可以通过扩展规则和引入更多的环境变量，实现对复杂场景的安全决策。此外，RSS 模型还可以与其他决策模型结合使用，例如路径规划模型、行为预测模型等。通过多模型的协同工作，系统能够更全面地评估和优化决策，确保行驶安全。

基于 RSS 的安全规约方法在多个实际应用案例中得到了验证和应用。例如，在自动驾驶出租车的测试中，RSS 模型帮助系统在复杂的城市道路环境中保持高水平的安全性和稳定性。通过实时应用 RSS 规则，系统能够在突发情况下迅速做出反应，避免潜在的交通事故。在高速公路自动驾驶中，RSS 模型确保车辆在高速行驶时能够保持安全距离，并在超车和变道时进行安全评估。通过与环境感知系统的结合，系统能够实时调整行驶策略，确保行驶安全。在城市道路自动驾驶中，RSS 模型帮助系统应对多种交通状况，包括行人、自行车、交通信号灯等。通过精确的状态评估和规则应用，系统能够在各种复杂场景中保持高水平的安全性。

总结起来，智能驾驶决策安全规约方法通过 RSS 模型来实现，以确保自动驾驶车辆在复杂交通环境中能够做出安全的决策。RSS 模型通过形式化的数学模型和具体的计算规则，结合环境感知、状态评估、规则应用和行为调整等步骤，确保自动驾驶系统能够实时优化行驶策略，确保行驶安全。通过离线仿真和实车测试，验证和优化 RSS 模型的有效性和适用性，进一步提升自动驾驶系统的安全性能。在实际应用中，RSS 模型已经在多个自动驾驶项目中得到了成功验证和应用，为实现高效、安全的自动驾驶提供了重要支持。

4.5.2　智能驾驶决策安全规约实例

目前，已有大量组织采用了该 RSS 模型，包括：

1. 百度阿波罗自动驾驶平台

电子工程世界报道，百度 2018 年 7 月公布了在其阿波罗项目中采用 RSS 的计划。2019 年 1 月，该公司在国际消费电子展新闻发布会上展示了 RSS 的成功应用案例。作为世界上首个 RSS 的开源实现，百度成功证明了 RSS 是一项真正具有技术中立性的安全解决方案——不管有没有 Mobileye 的技术和支持，它都能发挥作用。

2021 年下半年，百度正式宣布与英特尔子公司 Mobileye 展开合作，在其阿波罗开源项目及 Apollo Pilot 商用项目中部署 Mobileye 的 RSS 模型。百度与 Mobileye 将针对中国的驾驶习惯和复杂的路况，共同验证 RSS 模型，并根据合作中的新发现，更新完善 RSS 模型。该合作计划的落地应用为自动驾驶普及化提速[11]。

阿波罗项目是一个"开放、安全、可靠的自动驾驶生态系统"，能够帮助自动驾驶行业快速搭建一套属于自己的完整的自动驾驶系统。

全球已有 70% 的自动驾驶汽车制造商使用 Mobileye 技术方案。截至 2024年，已有数千万辆车辆配备了高级驾驶辅助系统。在中国市场，新能源乘用车的 L2 级辅助驾驶装车率已达 62.5%。L3 级自动驾驶车辆的量产计划已经启动，预计到 2026 年会有大规模的车辆部署 Mobileye 的 L3 级自动驾驶技术。L3 级技术意味着汽车基本上可以自己行驶了，驾驶员只需要监督辅助它，处理一些突发或特殊情况，而当达到 L4 级技术时，驾驶员就可以几乎不用监督车辆，实现真正的高自动化。

2. 法国汽车零部件供应商法雷奥

集微网报道，2019 年，汽车零部件供应商法雷奥（Valeo）宣布采用英特尔的自动驾驶汽车安全决策模型，即 RSS 模型。

秉承安全至上原则的法雷奥将凭借其全球领先的环境感知和传感器专长以及其在全球安全和监管工作组中的合作，继续为完善 RSS 模型做出贡献。其与英特尔子公司 Mobileye 达成了合作协议，双方将联手制定和推广一个基于 RSS、技术中立且由行业主导的全新自动驾驶汽车安全标准。法雷奥将与 Mobileye 在策略和技术上展开合作，以促进欧洲、美国和中国采用基于 RSS 的技术标准。双方合作的内容包括起草安全自动驾驶汽车的验证和商业部署框架、资助有关 RSS 模型的公共研究、协助标准起草以及加入标准组织的核心委员会和工作组。

3. 中国交通运输部"中国智能交通产业联盟"

中国交通运输部下属标准制定机构"中国智能交通产业联盟"与英特尔子公司 Mobileye、北京公共交通控股（集团）有限公司（下称"北京公交集团"）和北京市北太机电设备工贸有限公司旗下北太智能（下称"北太智能"）携手推动中国公共交通自动驾驶进程。其已经通过了提议，将采纳 RSS 模型作为其即将推出的自动驾驶汽车安全标准的框架。这项合作可以进一步检验 RSS 模型是否符合中国路况，并在发现问题时及时优化，使其更好、更适应中国市场，进而推动中国市场的自动驾驶落地。

2019 年，通过国际消费电子展，Mobileye、北京公交集团和北太智能宣布达成合作，将在中国对自动驾驶公共交通服务进行商业部署。这项合作标志着自动驾驶技术推动中国向智慧公共交通和增强城市移动出行的未来迈出了坚实的一步。

凭借北京公交集团丰富的运营经验和 Mobileye 的自动驾驶套件（一个经 L4 级自动驾驶能力验证的一站式软硬件自动驾驶解决方案），三家公司将在中国合作开发并部署一个商业化的公共交通自动驾驶解决方案。该合作旨在促进公共交通自动驾驶技术的发展，建立新的行业标准，并提高公共交通服务的整体质量。

北京公交集团是全球最大的城市公共交通公司之一，主要从事地面客运服务、公共交通相关投资和出租管理以及汽车服务业务等。北太智能则能够为公共交通运营商和原始设备制造商（OEM）人工智能系统提供丰富的系统集成、大数据处理和分析经验。

北京公交集团、Mobileye 和北太智能将密切合作，共同开发并推广中国公共交通领域的自动驾驶解决方案。

4. 美国亚利桑那州宣布成立自动驾驶移动出行研究所（Institute for Automated Mobility，IAM）

环球网科技综合报道，2018 年 10 月 14 日，美国亚利桑那州成立自动驾驶移动出行研究所（IAM），专注于自动驾驶汽车研究、安全和政策，并召集了该州的交通和公共安全部门、私营企业和三所州立大学，他们将努力制定有关自动驾驶技术的行业标准和最佳实践。亚利桑那州州长 Doug Ducey 在一份声明中表示："IAM 将汇集全球行业领袖、公共部门团队和学术界人才，专注于推进自动化车辆科学、安全和政策等各个方面。亚利桑那州致力于提供将这些技术整合到世界交通系统所需的领导力和知识。"

建成后，IAM 将包括研究设施、模拟实验室和安全测试轨道，可以适应不同的道路和交通配置。研究人员将探索与自主技术相关的一些主题，例如安全、事故责任和赔偿。亚利桑那州商务局表示，交通事故管理中心"将执法和救援人员与自动驾驶汽车技术整合"。

英特尔是 IAM 的第一家私营企业合作伙伴，并提供 RSS 模型，该公司将其称为自动驾驶汽车安全领域的"开放、透明和技术中立的起点"。亚利桑那州已经接待了多家致力于自动驾驶技术的公司，包括优步、Waymo、英特尔和通用汽车。

亚利桑那州商务局总裁主席 Sandra Watson 说："自动化车辆技术具有提高运输安全性和效率、挽救生命、节省时间和金钱的巨大潜力，IAM 将开展突破性的行业主导研究和开发，支持围绕这些技术建立统一标准和智能政策。"

5. MaaS 合作项目

自动驾驶汽车距离实现拯救生命这一承诺还有一段路要走，与此同时，英特尔提出的 ADAS 技术正在赢得世界领先安全评级机构的高度认可，因为，他们已经认识到，基于摄像头的主动安全系统可以很好地拯救生命。2018 年，16 款车型获得了欧盟新车安全评鉴协会的五星级安全评级，其中，12 款内置 Mobileye 防撞技术。

在很大程度上，ADAS 技术为自动驾驶的未来铺平道路，并将成为与中国的北京公交集团、以色列的大众集团、Champion Motors 和 Mobileye 合作推出的早期"自动出行即服务"产品的基础。Mobileye、大众汽车、Champion Motors 以及北京公交集团联合宣布的全新出行即服务（MaaS）合作项目，也将使用 RSS 模型来确保车队行驶安全。

参考文献

[1] RATSAMEE P, MAE Y, OHARA K, et al. Human-robot collision avoidance using a modified social force model with body pose and face orientation[J]. International Journal of Humanoid Robotics, 2013, 10(1): 1350008.

[2] FERRER G, GARRELL A, SANFELIU A. Robot companion: A social-force based approach with human awareness-navigation in crowded environments[C]//2013 IEEE/RSJ International Conference on Intelligent Robots and Systems. New York: IEEE, 2013: 1688 – 1694.

[3] FERRER G, SANFELIU A. Proactive kinodynamic planning using the extended social force model and human motion prediction in urban environments[C]//2014 IEEE/RSJ International Conference on Intelligent Robots and Systems. New York: IEEE, 2014. DOI: 10.1109/IROS.2014.6942788.

[4] LUBER M, SPINELLO L, SILVA J, et al. Socially-aware robot navigation: A learning approach[C]// 2012 IEEE/RSJ International Conference on Intelligent Robots and Systems. New York: IEEE, 2012: 902 – 907.

[5] PRIYANSHU A, SUREN K, JULIAN R, et al. Robotics: science and systems Ⅷ[M]. Cambridge: MIT Press, 2013: 193 – 200.

[6] KRETZSCHMAR H, SPIES M, SPRUNK C, et al. Socially compliant mobile robot navigation via inverse reinforcement learning[J]. The International Journal of Robotics Research, 2016, 35 (11): 1289 – 1307.

[7] SUN L, ZHAN W, TOMIZUKA M, et al. Courteous autonomous cars[C]//2018 IEEE/RSJ International Conference on Intelligent Robots and Systems(IROS). New York: IEEE, 2018: 663 – 670.

[8] WANG L, SUN L, TOMIZUKA M, et al. Socially-compatible behavior design of autonomous vehicles with verification on real human data[J]. IEEE Robotics and Automation Letters, 2021, 6 (2): 3421 – 3428.

[9] SUN L, ZHAN W, CHAN CY, et al. Behavior planning of autonomous cars with social perception [C]//2019 IEEE Intelligent Vehicles Symposium (Ⅳ). New York: IEEE, 2019. DOI: 10.1109/IVS.2019.8814223.

[10] SADIGH D, SASTRY S, SESHIA S A, et al. Planning for autonomous cars that leverage effects on human actions[J]. Robotics: Science & Systems, 2016. DOI: 10.15607/RSS.2016.Ⅻ.029.

[11] SADIGH D, SASTRY S S, SESHIA S A, et al. Information gathering actions over human internal state[C]//2016 IEEE/RSJ International Conference on Intelligent Robots and Systems (IROS). New York: IEEE, 2016: 66 – 73.

第5章
智能汽车自动驾驶运动控制技术

5.1 概述

车辆运动控制是实现自动驾驶的关键技术之一[1]，运动控制的主要目标是在保证稳定性控制的基础上，确保车辆能够按照指定的轨迹行驶。所述的轨迹包含速度、姿态和位置等信息。运动控制主要分为纵向控制和横向控制两个方面，在目前大部分的商用系统中它们都是分离的，且纵向控制通常采用比例 – 积分 – 微分（Proportional-Integral-Derivative，PID）控制器控制。由于模型预测控制（Model Predictive Control，MPC）能够充分利用轨迹规划信息，处理当前时刻以及预测时间内的约束，因此其成为当前自动驾驶车辆运动控制特别是侧向的运动控制的主流方案。

目前主流的商用自动驾驶运动控制方案通常都不会考虑稳定性控制问题。然而不考虑稳定性控制的运动控制方案，通常很难保证极限工况下车辆的稳定性。尽管越来越多的车辆轨迹跟随控制的相关研究中都引入了稳定性控制的内容，然而运动集成控制的相关工作较少。从这些可以看出，集成了稳定性控制的运动集成控制对于提大自动驾驶运动控制的稳定性和精度具有很大的现实意义。

在过去的几十年里，自动驾驶的运动控制对控制精度、稳定性和效率的要求越来越高。系统的物理约束、安全性和经济性都在制约着模型预测控制的发展。模型预测控制方法近年来产生了长足进步，这一点在数值实现上显得尤为突出，越来越多开源的、性能良好的求解器不断涌现，这使得其用于对实时性要求极高的车辆运动控制成为可能。除此之外，MPC 理论也在不断完善和扩展。基于客观被控对象和环境的随机性，随机 MPC[2] 最近受到了相当多的研究关注。针对时不变系统的显式 MPC[3] 理论已经趋于完善，这极大地提高了时不变系统的 MPC 计算效率。

5.2　运动控制中的车辆模型

若对车辆状态和参数进行准确的估计及面向运动控制算法设计，首先要对车辆的运动建立数字化模型，车辆模型应能模拟车辆的各种行驶工况，除了真实反映车辆特性外，建立的模型也应该尽可能简单易用。本节利用具有车辆运动学和动力学特性的车辆模型来模拟各种可能的车辆运动。

5.2.1　车辆运动学模型

车辆运动学模型忽略车辆在垂直方向（Z 轴方向）的运动，假设车身和悬架系统是刚体，并且车轮和地面之间不发生滑移，因此，前轮转角与横摆角速度成正比，如图 5-1 所示。

图 5-1 所示为二自由度车辆运动学模型，左右轮用一个车轮表示。XY 坐标系为全局坐标系，xy 坐标系为车辆坐标系，x 轴指向车辆行进方向，y 轴垂直于车辆行进方向指向车辆左侧，$(X_G，Y_G)$ 为车辆在全局坐标系中的位置，φ 为车辆在全局坐标系下的横摆角；δ 为车辆的前轮转角，v_f 和 v_r 分别为前后轴中点的速度，G 为车辆的质量中心，从 G 到前后轴中点的距离分别用 l_f 和 l_r 表示，v_G 为车辆质心的速度，v_x 和 v_y 分别为车辆质心的纵

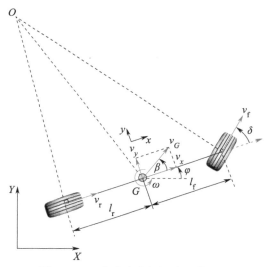

图 5-1　二自由度车辆运动学模型

向速度和横向速度，ω 为车辆的横摆角速度。

由于假设车身与悬架系统为刚体，因此车辆的运动在短时间内可以分解为沿 x 轴方向的匀速运动以及绕后轴中点的匀速转动。此时，车辆运动学公式如下：

$$\dot{X} = v_x \cos\varphi - v_y \sin\varphi \tag{5-1}$$

$$\dot{Y} = v_x \sin\varphi + v_y \cos\varphi \tag{5-2}$$

$$\dot{\varphi} = \omega \tag{5-3}$$

$$v_y = \frac{v_x \tan\delta}{l_f + l_r} l_r \tag{5-4}$$

$$\omega = \frac{v_x \tan\delta}{l_f + l_r} \tag{5-5}$$

$$\beta = \tan^{-1}\left(\frac{l_r}{l_f + l_r} \tan\delta\right) \tag{5-6}$$

式中，$\dot{X}$ 和 $\dot{Y}$ 为车辆在全局坐标系下 X 与 Y 方向上位置对时间 t 的导数；$\dot{\varphi}$ 为车辆的横摆角速度；ω 为车辆在全局坐标系下的横摆角 φ 对时间 t 的导数；β 为车辆的质心侧偏角。

5.2.2　车辆动力学模型

模型预测控制依赖于较为精确的状态方程，因此需要建立一个较为精确的整车动力学模型。由于车辆在实际行驶过程中，侧向力的存在导致轮胎的侧偏现象，因此车辆当前行驶的速度方向与前轮的方向并不一致，在轮胎处于线性区域内时，车辆动力学模型可以相对准确地描述车辆运动，例如在质心侧偏角参数的估计中，动力学模型可以避免运动学模型中存在累计误差的问题[4]，因此，为了更加准确地描述车辆的运动状态，引入了前轮驱动的三自由度车辆动力学模型，由前后两个有侧向弹性的轮胎支承于地面，考虑了侧向及横摆运动，如图 5-2 所示。

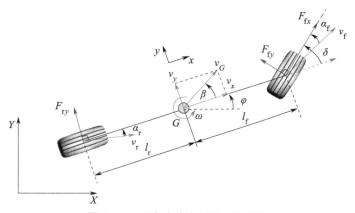

图 5-2　三自由度车辆动力学模型

车辆前后轮的横向偏转角与其运动参数有关，横向偏转角为 α_f 和 α_r。F_{fx}、F_{fy} 和 F_{ry} 分别是车辆在行驶中作用在前轮的纵向力、侧向力以及后轮受到的侧向力。

使用 xy 车辆坐标系的优势是对于车辆转动惯量等与质量分布有关的参数固结于车辆坐标系时为常数。因此，将绝对加速度与角加速度及外力与外力矩沿车辆坐标系的轴线分解，得到以下动力学微分方程：

$$\dot{X} = v_x\cos\varphi - v_y\sin\varphi \tag{5-7}$$

$$\dot{Y} = v_x\sin\varphi + v_y\cos\varphi \tag{5-8}$$

$$\dot{\varphi} = \omega \tag{5-9}$$

$$\dot{v}_x = \frac{1}{m}(F_{fx}\cos\delta - F_{fy}\sin\delta - F_{res}) + \dot{\varphi}v_y \tag{5-10}$$

$$\dot{v}_y = \frac{1}{m}(F_{fx}\sin\delta + F_{fy}\cos\delta + F_{ry}) - \dot{\varphi}v_x \tag{5-11}$$

$$\ddot{\varphi} = \frac{1}{I_z}(F_{fx}l_f\sin\delta + F_{fy}l_f\cos\delta - F_{ry}l_r) \tag{5-12}$$

式中，m 与 I_z 分别为车辆的质量和车辆绕 z 轴的转动惯量；F_{res} 为车辆的行驶阻力；$\ddot{\varphi}$ 为车辆的横摆角加速度，是车辆的横摆角速度 ω 对时间 t 的导数。线性轮胎模型中，轮胎的侧向力可以表示为

$$F_{fy} = 2C_f\alpha_f \tag{5-13}$$

$$F_{ry} = 2C_r\alpha_r \tag{5-14}$$

式中，C_f 和 C_r 分别为车辆的前轮侧偏刚度与后轮侧偏刚度，汽车前轮侧偏角 α_f 与后轮侧偏角 α_r 与其运动参数有关，β 为质心侧偏角。

$$\alpha_f = \beta + \frac{l_f\omega}{v_x} - \delta \tag{5-15}$$

$$\alpha_r = \beta - \frac{l_r\omega}{v_x} \tag{5-16}$$

$$\beta = \frac{v_y}{v_x} \tag{5-17}$$

该模型考虑了车辆在水平道路行驶时，需要克服来自地面的滚动阻力以及来自空气的空气阻力。F_{res} 为车辆的行驶阻力，滚动阻力用符号 F_f 表示，空气阻力用符号 F_w 表示，三者的关系可以表示为

$$F_{res} = F_f + F_w \tag{5-18}$$

其中，空气阻力与气流相对速度的动压力 $\frac{1}{2}\rho u_r^2$ 成正比，即

$$F_w = \frac{1}{2}C_D A\rho u_r^2 \tag{5-19}$$

式中，C_D 为空气阻力系数；ρ 为空气密度；A 为迎风面积，即车辆行驶方向的

投影面积；u_r 为相对速度，在无风时即汽车的行驶速度 v_G。

假设车辆行驶在无风工况下，空气阻力为

$$F_w = \frac{1}{2} C_D A \rho v_G^2 \tag{5-20}$$

由于该模型考虑了车辆弹性轮胎，因此车辆在行驶时会产生滚动阻力，即

$$F_f = mgf \tag{5-21}$$

式中，g 为当地的重力加速度；f 为滚动阻力系数，该数值可由下面的公式估算：

$$f = f_0 + f_1 \left(\frac{v_G}{100} \right) + f_4 \left(\frac{v_G}{100} \right)^4 \tag{5-22}$$

式中，f_0、f_1、f_4 均为系数，可由查表得到不同工况下对应的数值。

5.3 智能汽车纵向控制方法

5.3.1 PID 速度控制

在 PID 速度控制中，将控制器分为上层控制器和底层控制器：上层控制器根据车辆参考速度和实际速度之差，生成所需的加速度以减小速度差；底层控制器获取车辆加速度，并产生加速命令或制动命令来最终控制车速。

上层控制器根据速度差确定需要的加速度大小，其输入是速度差，输出是车辆的期望加速度。底层控制器首先进行一系列假设，包括仅考虑加速命令、轮胎滑移率较小、纵向控制柔和。通过增加或减小输出力矩来产生期望的加速度。将期望的加速度转换为力矩需求，然后将力矩需求转换为加速指令。

5.3.2 纵向速度前馈控制

在控制系统中，反馈是典型的闭环结构，将输出与参考信号做比较，并将两者之差输入反馈控制器中；前馈是一个开环结构，其中参考信号直接馈入前馈控制器。前馈控制器在产生参考输出以实现特定跟踪响应时会提供预测响应，尤其是在所需输入为非零时。反馈控制器会修正响应，从而消除由干扰而引起的控制误差。由于这种互补关系，反馈和前馈控制的组合被广泛使用以提高控制器性能。

在汽车纵向速度控制中，参考速度是前馈控制器的输入，速度差是反馈控制器的输入，两个控制器均产生车辆控制信号，即加速和制动命令。根据车辆速度和车轮角速度之间的运动关系，可以计算所需的车轮角速度，并通过建模

模块中定义的运动关系来计算与所需车轮角速度相对应的发动机转速。通过车辆的当前状态来计算转矩，并与发动机转速相结合得到所需转矩对应的加速踏板位置。加入前馈后的纵向控制方法可以有效地解决 PID 因为对误差的修正而带来的响应滞后问题。

5.4 智能汽车横向控制方法

智能汽车横向控制的主要目标是控制车辆行驶，使其与选定目标点的侧向距离误差、航向角误差最小化。根据使用车辆动力学模型的复杂程度，可以分为基于车辆运动学模型的横向控制和基于车辆动力学模型的横向控制两大类。

5.4.1 坐标系及符号定义

在智能汽车运动控制中，需要用到三个坐标系，如图 5 - 3 所示。

图 5 - 3 中，三个坐标系分别是：

1）(X, Y)：大地坐标系，或绝对坐标系。

2）(x, y)：车身坐标系。

3）(τ, n)：Frenet 坐标系，或自然坐标系。

其中，坐标系有左手系和右手系之分：拇指指向 x 轴，食指指向 y 轴，中指指向 z 轴为右手系，否则为左手系。本章全部采用右手系。

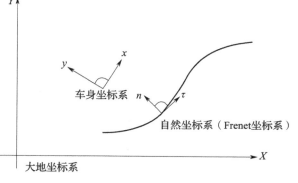

图 5 - 3 运动控制坐标系

在智能汽车运动控制问题中，需要用到 Frenet 坐标系，因为在 Frenet 坐标系下，可以将纵向控制与横向控制解耦。在 Frenet 坐标系中，横向速度、横向加速度和纵向加速度表示如下：

$$\vec{v} = \frac{\mathrm{d}s}{\mathrm{d}t}$$

$$\vec{a}_\tau = \frac{\mathrm{d}^2 s}{\mathrm{d}t^2}$$

$$\vec{a}_n = \frac{v^2}{R} = \frac{v^2 \tan\delta}{L}$$

$$(5 - 23)$$

式中，s 为行驶长度；t 为时间；R 为转向半径；L 为轴距。

可以看到，在 Frenet 坐标系中，v 只与 $\vec{a}_\tau$ 直接相关，$\vec{a}_\tau$ 只与 S 直接相关，$\vec{a}_n$ 与 v、δ 有关。由此可见，在 Frenet 坐标系中，纵向控制是可以解耦的，只需要控制制动踏板和加速踏板即可达到期望速度，不需要考虑横向控制；而横向控制与速度和方向盘转角相关，在纵向控制稳定以后，速度变化较小，此时横向控制只与前轮转角有关，这就是智能汽车运动控制可以将横纵向控制拆分开来的理论基础。

智能汽车运动控制中，常用到自行车模型，其示意图如图 5-4 所示。

其中常用符号及其含义见表 5-1。

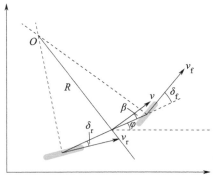

图 5-4　自行车模型示意图

表 5-1　常用符号及其含义

序号	符号	含义	坐标系
1	φ	横摆角，车身坐标轴与绝对坐标系 X 方向的夹角	绝对坐标系
2	β	质心侧偏角，质心速度与车身坐标系 x 方向的夹角	车身坐标系
3	θ	航向角，质心速度与绝对坐标系 X 方向的夹角	绝对坐标系
4	δ_f, δ_r	前后车轮中轴线方向相对于车身坐标系 x 方向的夹角	车身坐标系

5.4.2　基于车辆运动学模型的横向控制方法

基于车辆运动学模型的横向控制方法是基于车辆和路径之间的几何关系计算车辆前轮转角完成横向控制的。由于其设计简单，在较低车速下具备较好的跟踪精度，且算力需求小，适合部署于低算力的平台，因此是自动驾驶中比较流行的路径跟踪控制方法之一。这类方法利用车辆与参考路径之间的几何关系，得到路径跟踪问题的控制律。通常，其利用"预瞄距离"（Look Ahead Distance）来测量车辆前方的误差。最典型的几何路径跟踪控制方法是纯跟踪控制和前轮反馈控制方法，下面分别对其进行介绍。

1. 纯跟踪控制（Pure Pursuit）方法

对于移动机器人和自动驾驶系统，Pure Pursuit[5] 及其变种是最常用的路径跟踪方法之一。Pure Pursuit 方法中，需要计算后轴位置连接车辆前方路径目标点的圆弧曲率。目标点位置由预瞄距离 l_d 确定，其坐标为 $(g_x,\ g_y)$。仅使用车辆航向与预瞄点方向之间的角度 α，即可确定车辆的转向角 δ。这是因为，应用正弦定律，可得到如下结果：

$$\frac{l_\mathrm{d}}{\sin(2\alpha)}=\frac{R}{\sin\left(\dfrac{\pi}{2}-\alpha\right)} \tag{5-24}$$

$$\frac{l_\mathrm{d}}{\sin\alpha}=2R$$

将式（5-24）写成曲率形式，有

$$\kappa=\frac{2\sin\alpha}{l_\mathrm{d}} \tag{5-25}$$

式中，κ 为后轴轨迹曲率。根据前面的几何车辆模型，有

$$\delta=\tan^{-1}(\kappa L) \tag{5-26}$$

将式（5-26）的曲率用式（5-25）代替，就可以得到 Pure Pursuit 方法的控制律为

$$\delta(t)=\tan^{-1}\left\{\frac{2L\sin[\alpha(t)]}{l_\mathrm{d}}\right\} \tag{5-27}$$

为了更好地理解该控制律，定义新的变量 e_{l_d} 代表预瞄目标点到车辆航向向量的距离，即

$$\sin\alpha=\frac{e_{l_\mathrm{d}}}{l_\mathrm{d}} \tag{5-28}$$

则曲率可重写为

$$\kappa=\frac{2}{l_\mathrm{d}^2}e_{l_\mathrm{d}} \tag{5-29}$$

Pure Pursuit 方法的控制律变成

$$\delta(t)=\tan^{-1}\left(\frac{2Le_{l_\mathrm{d}}}{l_\mathrm{d}^2}\right) \tag{5-30}$$

从式（5-30）可以看出，Pure Pursuit 控制方法本质上是一个关于预瞄横向误差 e_{l_d} 的非线性比例控制器，而该控制增益和 $\dfrac{1}{l_\mathrm{d}^2}$ 相关，即通过调节不同的预瞄距离 l_d 可对应不同的控制性能效果。一般而言，预瞄距离 l_d 和车辆行驶速度有关。假设预瞄距离 l_d 和车速成正比，则 Pure Pursuit 控制律为

$$\delta(t)=\tan^{-1}\left\{\frac{2L\sin[\alpha(t)]}{kv_x}\right\} \tag{5-31}$$

式中，k 为可调控制参数。

一般而言，随着控制参数 k 的增加，预瞄距离 l_d 增加，车辆行驶过程中更不容易振荡、轨迹更平滑。而当控制参数 k 减小时，预瞄距离 l_d 减小，车辆行驶过程中横向控制误差将减小，同时也更容易导致闭环不稳定或者振荡。在车辆进入弯道时，过大的控制参数 k 或者预瞄距离 l_d，将导致出现内切的现象。因此可以看到，和一般的控制算法一样，Pure Pursuit 方法也要在稳定性和控制精度之间做妥协。但是 Pure Pursuit 方法对道路曲率扰动具有良好的鲁棒性。

高速下转向曲率的快速变化易使车辆产生侧滑，系统模型与实际车辆特性相差较大会导致跟踪性能恶化，因此 Pure Pursuit 算法多适用于较低车速和小侧向加速度下的路径跟踪控制。

2. 前轮反馈控制方法（Stanley）

Stanley 方法是斯坦福大学无人车项目在 DARPA 挑战赛中使用的路径跟踪控制方法。该方法的反馈控制律是前轴中心到最近参考路径点（c_x，c_y）横向误差 e_{f_a} 的非线性函数，并且能够实现控制误差的指数收敛[6]。

Stanley 方法有不同的变种形式，这里只介绍其中一种，该控制律由两部分组成。第一部分通过将转向角 δ 设置为航向误差来保持车轮与给定路径的方向一致，横向误差 θ_e 为

$$\theta_e = \theta - \theta_p \tag{5-32}$$

式中，θ 为车辆航向角；θ_p 为参考路径点（c_x，c_y）的切线角度。当横向误差 e_{f_a} 不为零时，Stanley 控制律的第二部分和横向误差 e_{f_a} 及车速 v_x 有关。完整的 Stanley 控制律为

$$\delta(t) = \theta_e(t) + \tan^{-1}\left\{\frac{ke_{f_a}(t)}{v_x(t)}\right\} \tag{5-33}$$

式中，k 为控制增益参数。从该控制律也可以看到，随着前轴横向误差 e_{f_a} 的增大，前轮转角控制量 δ 将使车辆更靠近参考轨迹线。

一般而言，随着控制参数 k 的增加，横向控制误差将会减小。和 Pure Pursuit 方法一样，Stanley 方法同样是在控制精度和稳定性之前进行妥协。

5.4.3 基于车辆动力学模型的横向控制方法

车辆运动学方程中，将轮胎平面方向直接等同于轮胎速度方向，没有考虑轮胎的侧偏特性。且其将车辆航向角 θ 直接等同于横摆角 φ，而实际上航向角应等于 $\varphi + \beta$，其中 β 为车辆质心侧偏角。因此在质心侧偏角较大的工况下，车辆运动学模型不再适用。此外，虽然在高速下一般航向角都比较小，但是这个

运动学方程也不适用，因为在高速下轮胎变形比较严重，运动学方程的前提假设被打破了。

综上，运动学方程只适用于小侧偏角、低速的简单工况，对于较复杂的工况需要基于更能反映车辆特性的动力学模型设计控制算法进行运动控制。

1. 基于 LQR 算法的横向控制

线性二次型调节器（Linaer Quadratic Regulator，LQR）是一种现代控制理论中设计状态反馈控制器（State Variable Feedback，SVFB）的方法[7]。

对于一个系统 $\dot{x} = Ax + Bu$，假设我们要设计一个线性反馈控制器 $u = -kx$，则此时状态方程可以写为

$$\dot{x} = Ax + Bu = Ax - BKx = (A - BK)x \tag{5-34}$$

由于让系统稳定的条件是矩阵 $A - BK$ 的特征值的实部均为负数，因此我们可以手动选择几个满足上述条件的特征值，然后反解出 K，从而得到控制器。

为了合理选择特征值，使得控制器的效果最优化，需要定义一种代价函数（Cost Function）：

$$J = \int_0^\infty x^T Qx + u^T Ru \, \mathrm{d}t \tag{5-35}$$

式中，Q 和 R 为两个对角参数矩阵，分别决定了状态向量 x 和输入向量 u 的重要性。显然，J 是一个二次型函数，这也是 LQR 中 "Q" 的由来。

LQR 算法的计算目标是在满足系统稳定的前提下，通过设计合适的 K，让代价函数 J 最小[8-9]。

在智能汽车横向运动控制问题中，为了保证运动控制精度，一般选择将车辆跟踪误差作为状态向量，将最小化跟踪误差作为优化目标。

假设某一时刻，规划点上的位置、速度、航向角为 $(x_r, y_r, v_r, \theta_r, a_r)$，均为已知量，由规划模块给定；车辆真实的速度、位置和航向角与规划点的差值为误差，误差包括纵向位置误差、横向位置误差、航向误差、速度误差、加速度误差。

一般定义：真实 - 规划 = 误差，其中规划量已知，真实量根据 $\dot{x} = Ax + Bu$ 获取。误差的微分方程 $\dot{e}_{rr} = \overline{A}e_{rr} + \overline{B}u$ 是我们真正需要的东西，它反映了车辆前轮转角和误差的关系。

控制目标：选择合适的输入变量 u 使得 $\bar{x}$ 与 $\bar{x}_r$ 尽可能接近，等价于让 $|\dot{e}_{rr}| = |\overline{A}e_{rr} + \overline{B}u|$ 尽可能小。

可将 J 改写为如下形式：

$$J = e_{rr}^T Qe_{rr} + u^T Ru \tag{5-36}$$

式中，Q、R 为对角阵；e_{rr}、u 为列向量。此时，问题转换为：$J = e_{rr}^T Q e_{rr} + u^T R u$ 在约束条件 $\dot{e}_{rr} = \bar{A} e_{rr} + \bar{B} u$ 下的最小值，这就是 LQR 问题。

整个过程分为三步：

1）求 e_d、$\dot{e}_d$、$\ddot{e}_d$。

2）求 e_ϕ、$\dot{e}_\phi$、$\ddot{e}_\phi$。

3）将所求量代入二自由度车辆动力学模型，表达出 $\dot{y}$、$\ddot{y}$、$\dot{\phi}$、$\ddot{\phi}$，最后代入误差计算公式中：

$$\begin{bmatrix} \ddot{e}_d \\ \ddot{e}_\phi \end{bmatrix} = \bar{A} \begin{bmatrix} \dot{e}_d \\ \dot{e}_\phi \end{bmatrix} + \bar{B} u \tag{5-37}$$

假设在绝对坐标系下有规划好的轨迹，实际位置与轨迹示意图如图 5-5 所示。

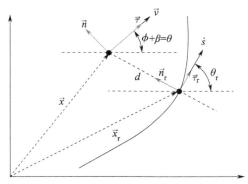

图 5-5　实际位置与轨迹示意图

其中，d 为横向误差；$\theta - \theta_r$ 为航向误差；$\dot{s}$ 为投影速度大小。

对横向误差求导，有

$$\begin{aligned}
\dot{d} &= (\dot{\vec{x}} - \dot{\vec{x}}_r)\vec{n}_r + (\vec{x} - \vec{x}_r)\dot{\vec{n}}_r \\
&= (|\vec{v}|\vec{\tau} - \dot{s}\vec{\tau}_r)\vec{n}_r + (\vec{x} - \vec{x}_r)\dot{\vec{n}}_r \\
&= (|\vec{v}|\vec{\tau} - \dot{s}\vec{\tau}_r)\vec{n}_r + (\vec{x} - \vec{x}_r)(-k\dot{s}\vec{\tau}_r) \\
&= (\vec{v}|\vec{\tau}\vec{n}_r - \dot{s}\vec{\tau}_r)\vec{n}_r + d\vec{n}_r(-k\dot{s}\vec{\tau}_r) \\
&= \vec{v}|\vec{\tau}\vec{n}_r + 0 + 0 + 0 \Leftarrow \vec{n}_r \perp \vec{\tau}_r \\
&= \vec{v}\|\vec{\tau}\|\vec{n}_r|\cos<\vec{\tau},\ \vec{n}_r>
\end{aligned} \tag{5-38}$$

式中，$\vec{x}$ 为车辆当前位矢；$\dot{\vec{x}} = |\vec{v}|\vec{\tau}$；$\vec{x}_r$ 为轨迹目标点位矢；$\dot{\vec{x}}_r = \dot{s}\vec{\tau}_r$。

而 $\cos<\vec{\tau},\vec{n}_r> = \cos\left[\dfrac{\pi}{2} - (\theta - \theta_r)\right]$，因此：

$$\dot{d} = |\vec{v}| \|\vec{\tau}\| |\vec{n}_r| \cos\left[\frac{\pi}{2} - (\theta - \theta_r)\right]$$
$$= |\vec{v}| \|\vec{\tau}\| |\vec{n}_r| \sin(\theta - \theta_r) \tag{5-39}$$
$$= |\vec{v}| \sin(\theta - \theta_r)$$

由 $\vec{x}_r + d\vec{n}_r = \vec{x}$，对两侧求导，有 $\dot{\vec{x}}_r + \dot{d}\vec{n}_r + d\dot{\vec{n}}_r = \dot{\vec{x}}$，将 $\dot{\vec{x}} = |\vec{v}|\tau$，$\dot{\vec{x}}_r = \dot{s}\vec{\tau}_r$ 和 $\dot{d} = |\vec{v}| \sin(\theta - \theta_r)$ 代入该式，得到：

$$\dot{s}\vec{\tau}_r + |\vec{v}| \sin(\theta - \theta_r)\vec{n}_r + d\dot{s}(-k\vec{\tau}_r) = |\vec{v}|\vec{\tau} \tag{5-40}$$

式（5-40）的两侧同时点乘 $\vec{\tau}_r$，有

$$\dot{s}\vec{\tau}_r\vec{\tau}_r + |\vec{v}| \sin(\theta - \theta_r)\vec{n}_r\vec{\tau}_r + d\dot{s}(-k\vec{\tau}_r)\vec{\tau}_r = |\vec{v}|\vec{\tau}\vec{\tau}_r$$
$$\Rightarrow \dot{s} + 0 + (-dk)\dot{s}\vec{\tau}_r\vec{\tau}_r = |\vec{v}|\vec{\tau}\vec{\tau}_r \tag{5-41}$$

而 $\vec{\tau}\vec{\tau}_r = |\vec{\tau}| |\vec{\tau}_r| \cos<\vec{\tau}, \vec{\tau}_r> = \cos<\vec{\tau}, \vec{\tau}_r>$，而 $\cos<\vec{\tau}, \vec{\tau}_r> = \cos(\theta - \theta_r)$，所以，式（5-41）可以简化为 $\dot{s} + (-dk)\dot{s} = |\vec{v}| \cos(\theta - \theta_r)$，因此：

$$\dot{s} = \frac{|\vec{v}| \cos(\theta - \theta_r)}{1 - dk} \tag{5-42}$$

综上，有

$$\begin{cases} \dot{d} = |\vec{v}| \sin(\theta - \theta_r) \\ \dot{s} = \dfrac{|\vec{v}| \cos(\theta - \theta_r)}{1 - dk} \end{cases} \tag{5-43}$$

对于 $\dot{d} = |\vec{v}| \sin(\theta - \theta_r)$，由于 $\theta = \phi + \beta$，因此有

$$\dot{d} = |\vec{v}| \sin(\phi + \beta - \theta_r)$$
$$= |\vec{v}| \sin(\beta)\cos(\phi - \theta_r) + |\vec{v}| \cos(\beta)\sin(\phi - \theta_r) \tag{5-44}$$
$$= v_y\cos(\phi - \theta_r) + v_x\sin(\phi - \theta_r)$$

由于 $\phi - \theta_r \to 0$，因此 $\dot{d} = v_y + v_x\sin(\phi - \theta_r)$，类似的，也可以将 $\dot{s}$ 写成这样的表达式：

$$\dot{s} = \frac{|\vec{v}| \cos(\theta - \theta_r)}{1 - dk}$$
$$= \frac{|\vec{v}| \cos(\beta + \phi - \theta_r)}{1 - dk}$$
$$= \frac{|\vec{v}| [\cos(\beta)\cos(\phi - \theta_r) - \sin(\beta)\sin(\phi - \theta_r)]}{1 - dk} \tag{5-45}$$
$$= \frac{v_x\cos(\phi - \theta_r) - v_y\sin(\phi - \theta_r)}{1 - dk}$$
$$= \frac{v_x - v_y\sin(\phi - \theta_r)}{1 - dk}$$

令侧向误差 $e_d = d$，则侧向误差导数 $\dot{e}_d = \dot{d}$。

令 $e_\phi = \phi - \theta_r$，注意，此处 e_ϕ 不等同于航向误差，准确地说，航向误差等于 $\theta - \theta_r = \phi + \beta - \theta_r$，这个 e_ϕ 和真实航向误差之间差了个质心侧偏角 β。则：

$e_\phi = \phi - \theta_r$；$\dot{e}_\phi = \dot{\phi} - \dot{\theta}_r$；$\ddot{e}_\phi = \ddot{\phi} - \ddot{\theta}_r \approx \ddot{\phi}$（忽略 θ_r 的二阶导数，因为一般道路设计中的 θ_r 都很小）；$e_d = d = (\vec{x} - \vec{x}_r)\vec{n}_r$；$\dot{e}_d = \dot{d} = v_y + v_x \sin(e_\phi) = v_y + v_x e_\phi [\, e_\phi \rightarrow 0 \Rightarrow \sin(e_\phi) \approx e_\phi\,]$；$v_y = \dot{e}_d - v_x e_\phi$；$\dot{v}_y = \ddot{e}_d - v_x \dot{e}_\phi$（前提假设中纵向速度 v_x 为一个常数）。

综上，二自由度车辆动力学模型的四个参数可分别表示为

$$\begin{cases} \dot{y} = \dot{e}_d - v_x e_\phi \\ \ddot{y} = \ddot{e}_d - v_x \dot{e}_\phi \\ \dot{\phi} = \dot{e}_\phi + \dot{\theta}_r \\ \ddot{\phi} = \ddot{e}_\phi \end{cases} \tag{5-46}$$

将四个参数代入二自由度车辆动力学模型：

$$\begin{bmatrix} \ddot{y} \\ \ddot{\phi} \end{bmatrix} = \begin{bmatrix} \dfrac{C_{\alpha_f} + C_{\alpha_r}}{mv_x} & \dfrac{aC_{\alpha_f} - bC_{\alpha_r}}{mv_x} - v_x \\ \dfrac{aC_{\alpha_f} - bC_{\alpha_r}}{Iv_x} & \dfrac{a^2 C_{\alpha_f} + b^2 C_{\alpha_r}}{Iv_x} \end{bmatrix} \begin{bmatrix} \dot{y} \\ \dot{\phi} \end{bmatrix} + \begin{bmatrix} -\dfrac{C_{\alpha_f}}{m} \\ -\dfrac{aC_{\alpha_f}}{I} \end{bmatrix} \delta \tag{5-47}$$

将其拆分、化简之后可以得到：

$$\ddot{y} = \left(\frac{C_{\alpha_f} + C_{\alpha_r}}{mv_x} \right) \dot{y} + \left(\frac{aC_{\alpha_f} + bC_{\alpha_r}}{mv_x} - v_x \right) \dot{\phi} - \frac{C_{\alpha_f}}{m} \delta = \ddot{e}_d - v_x \dot{e}_\phi$$

$$\left(\frac{C_{\alpha_f} + C_{\alpha_r}}{mv_x} \right)(\dot{e}_d - v_x e_\phi) + \left(\frac{aC_{\alpha_f} + bC_{\alpha_r}}{mv_x} - v_x \right)(\dot{e}_\phi + \dot{\theta}_r) - \frac{C_{\alpha_f}}{m} \delta$$

$$\left(\frac{C_{\alpha_f} + C_{\alpha_r}}{mv_x} \right)(\dot{e}_d) + \left(\frac{C_{\alpha_f} + C_{\alpha_r}}{mv_x} \right)(v_x e_\phi)$$

$$\left(\frac{aC_{\alpha_f} - bC_{\alpha_r}}{mv_x} - v_x \right)(\dot{e}_\phi) + \left(\frac{aC_{\alpha_f} - bC_{\alpha_r}}{mv_x} - v_x \right)(\dot{\theta}_r) - \frac{C_{\alpha_f}}{m} \delta \tag{5-48}$$

$$\Rightarrow \ddot{e}_d = \frac{C_{\alpha_f} + C_{\alpha_r}}{mv_x} \dot{e}_d - \frac{C_{\alpha_f} + C_{\alpha_r}}{m} e_\phi +$$

$$\frac{aC_{\alpha_f} - bC_{\alpha_r}}{mv_x} \dot{e}_\phi + \left(\frac{aC_{\alpha_f} + bC_{\alpha_r}}{mv_x} - v_x \right) \dot{\theta}_r - \frac{C_{\alpha_f}}{m} \delta$$

$$\ddot{\phi} = \frac{aC_{\alpha_f} - bC_{\alpha_r}}{Iv_x}\dot{y} + \frac{a^2 C_{\alpha_f} + b^2 C_{\alpha_r}}{Iv_x}\dot{\phi} - \frac{aC_{\alpha_f}}{I}\delta$$

$$= \ddot{e}_\phi \frac{aC_{\alpha_f} - bC_{\alpha_r}}{Iv_x}(\dot{e}_d - v_x e_\phi) + \frac{a^2 C_{\alpha_f} + b^2 C_{\alpha_r}}{Iv_x}(\dot{e}_\phi + \dot{\theta}_r) - \frac{aC_{\alpha_f}}{I}\delta$$

$$= \frac{aC_{\alpha_f} - bC_{\alpha_r}}{Iv_x}(\dot{e}_d) + \frac{aC_{\alpha_f} - bC_{\alpha_r}}{I}(e_\phi) +$$

$$\frac{a^2 C_{\alpha_f} + b^2 C_{\alpha_r}}{Iv_x}(\dot{e}_\phi) + \frac{a^2 C_{\alpha_f} + b^2 C_{\alpha_r}}{Iv_x}(\dot{\theta}_r) - \frac{aC_{\alpha_f}}{I}\delta \qquad (5-49)$$

$$\Rightarrow \ddot{e}_\phi = \frac{aC_{\alpha_f} - bC_{\alpha_r}}{Iv_x}(\dot{e}_d) - \frac{aC_{\alpha_f} - bC_{\alpha_r}}{I}(e_\phi) +$$

$$\frac{a^2 C_{\alpha_f} + b^2 C_{\alpha_r}}{Iv_x}(\dot{e}_\phi) + \frac{a^2 C_{\alpha_f} + b^2 C_{\alpha_r}}{Iv_x}(\dot{\theta}_r) - \frac{aC_{\alpha_f}}{I}\delta$$

从式（5-48）和式（5-49）中可以得到：

$$\ddot{e}_d = \frac{C_{\alpha_f} + C_{\alpha_r}}{mv_x}\dot{e}_d - \frac{C_{\alpha_f} + C_{\alpha_r}}{m}e_\phi + \frac{aC_{\alpha_f} - bC_{\alpha_r}}{mv_x}\dot{e}_\phi \left(\frac{aC_{\alpha_f} - bC_{\alpha_r}}{mv_x} - v_x\right)\dot{\theta}_r - \frac{C_{\alpha_f}}{m}\delta$$

$$\ddot{e}_\phi = \frac{aC_{\alpha_f} - bC_{\alpha_r}}{Iv_x}\dot{e}_d - \frac{aC_{\alpha_f} - bC_{\alpha_r}}{I}e_\phi + \frac{a^2 C_{\alpha_f} + b^2 C_{\alpha_r}}{Iv_x}\dot{e}_\phi$$

$$\frac{a^2 C_{\alpha_f} + b^2 C_{\alpha_r}}{Iv_x}\dot{\theta}_r - \frac{aC_{\alpha_f}}{I}\delta$$

$$(5-50)$$

将式（5-50）补全第一项，并加上 $\dot{e}_d$ 和 $\dot{e}_\phi$ 的表达式：

$$\dot{e}_d = 0 \times e_d + 1 \times \dot{e}_d + 0 \times e_\phi + 0 \times \dot{e}_\phi + 0 \times \dot{\theta}_r + 0 \times \delta$$

$$\ddot{e}_d = 0 \times e_d + \frac{C_{\alpha_f} + C_{\alpha_r}}{mv_x}\dot{e}_d - \frac{C_{\alpha_f} + C_{\alpha_r}}{m}e_\phi + \frac{aC_{\alpha_f} - bC_{\alpha_r}}{mv_x}\dot{e}_\phi +$$

$$\left(\frac{aC_{\alpha_f} - bC_{\alpha_r}}{mv_x} - v_x\right)\dot{\theta}_r - \frac{C_{\alpha_f}}{m}\delta$$

$$\dot{e}_\phi = 0 \times e_d + 0 \times \dot{e}_d + 0 \times e_\phi + 1 \times \dot{e}_\phi + 0 \times \dot{\theta}_r + 0 \times \delta \qquad (5-51)$$

$$\ddot{e}_\phi = 0 \times e_d + \frac{aC_{\alpha_f} - bC_{\alpha_r}}{Iv_x}\dot{e}_d - \frac{aC_{\alpha_f} - bC_{\alpha_r}}{I}e_\phi +$$

$$\frac{a^2 C_{\alpha_f} + b^2 C_{\alpha_r}}{Iv_x}\dot{e}_\phi + \frac{a^2 C_{\alpha_f} + b^2 C_{\alpha_r}}{Iv_x}\dot{\theta}_r - \frac{aC_{\alpha_f}}{I}\delta$$

将式（5-51）写为矩阵的形式，可以得到：

$$\begin{bmatrix} \dot{e}_d \\ \ddot{e}_d \\ \dot{e}_\phi \\ \ddot{e}_\phi \end{bmatrix} = \begin{bmatrix} 0 & 1 & 0 & 0 \\ 0 & \dfrac{C_{\alpha_f} + C_{\alpha_r}}{mv_x} & -\dfrac{C_{\alpha_f} + C_{\alpha_r}}{m} & \dfrac{aC_{\alpha_f} - bC_{\alpha_r}}{mv_x} \\ 0 & 0 & 0 & 1 \\ 0 & \dfrac{aC_{\alpha_f} - bC_{\alpha_r}}{Iv_x} & -\dfrac{aC_{\alpha_f} - bC_{\alpha_r}}{I} & \dfrac{a^2 C_{\alpha_f} - b^2 C_{\alpha_r}}{Iv_x} \end{bmatrix} \begin{bmatrix} e_d \\ \dot{e}_d \\ e_\phi \\ \dot{e}_\phi \end{bmatrix} +$$

$$\begin{bmatrix} 0 \\ \dfrac{aC_{\alpha_f} - bC_{\alpha_r}}{mv_x} - v_x \\ 0 \\ \dfrac{a^2 C_{\alpha_f} + b^2 C_{\alpha_r}}{Iv_x} \end{bmatrix} \dot{\theta}_r + \begin{bmatrix} 0 \\ -\dfrac{C_{\alpha_f}}{m} \\ 0 \\ -\dfrac{aC_{\alpha_f}}{I} \end{bmatrix} \delta \qquad (5-52)$$

以上的误差可以写作

$$\dot{e}_{rr} = Ae_{rr} + Bu + C\dot{\theta}_r \qquad (5-53)$$

暂时忽略 θ_r，则 $\dot{e}_{rr} = Ae_{rr} + Bu$，这个问题就转换为了一个标准的 LQR 问题，即选择 u 使得 J 最小，同时 u 满足约束 $\dot{e}_{rr} = Ae_{rr} + Bu$。

分别对 A、B 矩阵进行离散化处理，可得：

$$\begin{cases} \bar{A} = \left(I - \dfrac{A\mathrm{d}t}{2}\right)^{-1}\left(I + \dfrac{A\mathrm{d}t}{2}\right) \\ \bar{B} = B\mathrm{d}t \end{cases} \qquad (5-54)$$

式中，I 为单位矩阵；$\mathrm{d}t$ 为采样周期。

在离散化 LQR 算法中，目标方程可表示为

$$J = \sum_{k=0}^{+\infty} (x_k^T Q x_k + u_k^T R u_k) \qquad (5-55)$$

约束条件为

$$x_{k+1} = \bar{A} x_k + \bar{B} u_k \qquad (5-56)$$

约束条件是一个 k 从 0 加到 $+\infty$ 的问题，我们可以先使 k 从 0 加到 n，然后让 n 趋于 $+\infty$。基于此，可得

$$J = \sum_{k=0}^{n-1} (x_k^T Q x_k + u_k^T R u_k) + x_n^T Q x_n, \, n \to +\infty \qquad (5-57)$$

由拉格朗日乘子法，令 λ 为拉格朗日乘子，则根据以下公式可以求出让 J 最小的 u：

$$J = \sum_{k=0}^{n-1} (x_k^{\mathrm{T}} Q x_K + u_k^{\mathrm{T}} R u_k) + x_n^{\mathrm{T}} Q x_n + \sum_{k=0}^{n-1} \lambda_{k+1}^{\mathrm{T}} (A x_k + B u_k - x_{k+1})$$

$$= \sum_{k=0}^{n-1} (x_k^{\mathrm{T}} Q x_k + u_k^{\mathrm{T}} R u_k + \lambda_{k+1}^{\mathrm{T}} (A x_k + B u_k) - \lambda_{k+1}^{\mathrm{T}} x_{k+1} + x_n^{\mathrm{T}} Q x_n) \qquad (5-58)$$

设 $H_k = x_k^{\mathrm{T}} Q x_k + u_k^{\mathrm{T}} R u_k + \lambda_{k+1}^{\mathrm{T}} (A x_k + B u_k)$，则

$$J = \sum_{k=0}^{n-1} (H_k - \lambda_{k+1}^{\mathrm{T}} x_{k+1}) + x_n^{\mathrm{T}} Q x_n \qquad (5-59)$$

继续对式（5-59）进行化简，可得

$$J = H_0 + H_1 + \cdots + H_{n-1} + (-\lambda_1^{\mathrm{T}} x_1 - \lambda_2^{\mathrm{T}} x_2 - \cdots - \lambda_n^{\mathrm{T}} x_n) + x_n^{\mathrm{T}} Q x_n$$

$$= \sum_{k=0}^{n-1} H_k + \sum_{k=0}^{n-1} (-\lambda_k^{\mathrm{T}} x_k) + (-\lambda_n^{\mathrm{T}} x_n) + x_n^{\mathrm{T}} Q x_n - (-\lambda_0^{\mathrm{T}} x_0)$$

$$= \sum_{k=0}^{n-1} (H_k - \lambda_k^{\mathrm{T}} x_k) + (-\lambda_n^{\mathrm{T}} x_n) + x_n^{\mathrm{T}} Q x_n - (-\lambda_0^{\mathrm{T}} x_0) \qquad (5-60)$$

对 J 的各变量分别求偏导，有

$$\frac{\partial J}{\partial x_0} = \vec{0} \Rightarrow \frac{\partial H_0}{\partial x_0} = \vec{0}$$

$$\frac{\partial J}{\partial x_1} = \vec{0} \Rightarrow \frac{\partial (H_1 - \lambda_1^{\mathrm{T}} x_1)}{\partial x_1} = \vec{0} \Rightarrow \frac{\partial H_1}{\partial x_1} = \lambda_1^{\mathrm{T}}$$

$$\frac{\partial J}{\partial x_2} = \vec{0} \Rightarrow \frac{\partial (H_2 - \lambda_2^{\mathrm{T}} x_2)}{\partial x_2} = \vec{0} \Rightarrow \frac{\partial H_2}{\partial x_2} = \lambda_2^{\mathrm{T}}$$

$$\frac{\partial J}{\partial x_{n-1}} = \vec{0} \Rightarrow \frac{\partial (H_{n-1} - \lambda_1^{\mathrm{T}} x_{n-1})}{\partial x_{n-1}} = \vec{0} \Rightarrow \frac{\partial H_{n-1}}{\partial x_{n-1}} = \lambda_{n-1}^{\mathrm{T}} \qquad (5-61)$$

$$\frac{\partial J}{\partial x_n} = \vec{0} \Rightarrow \frac{\partial (x_n^{\mathrm{T}} Q x_n - \lambda_n^{\mathrm{T}} x_n)}{\partial x_n} = \vec{0}$$

$$\frac{\partial J}{\partial u_k} = \vec{0} \Rightarrow \frac{\partial H_k}{\partial u_k} = \vec{0}$$

$$\frac{\partial J}{\partial \lambda_k} = \vec{0} \Rightarrow x_{k+1} = A x_k + B u_k$$

而由于 $H_k = x_k^{\mathrm{T}} Q x_k + u_k^{\mathrm{T}} R u_k + \lambda_{k+1}^{\mathrm{T}} (A x_k + B u_k)$，因此有

$$\frac{\partial H_k}{\partial x_k} = 2 Q x_k + A^{\mathrm{T}} \lambda_{k+1}$$

$$\frac{\partial H_k}{\partial u_k} = 2 R u_k + B^{\mathrm{T}} \lambda_{k+1} \qquad (5-62)$$

综上所述，可以得到

$$\boldsymbol{\lambda}_k = 2\boldsymbol{Q}\boldsymbol{x}_k + \boldsymbol{A}^{\mathrm{T}}\boldsymbol{\lambda}_{k+1}, k \in (1,2,\cdots,n-1) \qquad (5-63)$$

$$\boldsymbol{u}_k = -\frac{1}{2}\boldsymbol{R}^{-1}\boldsymbol{B}^{\mathrm{T}}\boldsymbol{\lambda}_{k+1}, k \in (1,2,\cdots,n-1) \qquad (5-64)$$

$$\boldsymbol{x}_{k+1} = \boldsymbol{A}\boldsymbol{x}_k + \boldsymbol{B}\boldsymbol{u}_k, k \in (1,2,\cdots,n-1) \qquad (5-65)$$

$$\boldsymbol{\lambda}_n = 2\boldsymbol{Q}\boldsymbol{x}_n \qquad (5-66)$$

在式（5-64）中，$\boldsymbol{R}$、$\boldsymbol{B}$ 矩阵为已知量，$\boldsymbol{\lambda}_{k+1}$ 为未知量。

由式（5-66）可知，$\boldsymbol{\lambda}_n$ 已知，由式（5-63）和式（5-65），可以推导出 $\boldsymbol{\lambda}_{n-1}$，$\boldsymbol{\lambda}_{n-2}$，$\cdots$，$\boldsymbol{\lambda}_1$。

将式（5-66）代入式（5-65），可得

$$\boldsymbol{u}_{n-1} = -\frac{1}{2}\boldsymbol{R}^{-1}\boldsymbol{B}^{\mathrm{T}}(2\boldsymbol{Q}\boldsymbol{x}_n) = -\boldsymbol{R}^{-1}\boldsymbol{B}^{\mathrm{T}}\boldsymbol{Q}\boldsymbol{x}_n \qquad (5-67)$$

将式（5-65）代入式（5-64），可得

$$\begin{aligned}\boldsymbol{x}_n &= \boldsymbol{A}\boldsymbol{x}_{n-1} + \boldsymbol{B}\boldsymbol{u}_{n-1} = \boldsymbol{A}\boldsymbol{x}_{n-1} + (-\boldsymbol{B}\boldsymbol{R}^{-1}\boldsymbol{B}^{\mathrm{T}}\boldsymbol{Q}\boldsymbol{x}_n) \\ &\Rightarrow \boldsymbol{x}_n = (\boldsymbol{I} + \boldsymbol{B}\boldsymbol{R}^{-1}\boldsymbol{B}^{\mathrm{T}}\boldsymbol{Q})^{-1}\boldsymbol{A}\boldsymbol{x}_{n-1}\end{aligned} \qquad (5-68)$$

将式（5-66）代入式（5-65），可得

$$\begin{aligned}\boldsymbol{\lambda}_{n-1} &= 2\boldsymbol{Q}\boldsymbol{x}_{n-1} + \boldsymbol{A}^{\mathrm{T}}\boldsymbol{\lambda}_n \\ &= 2\boldsymbol{Q}\boldsymbol{x}_{n-1} + \boldsymbol{A}^{\mathrm{T}}2\boldsymbol{Q}\boldsymbol{x}_n\end{aligned} \qquad (5-69)$$

将式（5-68）代入式（5-69），可得

$$\begin{aligned}\boldsymbol{\lambda}_{n-1} &= 2\boldsymbol{Q}\boldsymbol{x}_{n-1} + \boldsymbol{A}^{\mathrm{T}}2\boldsymbol{Q}\boldsymbol{x}_n \\ &= 2\boldsymbol{Q}\boldsymbol{x}_{n-1} + \boldsymbol{A}^{\mathrm{T}}2\boldsymbol{Q}(\boldsymbol{I} + \boldsymbol{B}\boldsymbol{R}^{-1}\boldsymbol{B}^{\mathrm{T}}\boldsymbol{Q})^{-1}\boldsymbol{A}\boldsymbol{x}_{n-1} \\ &= 2[\boldsymbol{Q} + \boldsymbol{A}^{\mathrm{T}}\boldsymbol{Q}(\boldsymbol{I} + \boldsymbol{B}\boldsymbol{R}^{-1}\boldsymbol{B}^{\mathrm{T}}\boldsymbol{Q})^{-1}\boldsymbol{A}]\boldsymbol{x}_{n-1}\end{aligned} \qquad (5-70)$$

将式（5-70）和式（5-63）对比，可得

$$\begin{cases}\boldsymbol{\lambda}_n = 2\boldsymbol{Q}\boldsymbol{x}_n \\ \boldsymbol{\lambda}_{n-1} = 2[\boldsymbol{Q} + \boldsymbol{A}^{\mathrm{T}}\boldsymbol{Q}(\boldsymbol{I} + \boldsymbol{B}\boldsymbol{R}^{-1}\boldsymbol{B}^{\mathrm{T}}\boldsymbol{Q})^{-1}\boldsymbol{A}]\boldsymbol{x}_{n-1}\end{cases} \qquad (5-71)$$

以此类推，$\boldsymbol{\lambda}_k$ 总能写成 $\boldsymbol{\lambda}_k = 2(\ )\boldsymbol{x}_k$ 的形式，这就可以构成一个递推式。

设 $\boldsymbol{\lambda}_k = 2(\boldsymbol{P}_k)\boldsymbol{x}_k$，$k \in (1,2,\cdots,n)$，求 $\boldsymbol{x}_k$ 的问题转化为求 $\boldsymbol{P}_k$ 的问题。

而由式（5-63）可知，$\boldsymbol{P}_n = \boldsymbol{Q}$，重复上述相互代入的过程，可以得到递推式：

$$\boldsymbol{P}_{k-1} = \boldsymbol{Q} + \boldsymbol{A}^{\mathrm{T}}\boldsymbol{P}_k(\boldsymbol{I} + \boldsymbol{B}\boldsymbol{R}^{-1}\boldsymbol{B}^{\mathrm{T}}\boldsymbol{P}_k)^{-1}\boldsymbol{A} \qquad (5-72)$$

这就是 Riccati 方程，从 $\boldsymbol{P}_n = \boldsymbol{Q}$，代入 Riccati 方程可以求出 $\boldsymbol{P}_{n-1}$，从 $\boldsymbol{P}_{n-1}$ 可以求出 $\boldsymbol{P}_{n-2}$，以此类推，可以求得所有的 $\boldsymbol{P}$。

而 u_k 可以表达为下式：

$$u_k = -\frac{1}{2}R^{-1}B^{\mathrm{T}}\lambda_{k+1}$$

$$= -\frac{1}{2}R^{-1}B^{\mathrm{T}}(2P_{k+1}x_{k+1}) \qquad (5-73)$$

$$= -R^{-1}B^{\mathrm{T}}P_{k+1}x_{k+1}$$

$$= -R^{-1}B^{\mathrm{T}}P_{k+1}(Ax_k + Bu_k)$$

化简后可得到控制量 $u(k)$ 的表达式：

$$u_k = -R^{-1}B^{\mathrm{T}}P_{k+1}(Ax_k + Bu_k)$$

$$u(k) = -B^{\mathrm{T}}P_{k+1}Ax_k - B^{\mathrm{T}}P_{k+1}Bu_k$$

$$u(k) + B^{\mathrm{T}}P_{k+1}Bu_k = -B^{\mathrm{T}}P_{k+1}Ax_k \qquad (5-74)$$

$$(R + B^{\mathrm{T}}P_{k+1}B)u_k = -B^{\mathrm{T}}P_{k+1}Ax_k$$

$$u(k) = -(R + B^{\mathrm{T}}P_{k+1}B)^{-1}B^{\mathrm{T}}P_{k+1}Ax_k$$

式中，x_k 为误差 e_{rr}，$e_{\mathrm{rr}} = x - x_{\mathrm{r}}$，$x$ 为定位点数据，x_{r} 为目标点数据。

前面将误差定义为 $\dot{e}_{\mathrm{rr}} = Ae_{\mathrm{rr}} + Bu + C\dot{\theta}_{\mathrm{r}}$，而在计算 u_k 时暂时忽略了 $\dot{\theta}_{\mathrm{r}}$，如果只有 LQR 算法，则 $u = -ke_{\mathrm{rr}}$，因此有 $\dot{e}_{\mathrm{rr}} = (A - Bk)e_{\mathrm{rr}} + C\dot{\theta}_{\mathrm{r}}$。对于这个表达式，无论 k 取什么值，$\dot{e}_{\mathrm{rr}}$ 和 e_{rr} 都不会同时为 0，因此 $\dot{e}_{\mathrm{rr}} = 0$，$e_{\mathrm{rr}} = 0$ 不是方程的解。因此需要引入前馈控制处理最后一项误差 $C\dot{\theta}_{\mathrm{r}}$：

$$u = -kx + \delta_{\mathrm{f}} \qquad (5-75)$$

式中，k 为从 LQR 得出的反馈控制量；δ_{f} 为用于消除稳态误差的前馈控制量，引入了 δ_{f} 后的状态方程如下：

$$\dot{e}_{\mathrm{rr}} = Ae_{\mathrm{rr}} + B(-ke_{\mathrm{rr}} + \delta_{\mathrm{f}}) + C\dot{\theta}_{\mathrm{r}} \qquad (5-76)$$

稳定后，有 $\dot{e}_{\mathrm{rr}} = 0$，$e_{\mathrm{rr}} = -(A - Bk)^{-1}(B\delta_{\mathrm{f}} + C\dot{\theta}_{\mathrm{r}})$，由于 B 为列向量，因此 $\delta_{\mathrm{f}} = -B^{-1}C\dot{\theta}_{\mathrm{f}}$ 并非该问题的解。将 A、B、C 代入误差计算公式中，k 为 LQR 求出来的反馈系数向量，$u(t) = -kx(t)$，$k = [k_1, k_2, k_3, k_4]$，化简后可得

$$e_{\mathrm{rr}} = \begin{bmatrix} \dfrac{1}{k_1}\left\{\delta_{\mathrm{f}} - \dfrac{\dot{\theta}_{\mathrm{r}}}{v_x}\left[a + b - bk_3 - \dfrac{mv_x^2}{a+b}\left(\dfrac{b}{C_{a_{\mathrm{f}}}} + \dfrac{a}{C_{\alpha_{\mathrm{r}}}}k_3 - \dfrac{a}{C_{\alpha_{\mathrm{r}}}}\right)\right]\right\} \\ 0 \\ -\dfrac{\dot{\theta}_{\mathrm{r}}}{v_x}\left(b + \dfrac{a}{a+b}\dfrac{mv_x^2}{C_{a_{\mathrm{r}}}}\right) \\ 0 \end{bmatrix} \qquad (5-77)$$

对于 e_d，其等于 0 的条件是：

$$\delta_f = \frac{\dot{\theta}_r}{v_x}\left[a + b - bk_3 - \frac{mv_x^2}{a+b}\left(\frac{b}{C_{\alpha_f}} + \frac{a}{C_{\alpha_r}}k_3 - \frac{a}{C_{\alpha_r}}\right)\right] \tag{5-78}$$

而 e_ϕ 表达式为

$$e_\phi = -\frac{\dot{\theta}_r}{v_x}\left(b + \frac{a}{a+b}\frac{mv_x^2}{C_{\alpha_r}}\right) \tag{5-79}$$

式（5-79）中没有前馈 k 和反馈 δ_f，也就是说前馈和反馈都不会影响到 e_ϕ，e_ϕ 只有在某一速度下为 0，其他情况不会为 0。

前面计算 e_ϕ 时，使用的公式是 $e_\phi = \phi - \theta_r$，但事实上航向误差的准确计算公式是 $e_\phi = \phi + \beta - \theta_r$，二者之间差了个 β。

根据误差计算中 $\dot{s}$ 的公式，对 e_ϕ 进行化简可得

$$
\begin{aligned}
\dot{s} &= \frac{|\vec{v}|\cos(\theta - \theta_r)}{1 - ke_d} = \frac{|\vec{v}|\cos(\beta + \phi - \theta_r)}{1 - ke_d} \\
&= \frac{|\vec{v}|\cos\beta\cos e_\phi - |\vec{v}|\sin\beta\sin e_\phi}{1 - ke_d} \\
&= \frac{v_x\cos e_\phi - v_y\sin e_\phi}{1 - ke_d}
\end{aligned} \tag{5-80}
$$

由于 $k \ll 1$，$e_\phi \ll 1$，$v_y \ll 1$，因此有

$$
\begin{aligned}
&\frac{1}{1 - ke_d} \approx 1 \\
&v_x\cos e_\phi \approx v_x \\
&v_y\sin e_\phi \approx 0 \\
&\Rightarrow \dot{s} \approx v_x
\end{aligned} \tag{5-81}
$$

所以有 $\dot{\theta}_r = \dot{k}s \approx kv_x$，$k = 1/R$，将其代入式（5-79）化简：

$$
\begin{aligned}
e_\phi &= -\frac{\dot{\theta}_r}{v_x}\left(b + \frac{a}{a+b}\frac{mv_x^2}{C_{\alpha_r}}\right) \\
&= -\frac{1}{R}\left(b + \frac{a}{a+b}\frac{mv_x^2}{C_{\alpha_r}}\right) \\
&= -\left(\frac{b}{R} + \frac{a}{a+b}\frac{mv_x^2}{RC_{\alpha_r}}\right)
\end{aligned} \tag{5-82}
$$

在车辆侧向加速度计算公式中，$a_y = \dot{v}_y + v_x\dot{\phi}$，由于 v_y 很小，因此 $a_y \approx v_x\dot{\phi}$，而 $\dot{\phi} \approx \vec{v}/R = (\vec{v}_x + \vec{v}_y)/R \approx \vec{v}_x/R$，基于这两项，可以得到

$$a_y \approx \frac{v_x^2}{R}$$

$$e_\phi = -\left(\frac{b}{R} + \frac{a}{a+b}\frac{mv_x^2}{RC_{\alpha_r}}\right) = -\left(\frac{b}{R} + \frac{a}{a+b}\frac{ma_y}{C_{\alpha_r}}\right) \tag{5-83}$$

式中，$ma_y = F_y = F_{y_f} + F_{y_r}$，根据车辆前后质量分布关系，有

$$e_\phi = -\left(\frac{b}{R} + \frac{a}{a+b}\frac{ma_y}{C_{\alpha_r}}\right) = -\left(\frac{b}{R} + \frac{m_r a_y}{C_{\alpha_r}}\right) = -\left(\frac{b}{R} + \alpha_r\right) \tag{5-84}$$

还需要结合几何关系对 R、b 关系进行进一步化简，侧偏角计算几何关系如图 5-6 所示。

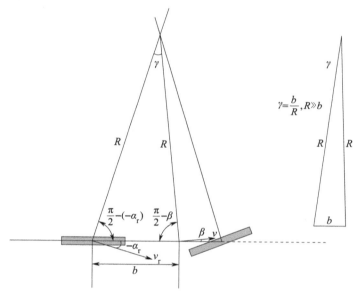

图 5-6　侧偏角计算几何关系

由于 $b \ll R$，因此可以认为这个三角形是两边边长都是 R 的等边三角形，且其两边夹角 $\gamma = \frac{b}{R}$，由三角形内角和定理可知：

$$\gamma + \left(\frac{\pi}{2} - \beta\right) + \left(\frac{\pi}{2} + \alpha_r\right) = \pi$$

$$\Rightarrow \gamma - \beta + \alpha_r = 0$$

$$\Rightarrow -\beta = -\left(\frac{b}{R} + \alpha_r\right) \tag{5-85}$$

$$\Rightarrow -\beta = e_\phi = -\left(\frac{b}{R} + \alpha_r\right)$$

由式（5 – 85），e_ϕ 正好等于 $-\beta$，而航向误差等于 $\phi + \beta - \theta_r$，$e_\phi = \phi - \theta_r$，当 $e_\phi = -\beta$ 时，真正的航向误差恰好为 0，也就是说不需要对航向角误差进行前馈补偿。

综上所述，基于 LQR 算法的控制变量输出为

$$u = -kx + \delta_f$$

$$\delta_f = \frac{\dot{\theta}_r}{v_x}\left[a + b - bk_3 - \frac{mv_x^2}{a + b}\left(\frac{b}{C_{\alpha_f}} + \frac{a}{C_{\alpha_r}}k_3 - \frac{a}{C_{\alpha_r}}\right)\right] \tag{5 – 86}$$

2. 基于 MPC 算法的横向控制

模型预测控制是一类特殊的控制[9]。它的当前控制动作是在每一个采样瞬间通过求解一个有限时域开环最优控制问题而获得的。过程的当前状态作为最优控制问题的初始状态，解得的最优控制序列只实施第一个控制作用。这是它与那些使用预先计算控制律的算法的最大不同。本质上模型预测控制求解一个开环最优控制问题。它的思想与具体的模型无关，但是实现则与模型有关。MPC 算法的基本原理示意图如图 5 – 7 所示。

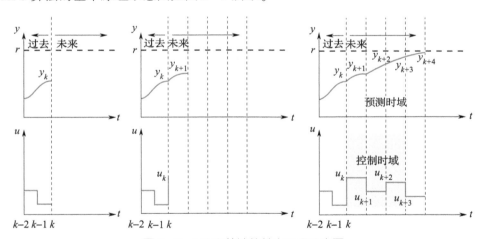

图 5 – 7 MPC 算法的基本原理示意图

在 k 时刻，计算系统输出一般分为三个步骤：

1）估计或观测 k 时刻的系统状态量，基于 u_k，u_{k+1}，u_{k+2}，$\cdots$，u_{k+N} 来进行最优化控制：

$$J = \sum_k^{N-1}(\boldsymbol{E}_k^{\mathrm{T}}\boldsymbol{Q}\boldsymbol{E}_k + \boldsymbol{U}_k^{\mathrm{T}}\boldsymbol{R}\boldsymbol{U}_k) + \boldsymbol{E}_N^{\mathrm{T}}\boldsymbol{F}\boldsymbol{E}_N \tag{5 – 87}$$

2）只取 u_k 进行运动控制。

3）然后循环往复，这个过程就叫作滚动优化控制（Receding Horison

Control），每一步都要求解以上这所有过程，因此 MPC 对控制器算力的要求很高。

MPC 算法的主要步骤中，最重要的是第二步，即最优化问题。对于 MPC 算法，有很多算法可以对其进行最优化，常用的方法是二次规划方法。二次规划的一般形式如下：

$$\min\left[\boldsymbol{Z}^{\mathrm{T}}\boldsymbol{Q}\boldsymbol{Z}+\boldsymbol{C}^{\mathrm{T}}\boldsymbol{Z}\right] \tag{5-88}$$

在智能汽车运动控制问题中，需要把求解车辆控制量的问题转化为二次规划问题，然后使用二次规划的方法进行求解。

设智能汽车运动控制问题的系统状态方程为

$$\boldsymbol{X}(k+1)=\boldsymbol{A}\boldsymbol{X}(k)+\boldsymbol{B}\boldsymbol{U}(k) \tag{5-89}$$

其中，状态向量 $\boldsymbol{X}$ 可以表示为

$$\boldsymbol{X}(k)=\begin{bmatrix} x_1 & x_2 & x_3 & \cdots & x_n \end{bmatrix}^{\mathrm{T}} \tag{5-90}$$

输入向量 $\boldsymbol{U}$ 可以表示为

$$\boldsymbol{U}(k)=\begin{bmatrix} u_1 & u_2 & u_3 & \cdots & u_m \end{bmatrix}^{\mathrm{T}} \tag{5-91}$$

在 k 时刻，模型输出为 $\boldsymbol{u}(k\mid k)$；在 $k+1$ 时刻，模型输出为 $\boldsymbol{u}(k+1\mid k)$；在 $k+2$ 时刻，模型输出为 $\boldsymbol{u}(k+2\mid k)$；…；在 $k+N-1$ 时刻，模型输出为 $\boldsymbol{u}(k+N-1\mid k)$。其中 N 为预测区间（Predictive Horizon）。对于状态向量，类似的，k 时刻，$k+1$ 时刻，…，$k+N$ 时刻的状态向量分别为：$\boldsymbol{x}(k\mid k)$，$\boldsymbol{x}(k+1\mid k)$，$\boldsymbol{x}(k+2\mid k)$，…，$\boldsymbol{x}(k+N\mid k)$。

可将状态向量表达为

$$\boldsymbol{X}_k=\begin{bmatrix} \boldsymbol{x}(k\mid k) \\ \boldsymbol{x}(k+1\mid k) \\ \vdots \\ \boldsymbol{x}(k+N\mid k) \end{bmatrix} \tag{5-92}$$

将控制向量/输出向量表达为

$$\boldsymbol{U}_k=\begin{bmatrix} \boldsymbol{u}(k\mid k) \\ \boldsymbol{u}(k+1\mid k) \\ \vdots \\ \boldsymbol{u}(k+N-1\mid k) \end{bmatrix} \tag{5-93}$$

为了简化推导，假设输出 $\boldsymbol{y}=\boldsymbol{x}$，即 $\boldsymbol{C}=\boldsymbol{I}$，参考值 $\boldsymbol{R}=0$，则误差 $\boldsymbol{E}=\boldsymbol{x}$。
则 Cost Function 可以表示为

$$J = \sum_{i=0}^{N} \left[\boldsymbol{x}(k+i \,|\, k)^{\mathrm{T}} \boldsymbol{Q} \boldsymbol{x}(k+i \,|\, k) + \boldsymbol{u}(k+i \,|\, k)^{\mathrm{T}} \boldsymbol{R} \boldsymbol{u}(k+i \,|\, k) \right] +$$
$$\boldsymbol{x}(k+N)^{\mathrm{T}} \boldsymbol{F} \boldsymbol{x}(k+N) \tag{5-94}$$

式中，$\boldsymbol{x}(k+i \,|\, k)^{\mathrm{T}} \boldsymbol{Q} \boldsymbol{x}(k+i \,|\, k)$ 为误差的加权和；$\boldsymbol{u}(k+i \,|\, k)^{\mathrm{T}} \boldsymbol{R} \boldsymbol{u}(k+i \,|\, k)$ 为输入的加权和；$\boldsymbol{x}(k+N)^{\mathrm{T}} \boldsymbol{F} \boldsymbol{x}(k+N)$ 为预测区间最末尾的误差，也叫终端误差（Terminal Error）。

对于 k 时刻的状态向量，$\boldsymbol{x}(k \,|\, k) = \boldsymbol{x}(k)$。

对于 $k+1$ 时刻的状态向量，$\boldsymbol{x}(k+1 \,|\, k) = \boldsymbol{A}\boldsymbol{x}(k \,|\, k) + \boldsymbol{B}\boldsymbol{u}(k \,|\, k) = \boldsymbol{A}\boldsymbol{x}(k) + \boldsymbol{B}\boldsymbol{u}(k \,|\, k)$。

对于 $k+2$ 时刻的状态向量，

$$\begin{aligned}
\boldsymbol{x}(k+2 \,|\, k) &= \boldsymbol{A}\boldsymbol{x}(k+1 \,|\, k) + \boldsymbol{B}\boldsymbol{u}(k+1 \,|\, k) \\
&= \boldsymbol{A}\left[\boldsymbol{A}\boldsymbol{x}(k) + \boldsymbol{B}\boldsymbol{u}(k \,|\, k) \right] + \boldsymbol{B}\boldsymbol{u}(k+1 \,|\, k) \\
&= \boldsymbol{A}^2 \boldsymbol{x}(k) + \boldsymbol{A}\boldsymbol{B}\boldsymbol{u}(k \,|\, k) + \boldsymbol{B}\boldsymbol{u}(k+1 \,|\, k)
\end{aligned}$$

以此类推，$k+N$ 时刻的状态向量为

$$\boldsymbol{x}(k+N \,|\, k) = \boldsymbol{A}^N \boldsymbol{x}(k) + \boldsymbol{A}^{N-1} \boldsymbol{B}\boldsymbol{u}(k \,|\, k) + \boldsymbol{A}^{N-2}$$
$$\boldsymbol{B}\boldsymbol{u}(k+1 \,|\, k) + \cdots + \boldsymbol{B}\boldsymbol{u}(k+N-1 \,|\, k)$$

则 k 时刻到 $k+N$ 时刻的状态向量写成矩阵，可以表示为

$$\begin{bmatrix}
\boldsymbol{x}(k \,|\, k) \\
\boldsymbol{x}(k+1 \,|\, k) \\
\boldsymbol{x}(k+2 \,|\, k) \\
\boldsymbol{x}(k+3 \,|\, k) \\
\vdots \\
\boldsymbol{x}(k+N \,|\, k)
\end{bmatrix} = \begin{bmatrix}
\boldsymbol{x}(k) \\
\boldsymbol{A}\boldsymbol{x}(k) + \boldsymbol{B}\boldsymbol{u}(k \,|\, k) \\
\boldsymbol{A}^2 \boldsymbol{x}(k) + \boldsymbol{A}\boldsymbol{B}\boldsymbol{u}(k \,|\, k) + \boldsymbol{B}\boldsymbol{u}(k+1 \,|\, k) \\
\boldsymbol{A}^3 \boldsymbol{x}(k) + \boldsymbol{A}^2 \boldsymbol{B}\boldsymbol{u}(k \,|\, k) + \boldsymbol{A}\boldsymbol{B}\boldsymbol{u}(k+1 \,|\, k) + \boldsymbol{B}\boldsymbol{u}(k+2 \,|\, k) \\
\vdots \\
\boldsymbol{A}^N \boldsymbol{x}(k) + \boldsymbol{A}^{N-1} \boldsymbol{B}\boldsymbol{u}(k \,|\, k) + \cdots + \boldsymbol{B}\boldsymbol{u}(k+N-1 \,|\, k)
\end{bmatrix}$$
$$\tag{5-95}$$

式（5-95）左侧可写成

$$\boldsymbol{X}(k) = \begin{bmatrix}
\boldsymbol{x}(k \,|\, k) \\
\boldsymbol{x}(k+1 \,|\, k) \\
\boldsymbol{x}(k+2 \,|\, k) \\
\boldsymbol{x}(k+3 \,|\, k) \\
\vdots \\
\boldsymbol{x}(k+N \,|\, k)
\end{bmatrix} \tag{5-96}$$

式（5-95）的右侧可写成

$$\begin{bmatrix} I \\ A \\ A^2 \\ \vdots \\ A^N \end{bmatrix} x(k) + \begin{bmatrix} 0 & 0 & \cdots & 0 \\ B & 0 & \cdots & 0 \\ AB & B & \cdots & 0 \\ A^2B & AB & \cdots & 0 \\ & & \vdots & \\ A^{N-1}B & A^{N-2}B & \cdots & B \end{bmatrix} \begin{bmatrix} u(k \mid k) \\ u(k+1 \mid k) \\ \vdots \\ u(k+N-1 \mid k) \end{bmatrix} \qquad (5-97)$$

式（5-95）可以写成

$$X_k = x_k + CU_k$$

$$M = \begin{bmatrix} I & A & A^2 & A^N \end{bmatrix}$$

$$C = \begin{bmatrix} 0 & 0 & \cdots & 0 \\ B & 0 & \cdots & 0 \\ AB & B & \cdots & 0 \\ A^2B & AB & \cdots & 0 \\ & & \vdots & \\ A^{N-1}B & A^{N-2}B & \cdots & B \end{bmatrix} \qquad (5-98)$$

代价函数表示为

$$\begin{aligned}
J &= \sum_{i=0}^{N-1} \left[x(k+i \mid k)^{\mathrm{T}} Q x(k+i \mid k) + u(k+i \mid k)^{\mathrm{T}} R u(k+i \mid k) \right] + \\
&\quad x(k+N \mid k)^{\mathrm{T}} F x(k+N \mid k) \\
&= x(k \mid k)^{\mathrm{T}} Q x(k \mid k) + x(k+1 \mid k)^{\mathrm{T}} + Q x(k+1 \mid k) + \cdots \\
&\quad + x(k+N-1 \mid k)^{\mathrm{T}} Q x(k+N-1 \mid k) + \\
&\quad x(k+N \mid k)^{\mathrm{T}} F x(k+N \mid k) + \\
&\quad u(k \mid k)^{\mathrm{T}} R u(k \mid k) + u(k+1 \mid k)^{\mathrm{T}} R u(k+1 \mid k) + \cdots \\
&\quad + u(k+N-1 \mid k)^{\mathrm{T}} R u(k+N-1 \mid k) \\
&= \begin{bmatrix} x(k \mid k) \\ x(k+1 \mid k) \\ \vdots \\ x(k+N \mid k) \end{bmatrix}^{\mathrm{T}} \begin{bmatrix} Q & 0 & \cdots & 0 \\ 0 & Q & \cdots & 0 \\ 0 & 0 & \cdots & 0 \\ 0 & 0 & \cdots & F \end{bmatrix} \begin{bmatrix} x(k \mid k) \\ x(k+1 \mid k) \\ \vdots \\ x(k+N \mid k) \end{bmatrix} + \\
&\quad \begin{bmatrix} u(k \mid k) \\ u(k+1 \mid k) \\ \vdots \\ u(k+N-1 \mid k) \end{bmatrix}^{\mathrm{T}} \begin{bmatrix} R & 0 & \cdots & 0 \\ 0 & R & \cdots & 0 \\ 0 & 0 & \cdots & R \end{bmatrix} \begin{bmatrix} u(k \mid k) \\ u(k+1 \mid k) \\ \vdots \\ u(k+N-1 \mid k) \end{bmatrix}
\end{aligned}$$

$$(5-99)$$

令

$$\overline{Q} = \begin{bmatrix} Q & 0 & \cdots & 0 \\ 0 & Q & \cdots & 0 \\ 0 & 0 & \cdots & 0 \\ 0 & 0 & \cdots & F \end{bmatrix} \quad (5-100)$$

$$\overline{R} = \begin{bmatrix} R & 0 & \cdots & 0 \\ 0 & R & \cdots & 0 \\ 0 & 0 & \cdots & R \end{bmatrix} \quad (5-101)$$

即 $J = X_k^{\mathrm{T}}\overline{Q}X_k + U_k^{\mathrm{T}}\overline{R}U_k$。将 $X_k = Mx_k + CU_k$ 代入式（5-99），可得

$$\begin{aligned}
J &= X_k^{\mathrm{T}}\overline{Q}X_k + U_k^{\mathrm{T}}\overline{R}U_k \\
&= (Mx_k + CU_k)^{\mathrm{T}}\overline{Q}(Mx_k + CU_k) + U_k^{\mathrm{T}}\overline{R}U_k \\
&= x_k^{\mathrm{T}}M^{\mathrm{T}}\overline{Q}Mx_k + x_k^{\mathrm{T}}M^{\mathrm{T}}\overline{Q}CU_k + U_k^{\mathrm{T}}C^{\mathrm{T}}\overline{Q}Mx_k + \\
&\quad U_k^{\mathrm{T}}C^{\mathrm{T}}\overline{Q}CU_k + U_k^{\mathrm{T}}\overline{R}U_k
\end{aligned} \quad (5-102)$$

其中，$x_k^{\mathrm{T}}M^{\mathrm{T}}\overline{Q}CU_k$、$U_k^{\mathrm{T}}C^{\mathrm{T}}\overline{Q}Mx_k$ 都是具体的数字，二者相互为转置，而数字的转置还是数字，因此 $x_k^{\mathrm{T}}M^{\mathrm{T}}\overline{Q}CU_k + U_k^{\mathrm{T}}C^{\mathrm{T}}\overline{Q}Mx_k$ 可以写成 $2x_k^{\mathrm{T}}M^{\mathrm{T}}\overline{Q}CU_k$。

则代价函数可表示为

$$\begin{aligned}
J &= X_k^{\mathrm{T}}M^{\mathrm{T}}\overline{Q}Mx_k + x_k^{\mathrm{T}}M^{\mathrm{T}}\overline{Q}CU_k + U_k^{\mathrm{T}}C^{\mathrm{T}}\overline{Q}Mx_k + \\
&\quad U_k^{\mathrm{T}}C^{\mathrm{T}}\overline{Q}CU_k + U_k^{\mathrm{T}}\overline{R}U_k \\
&= x_k^{\mathrm{T}}M^{\mathrm{T}}\overline{Q}Mx_k + 2x_k^{\mathrm{T}}M^{\mathrm{T}}\overline{Q}CU_k + U_k^{\mathrm{T}}C^{\mathrm{T}}\overline{Q}CU_k + U_k^{\mathrm{T}}\overline{R}U_k \\
&= x_k^{\mathrm{T}}M^{\mathrm{T}}\overline{Q}Mx_k + 2x_k^{\mathrm{T}}M^{\mathrm{T}}\overline{Q}CU_k + U_k^{\mathrm{T}}(C^{\mathrm{T}}\overline{Q}C + \overline{R})U_k
\end{aligned} \quad (5-103)$$

其中，$x_k^{\mathrm{T}}M^{\mathrm{T}}\overline{Q}Mx_k$ 中全是已知量，$2x_k^{\mathrm{T}}M^{\mathrm{T}}\overline{Q}CU_k + U_k^{\mathrm{T}}(C^{\mathrm{T}}\overline{Q}C + \overline{R})U_k$ 符合二次规划的一般形式，可以通过二次规划求解得到输出 U_k。

在这里定义几个新的矩阵：

$$\begin{aligned}
G &= M^{\mathrm{T}}\overline{Q}M \\
E &= C^{\mathrm{T}}\overline{Q}C \\
H &= C^{\mathrm{T}}\overline{R}C + \overline{R}
\end{aligned} \quad (5-104)$$

则代价函数可以写成如下形式：

$$J = x_k^{\mathrm{T}}Gx_k + 2x_k^{\mathrm{T}}Eu_k + u_k^{\mathrm{T}}Hu_k \quad (5-105)$$

其中，$x_k^{\mathrm{T}}Gx_k$ 中全是已知量，是一个常数，因此让 J 最小化只需要让后面的 $2x_k^{\mathrm{T}}Eu_k + u_k^{\mathrm{T}}Hu_k$ 最小化，这符合二次规划的形式，可以用二次规划求解器直

接求解。

至此完成了 MPC 算法的推导，在智能车辆运动控制中，建立车辆运动控制状态方程，将其代入 MPC 算法中即可进行运动控制。

5.4.4　基于深度学习的运动控制

智能汽车运动控制系统一般需要一个精确的系统动力学模型，该模型能够充分捕捉车辆动力学关系。尤其是在复杂工况中，车辆在其性能极限下运行，常规车辆动力学模型难以适用。此外，车辆动力学模型可能会在不同的车辆之间或在车辆行驶期间发生变化，例如，温度变化、载荷变化或轮胎磨损会使得实际车辆动力学特性发生变化，而这些变化难以一一进行建模分析。针对这些问题，研究者们将近年来应用广泛、潜力巨大的深度学习算法应用于车辆运动控制问题中，并取得了较好的控制效果。近年来，基于深度学习的运动控制可分为以下 3 类：

1）使用深度学习算法从车辆驾驶数据学习更精确的车辆动力学模型进行运动控制。

2）使用深度学习算法从人类驾驶数据学习运动控制策略实现运动控制。

3）基于深度强化学习算法学习端到端的运动控制算法实现运动控制。

1. 从数据学习车辆动力学模型

为了提高车辆动力学模型的预测精度，可基于人工神经网络搭建车辆动力学预测模型，使用车辆一系列过去状态和受物理模型驱动的输入当作样本学习车辆动力学模型，实现车辆运动控制算法。当在实验车辆上以相同的算法进行车辆运动控制时，神经网络可以实现比物理模型更好的运动控制能力[10]。

通过将人类驾驶员的驾驶数据当作训练集进行训练，并将训练模型应用于MPC 算法中，车辆可以进行高精度的运动控制；当结合来自干燥道路和雪地的数据进行训练时，该模型能够对车辆行驶的路面做出适当的预测，而无须明确的道路摩擦估计。

2. 从数据学习控制策略

从数据学习控制策略的方法中，研究者们假设存在一种奖励机制，在该奖励机制下，人类驾驶员的驾驶策略可以获得最佳奖励。算法的设计目标为找到这个奖励机制，并通过学习获得尽可能接近人类驾驶员的奖励，实现对人类驾驶员控制策略的模拟和再现。使用人类演示数据基于贝叶斯优化算法学习参数化的 MPC 损失函数[11]。

从数据学习控制策略的常用方法包括基于逆最优控制（Inverse Optimal Control，IOC）的 MPC 运动控制算法，使用从人类演示中收集的数据来学习控制任务的损失函数，该控制器可以产生与人类驾驶数据的特定特征相匹配的运动；使用人类演示数据基于贝叶斯优化算法学习参数化的 MPC 损失函数，以实现对人类驾驶中纵向速度控制策略的学习[12]。

3. 基于深度强化学习的驾驶策略学习

深度强化学习（Deep Reinforcement Learning，DRL）是一种寻找如何将状态直接映射到动作以获取最大奖励的最优策略学习方法，由于其结合了深度学习（Deep Learning，DL）的"感知"能力与强化学习（Reinforcement Learning，RL）的"决策"能力，因此能适应高维复杂的控制任务，并且具有很强的自主学习能力。如今，DRL 已经在竞技游戏、无人驾驶、机器人控制、参数优化、机器视觉等人工智能领域中开花结果。DRL 可以在复杂的无人驾驶场景中进行自主学习控制策略，成为目前智能车辆领域的研究热点之一。

基于深度强化学习的驾驶策略学习算法中，一般采用端到端的学习方法，输入为车辆视觉、雷达输出等传感器信号，输出为车辆加速踏板、制动压力等控制信号。

5.5 车辆纵横向运动集成控制方法

前述为智能汽车运动控制算法的单独算法，在实际的工程应用中，需要全面综合考虑车辆纵横向运动控制以及车辆状态、参数估计等模块。本节以车辆纵横向运动集成控制为例，介绍车辆完整运动控制系统的结构和仿真、实车测试过程和结果。

纵横向运动集成控制系统中，系统输入为参考轨迹、车辆状态和定位信息，输出为车辆方向盘转角及车辆期望加速度，系统中包括车辆状态估计、车辆参数估计、道路信息观测以及基于 MPC 算法的纵横向运动集成控制模块。纵横向运动集成控制系统架构如图 5-8 所示。

基于 MPC 的车辆纵横向运动集成控制算法中，主要包括输入信息处理、状态估计、参考输入计算、参数计算以及纵横向耦合运动控制器等部分。

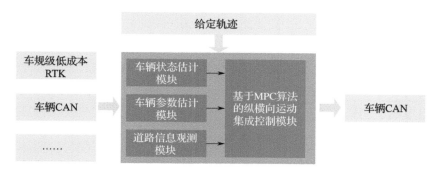

图 5-8　纵横向运动集成控制系统架构

参考文献

[1] 郭景华，李克强，罗禹贡. 智能车辆运动控制研究综述[J]. 汽车安全与节能学报，2016，7(2)：151-159.

[2] MESBAH A. Stochastic model predictive control：An overview and perspectives for future research [J]. IEEE Control Systems Magazine，2016，36(6)：30-44.

[3] BAYAT F, JOHANSEN T A, JALALI A A. Using hash tables to manage the time-storage complexity in a point location problem：Application to explicit model predictive control[J]. Automatica，2011，47 (3)：571-577.

[4] GAO L, XIONG L, XIA X, et al. Vehicle localization with vehicle dynamics during GNSS outages [C]//IAVSD 2019. Berlin：Springer，2019：1071-1079.

[5] HENRIQUES J F, Caseiro R, Martins P, et al. High-speed tracking with kernelized correlation filters [J]. IEEE Transactions on Pattern Analysis and Machine Intelligence 2014，36(7)：1552-1565.

[6] 陈耀庭，郑燕萍. 无人驾驶汽车路径跟踪算法研究综述[J]. 林业机械与木工设备，2023，51 (6)：21-26.

[7] 陈亮，秦兆博，孔伟伟，等. 基于最优前轮侧偏力的智能汽车 LQR 横向控制[J]. 清华大学学报(自然科学版)，2021，61(9)：906-912.

[8] 高琳琳，唐风敏，郭蓬，等. 自动驾驶横向运动控制的改进 LQR 方法研究[J]. 机械科学与技术，2021，40(3)：435-441.

[9] 崔凯晨，高松，王鹏伟，等. 基于前馈+预测 LQR 的智能车循迹控制器设计[J]. 科学技术与工程，2024，24(10)：4287-4299.

[10] 黄益绍，王博，李晨艳，等. 基于自适应 MPC 的智能车轨迹跟踪控制[J/OL]. 中国测试，1-8 [2024-09-23]. http://kns.cllki.net/kcms/detail/51.1714.TB.20240223.1749.006.html.

[11] 蒋春文. 基于路面附着系数的 AEB 控制系统研究[D]. 长春：吉林大学，2020.

[12] 刘琳，任彦君，沙文瀚，等. 融合整车质量估计的电动汽车坡道识别[J/OL]. 吉林大学学报 (工学版)，1-10[2024-09-23]. http://doi.org/10.13229/j.cnki.jdxbgxb.20230625.

第6章
智能底盘

6.1 概述

本章全面探讨了智能汽车线控底盘的发展背景、构型分析以及线控部件的发展趋势。首先，我们将回顾智能汽车线控底盘的发展历程，了解一体化通用底盘的特征及其技术优势，同时分析其面临的挑战。接着，本章将详细分析不同类型的智能汽车线控底盘构型，包括纯电动模块化底盘、一体化底盘－传统底盘构型、一体化底盘－轮毂电机角模块构型，以及一体化底盘－轮边电机角模块构型。

在此基础上，本章进一步探讨线控部件的发展趋势，涵盖电子电气架构、域控制器、线控转向、线控制动、线控悬架以及电池集成化技术。这些内容将帮助读者深入了解智能底盘的技术细节和未来发展方向，揭示智能底盘在提升车辆性能、增强驾驶体验和推动汽车产业智能化转型中的重要作用。

6.2 智能汽车线控底盘构型

目前，纯电动汽车底盘的发展经历了几个重要阶段，其中以大众汽车的MEB平台为代表的纯电动模块化底盘构型是其发展的重要里程碑。MEB平台的特点在于其在传统电动底盘的基础上，实现了电池组和电动总成的模块化设计，通过机械部件的共用和电气接口的标准化，显著提升了平台的扩展性，同时保持了承载式车身的底盘承载方式[1-4]。

紧随其后的是新兴创业公司如 Rivian 和 Canoo 所倡导的一体化底盘设计。这种设计采用底盘承载框架，实现了上下装分离，将制动、驱动、转向和电池等关键模块全部集成于底盘平台之中，并实现了全线控化，从而提高了整体的集成度和效率。

接着发展出了一体化底盘结合轮毂电机的角模块构型。这种构型利用轮毂电机进行驱动，并通过转向轴线上的电机实现车轮的独立转向，具有高度集成和对车身空间侵占小的优势，特别适合中低速通勤和货运场景。

最后，一体化底盘结合轮边电机的角模块构型，采用内转子轮边电机进行驱动，并利用独立转向推杆实现车轮的独立转向。这种设计不仅集成度高，而且通过抑制簧下质量的增大，优化了车辆的动态性能，使其更加适应高速行驶的需求。

6.2.1　纯电模块化底盘构型

1. 大众 MEB 平台

大众的 MEB 平台专为纯电动车型设计，以 400V 标准模组为核心，轴距、轮距、底盘高度都可以按照车型需求模块化调整，MEB 纯电平台可以做到在更短的车身中加入更长的轴距和更平整的后排地板，给乘员带来更多的舒适空间，如图 6-1 所示。

图6-1　MEB 纯电平台

MEB 平台专为满足家庭用户的日常通勤需求而设计，大众汽车旗下的 ID 系列电动车型，如 ID. 3、ID. 4X/CROZZ、ID. 6X/CROZZ，以及斯柯达 Vision iV、西雅特 el-born，还有奥迪品牌 Q4 e-tron、Q5 e-tron，以及进口的奥迪 e-tron Sportback，均是基于这一平台打造的。

MEB 平台的电动汽车将动力电池整体嵌入车底，有效降低了整车的重心。车轴模块与传动系统模块之间的较大距离，为车辆带来了更长的轴距和更短的前后悬，从而提供了更宽敞的乘坐空间和更卓越的操控性能。在电池设计上，MEB 平台采用标准化模组，每个模组由 24 个软包片状电芯组成，多个模组进一步组成电池包。根据配置的不同，最多可装配 12 个模组，提供 330~550km 不等的 WLTP 续驶里程。模组数量的标准化使得整车的电池容量可以根据需求快速扩展，从 45kW·h 到 77kW·h 不等。

在电气架构方面，MEB 纯电平台采用了先进的区域控制架构，主要由三个 ICAS（Intelligent Control Application System）域控系统组成。这些系统包括 ICAS1 负责车内应用服务，ICAS2 负责高级自动辅助驾驶功能，以及 ICAS3 负责娱乐系统的域控制器。这些域控制器之间通过车载以太网进行高速通信，确保了车辆能够满足 L3 级以下自动驾驶的大部分需求。

2. 大众 J1 平台

J1 平台从保时捷技术发展而来，与 MEB 纯电平台从零开发便面向电气化不同的是，奥迪与保时捷联合开发的 J1 平台其实源自于大众集团顶级车型的 MSB 燃油平台，经过电气化改造后成为高性能纯电平台，但其本质只是一个过渡性的平台而已。目前也只有保时捷 Taycan 和奥迪 e-tron GT 两款车型基于此平台打造，也不会有后续车型，而是都将共同采用 PPE 平台，如图 6-2 所示。

图 6-2　大众 J1 平台

J1 平台主要为高性能轿跑车而打造，拥有较低的车身高度、更流线的外观和更低的风阻。相比 MEB 平台，J1 平台采用前双叉臂式独立悬架，同时可以配备空气弹簧、后轮转向、弯道转矩控制等技术含量更高的配置，提升车辆的操控性，并且零部件和架构材料都采用更轻量化的材质。

3. 大众 PPE 平台

相比 MEB 的主流大众化，PPE 平台的定位则更高端小众化，电池电压是 MEB 的两倍，供奥迪、保时捷和宾利等豪华品牌使用，主打高端电动，在 X 方向轴距范围为 2890 ~ 3080mm，Z 方向离地间隙范围为 152 ~ 217mm，不仅支持轿车，还能适用 SUV，Y 方向的轮距范围为 1641 ~ 1714mm，基本覆盖了 B ~ D 的车型分级，也是支撑了大众集团大型车的最重要平台，如图 6-3 所示。

PPE 的大模组方案是大众集团首次出现的大模组设计，PPE 的电池总容量高达 100kW·h，采用 12 个柱状电池模组，是一种双排大模组形式。模组中间设有隔板，将模组分为左右两排电芯区，而加入中间隔板用于电池管理单元（Battery Management Unit，BMU）的固定，也可以消除电芯膨胀力的影响。PPE 的可拆卸性非常好，可以很容易地拆解到电芯级，而像目前的特斯拉设计，也都在向一体化、不可拆发展，尤其是模组级，一体化的优点在于体积利用率高，比能量大。

图6-3 大众 PPE 平台

4. 大众 SSP 平台

SSP 平台是大众集团在 2024 年推出的革命性汽车平台，它集纯电动动力、全面互联功能和高度可扩展性于一身。这一平台标志着大众集团在汽车制造领域的新里程碑，它整合了 MQB、MSB、MLB 等传统燃油车平台，以及 MEB、PPE 等纯电动汽车平台的优势，形成了一个全新的、适用于集团旗下所有品牌和车型的机电一体化平台架构。

SSP 平台的核心优势在于其技术的整合能力，它将电池技术、软件系统、车身设计和自动驾驶功能等方面进行了深度融合，从而实现了生产流程的简化和效率的提升。特别值得一提的是，SSP 平台的四电机布局设计，这一创新配置不仅能够实现前轮驱动、后轮驱动，还能提供全轮驱动模式，为驾驶员带来更加灵活和强大的驾驶体验。

SSP 平台的推出，对大众集团未来纯电动车型的研发和生产具有深远的影响，它预示着大众集团在电动汽车领域的进一步发展和创新，如图 6-4 所示。

5. 丰田 e-TNGA 平台

丰田 e-TNGA 是由现有的 TNGA 平台升级的电动车版本。像大多数纯电动平台一样，e-TNGA 采用一体化形式。前轮标配电机，后轮可加装一台电机，实现四轮驱动。同样，它具有从小型轿车到大型皮卡车的可扩展性，并且可以扩展到各种型号。低重心与高刚性车身是 e-TNGA 纯电专属架构的特点，其电机数量、悬架结构以及电池容量方面的扩展性与大众 MEB 平台相类似，如图 6-5 所示。

图6-4 大众 SSP 平台　　　　图6-5 丰田 e-TNGA 平台

6. 比亚迪 e3.0 平台

比亚迪的 e3.0 平台是积攒了 e1.0 和 e2.0 的经验而诞生的最新一代平台，e3.0 平台的电池升级为刀片电池，走的路径是从电池模块化到电池车身一体化，其高压用电系统（电驱动、电控和电池）全部使用 800V 电压，与低压用电系统由 4 组域控制系统通过自行研发的 BYD OS 操作系统进行整车层面的交互和通联，如图 6-6 所示。

图 6-6　比亚迪 e3.0 平台

与 MEB 平台一样，e3.0 平台由前置电驱动系统、后置电驱动系统、中间底盘放置电池的系统布局构成，不同于大众的三个"大脑"，e3.0 有电驱动控制、电池控制、驾驶舱空调系统、电池热管理系统等更多的智能系统集合。e3.0 的亮点还体现在电动力总成上，对比 MEB 最大的 550km 续驶里程，e3.0 续驶里程可以突破 1000km，处于目前的顶尖水准，将远超同价位的 MEB 平台车型。

6.2.2　一体化底盘构型

一体化底盘构型的特点：采用底盘承载式框架，集中式动力，CTP/CTC 架构。

一体化底盘 - 传统底盘构型将动力电池、电动传动系统、悬架、制动等组件集成设计于底盘承载式框架中，前后轴双电机驱动，CTP/CTC 架构提升轻量化水平。一体化底盘采用上下车体分离的思路，丰富了车型开发的多元性。

以 Rivian 和 Canoo 为代表的一体化通用底盘初创公司有量产车型上市。主打一体化底盘的美国第二大电动汽车公司 Rivian 市值已达 1000 亿美元，表明市场对新型一体化电动底盘技术有极高的信心。

1. Rivian 一体化底盘

Rivian 是一家美国新势力电动汽车公司，目前旗下车型分别为电动皮卡 R1T 和 SUV 车型 R1S，以及亚马逊定制货车。美国时间 2021 年 11 月 10 日，Rivian 在纳斯达克上市，IPO 首日高开约 37%，目前市值已超 1000 亿美元。Rivian 一体化底盘如图 6-7 所示。

R1T　　　R1S

亚马逊定制货车

图6-7　Rivian 一体化底盘

Rivian 的核心技术是其一体化底盘平台。Rivian 将四个电动机、一个全轮驱动系统和三个电池组嵌入底盘之中，实现上下车体（上装和下装）的解耦，从而能够对上装和下装可以进行独立开发。这样，能够令底盘适配多种不同的车型，并缩短车辆的研究开发周期。Rivian 一体化底盘除了应用于自有品牌车型外，还将对外开放。

Rivian 一体化底盘采用新型的非承载式车身结构，推动底盘标准化。搭载非承载式车身的汽车底盘具有刚性车架，由车架承载整个车体，发动机、悬架和车身都安装在车架上，使得完整的底盘可以独立行驶，不依赖车身等上装结构，早期的汽车均采用非承载式车身。后随着汽车工业的发展，由于整车重量大、重心高、操控感不佳等，承载式车身逐渐占据了主流位置，目前乘用车中只有如奔驰 G、Jeep 牧马人等专业越野车采用非承载式车身。一体化底盘采用新型非承载式车身，能够让车辆上装独立进行开发，更易实现底盘的标准化，大幅缩短汽车的研发周期和降低成本。

2. Canoo CTC 一体化电动底盘

Canoo 是一家成立于美国加州的初创公司，目前的主营业务是为其他整车厂商提供技术服务，包括与现代联合开发的新一代电动底盘平台。目前，NASA 预订的 Canoo 汽车已完成交付，且沃尔玛也与 Canoo 汽车达成了 4500 辆电动车的购车协议，而常规使用的 Canoo 生活用车也已上市。

Canoo 的核心技术为一体化电动底盘。通过平台化的底盘，Canoo 可以根据不同的需求场景快速开发相应的车辆。在 Canoo 模式下，汽车可分为电动底盘、车身和其他共三个部分，其中电动底盘的成本占比和技术含量最高，价值也最大，如图 6-8 所示。

Canoo 的电动底盘在严格意义上还没有完全实现电池底盘一体化（CTC），因为仍然保留模组的形态，确切应该为模组集成到底盘（Module to Chassis，MTC），它保留了电池包中的纵横梁结构，通过螺钉直接紧固到底盘。

图6-8　Canoo CTC 一体化电动底盘

3. 博世 – 本特勒联手开发模块化纯电平台

2020 年，博世与本特勒宣布合作开发模块化电动汽车平台，电动汽车制造商可以通过该款全新底盘适配不同种类的车身结构。除车身和内外饰外，该平台几乎包括车辆行驶所需的所有部件。

本特勒与许多电池制造商有密切合作，博世通过与本特勒的合作，将使结合滚动底盘的系统集成技术作为电动汽车中电池的基础，为客户提供灵活的电池存储系统和电动底盘解决方案。目前该平台将电池安装在地板中，电池容量为 84kW·h。为了防止电池过热，该底盘在设计时将电池平放置于一块液体流过的冷却板上，热交换器也成为前轴模块的一部分，如博世 – 本特勒合作开发的电动平台和博世 – 本特勒合作开发电动平台的模块化应用，如图 6-9 所示。

a）博世–本特勒合作开发的电动平台　　b）博世–本特勒合作开发电动平台的模块化应用

图6-9　博世 – 本特勒合作平台

6.3　智能汽车线控底盘功能

线控底盘是实现自动驾驶 SAEL3 的 "执行" 基石。从自动驾驶系统分工来看，共分为感知、决策和执行三个部分，其中底盘系统属于自动驾驶中的执行机构，是最终实现自动驾驶的核心功能模块。L3 及 L3 以上更高级别自动驾驶的实现，离不开底盘执行机构的快速响应和精确执行，以达到和上层的感知和决策的高度协同。

　　为了有效支撑更高电气化水平线控底盘系统的高效运行，整车的电子电气架构一直在进行集成化升级，从分布式架构逐步向区域架构和中央集中式架构进化。底盘系统集成化的要求越来越高，域控架构下底盘域控制器将作为整车"小脑"，进行多执行系统的协同控制，底盘也将由子系统线控化向整个底盘全线控进化，线控底盘系统标准化、模块化，底盘运算控制集成化、协同化将成为重要发展趋势，如图 6-10 所示。

图 6-10　底盘系统集成化

　　线控底盘技术是发展高级别自动驾驶的必然要求，线控制动与线控转向是线控底盘的关键技术。底盘线控化的技术发展路径包括线控换档/加速、线控制动、线控转向，直至底盘完全线控化，实现汽车状态控制（Vehicle Stability Control，VSC）。其中博世的 Two-Box 及 One-Box 线控制动产品 2018 年正式量产，线控转向目前已小规模量产上车，随着线控转向法规逐步放开，渗透率也将加速提升。

6.3.1　线控制动

　　线控制动系统是一种先进的电子控制制动技术，它通过消除制动踏板与制动器之间的机械连接，实现了制动过程的全电子化控制。系统通过踏板传感器捕捉驾驶员的制动意图，或通过车辆通信网络接收智能驾驶控制器的指令，然后由制动控制单元处理这些电子信号，控制制动执行机构输出相应的制动力[5-6]。

线控制动系统主要分为两大类：液压式线控制动（Electro-Hydraulic Brake，EHB）系统和机械式线控制动（Electro-Mechanical Brake，EMB）系统。EHB系统在传统液压制动系统的基础上，利用电子器件替代部分机械部件，使用制动液作为动力传递媒介，并配备液压备份制动系统，是目前市场上的主流技术。根据集成度的不同，EHB系统进一步细分为Two-Box和One-Box两种技术方案。Two-Box方案中，ABS/ESC系统与电子助力器是分开的，而One-Box方案则将它们集成在一起，从而在体积、重量和成本上具有优势。

EMB系统通过在四个轮端安装电机来产生制动力，并通过控制这些电机实现ABS等稳定性功能。由于EMB系统不需要制动液和液压部件，大大简化了制动系统的结构，因此便于布置、装配和维修。尽管EMB系统在性能上具有优势，但由于技术成熟度和产品可靠性尚需提高，短期内可能难以大规模应用。然而，随着技术的进步，EMB有望成为未来的发展方向。

目前，市场上的EHB产品，如博世的iBooster和采埃孚的EBB，多采用Two-Box方案。而大陆的MKC1和伯特利的WCBS等则采用了One-Box方案。One-Box方案以其集成度高、体积小、重量轻和成本效益高的特点，预计将逐渐取代Two-Box方案，成为未来线控制动技术的主流选择，见表6-1。

表6-1　One-Box方案与Two-Box方案对比

对比项	One-Box	Two-Box
定义	整体式：EHB集成了ABS/ESP	分立式：EHB与ABS/ESP独立
结构	1个ECU、1个制动单元	2个ECU、2个制动单元
成本	集成度高、售价相对较低	集成度低、售价相对较高
复杂度与安全性	复杂度高，需要踏板解耦，踏板感受需要软件调教，可能有安全隐患	复杂度低，无须踏板解耦，驾驶员能直接感受踏板力，有安全优势
能量回收	回收效率高，回馈制动减速度最高可达0.5g，可采用协调回收策略	回收效率高，回馈制动减速度最高可达0.3g，本身只能使用叠加式回收策略，或搭配ESP使用协调回收策略
自动驾驶	需搭配冗余制动单元（RBU）满足自动驾驶对冗余的要求	搭配ESP满足自动驾驶对冗余的要求
示意图		+

线控制动技术正处于快速发展的初期阶段，目前主要由外资供应商主导市场。全球主要的线控制动系统供应商包括博世、大陆和采埃孚天合。博世在这一领域具有领先地位，率先进行自主研发，推出了 Two-Box 技术路线的 iBooster + ESP 和 One-Box 技术路线的 IPB 产品。iBooster + ESP 产品因其较早的推出时间和广泛的应用，目前在市场上占据重要地位。而 IPB 产品则在国内率先配套比亚迪汉，显示出其技术实力。

大陆集团的 MKC1 线控制动产品虽然制造工艺复杂，但自 2020 年底开始逐步面向中国市场，显示出其在本土市场的布局和适应能力。采埃孚通过并购天合和威伯科，成功获取了乘用车和商用车的线控制动技术。2018 年底，其乘用车线控制动产品 IBC 开始量产，而 2012 年推出的商用车线控制动产品 EBS 也在市场上占有一席之地。

在国内，线控制动供应商的市场份额相对较低，但参与竞争的企业众多。伯特利、拓普集团和拿森电子等企业都在这一领域积极布局。伯特利作为头部供应商，凭借其在制动领域的多年深耕，其 One-Box 式产品 WCBS 在轻量化水平、建压速度和制动能量回收效率等关键性能参数上表现卓越。此外，伯特利在 ABS、ESP、EPB 等领域拥有深厚的技术积累和丰富的配套经验，是国内目前唯一能够量产 One-Box 式线控制动产品的厂商。凭借其先发优势，伯特利有望在激烈的市场竞争中脱颖而出，成为国内线控制动技术的领军企业。

总体来看，线控制动行业的竞争格局正在不断演变，国内外供应商都在积极推动技术创新和市场拓展，未来这一领域的发展值得期待[7]。

6.3.2　线控转向

线控转向系统是在车辆转向系统中取消了中间传动轴，方向盘与转向机构间无物理力矩传输路径，完全通过电信号传输指令[8]。

与 EPS 相比，线控转向（SBW）取消了方向盘和转向轮之间的物理连接，增加了转矩传感器、转向角传感器、转矩反馈电机、车速传感器等电子元器件，力反馈电机和转向执行电机的算法控制变得更为复杂，进一步提升了转向系统的电子化程度。同时，为了保证可靠性和模拟路感，SBW 相对于 EPS 需要增加冗余功能，若增加电气冗余系统及路面信息回馈系统，所需传感器、电机和 ECU 的数量会进一步增加。例如，博世采用的电控系统备份冗余式 SBW，在方向盘处布置多个传感器以实现输入信号的冗余度，转向机构采用双电机和多 ECU 来实现控制冗余。

由于乘用车和商用车在前轴载荷和传动形式上的差别，其线控转向系统可以分为两类。乘用车线控转向系统采用六相冗余电机线控执行单元和双电机线控执行单元进行车轮转角的控制，同时力感模拟单元提供驾驶员必要的路感信息。中重型商用车线控转向系统一般采用电液伺服线控执行单元和电动循环球线控执行单元，力感模拟单元与乘用车类似。乘用车和商用车线控转向系统如图6-11所示。

a）乘用车线控转向系统   b）商用车线控转向系统

1）六相冗余电机线控执行单元   1）重型电液伺   2）电动循环球
服线控执行单元   线控执行单元

2）双电机线控执行单元   3）力感模拟   3）轻型滚珠丝杠线控执行单元   4）力感模拟

c）乘用车线控转向机构   d）商用车线控转向机构

图6-11　乘用车和商用车线控转向系统

高阶自动驾驶对线控转向系统安全性提出更高的要求，电控执行单元作为关键核心安全部件从非冗余状态逐步向双冗余和多冗余进化，如图6-12所示。

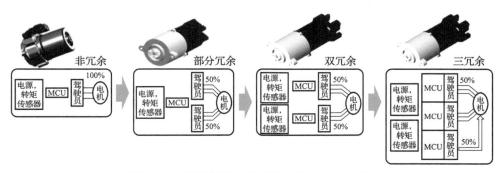

图6-12　线控转向系统电控执行单元发展趋势

自 2022 年 1 月 1 日起，我国正式实施了新的国家转向标准 GB 17675—2021 《汽车转向系　基本要求》，这一标准取代了执行超过 20 年的旧标准 GB 17675—1999。新标准的最大亮点在于解除了对转向系统方向盘和车轮物理解耦的限制，为线控转向技术的发展和推广铺平了道路。线控转向技术不仅是新一代转向技术的重要组成部分，也是自动驾驶技术发展的关键。

在全球范围内，传统 EPS 领域的领先企业如博世、万都、捷太格特和舍弗勒等，已经提前布局了 SBW 的开发，并完成了相关技术储备。这些企业的技术积累和前瞻性布局，为线控转向技术的商业化和应用提供了坚实的基础。

同时，国内企业也在积极涉足 SBW 领域。耐斯特、联创电子、浙江万达和恒隆等公司已经开始在这一领域进行研发和创新。耐斯特特别开发了基于线控转向技术的"耐世特随需转向系统"和"耐世特静默方向盘系统"。这些技术的成功研发不仅支持 SAE L1 至 SAE L5 的所有 ADAS 相关性能需求，也展示了国内企业在技术创新和应用方面的潜力。

展望未来，分布式线控转向系统将成为面向未来出行场景的最终转向形式。这种系统以 SBW 技术为基础，进一步解耦左右侧车轮的机械连接，能够实现同相、楔形以及原地等非常规转向模式。这不仅提升了线控底盘的机动性能，也为自动驾驶和智能交通系统的实现提供了更多可能性。

随着技术的进步和标准的更新，线控转向技术在我国的发展和推广前景广阔，有望在未来的汽车产业中扮演更加重要的角色。

6.3.3　线控悬架

主动悬架可以兼顾汽车的平顺性和操作的稳定性。当道路环境变化，主动悬架可以调整刚度和阻尼等参数，将车身与地面之间的距离保持在合理高度，从而提升汽车的平顺性和稳定性，降低车轮载荷波动。通常弹性部件使用空气弹簧，并需要能量输入装置进行调节。主动悬架结构复杂，重量较高，且主动调整参数能耗高，成本大。目前主动悬架主要难点一方面在于机械系统，需要在小空间下提供较大的驱动力，保证底盘调控的高频率。国内产品相对较少且成熟度较低，大部分产品仅能解决 5Hz 以下平顺性，宝马、奔驰、奥迪（BBA）部分产品可覆盖 20Hz；另一方面难点在于控制逻辑[9]。

主动悬架中应用较为广泛的一种是电控空气悬架（ECAS），目前已经广泛应用于商用车，乘用车领域主要定位中高端市场。

商用车空气悬架相比传统悬架更稳定、更舒适，普遍搭载于货车、牵引车、客车等商用车上。对于商用车而言，通常采用空气弹簧替换钢制螺旋弹簧或者钢板弹簧作为弹性元件的空气悬架，以便获得相比钢板弹簧更大的上下行程、更加均匀的轴荷，有效地保护了车轴和路面；并且空气悬架的自重比钢板弹簧更轻，提高了整车的承载能力与行驶稳定性。同时空气悬架可缓和汽车所受冲击力、减轻振动从而优化驾乘体验、保护货物免受强振动损坏。2017 年发布的新版 GB 7258—2017《机动车运行安全技术条件》首次提出，总质量大于等于12000kg 的危险货物运输货车的后轴，所有危险货物运输半挂车，以及三轴栏板式、仓栅式半挂车应装备空气悬架。

乘用车通常搭载的主动空气悬架目前主要针对高端市场，其减振结构相对复杂，除了空气弹簧和匹配的空气供给系统（空气压缩机、储气罐、空气阀等）外，还会搭载可变阻尼减振器及传感器等，如图 6-13 所示。

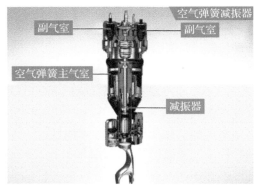

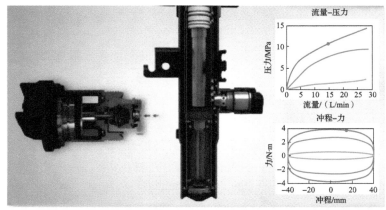

图 6-13　中高端乘用车空气悬架采用多腔空气弹簧和可变阻尼减振器的组合

乘用车主动空气悬架的优势表现为车高、阻尼、刚度可调，可以针对不同道路情况和使用需求灵活改变悬架状态。主动空气悬架系统工作时，ECU 通过高度传感器实时检测车身高度，获得车身垂直加速度，同时通过速度传感器检测车辆行驶速度。ECU 内保存若干指标高度和多级可调阻尼值，空气压缩机将压缩空气储存在储气罐中。ECU 比较高度传感器检测结果和指标高度，若高度差超过了设定范围，空气阀组就会被激发，通过储气罐充放气将实际高度调整到指标高度。不间断减振控制（CDC）或磁流变减振控制（MRC）等可变阻尼减振器根据车身高度、行车速度、加速度执行相应的阻尼力，从而满足汽车行驶平顺性和乘坐舒适性的要求。

　　空气弹簧主要由海外企业供应，本土厂商孔辉科技和保隆科技已有产品量产上车。目前商用车领域空气弹簧主要供应商为美国凡士通，乘用车领域主要生产商为大陆集团和威巴克。国内方面产品加速追赶。孔辉科技目前提供前后空气弹簧总成产品，自有空气弹簧装配生产线，一期规划年产 15 万套。保隆科技传统业务积累了丰富的橡胶生产经验，其采用国际先进供应商提供的原胶及帘布材料，橡胶材料屈挠试验 50 万次无裂口，优于 GB/T 13061—2017《商用车空气悬架用空气弹簧技术规范》等标准。保隆科技膜片弹簧满足 500 万次常温疲劳试验，达到并超过行业标准的台架疲劳试验次数和整车疲劳试验里程，处于行业领先水平。中鼎股份一方面通过收购普利司通收获商用车空气弹簧业务，另一方面自研乘用车空气弹簧产品，依托于 AMK 对空气悬架整体的技术优势及橡胶业务的技术积累，在研产品性能出色，并实现全部零件自产。

参考文献

［1］王东燕. 汽车智能底盘的关键技术（一）［J］. 汽车维护与修理，2024，（9）：70 - 75.

［2］王东燕. 汽车智能底盘的关键技术（二）［J］. 汽车维护与修理，2024，（11）：64 - 70.

［3］郑磊. 智能网联汽车底盘线控系统与控制技术研究［J］. 汽车测试报告，2023，（22）：40 - 42.

［4］黎华惠. 浅析线控技术在汽车底盘的应用［J］. 汽车维修技师，2023，（10）：121.

［5］丁明慧. 乘用车线控液压制动系统执行器动态特性研究［D］. 长春：吉林大学，2018.

［6］孙丰涛，刘伟川，胡兆伟. 一种融合高节能整车控制器的动力域集成技术［J］. 汽车实用技术，2024，49（7）：68 - 74.

［7］张奇祥，王金湘，张伊晗，等. 智能电动汽车线控制动关键技术与研究进展［J］. 机械工程学报，2024，60（10）：339 - 365.

［8］蒋明朝，LIU H，唐阳，等. 基于快速控制原型的汽车线控转向控制器研究［J］. 机械制造与自动化，2024，53（3）：229 - 233.

［9］陈松，卢欣欣，丁笠轩，等. 半主动悬架与主动横向稳定杆集成的车辆逆向侧倾控制研究［J/OL］. 机械科学与技术，1 - 10［2024 - 09 - 23］. http://doi. org/10. 13433/j. cnki. 1003 - 8728. 20240075.

第 7 章
智能座舱

汽车的智能化、网联化、电动化与共享化交汇叠加，协作赋能产业变革，软件与电子的价值比重逐渐升高，智能汽车产业的供应链和价值链正在全面重构，智能座舱是智能汽车各类新技术的综合应用空间，能够为驾乘人员提供高安全性、舒适性与宜人性驾乘体验，是传统汽车制造业向智能汽车产业生态升级的入口，是汽车智能化、网联化、电动化与共享化的最佳交汇点。当前，智能座舱的形态、功能以及交互方式逐步发生变化，已从传统"人适应车"，逐步转变为"车适应人"，并向着未来"人车相互适应"的自然交互服务发展演进。本章介绍了智能座舱的产业现状，包括智能座舱概念、历史沿革、关键技术与智能化分级；全面解析了智能座舱的技术架构，涵盖了硬件支撑技术、系统软件技术、乘坐舒适技术、多模态交互技术、舱内感知技术与信息应用技术；同时探讨了智能座舱的设计需求与趋势。

7.1 概述

智能座舱指在智能网联汽车上，搭载先进软硬件系统，具备广义人机交互（舱驾融合、人机融合、场景拓展及服务）能力，为乘员提供综合体验的智能移动空间。智能座舱自底向上可划分为硬件支撑层、系统软件层、功能软件层与应用服务层多个层级。

智能座舱的硬件支撑层主要包括外围感知、交互零部件、车内外通信模块、座舱域控制器与云平台。智能座舱的系统软件层主要为操作系统与相关设备驱动等。智能座舱的功能软件层主要为各设备感知与执行基础功能，如信息显示、视觉与声音感知等，为上层场景服务软件提供输入和输出接口。智能座舱的应用服务层主要包括面向应用场景的驾乘人员交互意图认知与交互行为决策。

从交互机理与流程的角度，智能座舱人机交互通常划分为多模态感知、认知决策、主动交互与进化评价四个子任务。首先，通过安装在座舱内外的传感器采集包含车辆信息、用户信息的数据；其次对各种来源的数据进行处理及分析并预测用户在当前情境下的功能需求；再次，通过适当形式与用户交互，为用户提供服务；最后，获取用户对交互服务的量化评价，提升座舱感知、预测、决策与交互功能。

从历史沿革角度，智能座舱先后经历了局域化、网联化和智能化三个阶段，如图 7-1 所示，在局域化阶段，智能座舱的应用场景主要围绕导航与音乐播放，用户体验远远落后于智能手持设备；在网联化阶段，座舱应用场景得到大幅度扩充，用户能够与手机互联，能够体验更多网联服务，但增加了信息安全隐患；当前和未来，智能座舱将长期处于智能化阶段，智能座舱与驾驶辅助（自动驾驶）系统协同，被动交互演进为主动交互，全面嵌入娱乐与办公功能，将成为继家庭、办公场所外的第三生活空间。

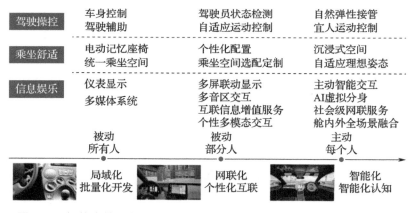

图 7-1　智能座舱历史沿革，包括局域化阶段、网联化阶段与智能化阶段

（1）局域化阶段

20 世纪 60～90 年代为机械时代，座舱主要由机械式仪表盘及简单的音频播放设备构成，物理按键功能单一。座舱只服务于驾驶员，显示基本驾驶信息，如车速、发动机转速、水温、油量等。在这一阶段，汽车座舱的功能更多聚焦于驾驶员对于车辆的操控，以及车内乘客的安全上。2000—2015 年为电子化时代，出现大尺寸中控液晶显示器、导航功能，系统相对分散。车速、油耗和里程数等车辆信息能够更加直观地显示出，驾驶员可以通过触屏操控空调和车内灯光的开启与关闭。电子信息系统逐步整合，组成"电子座舱域"，并形成系

统分层。这一阶段相比于机械式座舱阶段，实现了更多的娱乐化功能和取消了部分物理按键和旋钮，但距离网联化和智能化阶段仍有一定的距离。

（2）网联化阶段

汽车逐步实现智能化与网联化，嵌入了更多的传感器和芯片，使车辆的感知能力和信息化处理能力有较大进步。车机系统或座舱整体的互联水平与人机交互能力出现一定程度提升，用户体验接近或超越智能手机，能够提供少量的内容服务，CarPlay 等车载软件系统也随之进入座舱中，驾驶员和乘客能够通过中控屏操控，实现音乐播放、路况导航查询，还可通过蓝牙连接实现车内拨打和接听电话的便捷功能。

（3）智能化阶段

随着信息互联、人工智能与自动驾驶能力的提升，智能座舱的设计快速演变。人机交互与座舱感知技术不断突破，车内软硬件一体化聚合，车辆感知精细化、认知精准化。座舱可在整个用车过程周期中，为驾乘人员主动提供场景化服务，实现机器半自主乃至全自主决策。当前，可触控的中控屏取代了车内的大部分物理按键，乘员能够通过中控屏调整车内空调、灯光，以及导航、播放音乐和视频等功能。除中控屏触控之外，语音和手势交互逐步被引入座舱中，满足驾乘人员的多模态交互需求。"第三生活空间"的概念被引入，更多的屏幕、虚拟现实和投影屏等软硬件被进一步引入座舱中，实现观影、游戏和办公等功能。

自动驾驶技术的逐步普及与自动化程度的持续发展仍在继续促使驾驶员主次任务发生转移，驾驶员能够更大程度地执行与驾驶无关任务，同时信息连通性衍生了实时和高效互联出行场景。驾驶员在人机交互中的主任务角色由传统系统全域的"驾驶操作"与"周边监控"，转变为当前系统作用域外的"动态驾驶任务支援"，并向着未来"用户需求导向介入控制"的多情境适应性方向进一步发展。次任务角色由传统全场景人适应车辆的"被动服务请求"，转变为当前部分场景车辆适应人的"主动服务提供"，并向着未来个性化"人车相互适应"的自然弹性交互关系发展。

7.2 智能座舱硬件支持技术

硬件是座舱提供服务的基础保障与算力支撑，涵盖传感器与执行器外围设备、域控制器与云平台，以及车内外互联网络。传感器和执行器外围设备负责感知座舱内外的环境信息和执行各种操作。域控制器是智能座舱中的主要控制单元，负责管理和协调各种传感器和执行器的操作，同时也负责处理座舱内的数据和任务。云平台则提供了更大规模的计算和存储资源，支持座舱中的大模型的应用与座舱软件的功能成长。车内外互联网络则连接了智能座舱内的各种硬件设备，以及与车辆外部的通信和数据交换。本章介绍了智能座舱的外围设备，包括视觉设备、听觉设备、触觉设备、嗅觉设备与其他设备；详述了智能座舱的域控制器，涵盖了处理芯片与通信模块，以及云平台相关技术；同时探讨了智能座舱的电子电气架构。

7.2.1 传感器与执行器

智能座舱人车交互不再局限于按键、触控及语音等方式，手势识别、指纹、声源定位、人脸识别、全息影像等交互方式陆续呈现，丰富的座舱场景与功能的设计需大量涵盖多种传感器与执行装置的外围设备支撑，如图 7-2 所示[1]。

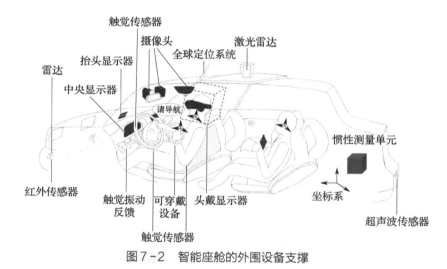

图 7-2　智能座舱的外围设备支撑

1. 视觉设备

从交互执行的角度，视觉反馈是人类主要的感知手段之一。触摸屏显示器在现代汽车中较为常见，取代主机中的按钮和旋钮，提供与车辆、导航、信息娱乐以及控制功能相关的信息，如车内空调控制、停车辅助、天窗控制等。例如，梅赛德斯-奔驰展示的概念车 Vision EQS 配备了从中央控制台无缝延伸的中央显示屏，以及前排和后排乘客的独立侧显示屏，允许驾乘人员进行个性化观看。与传统的按钮和旋钮不同，如图 7-3a 所示，此类低头中央显示的交互方式需视觉注意力，较容易引起分心，在执行主要任务时会增加认知负荷[2]。

抬头显示（Head-Up Display，HUD）通过风窗玻璃将信息投射到前方的道路上，如图 7-3b 所示。HUD 传统上用于飞机上投射仪表盘上的信息，当前已渗透到汽车行业，并已逐渐演变为新车的常见功能[3]。通过将信息投射到驾驶员已经在看的道路上，HUD 系统减缓了驾驶员分心，从而提高了座舱安全性。HUD 通常补充传统的仪表盘显示器，并提供额外的驾驶相关信息，例如速度限制与导航信息等。AR-HUD 使用光学投影在驾驶员的视线中呈现虚拟信息增强，无须在真实世界和仪表盘/导航数据之间频繁调整。当前，智能座舱通常将风窗玻璃作为全息显示单元，以提供道路交叉口指引、车道分析等。

头戴显示（Head-Mounted Display，HMD）是另一类常见的座舱显示方式[4]，如图 7-3c 所示。典型的 HMD 包括一个或两个小显示器，带有镜头和半透明镜片嵌入眼镜、遮阳板或头盔中。驾驶员佩戴的 AR 护目镜或智能眼镜能够提供大量信息，如提供车速和交通信息、在能见度差的情况下提供导航辅助、与后视摄像头结合提供停车辅助、在高度自动驾驶期间可以提供景点、消息等信息的数字助理。此外，AR 显示器可以提供"透视"技术，结合来自汽车周围的各种摄像头的图像处理能力，将看不见的物体数字图像叠加在驾驶员可见的实际场景上。

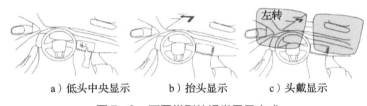

a）低头中央显示　　b）抬头显示　　c）头戴显示

图 7-3　不同类型的视觉显示方式

自动立体显示（Auto Stereoscopic Display，S3D）无须任何特殊头戴设备即可感知 3D 图像。3D 显示器由彩色成像液晶显示器和单色障碍液晶显示器组成，能够在观察者的眼中产生深度感。S3D 显示器已用于梅赛德斯-奔驰等汽车的智能座舱中。

灯光同样是智能座舱的视觉交互设备之一，包括车内的照明系统以及车辆外部的灯光装置，如车灯和灯带。灯光作为视觉交互设备的原理是利用 LED 灯或车灯等光源来传达信息和产生视觉效果，从而实现与驾驶员和其他交通参与者的交互。通过灯光的变化和模式切换，有效地传达各种信息和警示，提高驾驶员和其他道路使用者的安全性和体验感。例如，车内的 LED 照明系统能够根据乘客的偏好或车辆的状态进行调节，以提供舒适的驾乘体验；或用于显示车辆的状态信息、导航指示或警示信息；车外的车灯同样能够通过不同的亮度和闪烁模式向其他车辆和行人传达驾驶员的意图和注意信号，如变道提示、制动警示等，并与其他交通参与者进行沟通。

从信息感知的角度，视觉传感器在现代汽车的智能座舱中应用越来越广泛，包括单目和立体 RGB 摄像头、深度摄像头（RGB-D）、飞行时间激光传感器等。此类视觉设备能够用于车内感知，如手势识别、动作识别、头部姿势估计、驾驶员分心或疲劳检测等。座舱内部摄像头通常位于后视镜附近以及车辆后侧翼处。为了捕捉周围 180°~360° 的视角，某些座舱应用中需要来自多个摄像头的视觉感知输入。此外，由于 RGB 摄像头受光照影响，座舱应用如头部姿势估计等会采用红外（IR）摄像头，以实现对不同光照条件的高鲁棒性。座舱外部的摄像头与立体摄像头等被用于协同实现智能交互功能，如立体摄像头常用于行人检测和意图估计。

2. 听觉设备

听觉设备在智能座舱交互任务的感知与执行方面起着重要作用。在某些情况下，其他模态难以取代听觉模态，例如自车鸣笛或来自周边车辆的紧急警报。听觉感知设备主要包括车内传声器，用于在语音用户界面的上下文中接收人类命令；听觉执行设备主要为扬声器，用于在语音交互的情况下提供车内信息娱乐和反馈建议。智能座舱不同类型的听觉设备如图 7-4 所示。

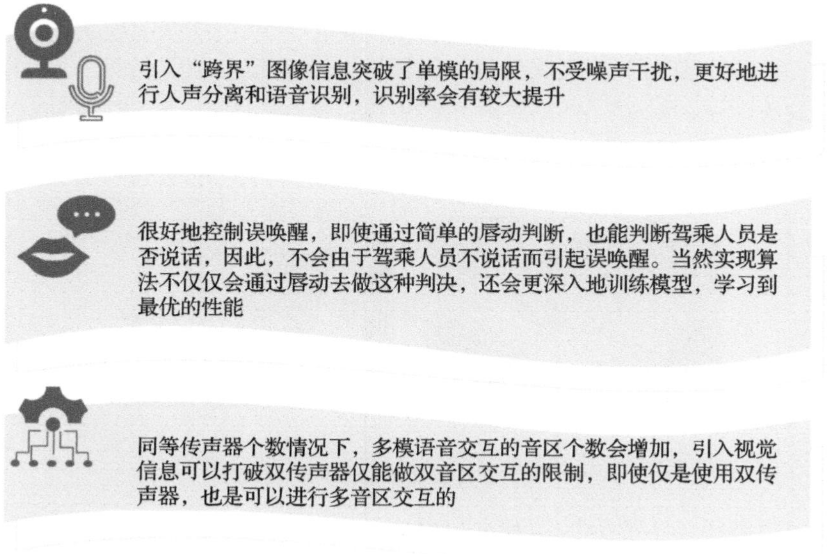

引入"跨界"图像信息突破了单模的局限，不受噪声干扰，更好地进行人声分离和语音识别，识别率会有较大提升

很好地控制误唤醒，即使通过简单的唇动判断，也能判断驾乘人员是否说话，因此，不会由于驾乘人员不说话而引起误唤醒。当然实现算法不仅仅会通过唇动去做这种判决，还会更深入地训练模型，学习到最优的性能

同等传声器个数情况下，多模语音交互的音区个数会增加，引入视觉信息可以打破双传声器仅能做双音区交互的限制，即使仅是使用双传声器，也是可以进行多音区交互的

图 7-4　智能座舱不同类型的听觉设备

多家汽车制造商致力于探索个人音频区域，如在车厢天花板布置扬声器阵列，以在前排和后排座位上生成更高频率的独立聆听区域，座舱乘员能够听到满足个人偏好的音频，同时最小化来自旁边乘员音频的交叉干扰，获得更高的舒适性和乘车乐趣。此外，传声器可放置在座舱外部，以检测警报、附近的车辆、行人。声学传感器不受场景外观、照明条件和结构的影响，对环境噪声具有显著的适应性，能够作为视觉模式的辅助模态。

3. 触觉设备

触觉传感器能够嵌入座舱与人接触的各个位置，如方向盘、仪表板、座椅、头枕等，提取触觉信息需要动态力感测、分布式压力感测和接触点定位。电容式传感器具备高灵敏度、稳健性和低功耗的特征，是一种座舱常用的触觉设备。通过将导电材料印刷到薄的可拉伸片上，能够设计出极薄、柔韧和可拉伸的新型传感器，并集成到具有复杂形状和结构的座舱硬件中，如皮革、塑料等。智能纺织品作为传感元件被探索用于开发智能内饰表面，用于汽车的座椅罩、安全带、车顶、车门板和仪表板的一部分，其中基于纤维的电容式和电阻式传感器较为常见[5]。如图7-5a所示，智能纺织品在座舱中通常被用来测量手指角度以及说话、咳嗽和吞咽时咽部的运动、压力变化的度量，以及驾驶员人体工程学监测。智能交互表面是当前智能座舱设计的另一个发展方向，其将用户界面无缝集成到原本仅用于纯粹美学目的的车辆内饰表面。传统的内饰表面在装饰用途和提供控制输入或反馈输出之间有明确的界限，智能座舱中两者界限变得模糊，控制元素逐渐被集成到装饰表面中，如座椅、纺织品等。例如，宝马展示了名为"Shy Tech"的智能内外饰表面，其包含摄像头、雷达和其他多类传感器，具备数字功能[6]，如图7-5b所示。

图7-5　智能座舱中的触觉执行设备

触觉执行设备主要为振动触觉，用来向驾驶员提供警示。例如，通过感应座椅或感应方向盘向驾驶员提供触觉警报，在高级自动驾驶场景下进行控制权转移提醒。此外，在没有接触任何表面的情况下，仍然能够利用空中手势进行触觉交互，同时具有逼真的触觉反馈。触觉模态具备若干优点，包括：

1）安全驾驶员无须从驾驶视角转移视线即完成交互任务。

2）自然触觉进行控制对人类来说更直观、更自然，认知负荷低。

3）隐私触觉无须显示与图像读取，具备高隐私性。

4. 嗅觉设备

嗅觉感知设备主要包括车内安装的气味传感器，用于检测车内空气中的不同气味成分，例如烟雾、有毒气体或异味。嗅觉传感器用于实时监测车内空气质量，并在必要时采取相应的措施，如开启空气净化器或提醒乘客通风。此外，通过在座舱内部布置嗅觉装置，如气味释放器或香氛喷雾器，可为乘客创造更加舒适和愉悦的乘车环境。

5. 其他设备

除了视觉、听觉、触觉与嗅觉设备外，生理传感器正被用于测量特定的健康相关数据，测量心跳、血压、肌肉运动、眼球追踪等生理参数。脑电图用于记录头皮上的电活动，已被证明是测量驾驶员疲劳或困倦的最有说服力的指标之一。眼电图提供了关于眼球运动和眨眼模式的信息，驾驶员的认知警觉性通常以快速眼动为特征，困倦会导致运动变慢和眨眼频率变长。例如，通过识别眼球运动特征，能够达到80%的驾驶员困倦检测准确率。肌电图是一种用于记录肌肉电活动的方式，可以作为测量驾乘人员疲劳程度的有效方法。心电图监测心脏活动和心率，容易捕获，能够辅助检测驾驶员的身体健康状态、情绪等。体温传感器能够辅助表征驾驶员和乘客的舒适程度，并可根据驾驶员和乘客的个人喜好帮助调节车内温度。此外，雷达也用于车内儿童监控等。

7.2.2　域控制器

智能座舱域控制器是智能座舱进行感知、认知和决策的中心，其功能的实现依赖于主控芯片、软件操作系统及中间件、应用算法等多层次软硬件的有机结合，如图7-6所示。随着智能座舱服务场景的不断丰富与能力的提升，如图7-7所示，座舱域控制器需具备驱动中控导航屏、液晶仪表屏、抬头显示、触控空调系统、前排娱乐屏以及后排娱乐屏等多个视觉设备以及听觉、触觉、嗅觉与生理设备的能力；同时具备支撑驾乘人员多模态交互行为的感知、交互意图的预测以及交互决策的实时高效计算的能力。因此，智能座舱域控制器通常兼具擅长指令处理的中央处理单元（Central Processing Unit，CPU）、擅长图形处理的图形处理单元（Graphics Processing Unit，GPU）、擅长人工智能处理的神经处理单元（Neural Processing Unit，NPU），同时具备连接不同外部设备的充足接口、支持与车内其他电子控制单元和车外其他网联设备协同的通信模块，以及支撑不同类型系统和应用有序稳定运行的安全模块。

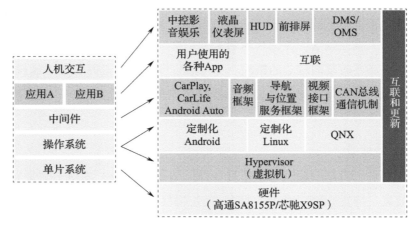

图7-6　智能座舱域控制器

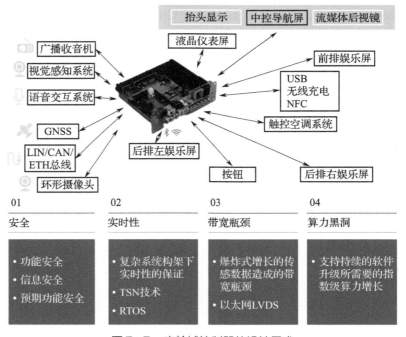

图7-7　座舱域控制器的设计需求

1. 座舱芯片

智能座舱单片系统（SoC，也称系统级芯片）（以下简称"座舱芯片"）是域控制器的核心，通常包括 CPU、GPU 和 NPU 等异构处理器。CPU 的核数与主频决定了座舱的信息处理性能；GPU 主要针对图像、视频信息处理、渲染等，分担 CPU 压力，并提供更好的音视频体验；CPU 采用"数据驱动并行计算"架构，满足 AI 方面的计算需求。

座舱芯片的算力决定了座舱域控制器的数据承载能力、数据处理速度以及图像渲染能力，从而决定了座舱内屏显数量、运行流畅度以及画面丰富度，进而塑造了整个座舱空间内的智能体验，座舱芯片支撑功能如图 7-8 所示。根据测算，2021 年智能座舱对座舱芯片 CPU 的算力需求为 25kDMIPS，在 2024 年上升至 89kDMIPS，算力需求增长至 3 倍以上。目前主要座舱芯片厂商所提供的座舱芯片算力具有明显差异，高通、三星最新芯片平台算力为 80～150kDMIPS 范围，传统汽车芯片厂商瑞萨、恩智浦、德州仪器 CPU 算力为 25～50kDMIPS 范围。

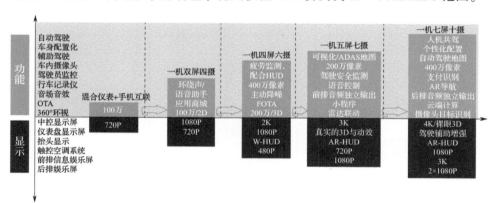

图 7-8　座舱芯片支撑功能

随着汽车 E/E 架构沿着"分布式""域集中式""中央计算式"的方向演进，如图 7-9 所示，硬件分区如图 7-10 所示。座舱芯片方案也将分四个阶段演进——"单芯单屏""单芯多屏""跨域融合""集中式计算"。

1）单芯单屏指不同座舱电子设备由不同控制器控制，适用于功能较少的座舱，如不同屏幕之间无信息交互、仪表盘与娱乐屏运行不同系统等。智能化时代，座舱电子之间信息交互频繁，例如仪表盘中的行车信息与中控导航增加数据交互需求，多屏之间呈现联动需求等。该方式通过 CAN 或 LIN 总线传输，信号传输速率遇到瓶颈，难以满足智能座舱多设备之间高实时、大数据量的信息共享需求。

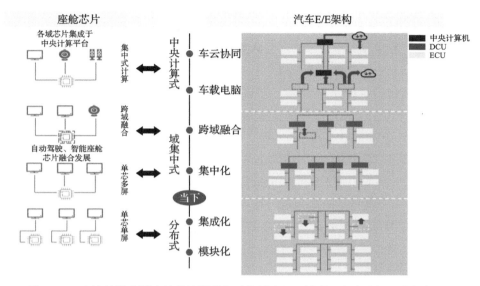

图 7-9　座舱芯片支撑功能的演进路径（资料来源：博世、中金公司研究部）

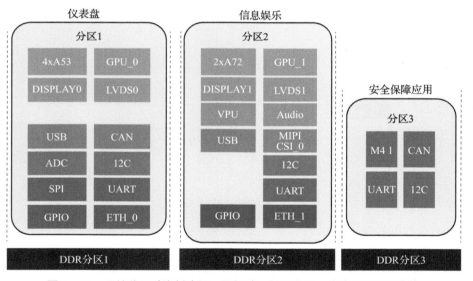

图 7-10　硬件分区（资料来源：恩智浦、佐思汽研、中金公司研究部）

2）单芯多屏指用单座舱芯片完成对多个座舱电子设备信号的处理和控制。伟世通座舱域控制器 SmartCore 首次整合不同控制器，将全数字式仪表盘与中央信息显示屏的功能集成在一个芯片上，实现"单芯多屏"，与汽车 E/E 架构集中化趋势相符合。根据 Cerebras 数据，芯片内数据传输速率可达到 100Pbit/s，为芯片间最快接口通信速率的 10 万倍，成为解决传输延迟的主要方案。但与此同时，芯片的集成引发了跨系统运行问题。通常，液晶仪表屏涉及车辆安全，需要满足 ASIL-B 标准，通常采用 QNX 或 Linux 系统；娱乐系统需要运行丰富的娱乐功能，通常采用 Android 系统。"单芯单屏"方案下，不同系统通过不同芯片支持，不存在跨系统问题；而"单芯多屏"方案中，跨系统运行所带来的计算效率的降低较为明显。硬隔离、虚拟机技术的发展，有望解决该难题。硬隔离是在不同系统之间对硬件资源进行分配，提前划分各系统所能访问的计算资源以及内存、外围设备等资源，各系统之间不得互相访问所属硬件资源。例如，恩智浦 i. MX 8 QM 采用硬件分区将 SoC 划分为仪表系统和娱乐系统，实现前者运行 Linux 系统、后者运行 Android 系统。虚拟机是在操作系统和硬件之间插入 Hypervisor 层，根据虚拟机对计算单元、内存等的调度，实现对硬件资源的动态分配。

3）跨域融合指与自动驾驶芯片整合，同时完成自动驾驶、智能座舱的运算和控制功能。该方式需具备更大的数据吞吐能力以及更快的数据处理能力，同时会产生更多的功耗热量，对硬件设计能力要求较高。

4）集中式计算指采用中央计算芯片，同时兼顾自动驾驶、智能座舱、整车控制功能，是 TB 数量级海量数据的枢纽。中央计算架构需要技术难度更高的软件、硬件能力支持，随着硬件算力、架构设计、软件开发能力进一步提高，汽车整车架构迈入"中央计算式"时，座舱芯片、自动驾驶芯片与控制芯片有望实现集中式发展。

2. 通信模块

智能座舱域控制器的内部通信模块主要涵盖的通信方式包括：外设组件互连快速版（Peripheral Component Interconnect Express，PCIe）、低压差分信号（Low-Voltage Differential Signaling，LVDS）、串行高级技术附件（Serial AT Attachment，SATA）、通用串行总线（Universal Serial Bus，USB）、控制局域网络（Controller Area Network，CAN）与以太网（Ethernet）等，以支持座舱内各种设备和系统之间的高效、稳定通信，各个通信具体功能如下：

1）PCI 是一种高速串行计算机扩展总线标准，提供了高带宽、低延迟的数据传输能力，常用于连接高性能外围设备，如 GPU、NPU 等。

2）LVDS 提供了低功耗且能抵抗电磁干扰的数据传输方式，常用于处理高速视频数据传输。

3）SATA 是广泛使用的数据传输接口，适用于各种外围设备的连接和高速硬盘数据传输。

4）USB 是一种通用串行总线标准，用于连接各种外部设备，如存储设备等。

5）CAN 是一种车用网络通信协议，用于车辆内部各种电子控制单元之间的通信。

6）Ethernet 用于车辆内部网络和外部网络连接的标准网络技术，支持高速数据传输。

在智能座舱域控制器的音频视频输入输出方面，DSI（Display Serial Interface）和 CSI（Camera Serial Interface）用于连接显示屏和摄像头的接口，分别负责高效的视频数据输出和输入，支持高分辨率的视频流，满足智能座舱对于高清图像和视频处理的需求。同时，I2S 接口用来支持音响与传声器，满足音频需求。此外，HDMI（High - Definition Multimedia Interface）、eDP（Embedded Display Port）和 DP（Display Port）也被广泛应用于智能座舱中，提供高质量的视频和音频传输能力，同时支持多屏互动和高动态范围视频，丰富驾驶员和乘客的视听体验。

3. 安全模块

智能座舱域控制器通常集成支撑信息安全与功能安全保护的模块，其中信息安全指智能座舱内部的软件、硬件、数据等不因恶意攻击或无意操作而影响其安全运行，功能安全则为智能座舱不因软件、硬件故障而影响其运行。

智能座舱内部不仅承载着娱乐、导航、通信等多种功能，同时保存着用户的个人信息，如导航历史、通讯录、个人设置等。信息的敏感性要求智能座舱域控制器具备高度的信息安全保护能力，确保用户数据的私密性和完整性不被侵犯。此外，随着座舱功能的逐渐丰富，其代码的安全运行也影响着车辆的行驶安全。因此，集成高效的硬件安全模块（Hardware Security Module，HSM）成为智能座舱设计的重要部分。硬件安全模块作为专为保护交易、身份和应用程序数据而设计的物理设备，能够为智能座舱中的数据加密、数字签名、密钥管理等安全功能提供硬件级别的保护。

此外，智能座舱域控制器还需满足功能安全标准，通常包含冗余设计以及故障检测与诊断。硬件冗余通过设计双重或多重冗余的关键硬件组件，如传感器、控制单元等，保障即使某一部分发生故障，系统仍然能通过备用组件继续安全运行。软件冗余采用多版本软件设计，提高系统在软件故障时的鲁棒性。自我监测和诊断功能实时检测系统运行状态，及时识别潜在的软件和硬件故障。一旦检测到可能影响安全运行的软件、硬件故障，采取措施进行隔离或切换到备用系统，确保智能座舱的持续安全运行。

7.3 智能座舱系统软件技术

智能座舱系统软件是实现高级功能、提供用户交互界面和确保系统稳定性的关键,涵盖了实时操作系统、通用操作系统以及多系统虚拟机。实时操作系统是智能座舱系统软件的核心,用于满足实时性和安全性需求,确保智能座舱中的关键任务能够获得及时处理,从而保障车辆操作的安全性和可靠性。通用操作系统用于提供丰富的用户界面和交互体验,支撑多媒体娱乐、信息导航和信息互联等应用,为驾乘人员提供丰富宜人的座舱服务。虚拟机技术在智能座舱系统中被用于隔离和管理不同的操作系统和应用,提高了系统的灵活性和安全性。本节详述了智能座舱的实时操作系统与典型实例;详述了智能座舱的通用操作系统与典型实例;同时深入探讨了智能座舱多系统虚拟化技术。

7.3.1 座舱操作系统

智能座舱系统软件是控制和管理整个座舱系统硬件和软件资源,并合理地组织调度工作和资源,以提供给用户和其他软件方便的接口和环境的程序集合[7]。座舱操作系统概述如图 7-11 所示,狭义上的操作系统特指能够直接搭载在硬件上的操作系统内核;而广义操作系统从下至上包括硬件抽象层、操作系统内核、中间件及库组件等硬件和上层应用之间的所有程序。

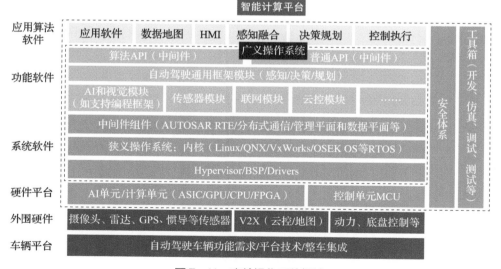

图 7-11　座舱操作系统概述

（1）硬件抽象层

硬件抽象层包含板级支持包（Board Support Package，BSP）和虚拟机监控器（Hypervisor）。Hypervisor 是一种运行在基础物理服务器和操作系统之间的中间软件层，允许多个操作系统和应用共享硬件。Hypervisor 是一种在虚拟环境中的"元"操作系统，其能够访问服务器上包括磁盘和内存在内的所有物理设备。BSP 即板级支持包，也是介于主板硬件和操作系统之间的一层，主要目的是支持操作系统，使之能够更好地运行于硬件主板。

（2）操作系统内核

操作系统内核又称为"底层 OS"，提供操作系统最基本的功能，负责管理系统的进程、内存、设备驱动程序、文件和网络系统，决定着系统的性能和稳定性。智能座舱作为新能源汽车的核心部分，通常需要运行多个不同的软件应用和服务，例如车辆信息娱乐系统、导航系统、车辆诊断系统、驾驶辅助系统等。这些应用和服务需要在智能座舱中使用不同的操作系统内核来管理系统资源、控制硬件设备和提供系统服务。常见的操作系统内核主要包括：

1）Linux 内核。Linux 是一种开源的操作系统内核，广泛应用于各种嵌入式系统和移动设备中，包括新能源汽车智能座舱。Linux 内核具有高度的可定制性和灵活性，可以根据座舱系统的需求进行定制和优化。智能座舱系统使用基于Linux 内核的 Android Automotive 操作系统，提供丰富的应用和服务支持。

2）QNX 内核。QNX 是一种实时操作系统内核，被广泛应用于汽车领域。QNX 内核具有高度的实时性和可靠性，适用于对系统响应时间和稳定性要求较高的智能座舱应用，例如车辆的安全和驾驶辅助系统。

3）AUTOSAR（Automotive Open System Architecture）内核。AUTOSAR 是一种开放的汽车电子系统架构，包括一系列的软件规范和标准，提供统一的软件接口和服务，实现不同硬件和软件模块之间的互操作性和可替换性。

4）Windows 内核作为一种常见的桌面操作系统，Windows 内核在某些新能源汽车智能座舱中也有应用。例如，一些电动汽车厂商采用基于 Windows 内核的操作系统来构建其车辆信息娱乐系统，提供丰富的图形界面和多媒体功能。

（3）中间件作为底层操作系统和这些应用程序之间的桥梁，是对软硬件资源进行管理、分配和调度的平台，充当着软件和硬件解耦的关键角色。具体来说，中间件通常对传感器、计算平台等资源进行抽象，对算法、子系统、功能采取模块化管理，通过提供的统一接口，让开发人员能够专注于各自业务层面的开发，而无须了解无关的细节，为开发者快速、高效、灵活地开发和集成自动驾驶软件提供了极大的便利。

目前座舱新应用层出不穷，和手机关联度也比较高，Android 是座舱系统软件的选择之一。当前座舱的操作系统通常为多系统异构并存，类别涵盖实时操作系统与通用操作系统，如图 7－12 所示。

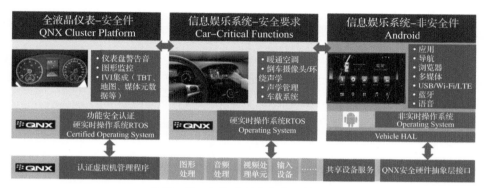

图 7－12　智能座舱多操作系统示意

1．实时操作系统

实时操作系统（Real－Time Operating System，RTOS），又称即时操作系统，是指外界事件或数据产生时，能即时接收并快速处理，处理结果能够在规定时间内使得对应的功能响应，并控制所有实时任务协调一致运行的操作系统。实时操作系统的特征主要包括时间的正确性和功能的正确性。根据对这两个特征的不同要求程度，实时操作系统又可以分为硬实时操作系统和软实时操作系统。硬实时系统对于操作完成的标准较高，是指严格要求在规定的时间内完成规定的任务；软实时系统相对要求较低，只需要按照任务优先级尽可能完成操作，可以允许偶尔出现一定的时间偏差。当前，智能座舱常用的实时操作系统包括QNX 与 AUTOSAR 等。

RTOS 的衡量标准包括任务的完成时间和任务的优先级两个部分。系统计时精度是影响实时性的一个重要因素。在实时应用系统中，需要精确确定实时地操作某个设备或执行某个任务，或精确地计算一个时间函数，依赖于一些硬件提供的时钟精度，也依赖于实时操作系统实现的高精度计时功能。优先级处理则依赖多级中断机制与实时调度机制，一个实时应用系统通常需要处理多种外部信息或事件，需要建立多级中断嵌套处理机制，以确保对紧迫程度较高的实时事件进行及时响应和处理；实时调度机制调度运行实时任务，保证优先调度实时任务，以及所有任务的有序运行。

（1）QNX

QNX 系统是一款微内核、非开源、嵌入式、安全实时的操作系统。QNX 系统内核内存不大于30kB，其驱动程序、协议栈、文件系统、应用程序都运行在内核之外、并受内存保护的空间内，可实现组件间的相互独立，避免了因为程序指针错误造成的内核故障。QNX安全性和稳定性极高，不易受到病毒的破坏，是全球首款通过ISO 26262 ASIL-D安全认证的实时操作系统。因此QNX系统通常用于对安全稳定性要求较高的仪表总成中。

QNX主要通过两个基本原理实现高效性、模块化和简易性：微内核（Micro-kernel Architecture）与基于消息的进程间通信（Message-based Inter-Process Communication）。QNX的系统进程包括进程管理器、文件系统管理器、设备管理器与网络管理器，以及用户自定义进程、设备驱动（如串口、并口）等。QNX仅提供4种服务，包括进程调度、进程间通信（Inter-Process Communication，IPC）、底层网络通信和中断处理，如图7-13所示。IPC任务为微内核监督消息的路由，同时管理另外两种形式的IPC：代理和信号。在QNX中，消息从一个进程传递到另一个进程的字节包，底层网络通信为微内核负责不同节点间消息的分发。进程调度指微内核调度器决定接下来哪一个进程将会执行，中

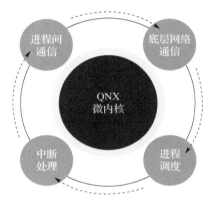

图7-13　QNX微内核服务

断处理旨在实现所有的硬件中断和故障都将在第一时间路由到微内核，传递到适当的驱动或系统管理器。

（2）AUTOSAR

AUTOSAR CP是Classical Platform AUTOSAR的简称，广泛用于对实时性、安全性要求高的功能域等方面，以达到软硬件解耦、提高开发效率、提升软件复用性等目的。如图7-14所示，在AUTOSAR CP分层架构中，自上而下分别为应用软件层（Application Layer）、运行时环境（Runtime Environment，RTE）、基础软件层（Basic Software Layer）。

应用软件层包含若干个软件组件，软件组件间通过端口进行交互。每个软件组件可以包含一个或者多个运行实体，运行实体中封装了相关控制算法，其运行可由RTE事件触发。

运行时环境作为应用软件层与基础软件层交互的桥梁，为软硬件分离提供了可能，是虚拟功能总线（VFB）的具体实现。RTE可以实现软件组件间、基础软件间以及应用软件组件与基础软件之间的通信。RTE封装了基础软件层的服务、提供了标准化接口，使得应用软件层可以通过RTE接口调用基础软件服

务。此外 RTE 抽象了 ECU 之间的通信，即 RTE 使用标准化接口将 ECU 之间的通信抽象为软件组件之间的通信。

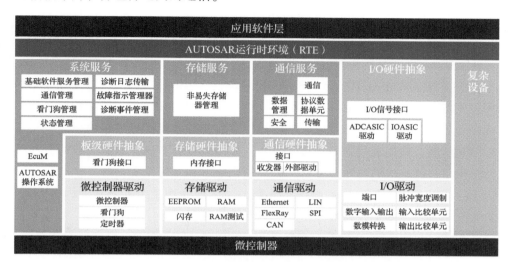

图 7-14　AUTOSAR CP 分层架构

基础软件层又可分为四层，包括服务层、ECU 抽象层、微控制器抽象层和复杂驱动。各层又由一系列基础软件组件构成，服务层提供了汽车嵌入式系统软件常用的一些服务，包括系统服务、存储服务以及通信服务三大部分，它们主要用于提供标准化的基础软件服务。服务层还提供网络管理、存储管理、模式管理和实时操作系统等服务。ECU 抽象层与 ECU 平台相关，与微控制器无关，包括板级硬件抽象、存储硬件抽象、通信硬件抽象和 I/O 硬件抽象。该层将 ECU 结构进行抽象，负责提供统一的访问接口，实现对通信、存储器或者 I/O 的访问，从而不需要考虑这些资源是由微控制器片内还是片外提供的。微控制器抽象层是实现不同硬件接口统一化的特殊层，包括微控制器驱动、存储驱动、通信驱动以及 I/O 驱动。通过微控制器抽象层可将硬件封装起来，避免上层软件直接对微控制器的寄存器进行操作。此外，由于对复杂传感器和执行器进行操作的模块涉及严格的时序问题，难以抽象，在 AUTOSAR CP 规范中没有被标准化，统称为复杂驱动。

AUTOSAR 自适应平台（Adaptive Platform，AP）的出现是为了填补高性能计算平台上缺乏好用中间件的空白，采用面向对象的架构（Service-Oriented Architecture，SOA），旨在为上层应用提供灵活的软件开发平台；同时利用汽车行业经验和优势，让所有汽车软件能持续迭代，更快更好地量产上车。智能 ECU 则适应新型 E/E 架构的发展，引入以太网、高性能计算平台，以及软件升级等。

因此，AUTOSAR 主持修订了第二个软件平台规范，即 AUTOSAR AP，主要提供高性能的计算和通信机制，并提供灵活的软件配置，例如支持空中软件更新。专门为 CP 定义的功能，如访问电信号和汽车专用总线系统，能够集成到 AP 中。AUTOSAR AP 的基本构成包括应用程序层、运行时层、操作系统层和硬件抽象层。这些组件通过标准化的接口进行通信和协作，以实现整个 AUTOSAR AP 的功能。

应用程序层是 AUTOSAR AP 中的最高层，它包括所有的应用程序组件。应用程序层通过服务层和运行时层与其他组件进行通信和协作，以实现整个应用程序的功能。用户应用通过原子服务接口获取服务：原子服务提供了一系列的标准化服务，例如通信服务、诊断服务、存储服务等。这些服务为应用程序组件提供了一些基本的功能和接口，以便它们能够相互通信和协作。运行时层提供了一些基本的软件组件和操作系统服务，例如操作系统抽象层、内存管理、进程管理等。这些组件和服务为应用程序组件提供了一个运行环境，以便它们能够在 AUTOSAR AP 中运行。AUTOSAR AP 使用基于 POSIX 标准的操作系统，如 Linux。操作系统层提供了一些基本的操作系统服务和驱动程序，例如文件系统、网络协议栈、设备驱动程序等。这些服务和驱动程序为运行时层和应用程序层提供了底层的支持。硬件抽象层则提供了一个通用的硬件接口，以便 AUTOSAR AP 可以在不同的硬件平台上运行。硬件抽象层将硬件平台与操作系统层和运行时层分开，以便 AUTOSAR AP 能够在不同的硬件平台上进行移植和扩展。如图 7-15 所示，AUTOSAR AP 主要作为中间件而存在，其支持 POSIX 操作系统，通过服务和 API 为上层服务提供功能。

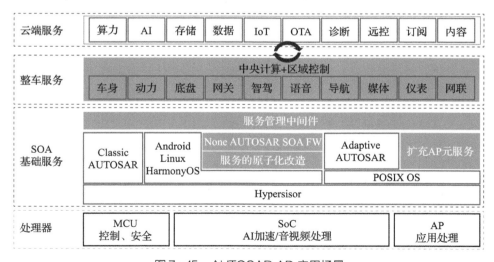

图 7-15　AUTOSAR AP 应用场景

2. 通用操作系统

通用操作系统（Normal General Purpose Operating System，GPOS），指具有多种类型操作特征的操作系统，能够同时兼有多道批处理、分时、实时处理的功能，或其中两种以上的功能。通用操作系统用于时间要求不严格的系统/应用程序，一般用于娱乐系统，实现人机交互，一般用于中控娱乐系统、人机交互界面呈现方面。通用操作系统向下集成芯片硬件，向上提供开发框架和算法库，支撑用户应用平台的定制开发，从用户端为语音和图像识别等提供支撑，需要具备良好的移植性和便捷的开发接口。

（1）AGL

AGL（Automotive Grade Linux）是 Linux 组织专门为汽车领域而研发的开源系统，AGL 操作系统如图 7-16 所示，主要包含系统内核、中间件、应用层以及汽车领域特有的安全层四部分。中间件是基础软件中的一大类，是对底层软件模块的封装和接口标准化，处于操作系统内核和应用层之间，起到了承上启下的作用，是实现软硬件解耦的重要组成部分。

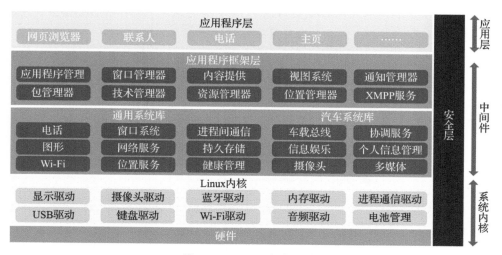

图 7-16　AGL 操作系统

（2）Android

Android 是由谷歌公司和开放手机联盟基于 Linux 开发的操作系统。由于 Android 的开源特性，其主要被用于信息娱乐、导航等对安全性要求较低、个性化需求多的领域，并凭借其上述优点在国内车载信息娱乐系统领域占据主流地位。Android Automotive OS 在手机 Android 基础上更新与车相关的模块，其架构如图 7-17 所示，主要包括：

1）汽车应用 OEM 和第三方开发的 App。

2）汽车 API 提供给汽车 App 特有的接口。

3）汽车服务系统中与车相关的服务。

4）车载网络服务汽车的网络服务。

5）车辆硬件抽象层汽车的硬件抽象层描述。

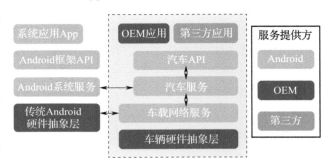

图 7-17　Android Automotive OS 架构

3. 全场景操作系统

全场景操作系统是指为满足跨平台、多设备协同工作和用户体验一致性而设计的操作系统。这类操作系统能够在不同类型的硬件设备上运行，包括智能手机、平板计算机、个人计算机、穿戴设备、车载系统以及智能家居设备等，实现软件应用和服务的无缝对接和共享。此类操作系统通常采用轻量级的设计，支持快速响应和实时数据处理，以满足实时性能需求高的应用场景，如自动驾驶和智能医疗。同时，全场景操作系统提供丰富的应用开发框架和 API，鼓励开发者创建能够跨设备工作的应用程序，进一步推动生态系统的丰富和发展。华为鸿蒙操作系统（Harmony OS）是全场景操作系统的一个实例，其架构如图 7-18 所示，微内核与方舟编译器是鸿蒙操作系统的两个核心要素。鸿蒙支持针对不同设备进行弹性部署（例如智慧屏、穿戴设备、车机、音箱、手机等），同时分布式软总线使得拥有不同功能的硬件能够彼此协同，实现了硬件解

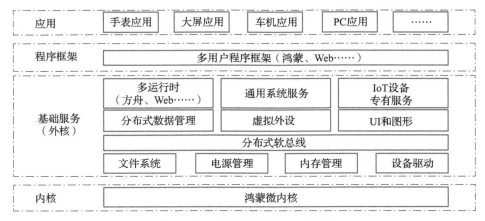

图 7-18　华为鸿蒙操作系统架构

耦。方舟编译器将编译过程提前至开发者环节，能够在应用程序执行之前，将代码编译成机器语言，极大释放了硬件资源，对于多终端尤其是物联网（IoT）边缘计算而言尤为重要。

7.3.2　系统虚拟化

智能座舱域提供高体验感的人机交互与丰富的应用生态，较为适合的操作系统是 Android；同时仪表盘、辅助驾驶具备实时性、可靠性要求，操作系统倾向于 RTLinux、QNX 等；两类型应用场景融合需同时保证关键业务的安全可靠，以及应用生态的可持续性兼容，因此需要资源隔离技术支撑在同一 SoC 上切分资源，可并发运行多种操作系统，保障互不干扰。资源隔离技术有多种，从硬件底层逐层向上包括硬件隔离、虚拟化隔离、容器隔离、进程隔离等。硬件隔离的隔离性最好，单隔离域的性能、安全可靠性最好，但灵活性、可配置性差，不能实现硬件共享，导致整个系统的资源利用率差，难以充分达到软件定义汽车的目标。容器隔离、进程隔离可以更轻量级地实现业务隔离，但还是在同一个操作系统内，存在着资源干扰、相互安全攻击的隐患，并且无法支持异构操作系统业务域融合，影响传统业务继承，不利于生态发展。在众多的资源隔离技术中，虚拟化是安全可靠、弹性灵活的优选方案，是软件定义汽车的重要支撑技术。虚拟化典型应用场景如图 7–19 所示。

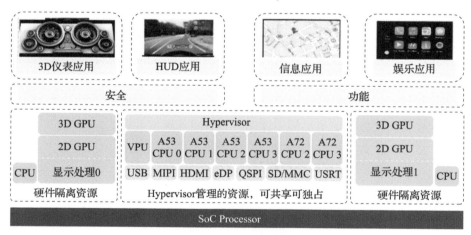

图 7–19　虚拟化典型应用场景

1. 虚拟化技术基础

虚拟化技术如图 7–20 所示，Hypervisor 处于 SoC 硬件平台之上，将实体资源（如 CPU、内存、存储空间、网络适配器、外围设备等）转换为虚拟资源，按需分配给每个虚拟机，允许它们独立地访问已授权的虚拟资源。Hypervisor 实现了硬件资源的整合和隔离，使应用程序既能共享 CPU 等物理硬件，也能依托不同的内核环境和驱动运行，从而满足汽车领域多元化应用场景需求。在智能座舱中，虚拟化技术被广泛应用，以提高系统的资源利用率、可靠性和安全性等。

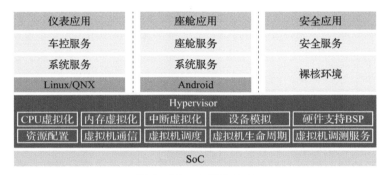

图 7-20　虚拟化技术

在汽车领域，Hypervisor 主要完成以下任务：

1）CPU 虚拟化为虚拟机提供虚拟处理器（VCPU）资源和运行环境。

2）内存虚拟化负责为其自身和虚拟机分配和管理硬件内存资源。

3）中断虚拟化发生中断和异常时，按需将中断和异常路由到虚拟机进行处理。

4）虚拟机设备模拟根据需求创建虚拟机可以访问的虚拟硬件组件。

5）硬件支持 BSP 提供 Hypervisor 在 SoC 上运行的板级支持包，如串口驱动。

6）虚拟机资源配置对虚拟机的 CPU、内存、I/O 外围设备等资源进行配置和管理。

7）虚拟机通信为虚拟机提供 IPC、共享内存等通信机制。

8）虚拟机调度为虚拟机提供优先级和时间片等调度算法。

9）虚拟机生命周期管理创建、启动和停止虚拟机。

10）虚拟机调测服务提供控制台、日志等调试功能。

在汽车领域，Hypervisor 面临如下挑战：

1）轻量高效。Hypervisor 在带来软件定义的灵活性的同时，也导致了软件栈层次增加，不可避免会有性能损耗。汽车领域的成本敏感特性，注定了降低 CPU、存储、网络、GPU 等外设性能损耗的需求贯穿整车项目始终，因此 Hypervisor 的轻量和高效十分重要。

2）安全可靠。相较于互联网领域看重的资源动态分配和闲置利用，汽车领域更看重 Hypervisor 的实时性、可靠性、安全性。

3）便捷适配。在汽车领域，芯片类型和操作系统丰富多样，嵌入式虚拟化的一大特点就是异构，Hypervisor 必须具备快速适配不同的底层硬件和上层操作系统的能力。

2．虚拟化模型

虚拟化可以划分为两大类，如图 7 - 21 所示，一类是 Type1 裸机型，Hypervisor 直接运行在硬件设备上的，也称为裸机虚拟化环境（Bare-Metal Hardware Virtualization）；一类是 Type2 主机托管型，也称为主机虚拟化环境（Hosted Virtualization）。

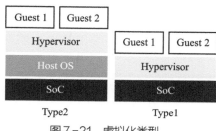

图 7-21　虚拟化类型

Type1 型的 Hypervisor 不依赖主机操作系统，其自身具备操作系统的基础功能。设计上更简洁，直接运行于硬件之上，能够直接访问服务器的硬件资源，包括处理器、内存、网络和存储等，整体代码量和架构更为精简，对内存和存储资源要求更少，可满足自动驾驶车控系统功能安全等级要求。在智能座舱中，该类型的虚拟化技术能够被用来运行多个虚拟机，每个虚拟机能够运行不同的操作系统和应用程序，同时其能够提供强大的安全隔离功能，确保不同的虚拟机之间互不干扰，从而提高整个系统的可靠性和安全性。

Type2 型 Hypervisor 需要借助宿主操作系统来管理 CPU、内存、网络等资源，减少虚拟化层的开销和系统资源的占用，但由于 Hypervisor 和硬件之间存在一个宿主操作系统，Hypervisor 及 VM 的所有操作都要经过宿主操作系统，不可避免地会存在延迟、性能损耗，同时宿主操作系统的安全缺陷及稳定性问题都会影响到运行在之上的虚拟机，因此，Type2 型 Hypervisor 主要用于对性能和安全要求不高的场合，例如个人计算机系统。该类型的 Hypervisor 能够将应用程序及其依赖项封装成一个完整的软件单元，从而实现应用程序的快速部署和扩展。在智能座舱中，Type2 型虚拟化技术能够用于隔离不同的应用程序和服务。

3．虚拟化关键技术

（1）虚拟化和节能降耗技术

车载高性能处理器一般采用多核 CPU 架构。在对称多处理（Symmetric Multi-Processing，SMP）架构下，Hypervisor 调度器根据 CPU 的亲和性配置让客户机操作系统在指定的 CPU 上运行，虚拟机的操作系统能够按照自己的调度方式运行，例如优先级方式。为了最大化地利用系统资源，Hypervisor 支持多个虚拟机对某个 CPU 的共享使用。在共享核上，Hypervisor 可通过优先级或时间分区方式对虚拟机进行调度，确保虚拟机运行时间和调度策略是确定的。Hypervisor 的调度算法需要确保不能够出现分区内某个虚拟机出现死循环或故障而长期占用处理器资源，导致其他虚拟机的业务无法得到合理时间配额的问题。虚拟机调度还需要考虑节能降耗问题，在工作负载较高的情况下系统提升主频提升用户体验，在工作负载较低的情况下系统自动节能降频提高续驶里程。车载高性能处理器本身为了节能降耗需求设计为大小核架构，CPU 以及之上运行的复杂操作系统需要支持大小核调度、动态调频、低功耗设置、关闭 CPU 核、休眠等节能降耗功能。系统虚拟化后，CPU 等物理资源都需要 Hypervisor 才能直接访问，Hypervisor 调度算法也需要完成对虚拟机节能降耗的支持。

（2）IO 设备虚拟化

出于性能考虑，一般嵌入式领域多使用半虚拟化技术。半虚拟化技术需要 GuestOS 中的前端驱动与 Hypervisor 中的后端驱动配合实现。前端驱动将 GuestOS 的请求通过 Hypervisor 提供的通信机制发送给后端驱动，后端驱动通过调用物理驱动实现对设备的访问。该方式涉及不同厂商 GuestOS 与不同厂商 Hypervisor 的生态对接问题。Virtio 是 OASIS 标准组管理的开放协议和接口，是目前最常用的一种 I/O 半虚拟化解决方案，使得虚拟机能够标准化方式访问 I/O 设备。如图 7 - 22 所示，在 GuestOS 内部虚拟一条设备总线 virtio_bus，通过 VirtioRing 双向通信机制，前端驱动与挂载在 Virtio_bus 上遵循 Virtio 标准的后端虚拟设备，进行访问与通信。Virtio 提供了全面的 Virtio 总线和设备控制接口，包括 virtio_net、virtio_blk、virtio_console 与 virtio_input 等。

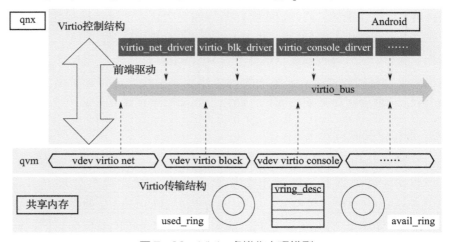

图 7 - 22　Virtio 虚拟化实现模型

1）利用 virtio_blk 技术实现块设备共享：块设备是使用缓存机制读写的存储设备，分配给 Hypervisor 所在的操作系统进行管理。virtio_blk_driver 是符合 Virtio 标准的块设备驱动，vdev virtio block 是后端的虚拟块设备，virtio_blk_driver 通过该 vdev 设备完成对物理块设备的读写，并获取执行结果。

2）利用 virtio_net 技术实现跨系统通信：virtio_net 实现了多系统间点对点的通信，Guest 系统内部的 virtio_net_driver 通过 virtqueue 与 Hypervisor 所在系统的 virtio_net 设备进行全双工通信，实现多系统之间的控制类、配置类的指令、数据的交互。适合音视频流以外的数据传输，稳定性较好，然而 virtqueue 控制逻辑复杂，对实时性有一定影响。

3）利用 Virtio 技术实现触摸共享：触摸设备是字符型设备，通过 virtio_input_driver、vdev_input 实现前端驱动和后端设备。设备端通过 virtqueue 向驱动上报触摸坐标数据。

4. 虚拟化安全

功能安全、信息安全和可靠性是车控操作系统产品可靠安全运行的必要组成部分。Hypervisor 为智能汽车域控制器提供基础运行环境，其安全性和可靠性是保证整个系统功能安全和可靠的基础和核心。Hypervisor 需按照汽车功能安全 ISO 26262 ASIL – D 最高标准进行设计、开发和测试，其功能安全需求由域控制器产品的安全需求分解产生。Hypervisor 上运行多个虚拟机，一个虚拟机的异常不能传递至其他虚拟机，同时 Hypervisor 能获取到当前系统整体健康状态，当虚拟机发生异常时，Hypervisor 应实时监控系统健康状态，有效地隔离故障，并在最小波及范围内修复异常，保障系统持续可用。此外，Hypervisor 加入汽车软件栈，会导致纵向上软件栈层次增加，横向上业务软件复杂度增加，而汽车的安全可靠要求强于既有的云侧虚拟化、边缘虚拟化，因此虚拟化安全性正日益得到行业的关注，包括：

1）虚拟机管理器和虚拟机之间的信任链问题利用虚拟化技术在一个可信物理平台上创建出多个虚拟机，并将从硬件可信根开始构建的信任链传递到每一个虚拟机，从而在一个可信物理平台上构建多个虚拟的可信计算平台，有些解决方案缺乏虚拟机管理器到虚拟机之间的信任链验证。

2）虚拟机间的攻击恶意入侵者可以通过利用虚拟机管理程序中的漏洞，通过同一物理主机上存在的另一个虚拟机来获得对虚拟机的控制，从而破坏目标虚拟机。

3）虚拟机逃逸利用虚拟机软件或者虚拟机中运行的软件的漏洞进行攻击，

以达到攻击或控制虚拟机宿主操作系统的目的。

为了提高 Hypervisor 的安全性，建立相应的安全性目标很重要，表 7 – 1 简要列出了虚拟机的安全目标及要求。

表 7 – 1 虚拟机的安全目标及要求

安全目标	要求
隔离性	VCPU 调度隔离安全、内存隔离、网络隔离、存储隔离
Hypervisor 完整性	为了实现整体系统完整性，建立并维护 Hypervisor 组件的完整性
平台完整性	Hypervisor 的完整性取决于它所依赖的硬件和软件的完整性，需要利用加密芯片（如 TPM）等硬件和固件机制来保护和检测底层平台的完整性。如果平台完整性受到损害，Hypervisor 和客户机将无法运行
Audit	支持安全审计功能，可捕获和保护系统上发生的事件，坚持安全第一

Hypervisor 的安全性能力可以从三个维度进行提升：

1) 需要建立安全边界。这个边界由 Hypervisor 严格定义并实施，Hypervisor 安全边界的保密性、完整性和可用性需要得到保证。边界能防御一系列攻击，包括侧向通道信息泄漏、拒绝服务和特权提升。虚拟机监控程序安全边界还提供网络流量、虚拟设备、存储、计算资源和所有其他虚拟机资源的隔离能力，如图 7 – 23 所示。整体虚拟化安全架构如图 7 – 24 所示。安全边界的保密性可以通过传统的密码学方法来实施。完整性通过可信度量机制来保障，可信报告

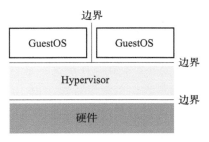

图 7 – 23 虚拟机安全边界

机制实现不同虚拟环境的可信互通，监控机制动态度量实体的行为，发现和排除非预期的互相干扰。虚拟技术提供的隔离机制将实体运行空间分开。安全边界的隔离通过 Hypervisor 的 VCPU 调度隔离安全、内存隔离、网络隔离和存储隔离技术来支持，实现了同一物理机上 Hypervisor 和虚拟机、虚拟机之间的隔离。

2) 需要建立深度防御漏洞的缓解机制。对于安全边界存在的潜在漏洞，Hypervisor 需要有一定的技术手段进行主动防御，这些技术手段包括地址空间布局随机化（ASLR）、数据执行保护（DEP）、任意代码保护、控制流保护和数据损坏保护等。

3) 建立强大的安全保障流程。与 Hypervisor 相关的攻击面包括虚拟网络、虚拟设备和所有跨虚拟机表面，所有虚拟机攻击面都建议实施威胁建模、代码审核、模糊（fuzzed）测试，通过建立自动化构建及环境，触发定期安全检查。

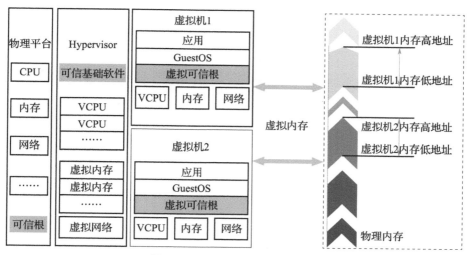

图 7-24　整体虚拟化安全架构

5．座舱虚拟化与应用场景

智能座舱域融合正在不断迭代演进中。受芯片算力、虚拟化技术成熟度、生态链对于虚拟化解决方案的掌控能力等因素影响，有些厂商同时采用了硬隔离方案来实现域融合，最大程度地沿用既有技术能力，有确定性保障，但是缺少了软件定义的灵活性，智能化程度有限，是域融合的一种可选方案。在嵌入式虚拟化技术方面，国外的 QNX、OpenSynergy、PikeOS 具备较多应用案例。在智能本土化发展的趋势下，国内研发嵌入式虚拟化技术、产品、解决方案，如中瓴智行的 RAITE Hypervisor（RHOS）、中兴 GoldenOS、斑马智行的 AliOS Hypervisor、中汽创智 CAIC Hypervisor 等不断呈现。

（1）采用 RHOS 的 NXP I. MX8-QM 座舱域控制器

某厂家基于自研的 Type 1 型虚拟化软件 RHOS（Raite Hypervisor OS），适配支持了 NXP I. MX8 QM，提供一个轻量、灵活的汽车智能座舱虚拟化解决方案，已在东风车型量产上市。其系统架构如图 7-25 所示，在 SoC 上运行 Hypervisor 后可支持同时运行多个操作系统，比如 Linux 系统可以运行实时性和安全性较高的业务，如全液晶仪表等，可以扩展运行 DMS、HUD 等业务。另外一个虚拟机运行 Android 操作系统，上面部署信息娱乐等安全性和实时性要求较低的业务。为保证系统具备良好的市场竞争力，域控制器兼容 TBOX 功能需求，系统能够支持休眠唤醒和快速启动。Linux 和 Android 虚拟机可按需进行资源的配置，包括内存、CPU、存储空间、外围设备等。该架构支持系统升级，包括对虚拟机和 Hypervisor 的升级，支持异常日志记录，包括虚拟机内核和 Hypervisor 日志。多屏交互是智能座舱重要的应用场景，Android 的应用程序可以通过 Hypervisor 推送到 Linux 仪表进行显示。

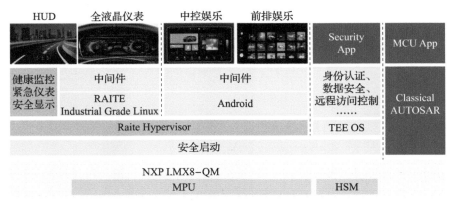

图 7-25　NXP I. MX8 QM 智能座舱系统架构

Android 和 Linux 仪表交互架构如图 7-26 所示。NXP I. MX8-QM 芯片有两个以上显示接口，每个显示接口可以接 2 个显示屏，当 Android 系统需要投射信息到仪表屏幕时，仪表显示屏的 overlay 图层可以进行投屏内容的显示。系统交互零延迟、零拷贝，多系统交互不额外占用 CPU 和 GPU 资源。通过 Hypervisor 虚拟化技术实现跨系统多屏交互，有效提高了行车安全性，并降低智能座舱的硬件成本。

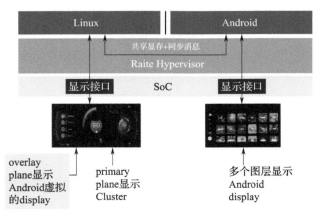

图 7-26　Android 和 Linux 仪表交互架构

（2）采用 QNX Hypervisor 的 RCAR-H3 智能座舱域控制器

QNX Hypervisor 是基于 Type1、实时优先级的微内核管理程序，符合 IEC 61508 SIL-3 和 ISO 26262 ASIL-D 汽车功能安全标准。RCAR-H3 的单 SoC 智能座舱驱动中控娱乐、全液晶仪表、后排娱乐屏、前排娱乐屏，多个显示屏的不同内容 SoC 运行 QNX Hypervisor，包含两个操作系统，如图 7 - 27 所示，其中 QNX 运行对实时性和安全性要求高的功能，仪表/HUDAndroid 系统运行娱乐域相关的功能，比如导航/音乐等应用。

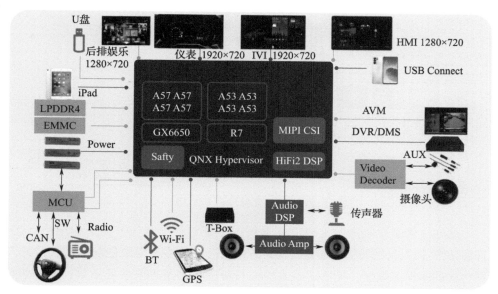

图 7-27　RCAR－H3 的单 SoC 智能座舱

7.4　智能座舱人机交互技术

人机交互能力是智能座舱为人类提供服务的核心能力[8]。人机交互的发展经历早期手工业、图形用户界面等几大阶段，现已发展至多通道、多媒体的智能化人机交互阶段，其核心思想由人适应机器转型至以人为核心[9]。座舱人机交互的关键技术包括多模态感知、认知决策、主动交互与评价进化。

7.4.1　人机交互功能架构

智能座舱人机交互功能架构如图 7 - 28 所示。多模态感知是智能座舱人机交互的信息输入模块，其任务为通过多种传感器感知座舱内外的信息，包括车辆状态、驾乘人员状态以及环境信息等。感知模块的功能为获取多模态信息，并发送给认知决策层，以供后续分析和处理。感知模块主要包含各类传感器信息采集及多模态信息提取两部分内容。通过感知模块的各传感器，智能座舱能够全面感知座舱内外的信息，为认知决策模块提供多模态数据。这些数据将用于分析和理解驾乘人员的状态，以便后续的决策制定和智能互动。

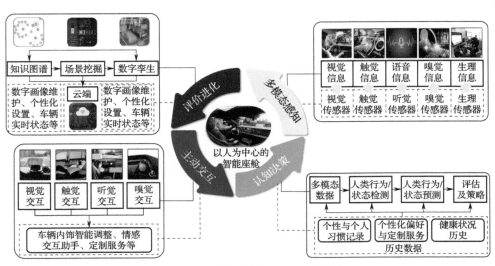

图7-28　智能座舱人机交互功能架构

认知决策是智能座舱人机交互系统的处理组件，其任务为了解用户状态，理解用户需求，设计合理的决策以服务用户。认知决策模块的功能为接收感知层传输的多模态数据，检测驾乘人员的行为、状态及当前所处场景，依据驾乘人员行为序列及历史数据预测用户意图及需求，并根据用户需求制定解决途径、设计提示用户或执行功能时的交互内容及交互方式。感知模块传输的多模态数据包括用户数据、舱内动态场景数据及舱外动态环境数据等。对驾乘人员的检测主要包括疲劳检测、分心检测、情绪检测、意图识别等。根据用户状态及动态场景预测用户意图需依据历史数据，主要包括用户健康史、用户既往行为、用户个性化偏好等。通过状态评估及意图预测，触发功能特征，据此生成决策策略。认知决策模块是智能座舱系统的关键环节，该模块算法的准确性、高效性直接决定智能座舱系统的性能及用户体验感。

主动交互是智能座舱人机交互系统的执行环节。认知决策模块根据当前情境完成评估并生成策略后输出至交互模块，交互模块的任务为完成座舱与用户的交互及座舱与外部环境的交互，为用户提供安全、舒适、个性化的服务。根据交互方式可分为单模态交互及多模态交互。多模态交互将不同单模态结合，旨在提供更为综合和个性化的服务。同时，智能座舱能够与其他车辆、行人、基础设施等外部元素进行通信和互动。

评价进化模块搜集交互环节后反映用户认可度和体验感的信息，量化用户对主动交互服务的评价，并孪生交互场景，进一步进化模型与方法，提高智能系统的预测和决策能力。系统不断积累历史数据，增强判断、预测能力，形成以驾乘人员为中心的循环反馈与自动进化。

7.4.2　显式交互技术

显式交互侧重于用户有意识地、明确地表达自己的意图和需求，该交互方式的核心特征是确定性和直接性。因此，显式交互在很多情况下更为高效，例如，当驾驶员快速更改导航目的地时，直接的语音指令往往比基于预测的隐式反应更为迅速和准确。显式交互主要包括基于语音、基于显示和基于触觉的交互。

1. 基于语音的交互

基于语音的交互通过语音命令或对话实现用户与系统或设备的互动。相比于传统的触摸、按键等物理交互手段，语音交互提供了一个更为直观和自然的界面。现代车辆广泛采用语音用户界面（Voice User Interface，VUI），如宝马的智能个人助理和戴姆勒的 MBUX 语音助手。这些语音助手能够精准识别和执行驾驶员的指令，控制导航、娱乐、通信等功能，并与其他语音助手协作，实现车对车通信。

在长途夜间驾驶期间，与其他乘客的交谈有助于驾驶员保持清醒。然而，手机通话会增加驾驶员的认知负荷，降低警觉性。相比之下，自然的语音助手对话可以有效提高驾驶员的警觉性。研究表明，与语音助手进行短暂的间歇性交谈能够提升驾驶员的注意力。此外，语音助手的设计应注重自然对话，避免机械化的命令式交互。

在 L3 级自动驾驶条件下，驾驶员及时响应接管请求至关重要。语音助手可以在驾驶员分心时发挥重要作用，提升接管效率，保障驾驶安全。语音技术还能帮助驾驶员识别周围环境中的紧急车辆声音，提高警觉性。这些技术通过信号处理和卷积神经网络等方法，实现对紧急声音的实时识别与警报。

然而，语音交互存在序列化和时间性等固有特性，导致用户不确定系统是否已接收到指令或正在处理请求。同时，用户在多任务并行处理时对短时记忆的依赖也可能影响效率和安全性。

2. 基于显示的交互

基于显示的交互利用 GUI、显示屏等可视化设备，通过视觉提示、图标、文字和颜色等元素与用户互动。现代车辆通常配备中央显示单元，输入方式包括按钮、旋钮、触摸屏、语音或手势等。这些输入方式通常需要驾驶员分散视线，而抬头显示器（HUD）和头戴式显示器（HMD）则通过将虚拟元素与真实场景融合，减少了视线转移。

稳定显示虚拟元素需要进行头部姿势跟踪和精确配准，确保实时性和准确性。配准技术能够识别车辆、头部及眼睛的姿态，以及外部目标，以保证虚拟元素在驾驶过程中稳定显示。为了适应白天和夜间不同的环境光，AR HUD 需要进行光补偿，确保驾驶员能清晰看到虚拟信息。尽管复杂的显示界面带来了更为沉浸的体验，但可能会分散驾驶员对主要任务的注意力，因此在设计时需要权衡各种因素，权衡因素包括：

（1）用户体验与安全性

显示界面的复杂性和信息量增加了驾驶员的认知负荷，虽然提供了更多的驾驶信息，但也可能导致分心。因此，在设计显示界面时，必须平衡信息丰富性和简洁性的关系，确保驾驶员能够迅速获取关键信息而不被干扰。

（2）环境光适应性

白天和夜间驾驶时，外部光照条件的变化会影响显示界面的可见性。HUD 和 HMD 需要具备自动调节亮度和对比度的能力，以确保在不同光照条件下的信息清晰度。这不仅涉及技术实现，还需要考虑不同驾驶环境下的用户体验。

（3）实时性与精确性

头部姿势跟踪和虚拟元素配准的实时性和精确性直接影响驾驶体验。车辆行驶过程中，驾驶员的头部姿势和视线会频繁变化，要求系统能够快速、准确地调整虚拟显示内容，避免视觉延迟和错位。

（4）信息融合

在设计 HUD 和 HMD 时，除了视觉信息，还可以考虑结合语音、触觉反馈，以提供更全面的驾驶辅助。这种多模态融合能够在不同的驾驶场景下提供更直观的反馈，提高驾驶安全性。

3. 基于触觉的交互

基于触觉的交互利用人的触觉系统与设备或应用互动，提供了一种不依赖视觉或听觉的交互方式，特别适用于驾驶环境。现代方法引入了带有触觉传感器的扶手和座椅，可以在不干扰驾驶员视觉或听觉的情况下传达信息。

触觉描述符是一种在时域中表示触觉信号统计特性的方法，能够在多种传感器环境中应用。它通过分析触觉信号的特征，如振动频率、强度等，帮助系统准确识别用户的触觉输入。这种技术在手势识别和环境感知中非常重要。例如，通过分析手部在扶手上的压力变化，可以实现对不同手势的准确识别。

触觉反馈装置可以嵌入座椅、方向盘、扶手等位置，通过振动、压力变化等方式向驾驶员提供反馈。例如，当车辆偏离车道时，方向盘会产生轻微振动，提醒驾驶员纠正方向；当接近前方障碍物时，座椅会产生振动，警示驾驶员减速。这些反馈方式能够在不干扰驾驶员视线的情况下，提供重要的驾驶信息，提高驾驶安全性。

在实际应用中，触觉反馈在驾驶安全警告和导航辅助中发挥了重要作用。例如，停车期间发生碰撞、车道偏离、超速等情况下，触觉反馈能够立即提醒驾驶员。相比于视觉和听觉警报，触觉警报不受环境噪声和驾驶员视线的影响，具有更高的可靠性。触觉反馈还可以用于导航辅助，通过在方向盘或座椅中嵌入触觉装置，驾驶员可以在不分散视线的情况下接收导航信息。例如，方向盘的一侧振动可以提示即将到来的转向，座椅的不同部位振动可以指示不同的导航方向。这种方式减少了驾驶员对视觉导航的依赖，提高了驾驶安全性。

触觉传感器还可以用于监测驾驶员的状态，检测驾驶员是否出现疲劳或分心情况。例如，当系统检测到驾驶员长时间未进行操作时，可以通过座椅或方向盘的振动提醒驾驶员休息或集中注意力。此外，结合其他模态的反馈，如视觉和语音，可以进一步提高监测的准确性和及时性。

触觉交互在驾驶中的应用前景广阔，同时面临一些挑战。触觉交互需要在各种驾驶环境中保持高效。例如，车辆行驶在颠簸路面或高速公路时，触觉反馈的感知效果可能会受到影响。因此，触觉装置需要具备良好的环境适应性，能够在不同路况和驾驶状态下提供一致的反馈。此外，触觉交互虽然在很多情况下具有独特优势，但在一些复杂场景中，仅依赖触觉反馈可能不足以提供全面的信息。因此，未来的触觉交互系统需要与视觉、听觉等其他模态进行深度融合，提供多层次、多角度的反馈，提升整体交互体验和驾驶安全性。

4. 基于多模态的显示交互

多模态交互通过结合语音、视觉和触觉反馈，解决了单一语音模态交互中的延迟性问题。多模态交互系统在满足驾驶需求的同时，通过不同模态的信息融合，提供了更加全面和直观的用户体验。

多模态交互系统的设计原则主要包括以下方面：

1）语音与视觉的结合在多模态交互中扮演着重要角色。在语音用户界面上增加视觉文本和图标，能够有效弥补语音交互中的延迟性和不确定性。通过视觉反馈，驾驶员能够确认语音命令是否被正确识别和执行。例如，在导航过程中，语音提示可以与屏幕上的路线指示相结合，提供更清晰的导航信息。这种结合不仅提高了信息传递的准确性，还增强了用户的互动体验。

2）触觉反馈的集成也是多模态交互设计的重要组成部分。在方向盘、座椅或其他车内控制装置上集成触觉反馈装置，通过振动或其他触觉信号提示驾驶员。例如，当驾驶员偏离车道或超速时，方向盘的振动可以提醒驾驶员及时纠正行为，从而有效提高驾驶安全性。触觉反馈能够在不干扰视觉和听觉的情况下提供关键的警示信息，大大提升驾驶员的反应速度和注意力。

手势控制与视觉反馈的结合提供了一种非接触式的交互方式，特别适用于驾驶过程中需要快速操作的场景。通过结合视觉反馈，驾驶员能够直观地看到手势操作的效果。例如，通过手势控制车载娱乐系统，结合屏幕上的实时反馈，可以大大提高操作的便捷性和准确性。手势控制不仅简化了操作流程，还减少了驾驶员在驾驶过程中对物理按钮和触摸屏的依赖，从而提升驾驶安全性。

多模态信息融合的用户体验优化是多模态交互系统设计的核心目标。通过语音、视觉和触觉反馈的综合应用，能够提供更加自然和直观的交互体验。在驾驶过程中，不同模态的信息可以相互补充，提供多层次的反馈。例如，在复杂的驾驶场景中，语音指令可以提供总体导航方向，视觉信息可以显示详细的路线图，而触觉反馈可以在关键时刻进行提醒。这种多模态信息融合的方式，可以大大提高驾驶员的感知能力和反应速度。

多模态交互系统的应用场景非常广泛。在复杂驾驶场景中的辅助驾驶中，城市交通环境下，驾驶员需要处理大量的信息，包括交通信号、行人、其他车辆等。多模态交互系统可以通过语音提示、视觉显示和触觉反馈，提供全方位的驾驶辅助，帮助驾驶员更好地应对复杂的驾驶环境。

在长途驾驶中的疲劳监测方面，长时间驾驶容易导致疲劳，影响驾驶安全。多模态交互系统可以通过语音对话保持驾驶员的清醒，通过触觉反馈提醒驾驶员注意力集中，同时通过视觉提示提供实时的驾驶信息，帮助驾驶员保持警觉。这种多模态的监测和提醒方式，有助于减缓驾驶员的疲劳，提高驾驶安全性。

此外，在自动驾驶模式下，多模态交互系统可以作为人机交互的桥梁，提供必要的驾驶信息和控制反馈。例如，车辆在自动驾驶过程中，可以通过语音告知驾驶员当前的驾驶状态和环境信息，同时通过视觉界面显示车辆的路径规划和周围环境。触觉反馈则可以在紧急情况下提醒驾驶员接管车辆，从而确保驾驶安全。

7.4.3　隐式交互技术

隐式交互关注用户的非直接交互，通过检测和解析用户的非特定行为，如身体动作、生理信号、面部表情以及环境因素等，智能地理解用户的状态和需求，并自发地进行响应。本节主要从驾驶员疲劳和分心识别、情感计算以及车内姿势识别等方面探讨隐式交互目前的主要技术。

1. 驾驶员疲劳和分心识别

注意力不集中指在没有其他干扰的情况下，驾驶员对关键安全驾驶活动的关注度减少，分心和疲劳是导致驾驶员注意力不集中的两种常见形式。研究表明，驾驶员分心是导致道路交通事故的主要原因之一，根据美国国家公路交通安全管理局的统计，高达 25% 的道路事故与驾驶员分心行为有关[10]。导致驾驶员分心的原因多种多样，包括主动用手、眼睛或思维执行次要任务，脱离对主要驾驶任务的关注，或者受到听觉刺激而被动地产生分心等。

驾驶员分心行为的检测方法通常利用多种传感器来对车辆状态进行实时监测。其中，车辆惯性测量单元（Inertial Measurement Unit，IMU）和 GPS 可以提供关于车速和偏航角等数据，外部摄像头则用于监控车道保持情况。这些传感器的数据结合起来，可以帮助系统评估驾驶模式的稳定性，从而间接判断驾驶员是否存在分心行为。例如，当车速和车道保持的稳定性发生异常变化时，系统可以推断驾驶员可能存在分心情况。车道保持误差被广泛用作检测分心的指标之一，因为它能够直接反映出驾驶员对道路的关注度。此外，方向盘传感器通过预测转向角和计算转向误差，也能间接判断驾驶员是否分心。

相比于车外传感器，车内的立体摄像头和红外摄像头等视觉传感器在驾驶员和乘客行为识别中发挥着重要作用。通过基于卷积神经网络的技术，这些视觉传感器可以对驾驶员的行为进行精确识别。例如，通过分析驾驶员的面部特征，可以有效判断其是否存在分心或疲劳行为。支持向量机等机器学习方法被广泛应用于分析眼睛闭合情况、闭眼百分比（PERCLOS）、视线离开道路的时间、打哈欠和点头等指标。这些指标可以提供关于驾驶员注意力状态的详细信息。此外，内部摄像头还可用于检测驾驶员的手部动作，例如双手是否离开方向盘，红外摄像头则能够在光照条件变化时保持较高的检测准确性。

除了视觉传感技术，生理传感器如肌电图（Electromyography，EMG）、脑电图（Electroencephalography，EEG）、心电图（Electrocardiogram，ECG）和眼电图（Electro-oculogram，EOG）也被用于检测驾驶员的分心行为。例如，通过分析 EEG 信号，可以将驾驶时的注意力状态进行分类。ECG 和 EOG 能够记录与疲劳相关的生理变化，如心率和眼动情况。尽管这些传感器本质上具有一定的侵入性，但随着脑机接口技术的发展，如无线设备的应用，未来有望为驾驶提供更详细的大脑活动信息。这些先进的传感技术不仅能够更准确地监测驾驶员的状态，还可以为智能车辆提供实时反馈，从而提升整体驾驶安全性。

2. 情感计算

情感计算旨在赋予计算机理解和生成人类情感特征的能力，以实现与人类自然、亲近的交互。它侧重于解读和响应驾驶员的情感状态，准确理解驾驶员的情感状态对人机交互至关重要。通过情感计算，智能车辆可以更好地适应驾驶员的需求和状态，从而提供更为个性化和安全的驾驶体验。

情绪识别是情感计算的一项重要内容，不仅有助于检测驾驶员的分心和疲劳，还能为智能车辆提供详细的驾驶信息。面部表情所传达的基本情绪，如愤怒、厌恶、开心、悲伤、惊讶和恐惧，具有跨文化的普遍性。通过 RGB 摄像头或红外摄像头采集面部数据，并利用深度神经网络进行分类，可以准确识别这些情绪。例如，深度神经网络可以通过学习大量面部表情图像，自动提取面部特征，并将其分类到不同的情绪类别中。

此外，生理信号也是情绪识别的关键数据。尽管生理信号属于高维时变信号，但经过主成分分析和线性判别分析等算法的降维处理后，可利用机器学习算法进行分类。例如，通过分析心率变异性、皮肤电反应等生理信号，可以推断驾驶员的情绪状态，如紧张、放松等。这些生理信号提供了与面部表情不同的情绪线索，能够补充视觉信息，增强情感识别的准确性。

语音信号的特征，如音调、能量和强度，也能有效识别情绪。例如，通过多特征融合网络，可以捕捉语音信号的全局声学特征和局部频谱特征，从而同时识别情绪的整体和瞬时变化。语音情感识别技术可以通过分析语音中的各种特征，如基频、音调、音强等，判断说话者的情绪状态。例如，愤怒的语音通常具有较高的音强和音调，而悲伤的语音则可能表现为较低的音调和缓慢的节奏。

驾驶员的行为也能为情感状态提供线索。研究发现，驾驶员在开心和生气时对方向盘的握力会有所不同。例如，开心的驾驶员可能会放松地握住方向盘，而生气的驾驶员则可能会紧紧握住方向盘。通过传感器检测方向盘的握力变化，可以推断驾驶员的情绪状态。此外，驾驶员的坐姿、头部姿态等行为特征也能反映其情绪状态。通过多模态数据融合，可以构建更加全面和准确的情绪识别模型。

多模态情感分析利用不同模态的信息进行协同互补，以增强情感理解能力。例如，通过融合面部表情、身体运动、手势和语音等信息，可以构建更全面的情绪检测模型。这种多模态的情感计算方法能够提供更为准确和细致的情感反馈。例如，在驾驶过程中，系统可以综合分析驾驶员的面部表情、语音特征和握力变化，判断其当前的情绪状态，并提供相应的反馈和辅助。例如，当检测到驾驶员处于紧张状态时，系统可以播放舒缓的音乐，或者通过语音提示驾驶员放松，以改善其情绪状态。

多模态情感计算不仅可以提高情绪识别的准确性，还可以提升人机交互的质量和体验。例如，车辆可以根据驾驶员的情绪状态调整车内环境，如空调温度、音响音量等，以提供更为舒适的驾驶体验。同时，多模态情感计算还可以用于安全驾驶辅助，例如在检测到驾驶员情绪波动较大时，系统可以提醒其注意驾驶，或者在必要时采取自动驾驶模式，以确保行车安全。

通过情感计算，智能车辆能够更好地理解和响应驾驶员的需求和情绪状态，从而提供更加人性化的驾驶辅助。这不仅提升了驾驶体验，也在一定程度上提高了行车的安全性和舒适性。

3. 车内姿势识别

车内姿势识别是隐式交互的一个关键组成部分，通过传感器和检测技术捕捉并解析车内驾乘人员的身体动作和姿势，以理解驾驶员和乘客的身体语言和行为，从而提供更好的服务或响应。头部姿势估计和跟踪在驾驶员监控、分心检测、注视检测等领域具有关键作用。通过对 RGB 图像进行特征提取和模板匹配，可以估计和跟踪头部姿势。此外，量化姿态分类器和基于关键面部特征的估计方法也被广泛应用。

为了克服单目摄像头的局限性，多摄像头策略和红外图像处理方法被引入，用于提高头部姿势估计的准确性和鲁棒性。结构光深度摄像头和飞行时间深度传感器也被用于驾驶员姿势估计，通过深度帧拟合骨骼模型来推导出驾驶员的姿势。

触觉传感器在姿势识别中也发挥了重要作用。例如，带有分布式压力传感器的座椅可以测量驾驶员的坐姿，而融合 IMU 的压力图可以识别身体姿势。此外，带有电容接近传感器的传感头枕和嵌入头枕中的超声波传感器也被用于估计头部姿势。为了稳健地估计身体和头部姿势，触觉传感器与视觉传感器的多模式结合是未来的发展方向，能够提供更加全面和准确的姿势识别。

7.5 智能座舱信息增值技术

随着汽车技术的不断进步，智能座舱已成为现代汽车的重要组成部分。智能座舱不仅是驾驶员和车辆之间交互的核心界面，也是一个集成信息处理和服务提供的枢纽。通过多种先进技术的应用，智能座舱能够对原始数据进行处理和优化，提供更高价值的信息和服务，从而显著提升驾驶体验和安全性。本节将探讨智能座舱信息增值的技术基础、实现方法及实际效益。

在智能座舱的信息增值过程中，数据整合与分析是其核心基础。现代智能座舱系统收集大量来自车辆传感器、驾驶行为、交通信息和环境信息的数据。为了从这些海量数据中提取有价值的信息，需要应用多种数据分析技术和算法。

例如，利用大数据分析技术可以整合和处理这些异构数据，通过聚类分析、回归分析等方法识别数据中的模式和趋势。机器学习算法，如随机森林、支持向量机（SVM）和深度学习，能够在这些数据中学习驾驶员的行为模式和偏好，进而提供个性化的驾驶建议和预警系统。通过分析驾驶员的历史行为数据和实时交通状况，智能座舱系统可以推荐最佳行驶路线，并根据驾驶环境调整建议的驾驶模式，如经济模式或运动模式。

智能助理是智能座舱中另一个关键组成部分，它通过自然语言处理（NLP）和语音识别技术，提供高度个性化的服务和建议。NLP 技术，如 BERT（Bidirectional Encoder Representations from Transformers）和 GPT（Generative Pre-trained Transformer），能够理解和生成自然语言，使得智能助理能够准确理解驾驶员的指令和需求，并进行相应的反馈。例如，基于驾驶员的语音指令，智能助理可以实时规划路线、预定停车位或推荐沿途餐厅。此外，通过分析驾驶员的语音特征，智能助理还可以识别驾驶员的情绪状态，从而提供更人性化的服务。

健康监测与安全预警是智能座舱信息增值的重要方面，通过生物传感器和计算机视觉技术，系统能够实时监测驾驶员的健康状态和疲劳程度。心率监测、皮肤电反应（Galvanic Skin Response，GSR）等生物传感器可以实时采集驾驶员的生理数据，而计算机视觉技术可以通过摄像头捕捉驾驶员的面部表情和眼睛运动，检测疲劳或分心的迹象。基于这些数据，智能座舱系统可以应用深度学习模型，如卷积神经网络（CNN）和长短时记忆神经网络（LSTM），对驾驶员的状态进行评估，并在检测到潜在风险时及时发出警示。例如，当系统检测到驾驶员有疲劳驾驶的迹象时，可以发出警示音或振动座椅提醒，甚至在必要时建议驾驶员停车休息。

车联网技术使得智能座舱能够与外部设备和服务平台实现互联互通，从而提供更广泛的服务和功能。通过车联网，智能座舱可以实现远程监控、故障诊断和软件升级等功能。例如，智能座舱系统可以通过远程诊断技术实时监测车辆的各项性能参数，如油量、电池电量和胎压等，当检测到异常情况时，系统可以自动通知驾驶员并提供相应的维护建议。利用车联网技术，智能座舱还可以实现与智能交通系统的无缝对接，提供实时的交通信息和最佳行驶路线，帮助驾驶员避开拥堵路段，提高出行效率。

娱乐与信息服务是提升乘车体验的重要组成部分。通过集成多媒体娱乐系统和信息服务平台，智能座舱能够为驾驶员和乘客提供丰富的娱乐内容和实时信息。例如，通过个性化推荐算法，如协同过滤（Collaborative Filtering）和内容推荐算法，系统可以根据用户的兴趣和喜好推荐音乐、电影和新闻等内容。

此外，智能座舱还可以提供实时的天气预报、股市行情和新闻动态，帮助乘客随时了解外界信息。为了增强互动性，智能座舱还可以集成社交媒体平台，允许乘客在旅途中浏览、发布和互动社交内容。

　　智能座舱通过多种信息增值技术，将车辆打造成一个高度智能化、个性化和互联化的移动空间。数据整合与分析、智能助理与个性化服务、健康监测与安全预警、车联网与远程控制，以及娱乐与信息服务等方面的进步，不仅提升了驾驶的舒适性和安全性，也为未来汽车的发展提供了无限可能。随着技术的不断进步，智能座舱将继续为用户带来更加优质的驾驶体验，推动汽车行业的创新和变革。

参考文献

[1] MURALI P K, KABOLI M, DAHIYA R. Intelligent in-vehicle interaction technologies[J]. Advanced Intelligent Systems, 2022, 4(2): 2100122.

[2] LIU Y C, WEN M H. Comparison of head-up display (HUD) vs. head-down display (HDD): Driving performance of commercial vehicle operators in Taiwan[J]. International Journal of Human-Computer Studies, 2004, 61(5): 679 – 697.

[3] CHAUVIN C, SAID F, LANGLOIS S. Augmented reality HUD vs. conventional HUD to perform a navigation task in a complex driving situation[J]. Cognition, Technology & Work, 2023, 25(2): 217 – 232.

[4] HOSSEINI A, LIENKAMP M. Enhancing telepresence during the teleoperation of road vehicles using HMD-based mixed reality[C]//2016 IEEE Intelligent vehicles symposium (Ⅳ). New York: IEEE, 2016: 1366 – 1373.

[5] ZIRAKNEJAD N, LAWRENCE P D, ROMILLY D P. Vehicle occupant head position quantification using an array of capacitive proximity sensors[J]. IEEE Transactions on Vehicular Technology, 2015, 64(6): 2274 – 2287.

[6] BENEDETTI D, AGNELLI J, GAGLIARDI A, et al. Design of a digital dashboard on low-cost embedded platform in a fully electric vehicle [C]//2020 IEEE International Conference on Environment and Electrical Engineering and 2020 IEEE Industrial and Commercial Power Systems Europe (EEEIC/I&CPS Europe). New York: IEEE, 2020: 1 – 5.

[7] JIANG L, ZHANG F, MING J. Towards intelligent automobile cockpit via a new container architecture [C]//21st USENIX Symposium on Networked Systems Design and Implementation (NSDI 24). New York: ACM, 2024: 205 – 219.

[8] TAN J, HE W. The application value of human-vehicle interaction theory in intelligent cockpit design [J]. Frontiers in Business, Economics and Management, 2024, 13(1): 174 – 177.

[9] SUN X, CHEN H, SHI J, et al. From HMI to HRI: Human-vehicle interaction design for smart cockpit [C]//Human-Computer Interaction. Interaction in Context: 20th International Conference, HCI International 2018. Berlin: Springer International Publishing, 2018: 440 – 454.

[10] RANNEY T A, GARROTT W R, GOODMAN M J. NHTSA driver distraction research: Past, present, and future[C]//Proceedings of the 17th International Technical Conference on Enhanced Safety of Vehicles. Washington DC: NHTSA, 2001: 1 – 9.

第8章
智能汽车安全技术

8.1 概述

　　安全是智能汽车的基座，是汽车向更高智能化水平发展的前提。随着汽车智能化水平的提升，安全问题变得日益复杂和多样化，涵盖主动安全、被动安全、功能安全、预期功能安全和信息安全等方面。

　　主动安全系统旨在通过预防事故的发生来保护乘员和行人的安全。这类系统能够识别潜在的危险，并采取措施避免事故或减轻事故后果。智能汽车中的主动安全技术包括自适应巡航控制、自动紧急制动系统、车道保持辅助系统等。通过使用雷达、摄像头和传感器等多种感测设备，这些系统能实时监控车辆周围的环境，识别交通标志、道路障碍物、其他车辆及行人，从而提前警告驾驶员或自动采取行动，如调整速度或改变行驶路径。

　　被动安全系统是在事故发生时通过减轻乘客受伤的严重程度来提供保护的系统。智能汽车的被动安全技术包括安全气囊、安全带预紧装置、车身结构优化等。这些系统在设计时考虑到了吸收和分散碰撞能量的需求，从而保护车内人员的安全。智能汽车在被动安全领域的创新还包括利用车辆预碰撞系统激活安全带紧缩和安全气囊部署，以最大限度地减少乘客受伤的风险。

　　功能安全关注的是智能汽车系统在故障情况下的安全性能，确保系统的故障不会导致危险事件。它涉及对整个汽车系统进行风险评估和管理，确保所有安全相关的电子和电气系统在出现故障时能够以安全的方式失效。预期功能安全则是在设计智能汽车系统时预测并处理可能导致系统功能失效的所有情形，如软件错误、硬件故障等。

　　信息安全措施的目的是保护车辆免受未授权访问和网络攻击的影响。智能汽车需实施强有力的网络安全策略，包括数据加密、入侵检测系统和持续的安全更新等措施来防范恶意软件和网络攻击，确保车辆数据的安全和隐私。

　　智能汽车的安全是一个多层次、多技术集成的复杂问题，需要从硬件到软件，从物理安全到网络安全等多个层面共同努力，确保车辆在各种环境和条件下的安全性能和可靠性。通过持续的技术创新和严格的安全标准实施，智能汽车将更加安全，更好地服务于公众。

8.2　智能汽车主动安全

　　主动安全为主动制动、车道偏离提示、盲区监测等一系列功能组成的一个系统。主动安全不仅要考虑驾乘者的安全，同时还要考虑行人、车辆本身、街道上其他车辆的安全，这也是未来提升车辆安全性的突破口。

　　近年来智能汽车发展速度迅猛，ADAS 市场增长迅速，原来这类系统局限于高端市场，而现在正在进入中端市场，与此同时，许多低技术应用在入门级乘用车领域更加常见，经过改进的新型传感器技术也在为系统部署创造新的机会与策略。ADAS 是利用安装在车上的各式各样传感器（毫米波雷达、激光雷达、单/双目摄像头以及卫星导航），在汽车行驶过程中随时感应周围的环境，收集数据，进行静态、动态物体的辨识、侦测与追踪，并结合导航地图数据，进行系统的运算与分析，从而预先让驾驶员察觉到可能发生的危险，有效增加汽车驾驶的舒适性和安全性，也使得智能汽车的主动安全技术得以更好地完善和发挥。

8.2.1　纵向主动安全

1. 汽车防抱死制动系统（Anti-lock Braking System，ABS）

　　汽车紧急制动时，ABS 通过轮速传感器检测各车轮的转速并发送信号给电子控制器，电子控制器计算车轮滑移率并判断车轮是否抱死。当车轮将要抱死时，电子控制器发出控制信号，制动压力调节装置调整制动压力，将汽车车轮的滑移率控制在 10%～20% 范围内，使轮胎与地面间有最大的附着系数，并使车轮保持在微弱滑移的滚动状态下制动且不会抱死，避免因前轮抱死无法控制车辆行驶方向及后轮抱死出现侧滑的现象。

2. 电子制动力分配（Electronic Brake force Distribution，EBD）系统

　　电子制动力分配系统是汽车防抱死制动系统的辅助系统，其工作原理是，在汽车制动时，分别对 4 个地面附着条件不同的轮胎的地面摩擦力进行计算，使各轮胎的制动装置根据具体情况用相应的方式和力量进行制动，并在运动中

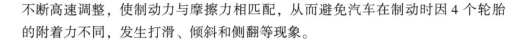

不断高速调整，使制动力与摩擦力相匹配，从而避免汽车在制动时因 4 个轮胎的附着力不同，发生打滑、倾斜和侧翻等现象。

3. 紧急制动辅助装置（Emergency Brake Assist，EBA）

一般情况下，开始制动时，驾驶员对制动踏板施加较小的力，然后根据情况相应地增加或减小。紧急制动时，若驾驶员反应慢，施加的制动力不够，紧急制动辅助装置可通过驾驶员踩踏制动踏板的速率判断其制动紧迫性，并在几毫秒内启动全部制动力，显著缩短制动距离，从而避免不利状况的发生。

4. 自动紧急制动（Autonomous Emergency Braking，AEB）系统

自动紧急制动系统的工作原理是，利用内置在风窗玻璃顶部，与后视镜同高度的激光传感器监测保险杠前方 10m 以内的汽车及其他物体，以汽车本身的车速和与前方车的车距为基础，自动紧急制动系统每秒进行 50 次计算，以确定避免碰撞所需要的制动力。若计算值超过一定范围，驾驶员仍未采取制动措施，系统便默认有碰撞危险。

5. 前方碰撞预警（Forward Collision Warning，FCW）系统

FCW 能够通过雷达系统和摄像头来时刻监测前方车辆，判断本车与前车之间的距离、方位及相对速度，当存在潜在碰撞危险时对驾驶员进行警告。FCW 系统本身不会采取任何制动措施去避免碰撞或控制车辆。

6. 车道偏离预警（Lane Departure Warning，LDW）系统

车道偏离预警系统主要由 HUD、摄像头、控制器以及传感器组成，当车道偏离预警系统开启时，摄像头（一般安置在车身侧面或后视镜位置）会时刻采集行驶车道的标识线，通过图像处理获得汽车在当前车道中的位置参数，当检测到汽车偏离车道时，传感器会及时收集车辆数据和驾驶员的操作状态，之后由控制器发出警报信号，整个过程大约在 0.5s 完成，为驾驶员提供更多的反应时间。而如果驾驶员打开转向灯，正常进行变道行驶，那么车道偏离预警系统不会做出任何提示。

7. 自适应巡航控制（Adaptive Cruise Control，ACC）系统

自适应巡航控制系统是一种智能化的自动控制系统，它是在早已存在的巡航控制技术的基础上发展而来的。在车辆行驶过程中，安装在车辆前部的车距传感器（雷达）持续扫描车辆前方道路，同时轮速传感器采集车速信号。当与

前车之间的距离过小时，ACC 系统可以通过与防抱死制动系统、发动机控制系统协调动作，使车轮适当制动，并使发动机的输出功率下降，以使车辆与前方车辆始终保持安全距离。

8.2.2　横向主动安全

1. 车身主动控制（Active Body Control，ABC）系统

车身主动控制系统是一种兼具主动式悬架和减振功能的系统，主要功能是保证车辆在不同路面条件行驶时，都能够保持良好的车辆行驶稳定性和操纵稳定性。车身主动控制系统根据收集的传感器信号，识别车辆的行驶状态，精确控制车身在横向、纵向和垂直方向上的侧倾、横摆、俯仰变动，同时保障车身高度在车辆负载发生变化时维持在一定水平。

2. 车身动态控制（Dynamic Stability Control，DSC）系统

在路面附着系数较小的湿滑、松软路面，驾驶员通过开启车身动态控制系统，可以增大车轮在路面上的牵引力，提高车辆在上述不良路面行驶的稳定性和安全性。车身动态控制系统的另一个功能是弯道制动，即当车辆在弯道行驶时，施加一个较小的制动力以减少过度转向的发生。

3. 车身电子稳定（Electronic Stability Program，ESP）系统

ESP 是在 ABS、牵引力控制（ASR）系统的基础上发展起来的，是对 ABS 和 ASR 功能的继承和扩展。ESP 的工作原理是，ECU 根据传感器收集的信号识别和预测车辆的运动状态，并通过对发动机和制动系统发出控制信号，调整发动机的输出转矩和制动系统的制动力，修正汽车的运动状态，保证车辆在行驶过程中的良好操纵性和方向稳定性。

4. 汽车主动避撞（Active Collision Avoidance System，ACAS）系统

汽车主动避撞系统的主要功能是自动干涉驾驶员操作状态，辅助驾驶员主动避开障碍物，避免车辆发生碰撞事故，以保障行车安全。该系统的工作原理是，传感器收集车辆的行驶状态及环境信息，控制单元通过接收和分析传感器信号判断车辆的安全状态，若为安全状态时，系统不干扰车辆的正常行驶状态；若为非安全状态时，系统控制单元发出控制信号切断供油，若驾驶员仍未采取措施，则系统将自动控制车辆的制动和转向，以使车辆避开障碍物，保证行车安全。

综上，为避免汽车在行驶中发生交通事故或减轻交通事故造成的不良后果，

越来越多的汽车制造厂商投入大量的人力、物力和财力研究汽车主动安全技术，开发新的汽车主动安全产品。随着电子科学技术的发展及其在汽车上的广泛应用，智能汽车主动安全技术已结合新一代人工智能与机器学习领域，朝着智能化、电子化、集成化的方向快速发展。

8.3 智能汽车被动安全

被动安全是最直接面对人的安全领域，是最早的安全技术体系，方法论和技术路线十分成熟，是汽车技术体系中重要的组成部分。主被动安全一体化是目前行业重点研究方向之一。将主动安全系统与被动安全系统进行有机的结合，对车内乘员、车外人员全面的系统的保护，使被动安全系统面临的场景以及功能覆盖范围有了显著的变化。

智能汽车的被动安全除了满足传统被动安全相关的国标、法规的技术要求之外，主要在以下两个领域深入：一是建立在交通碰撞环境下与真实人类具有高逼真度的人体数字模型；二是主动安全与被动安全的一体化协同作用提升车辆安全。

8.3.1 人体数字模型

随着人体生物力学等学科研究的深入，研究人员开始利用肌肉骨骼生物力学和运动损伤生物力学的建模、分析与实验测试等研究成果，分析真实驾驶员的骨肌动力学变化机理，建立碰撞环境下具有更高仿生保真度的人体数字模型（Human Body Model，HBM），并指导汽车碰撞设计以获得更好的乘员保护性能。HBM 是人体或部分人体的数字模型，对 HBM 施加适当的肌肉激活策略，可以反映肌肉活动对碰撞中乘员姿态和损伤的影响。

目前，世界上最具代表性的生物力学数字假人是丰田汽车研发的 THUMS（Total Human Model for Safety）假人、美国 NHTSA 支持研发的 GHBMC（Global Human Body Models Consortium）生物力学假人及 SIMENS 公司在 MADYMO 环境下开发的 AHM（Active Human Model）主动式人体模型。

以 THUMS 为例，THUMS 人体有限元模型是由日本丰田汽车公司和丰田技术中心联合开发设计的一款人体模型。它以人体扫描结果为基础，并对人体结构进行了精确的建模，经过大量分析验证，具有较高的生物逼真度，能够模拟碰撞时人体的动态响应，可以从组织层面直观反映人体受伤状况，预测出人体各部位的受害害程度。该模型主要用于人体动力学仿真和汽车交通事故人体损伤研究。

1. 主动肌肉控制

神经系统控制人体完成姿态保持和运动，大脑根据感受器信号产生运动意识，神经系统传递生物电信号，信号传递到肌肉后形成具体的肌肉收缩从而产生肌肉力，肌肉力驱动肌肉所附着的骨骼绕关节旋转，人体的运动源于肌肉收缩。

人体数字模型提供了主动肌肉响应，为使模型具有高拟人、高仿生的主动控制，从人体在不同场景下的肌肉控制机制入手，建立人体模型主动肌肉控制策略。人类会根据所经历的情况采用不同的肌肉募集策略，然而目前对肌肉的募集机制还不是十分清楚。为了模拟人类的行为，模拟和重建已知的肌肉控制策略是可行的技术路线。根据人类在现实各种环境下所采用的肌肉募集策略，在进行仿真时，依据工况为假人设置相应的肌肉控制策略。

2. 惊跳反射

包括人类在内的哺乳动物存在惊跳反射，惊跳反射是指当哺乳动物受到强烈的触觉、听觉或前庭刺激（例如突然的噪声或剧烈的外部运动）所引起的快速反应，这种反射并未经过大脑对信号进行处理。惊跳反射是一种脑干反射反应，起到保护脆弱部位的作用。人类惊跳反射主要体现在颈部肌肉紧张导致的眼睛紧闭、颈部背向弯曲，惊跳反射一般发生在颈部肌肉。惊跳反射解释了在意外撞击中颈部肌肉的激活反应。早期对主动肌肉力作用的研究主要集中在颈部的惊跳反射。模型在仿真开始后的某个时刻施加一个最大的激活力，模拟惊跳反射，激活时刻和激活程度都是常量，或者使用预先定义好的激活程度曲线。该方法适用于对碰撞工况的简单反应建模，并不适用于表达乘员在碰撞前的复杂反应。值得注意的是，惊跳反射并不是发生在所有骨骼肌中。

3. 目标导向运动

目标导向运动中，中枢神经系统主要根据先前的经验和对任务的期望产生肌肉激活，人类在快速运动中的表现很大程度上依赖于它。中枢神经系统在运动前产生肌肉激活方案，并向骨骼肌发送信号，当肌肉接收到收缩信号时，会产生沿着肌肉纤维扩散的弱电流，可以测量肌肉电信号（简称肌电信号），评估肌肉的主动收缩水平。当汽车乘员遇到紧急工况采取紧急措施应对时，即采用该方案进行规避操作，以避免或减轻碰撞引起的伤害。肌电信号可以作为肌肉激活水平的指标，将肌肉最大自主收缩的肌电信号作为全部激活，使用归一化的肌电信号作为直接表征目标导向运动的方法。在紧急驾驶条件下嵌入志愿者测量肌肉激活实验，激发驾驶员在碰撞发生之前的规避动作。通过肌电仪测量乘员的肌电信号，用于仿真实验设置肌肉激活值。通过这种方法可以直接得到肌肉激活程度，而不必考虑乘员所采用的肌肉募集策略。搭建不同的实验场景，可以测量不同工况下乘员的反应。台车实验可以为志愿者提供低速碰撞加速度，而驾驶模拟器可以激发乘员在高速行驶中的生理反应。这种方法局限性在于：首先，受测量技术的限制，只能够测量浅层大块肌肉肌电信号，虽然有探针可以测量深层肌肉，但是志愿者在运动中有可能造成伤害；其次，肌电信号是敏感的，激活水平与乘员姿态相关；最后，关节周围的众多肌肉一起工作完成一项任务，特别是在复杂的关节周围，这种方法只能提供有限的肌肉信息。

4. 姿态保持任务

在对抗外部干扰的情况下，人类通过调整肌肉的募集使其始终保持最初的参考位置。肌肉骨骼系统和中枢神经系统在一个闭环中工作，中枢神经系统从感受器收集并整合身体各部位位置信息，通过处理这些信息，大脑可以知道身体各部分的位置，中枢神经系统会产生肌肉激活来保持初始姿态。以汽车驾驶场景为例，在碰撞前自动紧急制动会对乘员产生干扰，乘员采用这种肌肉募集策略即可保持初始姿态。与短时间的碰撞场景不同，在模拟乘员对主动安全系统（如自动紧急制动和安全带预紧）的反应时，要求人体模型能够长时间对外部干扰产生响应，需要闭环控制，主要通过 PID 控制器来模拟中枢神经系统对肌肉的控制。在人体中，头部的空间方位由前庭器官提供，其他部位则是通过综合本体感觉信息的处理获得的。在 HBM 中，关节内的传感器被用来检测人体模型的角度位置。人体肌肉和关节具有非线性力学特性，由于神经延迟和感觉运动噪声的影响，人体的运动是不稳定的。PID 作为线性控制器，对非线性系统进行有效控制需要进一步研究。

5. 优化控制

人体的肌肉骨骼系统是冗余的系统，几乎可以通过无穷多个肌肉激活策略使关节达到一定的力矩，优化控制是解决这一问题的途径之一。与上述来源于人体肌肉募集机制的激活策略相比，优化控制是一种平衡一组肌肉激活的数学方法。使用优化的前提是产生受次要目标约束的特定关节力矩。在碰撞安全领域，静态优化（Static Optimization）是一种广泛研究的方法，它计算离线时产生所需静态姿势的最佳肌肉激活。最小肌肉激活是一种有效的目标策略，代表乘员放松状态，产生最少的协同收缩。然而，当人类对冲击做出反应时，效率并不是主要目标。在模型中，有助于加强关节稳定性的协同收缩是必不可少的。

使用优化方法得到的关节周围肌肉的最佳激活与实际情况不同,这种差异会影响关节的硬度和肌肉的张力。此外,低级反射(Low Level Reflex)、强化学习等也是控制主动肌肉的常见方法。从人体的肌肉激活策略出发,对碰撞工况下人体肌肉激活对碰撞损伤的影响进行研究。需要在以下方面进行进一步的研究:
①在不同的碰撞工况下,人体肌肉具有相应的反应机制,甚至不同的碰撞强度会触发不同的肌肉激活,需要对特定的碰撞工况人体肌肉募集策略进行研究;
②人体肌肉分为深层和浅层肌肉,它们的募集机制和机能并不相同。

6. 主动人体数字模型应用

针对汽车正面碰撞计算颈部肌肉的主动肌肉力问题,基于颈部生理结构特征计算肌肉激活。按照解剖结构将颈部肌肉分为深层肌肉和浅层肌肉两部分,使用优化算法计算深层肌肉激活程度;在志愿者实验数据的基础上,依据解剖结构和功能分组计算浅层肌肉激活程度。

颈部的深层肌肉和浅层肌肉在组织构成和工作机理上不同。深层肌肉以慢肌纤维为主,拥有很好的耐力,在力量与爆发力方面逊色于由快肌纤维构成的浅层肌肉。它们在稳定关节和产生力或运动中起着不同的作用。深层肌肉与它们相邻椎骨的附着力臂小,主要起到稳定关节的作用。浅层肌肉附着在头骨和躯干上的力臂较大,肌肉收缩驱动颈部原发性运动。

颈部深层肌肉和浅层肌肉在功能和募集方式上不同,深层肌肉的作用是稳定关节,在此基础上,浅层肌肉驱动头颈运动。因此,将颈部肌肉分别按照深层肌肉和浅层肌肉处理。同时,假定双侧肌肉同时、等量激活,侧弯力矩和旋转力矩自动补偿,只需要考虑引起头部屈伸的力矩。

在计算深层肌肉激活时,深层肌肉产生的合力矩为零。假定在紧急情况下,乘员为应对即将发生的碰撞收缩肌肉以提高颈部关节稳定性,各肌肉产生的力矩绝对值平方和最大,可以表示为

$$M_i^{\text{deep}} = a_i^{\text{deep}} f_i^{\text{deep}} x_i^{\text{deep}} r_i^{\text{deep}} \tag{8-1}$$

$$M^{\text{deep}} = \sum_{i=1}^{n} M_i^{\text{deep}} \tag{8-2}$$

$$J = \sum_{i=1}^{n} M_i^{\text{deep}2} \tag{8-3}$$

式中,M_i^{deep} 为第 i 条深层肌肉收缩产生的力矩;M^{deep} 为深层肌肉的力矩之和;a_i^{deep}、f_i^{deep}、x_i^{deep}、r_i^{deep} 分别为第 i 条深层肌肉的激活程度、最大肌肉力、肌肉力作用于矢状面比例和相对于颈椎的力臂;n 为深层肌肉总数;J 为优化目标。

　　浅层颈部肌肉根据解剖位置和功能分组，以志愿者实验获得的三块肌肉激活值估算其他浅层肌肉的肌肉激活程度。在汽车性能模拟器上构建正面碰撞场景，嵌入真实驾驶员进行 20km/h 加速至 100km/h 虚拟正面碰撞实验。利用人体表面肌电测试仪测量胸锁乳突肌、头夹肌和斜方肌的肌电信息，计算它们在碰撞发生时的激活程度。按照解剖位置和功能，舌骨肌群和后斜角肌与胸锁乳突肌相近，同为前屈肌，赋予相同激活值；为其他浅层后侧肌肉赋予斜方肌的激活值。

　　为研究正面碰撞乘员颈部主动肌肉力对颈部损伤的影响，建立 20km/h 正面碰撞模型。碰撞模型包括座椅、乘员和安全带模型。座椅模型由头枕、靠背、坐垫以及地板组成。为了聚焦乘员的行为，降低车辆参数的影响，使用简易的座椅模型。安全带模型采用有限元与多刚体混合模型。

　　使用 MADYMO 50th Facet 乘员颈部模型，如图 8-1 所示，颈部肌肉组织采用 Hill-type 模型，肌肉力由主动力和被动力构成。图中蓝色、红色和黑色分别代表胸锁乳突肌、头夹肌和斜方肌，绿色为其他肌肉。大多数肌肉由

a）正视图　　　　　b）侧视图　　　　　c）后视图

图 8-1　MADYMO 50th Facet 乘员颈部模型

一个以上的 Hill-type 肌肉单元表示，表征肌肉在途经关节的附着点。其中斜方肌有 8 个 Hill-type 肌肉单元，分别表示与枕外隆突和第 1 颈椎至第 7 颈椎的附着点。在这个模型中，16 对颈部肌肉由 68 对对称的肌肉单元组成。

　　肌肉的激活程度可以用时变曲线定义。为研究颈部肌肉对乘员损伤的影响，设置 3 组激活状态来模拟乘员不同的肌肉状态，肌肉激活设置见表 8-1，第 1 组为采用本节提出的颈部肌肉激活算法设置全部颈部肌肉，第 2 组为志愿者实验获得的三块颈部肌肉设置激活，第 3 组没有主动肌肉力。在志愿者实验中，在碰撞发生之前，乘员意识到即将发生碰撞而产生本能性反应，并考虑到从肌肉激活到产生肌肉力的延迟。因此，肌肉收缩发生在碰撞发生之前。仿真共计 250ms，0ms 开始释放肌肉激活，100ms 处对乘员模型加载加速度场。由于碰撞时间短，并且产生的冲击力远远大于肌肉力，并未考虑碰撞引起的肌肉激活变化，将激活程度数值 A 定义为常函数。针对 3 组激活状态分别进行低速正面碰撞仿真，观察乘员模型的头颈部运动姿态，并输出相应的评价指标。

　　经过计算，颈部肌肉生理特征见表 8-2，表中同时列出没有考虑颈部生理结构的优化方法，以及台车碰撞实验测量的颈部肌肉激活值。对比发现，使用优化方法计算的胸锁乳突肌和斜方肌的激活与志愿者实验测量值差异较大。为

研究颈部肌肉对乘员损伤的影响，围绕碰撞过程中不同肌肉激活程度下 Facet 乘员模型运动姿态和颈部损伤评价指标曲线进行对比。低速正面碰撞下的 3 组 Facet 乘员模型运动姿态如图 8-2 所示。

表8-1　肌肉激活设置

仿真编号	肌肉激活
1	包含全部肌肉激活
2	实验获得的胸锁乳突肌、头夹肌和斜方肌三块肌肉的肌肉激活，其他肌肉 A 为 0.005
3	无主动肌肉力，即被动模型，A 为 0.005

表8-2　颈部肌肉生理特征

名称	作用	属性	力臂/mm	矢状面贡献(%)	最大肌肉力/N	激活值	优化激活值	台车碰撞激活值
颈长肌	前屈	深层	5.5	66.3	35.3	0.11	0.5	—
前斜角肌	前屈、旋转	深层	2.9	13.9	35.3	0	0.35	—
头长肌	前屈	深层	10.1	47.7	30.3	1	0.93	—
中斜角肌	前屈、旋转	深层	5.6	4.2	33.4	0	0.84	—
头最长肌	伸展	深层	10.1	29.3	33.5	1	0.94	—
颈最长肌	伸展、旋转	深层	5.5	21.3	40.3	1	0.5	—
颈多裂肌	伸展	深层	0.3	51.6	92.9	1	0.97	—
舌骨肌群	前屈	浅层	12.4	51.1	68.3	0.12	—	—
后斜角肌	前屈、旋转	浅层	10.2	40	38.6	0.12	0.62	—
胸锁乳突肌	前屈、侧弯	浅层	20.1	22.4	174.2	0.12	0.88	0.13
斜方肌	伸展、旋转	浅层	47	37	498	0.18	1	0.38
头夹肌	伸展、侧弯	浅层	40.3	52.9	127.7	0.08	0.25	0.12
颈夹肌	伸展、侧弯	浅层	35	41.1	59.6	0.18	0.22	—
头半棘肌	伸展、侧弯	浅层	15.8	47.9	273.9	0.18	0.25	—
颈半棘肌	伸展	浅层	21.1	67.8	128.2	0.18	0.21	—
肩胛提肌	伸展、旋转	浅层	26.1	33.3	156.8	0.18	0.42	—

在30ms 和60ms 时，安全带处于自由阶段，人体由于惯性向前运动。第 2 组驾驶员头部后仰，与第 1 组和第 3 组明显不同。60ms 之后安全带收紧约束躯干，乘员头部继续向前运动，躯干和头部产生位移差，在颈部牵拉下，头部下潜。在志愿者实验中，志愿者在手臂和头颈的共同作用下，躯干靠向椅背，头部略向后仰，与第 2 组 60ms 前的姿态相似。第 2 组中，乘员在三块表层肌肉的作用下，头部后仰；第 1 组中，由于深层肌肉采用了最大力矩的优化目标，深层肌肉最大限度地提高关节刚度，因此，在加速度场作用在乘员之前，表层肌肉并未对姿态有明显的影响。90ms 之后，乘员受到的安全带约束增加，第 1 组由于全部颈部肌肉的作用提高了颈椎刚度，头部运动幅度较小。

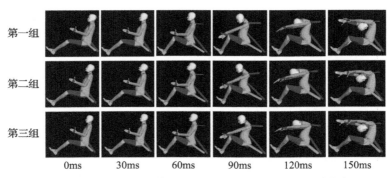

图 8-2　低速正面碰撞下的 3 组 Facet 乘员模型运动姿态

图 8-3 所示为 20km/h 正面碰撞颈部损伤评价曲线，结合乘员运动姿态进行分析。颈部剪切力峰值出现在 70ms 左右，此时头部从水平运动开始下潜，产生最大剪切力，第 3 组乘员肌肉处于被动状态剪切力最大，第 1 组和第 2 组由于颈部肌肉力的作用降低剪切值，第 1 组的剪切力和剪切力增长斜率略大于第 2 组。

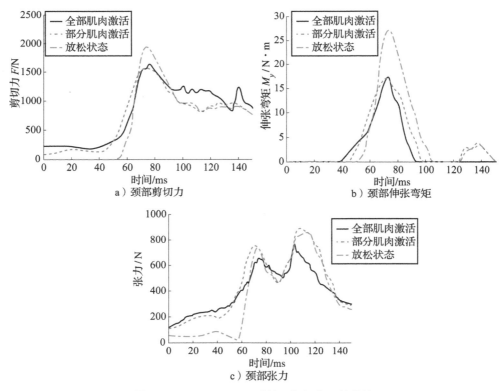

a）颈部剪切力　　　　　　　b）颈部伸张弯矩

c）颈部张力

图 8-3　20km/h 正面碰撞颈部损伤评价曲线

8.3.2　乘员约束系统

1. 主被动安全一体化（主动）

避免安全事故发生的主动安全技术与配置越来越广泛地应用，以 AEB 为代表的主动安全市场配置率逐年提升。面向乘员的安全技术，从被动安全占主导地位向主动安全和被动安全同等重要的方式转变。汽车生产厂家和研究机构对主被动安一体化进行了深入的研究，提出了主被动一体化的思路。同时众多学者也从乘员伤害的角度，利用人体数字模型对主被动安全一体化下的伤害机理进行研究。

主被动安全一体化研究从总体上来说分为多个领域，如图 8 - 4 所示。主动安全系统基本上分为提醒类和干预类，提醒类如盲区监测（Blind Spot Detection，BSD）、FCW、LDW 等功能的执行，对车体和乘员位姿的响应影响不大。干预类如车道保持（Lane Keep Assistance，LKA），特别是 AEB、自动紧急转向（AES）对车体和乘员位姿影响非常大。当主动安全系统不能避免事故的发生而产生了被动安全应用场景的时候，对于被动安全工况来说就需要新的保护策略去满足人的安全要求。

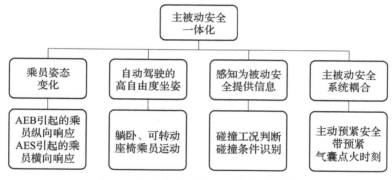

图 8-4　主被动安全一体化研究领域

当主动安全系统启动时，乘员会受到相应的影响而产生运动，从而影响被动安全的保护性能。例如，当 AEB 系统触发时，车内乘员同样会因惯性产生前倾状态，需要对被动安全系统进行相应的调整。通过 AEB 制动策略、电动预张紧式安全带（启动时间、安全带织带张力、无安全带状态）、安全气囊形状和控制、座椅向后的运动和方向盘前向的运动等多参数的分析，确定了在高速碰撞不可避免的情况下，主动安全系统与被动安全系统之间的协同控制分析方法。

另外随着自动驾驶等级越来越高，驾驶员从驾驶任务中解脱出来后，不需

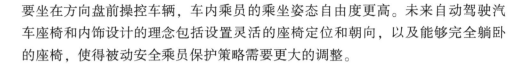

要坐在方向盘前操控车辆，车内乘员的乘坐姿态自由度更高。未来自动驾驶汽车座椅和内饰设计的理念包括设置灵活的座椅定位和朝向，以及能够完全躺卧的座椅，使得被动安全乘员保护策略需要更大的调整。

2. 主被动安全一体化（被动）

被动安全系统包括座椅、安全带、气囊等，在车型开发过程中，其匹配开发验证是一项较为复杂的工程。被动安全系统最佳保护姿态为乘员在座椅的正常坐姿，在法规中有具体的描述，由于主动安全系统的 AEB 或 AES 产生纵向或横向加速度，在碰撞发生前引起乘员运动姿态变化，以及出于对不同类型乘员的保护，需要对被动安全系统进行优化。

安全气囊在车辆发生碰撞时能有效减少乘员的损伤，气囊参数的匹配对乘员损伤影响较大，不合理的参数设置甚至会加剧乘员损伤。因此，在主被动安全一体化设计中，主动安全系统介入的同时，需要调整气囊气体质量流量缩放率、点火时刻等可调参数，使安全气囊发挥最佳的保护作用。

本田使用 ADAS 集成系统，实现对安全气囊点火时刻的提前检测。针对不同的碰撞模式，安全气囊点火时刻（TTF）均可以实现不同程度的提前。如 50km/h 碰撞模式下，ADAS 集成系统 TTF 比传统 TTF 提前 0.007～0.016s。

此外，利用可重复使用的气囊和座椅装置降低乘员损伤，气囊垫有肋骨气垫、座椅靠背气垫、座垫气垫和组合气垫。通过提前识别侧面碰撞，在碰撞发生前触发装置，使乘客向内和上偏转，达到改变乘员的位置、增大生存空间、降低车辆侵入造成乘员伤害的目的。单一参数的变化会对最终乘员的伤害值有一定的影响趋势，多参数和多系统综合作用是提升乘员伤害保护的有效途径。

主动预紧式安全带系统主要由可逆预紧式安全带（RPS）、FCW、LDW 等集成，主动预紧式安全系统的工作原理是 ECU 根据 FCW、LDW 检测到的环境信息，识别出行车的危险等级，进而控制预紧式安全带实现危急提醒、提前预紧和解除预紧等功能。

在紧急避撞的过程中，车内的乘员将会产生不同程度的相对运动。为了对乘员进行约束防护，主动预紧式安全带是最为有效的乘员保护约束系统。主动预紧式安全带能够在紧急避撞的过程中对织带提前执行预紧回收，完成对乘员的体感式预警，并且把乘员紧紧地束缚在座椅上，减少乘员的坐姿离位，在紧急避撞过程中能够有效地减少乘员的损伤。在只有 AEB 的作用下无电动预张紧式安全带时，会增加乘员的离位，尤其是初始坐姿为离位状态时更加严重，会导致局部伤害增加，尤其是胸部伤害。在碰撞前 AEB 起作用时启动电动预张紧式安全带来减少安全带松弛量，可以减少胸部压缩量和受伤风险；并通过碰撞中触发烟火式预紧安全带，可以进一步减少胸部压缩量。针对 100mm 的松弛量，当同时具有烟火式预紧安全带和电动预张紧式安全带时，具有电动预张紧式安全带可以比没有的降低胸部压缩量 6mm，预紧力分别为 300N 和 600N 时，对应条件下分别可降低胸部压缩量 2mm 和 5mm。当无烟火式预紧安全带，只有电动预张紧式安全带，预紧力分别为 300N 和 600N 时，对应条件下分别可降低胸部压缩量 5mm 和 7mm。

3. 智能汽车乘员保护

智能汽车的目标是在未来的自动驾驶中，车辆不再需要驾驶员的操作，座椅布置也不再是单一朝向，乘客可根据行程的长短自由选择合适的座椅朝向。自动驾驶汽车作为一种新的高科技产品，其车身结构和车内外环境必然与传统汽车有所不同，整车的安全性和舒适性也会发生变化。

智能汽车的目标之一就是降低碰撞事故的发生率，但研究表明，对无人驾驶技术的零事故期待不够现实，无人驾驶汽车的安全性不一定会优于由一名有丰富驾驶经验驾驶员所驾驶的汽车。未来的智能交通系统和自动驾驶汽车仍然难以实现零事故，因此，有必要基于自动驾驶背景开展乘员保护研究。众多研究机构分别研究了座椅位置和朝向对乘员运动学响应的影响，结果表明，安全带和座椅的联合作用对于控制乘员运动响应至关重要。

由于智能汽车座椅更加灵活的座椅布置方式，传统的被动安全系统布置不能满足自动驾驶的需求，首先，安全带 D 环需要集成在座椅靠背，满足座椅能够自由转动，其次，由于座椅的位置和角度可以任意设置，安全气囊的布置位置成为新的问题。为了解决这个问题，奥托立夫设计了适用于座椅任意位置和角度变化的全包裹气囊，丰田研究了座椅在碰撞前转动到特定角度以降低乘员伤害。

在自动驾驶场景中，约束系统的布置方式尚在探索阶段，了解在碰撞前阶段乘员的位置和运动轨迹将是确定未来约束系统要求并开发新车辆内部布局的第一步。目前明确的是，为了满足座椅灵活布置，安全带与座椅集成在一起，智能汽车的传感能够提前感知紧急情况，并触发 AEB 等主动安全系统避免碰撞或降低碰撞速度，与此同时，主动预紧式安全带与之配合，约束乘员的位置。

基于以上分析，设置座椅角度为 −45°～45°，如图 8-5 所示。安全带主动预紧力是时间的函数，安全带被牵引到卷收器中，力限值为 270N。任一时刻，安全带中产生的力超过设置预张紧器的力极限，则预张紧器将停用，由卷收器接管。主动预紧式安全带预紧力曲线如图 8-6 所示。

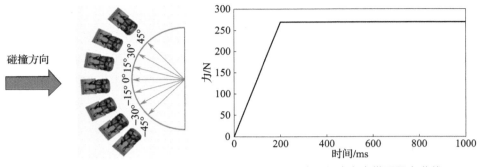

图8-5　座椅角度　　　图8-6　主动预紧式安全带预紧力曲线

AEB 在最初的 1s 内使用斜坡式 $1g$ 减速脉冲（在 300ms 内上升至 $1g$），AEB 阶段后使用 20m/h 全正面车辆脉冲，如图 8-7 所示。

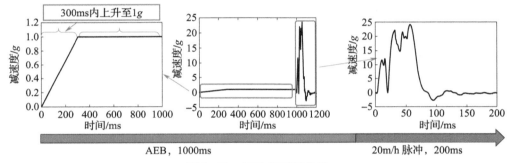

图8-7　AEB 和碰撞曲线

在旋转座椅布置的紧急制动过程中，乘员"身体部分"的主要运动是沿着车辆 x 轴的平移和围绕车辆 y 轴和 z 轴的旋转的组合，如图 8-8 和图 8-9 所示。

AEB 阶段的头部轨迹包络线是在考虑到定义乘员头部运动空间的主动三点式安全带的情况下提取的。AEB 期间的乘员运动在不同的座椅方向之间存在很大差异，可分为两个阶段。在第 1 阶段，由于 $1g$ 减速至 400ms 左右的最大位移，乘员向前移动。在第 2 阶段（$t > 0.4s$），预张紧的安全带处于激活状态，并将乘员上身向后拉，如图 8-10 所示。

图8-8　旋转座椅紧急制动过程乘员运动

坐标在笛卡儿坐标系中给出，其中头部重心的初始位置用作原点。在 x 轴、y 轴和 z 轴上偏离坐标原点的头部重心定义为头部移动。评估 xy 平面中的头部重心，以形成乘员运动学包络，并定义该平面中的封闭运动空间。选择头顶、下巴、左脸颊和右脸颊来表示真实车辆内部设计中的头部运动范围。

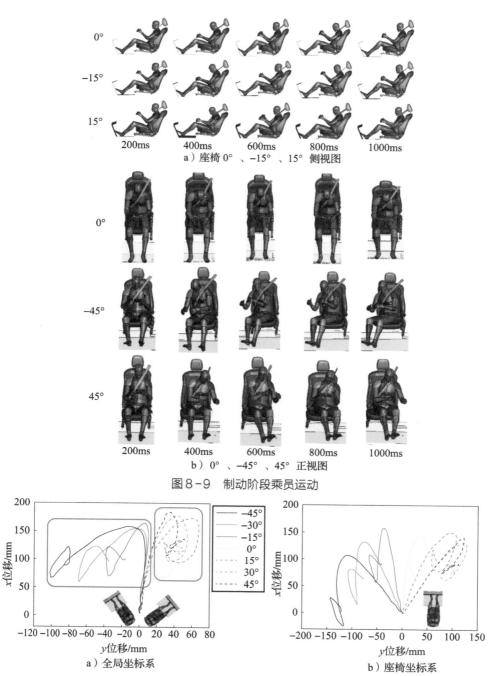

a）座椅 0°、−15°、15° 侧视图

b）0°、−45°、45° 正视图

图 8-9　制动阶段乘员运动

a）全局坐标系

b）座椅坐标系

图 8-10　头部在制动阶段运动轨迹

　　不同座椅方向 xy 平面内的头部轨迹和包络如图 8-11 所示。乘客座椅向左偏转时经历了较大的 y 轴偏移和较小的 x 轴偏移。预碰撞结束时的头部位置对

安全气囊设计（如形状和展开时间）至关重要。运动学包络可以提供指导，以避免乘员和座舱内部部件之间的干涉。

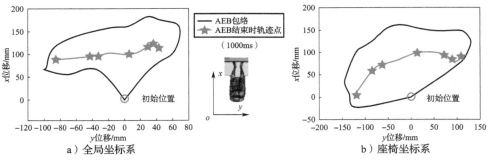

图8-11　不同座椅方向 xy 平面内的头部轨迹和包络

　　与无 AEB 的碰撞相比，AEB 和主动预紧式安全带降低了不同座椅角度乘员的潜在伤害，直接碰撞与制动后碰撞乘员损伤对比见表8-3。主被动安全一体化系统降低了所有座椅方向的脑损伤指数（BrIC）。在直接碰撞的情况下，BrIC 的范围为 0.73 ~ 0.9，而主被动安全一体化的作用下，BrIC 为 0.35 ~ 0.86。直接碰撞时，最高 BrIC 值为 0°，最低为 -45°。主被动安全系统作用下，相应的座椅方向分别为 -45° 和 -30°，相似座椅方向导致了 BrIC 的巨大差异，产生这一结果的原因需要进一步研究。

表8-3　直接碰撞与制动后碰撞乘员损伤对比

指标	-45° 直接碰撞	-45° 制动后碰撞	-30° 直接碰撞	-30° 制动后碰撞	-15° 直接碰撞	-15° 制动后碰撞	0° 直接碰撞	0° 制动后碰撞	15° 直接碰撞	15° 制动后碰撞	30° 直接碰撞	30° 制动后碰撞	45° 直接碰撞	45° 制动后碰撞
HIC15	153	54.8	146.2	12.1	166.7	30.1	149.7	35.7	137.9	43.4	106.3	29.9	64.3	26.2
最大 HIC 时间/ms	110 ~ 125	68 ~ 83	110 ~ 125	57 ~ 72	110 ~ 125	71 ~ 86	112 ~ 127	83 ~ 98	108 ~ 123	71 ~ 86	108 ~ 123	61 ~ 76	136 ~ 144	99 ~ 114
BrIC	0.9	0.86	0.74	0.35	0.79	0.43	0.93	0.56	0.84	0.715	0.86	0.54	0.73	0.62
N_{ij}	0.36	0.45	0.31	0.21	0.32	0.23	0.45	0.29	0.59	0.38	0.29	0.39	0.32	0.25
胸部偏移/mm	10.3	10.7	13.9	15.1	16.1	13.2	22.1	12.3	21.2	11.6	21.9	9.2	18.1	17.6

　　注：HIC15 是指在 15ms 间隔内的头部加速度积分值；N_{ij} 是颈部损伤指标。

8.4　智能汽车功能安全

　　随着电子系统在车内的广泛应用，面向汽车中的电子设备、可编程电子器件等，行业提出了功能安全的概念，通过功能安全相关的需求分析、设计和验证工作，避免汽车电子系统的软硬件设备发生失效或故障对功能造成影响，保护系统无论在正常或故障的前提下，其功能均能安全运行。

功能安全起源于 20 世纪 70 ~ 80 年代，控制系统安全保护功能失效导致石油化工领域发生爆炸，因此国际电工委员会在 2000 年发布了第一套电气/电子/可编程电子安全相关系统的功能安全标准 IEC 61508，在工业界引起比较强烈的反响，2003 年 IEC 颁布了适用于石油、化工过程工业的功能安全标准，随后，不同领域的功能安全相继出台，道路车辆功能安全标准为 ISO 26262[1]。如今，汽车大部分功能由软件驱动，电子元器件大范围应用，在发展汽车智能化的同时需注重功能安全问题。

8.4.1　功能安全法规与标准

功能安全简称 FuSa，是系统或设备整体安全的一部分，依赖于自动保护以可预测的方式正确响应其输入或故障（故障安全）。自动保护系统的设计应能够正确处理可能的人为错误、系统错误、硬件故障和操作/环境压力。功能安全的目标是通过正确实施一个或多个自动保护功能使系统即使在相关项失效的前提下，仍能保持安全状态。

功能安全保护系统端到端的功能，因此，必须将组件或子系统的功能视为任何系统的整个自动保护功能的一部分。尽管功能安全标准侧重于电气/电子/可编程电子系统（E/E/PS），但在实践中，功能安全方法必须扩展到非 E/E/PS 部件，如执行器、阀门、电机控制或监控的系统。

在过去的 10 年中，智能汽车功能安全事件数量呈上升趋势，涉及车身舒适、动力总成、底盘控制、智能驾驶与智能座舱多种功能，表 8 - 4 为 2014—2022 年部分整车厂由于电子系统功能安全问题造成隐患导致车辆召回事件。随着汽车智能化程度的提高，其内部越来越多功能由软件驱动，电子器件支撑，系统的功能安全性能已成为汽车的质量重要衡量指标，亦是汽车向更高智能发展的前提。

表 8 - 4　2014—2022 年部分整车厂由于电子系统功能安全问题造成隐患导致车辆召回事件

时间	企业	召回数量	召回原因
2014	本田	175356	引擎控制系统中软件故障
2014	日产	990000	软件问题可能导致安全气囊在发生碰撞时无法展开
2015	菲亚特克莱斯勒	1400000	娱乐系统漏洞遭骇入
2015	捷豹路虎	65000	无钥匙进入系统故障导致车门意外打开
2016	沃尔沃	59000	发动机停止及重新起动的情况

（续）

时间	企业	召回数量	召回原因
2016	菲亚特克莱斯勒	1100000	电子换档问题导致数百起事故
2016	日产	47000	温度控制及行驶记录可能遭骇入
2017	特斯拉	53000	驻车制动器（EPB）问题
2018	丰田	1249662	油电系统停止导致无法行驶之虞
2018	铃木	507118	方向盘转向动力过大
2019	日产	450000	制动系统缺陷恐导致起火
2020	丰田	3400000	电控系统瑕疵导致安全气囊在发生车祸时无法充气
2021	克莱斯勒（中国）	519	组合仪表软件的原因
2021	长安福特	15497	车内双拉解锁开启发动机舱盖的方式缺少"发动机舱盖未关闭"提示功能
2022	奔驰	25773	通信模块控制单元的软件问题
2022	宝马	6	自动变速器缺陷
2022	奔驰	10104	车辆电动驱动模块内的冷却系统可能存在密封不足，导致冷却液渗漏
2022	特斯拉	26047	热泵电子膨胀阀定位时会有微小移动，因软件（2021.44 至 2021.44.306 版本）没有纠正功能
2022	东风	1257	电子换档器软件策略问题

汽车行业先后发布了保护功能安全的法规、标准与过程模型[2-6]，见表 8-5，其中法规包括欧盟的《通用产品安全法规》、德国的《产品安全法》、美国的联邦机动车安全标准和法规与中国的《中华人民共和国道路交通安全法》等；标准包括 ISO 26262《道路车辆功能安全》、IEC 61508《电气/电子/可编程电子安全系统的功能安全》等；过程模型包括 ISO/IEC 15504 IS 软件过程评估的国际标准与汽车软件过程改进及能力评定等。

表 8-5　汽车功能安全相关法规、标准与过程模型

法规	欧盟：《通用产品安全法规》 德国：《产品安全法》《产品责任法》 美国：联邦机动车安全标准和法规 中国：《中华人民共和国道路交通安全法》（更新于 2021 年 4 月 29 日）
标准	ISO 9001：2015《质量管理体系—要求》 IATF 16949：2016《汽车行业质量管理》 IEC 61508《电气/电子/可编程电子安全系统的功能安全》 ISO 26262《道路车辆 - 功能安全》
过程模型	ISO/IEC 15504 IS（SPICE） ISO/IEC TS 15504 - 10 安全扩展 汽车 SPICE® 能力成熟度模型集成（CMMI®）：集成 CMM 的安全和安全扩展；+ SAFE - CMMI - DEV 的安全扩展

ISO 26262 是道路汽车功能安全的一个标准，旨在将软件和电子产品的风险降低。ISO 26262 中给出了很多方法避免由于软硬件失效造成错误，又由错误引发故障，包括软件级别、硬件级别、多个 ECU 互联组成的系统级别，最终要避免由于软硬件故障造成车辆级别的风险，通过各种检测、分析、尽早地发现问题、避免问题。

功能安全标准示意如图 8 - 12 所示，标准第一部分为通用语言的定义，包括危害分析、风险评估、安全状态，干扰等名词。第二部分为功能安全管理，功能安全需要结构化、有条理的管理，由功能安全的管理者负责所有与功能安全相关的活动，创建安全案例，包括证明系统安全的所有论证。

第三部分是概念阶段，为车辆和功能开发的早期阶段，通常由汽车制造商执行。开发从相关项目的定义开始，第一个功能安全活动是进行危害分析和风险评估（HARA）。通过 HARA，可以为项目定义一组安全目标，这些目标要满足高级别的安全要求。汽车安全完整性等级分为 ASIL A ~ ASIL D，如果风险属于最高级别，那么项目的安全完整性等级为 ASIL D，自适应巡航系统通常会被整车厂设定为 ASIL D。只有可能伤害到手指的电子车窗升降功能通常会被定义为 ASIL A。确定的安全完整性等级将伴随整个产品生命周期。项目要采取的安全活动取决于它被定义的 ASIL 等级。在车辆层面，接下来根据安全目标，开始制定功能安全概念和功能安全需求。概念是定义检测故障的原理和如何在故障发生时做出安全反应，比如一旦安全机制检测到安全气囊没有正常工作，需要停止安全气囊的使用。一旦汽车制造商开发出功能安全概念，各种供应商可以在下一个层级进行相应的系统开发。通常，供应商会在其技术职责范围内创建安全概念和技术安全需求，安全机制用于实现安全需求，通常包括检测错误/故障的软硬件和用于安全响应的软硬件，比如使电路断电。

第四部分为系统级产品开发，第五部分和第六部分分别介绍了硬件层和软件层如何实现功能安全，详细说明了工业领域硬件和软件开发的安全要求。遵循产品开发 V 模型，需要考虑硬件级别、软件级别的测试，在启动装配之前需要考虑系统和车辆级别的安全测试。在开发的同时，需要进行安全分析，以准确了解故障的原因和影响，进行保护设计。

开发完成之后，功能安全保护的任务并没有结束，第七部分是生产、运营、服务和退役，通常需要检查电子设备是否已经安全生产和安装。现场观察过程用来确保检查是否有缺陷的部件、是否存在域安全概念的偏差，以及是否需要更新软件和硬件。

第八部分是支持流程，生命周期中有很多不同的主题需要加以考虑，比如配置管理。第十一部分对在安全相关系统中使用的半导体和微控制器提供了详

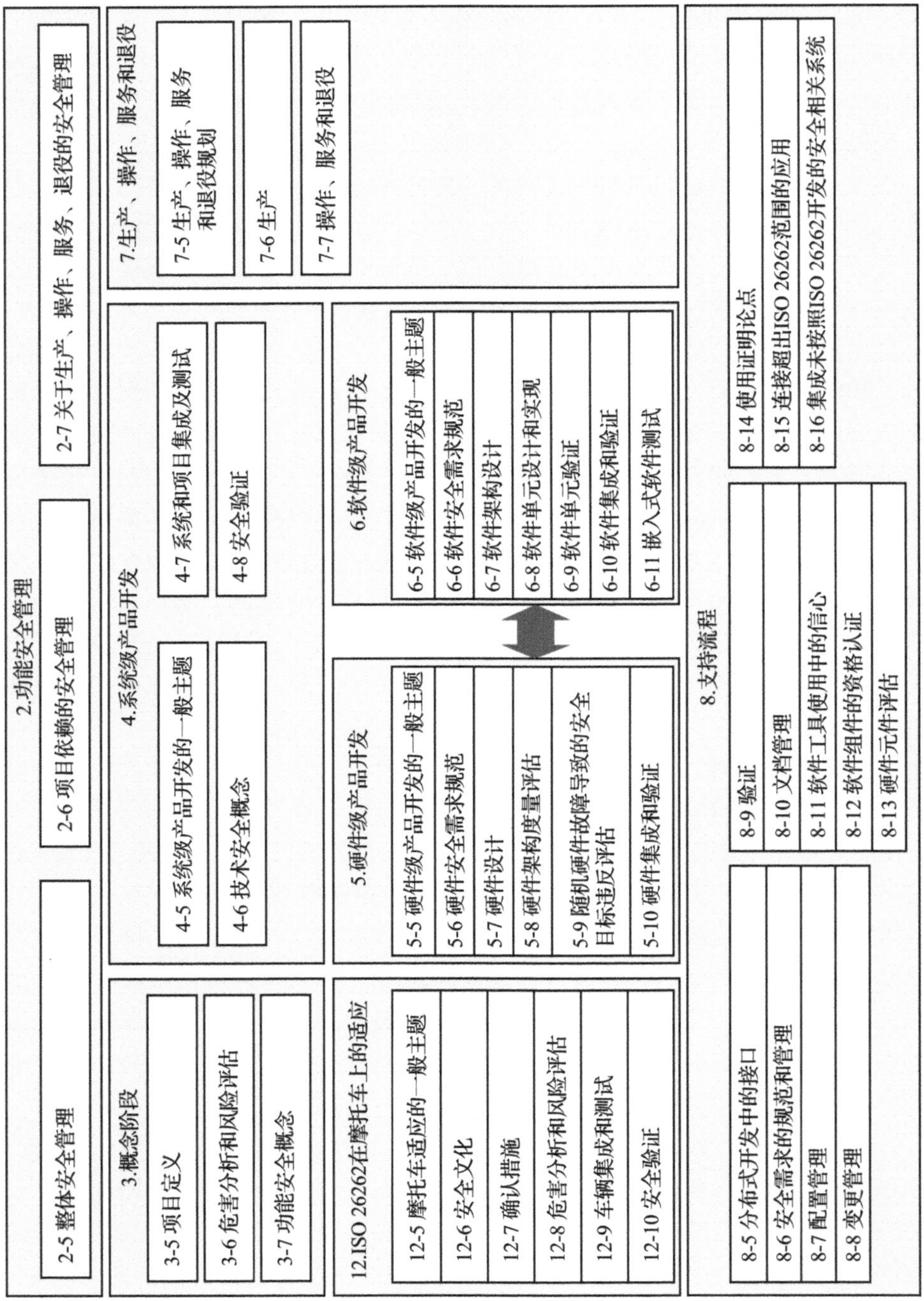

2.功能安全管理			
2-5 整体安全管理	2-6 项目依赖的安全管理	2-7 关于生产、操作、服务、退役的安全管理	

3.概念阶段

- 3-5 项目定义
- 3-6 危害分析和风险评估
- 3-7 功能安全概念

4.系统级产品开发

- 4-5 系统级产品开发的一般主题
- 4-6 技术安全概念
- 4-7 系统和项目集成及测试
- 4-8 安全验证

5.硬件级产品开发

- 5-5 硬件级产品开发的一般主题
- 5-6 硬件安全需求规范
- 5-7 硬件设计
- 5-8 硬件架构度量评估
- 5-9 随机硬件故障导致的安全目标违反评估
- 5-10 硬件集成和验证

6.软件级产品开发

- 6-5 软件级产品开发的一般主题
- 6-6 软件安全需求规范
- 6-7 软件架构设计
- 6-8 软件单元设计和实现
- 6-9 软件单元验证
- 6-10 软件集成和验证
- 6-11 嵌入式软件测试

7.生产、操作、服务、服务和退役

- 7-5 生产、操作、服务和退役规划
- 7-6 生产
- 7-7 操作、服务和退役

8.支持流程

- 8-5 分布式开发中的接口
- 8-6 安全需求的规范和管理
- 8-7 配置管理
- 8-8 变更管理
- 8-9 验证
- 8-10 文档管理
- 8-11 软件工具使用中的信心
- 8-12 软件组件的资格认证
- 8-13 硬件元件评估
- 8-14 使用证明论论点
- 8-15 连接超出ISO 2626范围的应用
- 8-16 集成未按照ISO 26262开发的安全相关系统

12.ISO 26262在摩托车上的适应

- 12-5 摩托车适应的一般主题
- 12-6 安全文化
- 12-7 确认措施
- 12-8 危害分析和风险评估
- 12-9 车辆集成和测试
- 12-10 安全验证

图8-12 功能安全标准示意

细的指导，最后为摩托车增设第十二部分。

功能安全标准中，安全完整性等级和安全生命周期是精髓，系统的安全完整性等级需要分解到各个子系统的元器件和软件，安全生命周期需要贯彻从设计、开发、验证直到停止使用整个过程，需要不断进行评估、测试和管理。

8.4.2　功能安全设计流程与关键技术

功能安全需要嵌入产品开发的全过程，面向左侧的流程指导如何进行满足功能安全的电子系统开发，面向右侧指导如何进行满足功能安全需求的电子系统验证，同时还需要进行一些额外的功能安全管理活动。需求通常由供应商给出，包括系统级别的、组件级别的需求，供应商则根据需求进行软硬件组件设计和集成，如图 8 – 13 所示。

图 8 – 13　功能安全开发流程

1. 概念阶段

概念阶段是产品开发的早期阶段，安全问题通常是由于未正确定义电气/电子功能在运行时所带来的风险或者没有明确定义功能安全的目标而产生的，因此该阶段是进一步技术开发实现功能安全的决定性基础。概念阶段的功能安全活动主要包括相关项定义、影响分析、危害分析和风险评估，以及功能安全概念，如图 8 – 14 所示。

相关项定义是明确界定和划分开发的主体，相关项目表示开发的主题产品，即实现所需功能的一个或者多个相互作用的电气或电子系统，如自适应巡航系统或车窗升降系统。开发项目意味着需要定义不同类型的需求和边界条件，以及车辆相关执行的功能要求、规范性参考和性能。

影响分析指分析如何调整、定制安全生命周期以及确定哪些安全活动是必要的，在安全生命周期中，汽车制造商、供应商都应该针对其职责范围内进行影响分析，确定必要的安全活动。

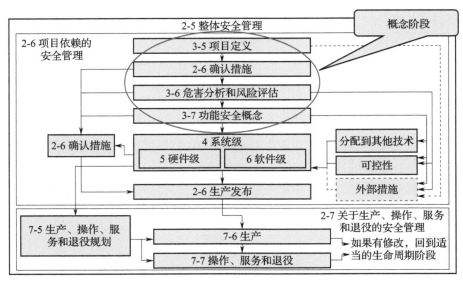

图 8-14 概念阶段安全活动

危害分析和风险评估指估计项目对驾乘人员带来的风险，通常由汽车制造商进行。危害分析和风险评估从描述操作情况和操作模式开始，比如在高速公路上行驶还是在城市交通环境中驾驶；确定项目出现故障时候的危险，如自动紧急制动系统可能意外地发生非预期制动；进而，面向相关的危险事件，确定汽车安全完整性等级。

ASIL 风险分类将多个因素映射为风险级别，风险的量化通常源自严重性和可能发生的概率与风险的可控性。概率又来自暴露概率，意味着车辆多长时间会处于这个状态，产生这种风险。评估风险的可控性，即量化电子系统的风险，需要综合考虑各种因素通过表格查询风险级别。例如，制动功能在高速公路上没有制动反应，情况非常危险，ASIL 等级为 D，没有达到预期的制动效果，这种发生的可能性大、可控性大、严重性高，ASIL 等级为 C，不同步的制动，可能发生的概率比较高、可控性大、严重性小，ASIL 等级为 B。基于风险评估结构，进一步梳理出安全目标，并形式化安全目标，提出用于减少危险事件的高级安全要求。

功能安全概念指从安全目标导出功能安全需求，指定避免、检测和控制故障要求。安全状态是指在发生故障时能够保证车辆安全的一个状态，系统被更改为安全状态后者可能发生功能降级，同时需要在发生故障时向驾驶员显示警告。需要分配需求，以便它们要么在系统架构中实现，要么通过外部措施实现，必须验证功能安全概念，以确定功能安全概念是否能够减轻危害。功能安全概念需要分配安全需求到系统以执行，全面描述如何减轻危害。

　　减轻危害的两个重要方法为故障保护和失败安全，最简单的应对故障的方法为故障保护，让有故障的 ECU 直接关闭，比如检测到一些系统异常、失效，直接关闭有异常、失效的 ECU。随着自动驾驶技术的不断演进，系统内部的各项功能日益趋向于高度协同运作，以实现更为精准的自动驾驶体验。因此，未来若再试图以简单地关闭检测到错误的 ECU 这种较为粗犷的方式来规避风险，将面临极大挑战。例如，当感知系统出现故障时，若仅选择关闭其感知功能，这一行为将不可避免地波及整个自动驾驶系统的运行效率与安全性，因为自动驾驶的顺畅进行高度依赖于各个子系统间的无缝配合与数据交互。因此，未来需要开发更为智能、精细化的故障管理策略，以确保在检测到任何子系统异常时，能够迅速而有效地进行隔离与恢复，同时最小化对整体自动驾驶系统的影响。失败安全即令风险的系统仍然继续运行，只是速度较低，或者以某些其他的限制让系统仍然能够运行，如设计了一种冗余的方案可以解决故障问题，自动驾驶系统的感知和决策都有配套的冗余降级方案，当一套方案出现问题的时候，另一个系统可以接着运行，替换产生故障的系统。

　　设计冗余安全考虑包括设计架构、传感器、执行器、通信失败、潜在的软件错误、可靠性、潜在的控制不足、不良控制动作、与环境物体和其他道路使用者的潜在碰撞、可能由自动驾驶系统（ADS）的操作引起的潜在碰撞、失去牵引力或稳定性、违反交通法规、偏离正常/预期的驾驶习惯与离开道路等。

　　图 8-15 所示为多样化冗余感知架构，主通道和辅助通道本身都是冗余的，并且有自己的诊断单元，检测故障通道并让另一个通道接管。在故障影响两个通道的情况下，第三个基本通道接管以允许达到最小风险条件。

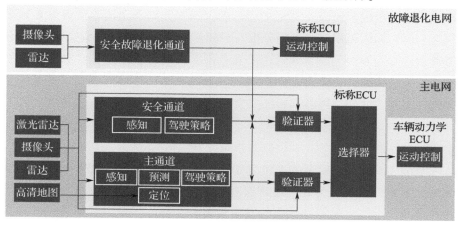

图 8-15　多样化冗余感知架构（来源：Safety assessment report [3]）

2. 系统级安全活动

系统级需要进行的关键活动包括技术安全概念、系统集成测试与系统确认。系统级别遵循生命周期的概念阶段，一级供应商通常负责系统级，而汽车制造商负责概念阶段，一级供应商向整车厂提供系统。技术安全概念是硬件和软件开发的先决条件；系统和项目集成及测试在多个级别上集成和检查，一直到整个系统；安全确认须提供证据证明安全目标已经达到，并且可以在车辆中发布、生产和安装，如图 8-16 所示。

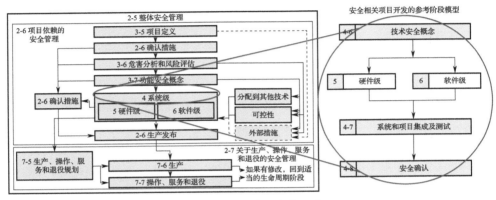

图 8-16 系统级安全活动

技术安全概念阶段需要提出技术安全需求，该需求主要源自汽车制造商定义的功能安全需求，需要指定实施安全机制的要求，安全机制用于检测、指示和控制故障。如果检测到故障，需将系统置于安全状态，需要考虑特定应用程序安全机制的故障容忍时间，避免违背安全目标的错误永久保持在车辆中，从而构成未来的危险，还需要制定生产、操作和服务的安全需求。该阶段需要进行安全分析，如故障模式和影响分析（FMEA）和故障树分析（FTA），目标是系统考虑故障的原因，以及降低违反安全需求产生影响的方法，如不正确的软件编程以及随机硬件故障引起的错误。安全需求必须足够详细，以便分配给硬件和软件实施。此外，还必须验证安全要求的质量和系统架构。

验证是确认设计的软件、硬件、子系统、系统、整车能够满足设定的安全需求，涵盖已知场景，并且系统按照指定的方式运行。

安全确认是将经过验证的系统置于系统发布后在日常驾驶中可能遇到的场景或情况下进行测试。为此，通常会建立一个具有高度代表性场景的数据库，这些场景涉及它们在现实世界中的发生情况和关键性。此外，还考虑了在运行设计域（Operational Design Domain，ODD）边界测试系统行为的极端情况，以及极端/具有挑战性的测试参数。

此外，整车厂还需实施部署后观察流程（现场操作）。这包括对 ADS 安全性能的现场监控以及解决部署后发现的弱点所需的任何更新。在此步骤中，还根据先验假设持续监控和验证 ODD。系统级功能安全的开发结果须在多个层面进行系统集成和测试，从硬件 - 软件集成到整个车辆，涵盖已知场景，并且系统按照指定的方式运行，以证明满足安全要求和安全目标。

验证与确认工具包括：硬件/软件（HW/SW）开环再处理、HW/SW 在环模拟（例如，包括最小风险条件的驾驶策略）；驾驶模拟器中的人机交互（例如，驾驶员与车辆的交互）；实际测试驾驶开环（例如，传感器性能）和闭环（例如，驾驶动态）。目标车辆的闭环试驾也用于整车验证，以确保系统在道路上正常运行。在此整车级别，首次部署 SAE 3 级 ADS 后，通过收集和分析来自在用车辆的匿名数据，持续监控系统的安全性。如有必要，将相应地提供所需的安全更新，验证与确认方法如图 8 - 17 所示。

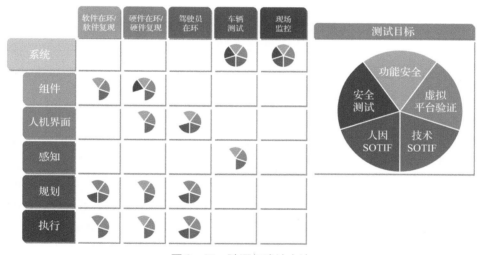

图 8 - 17　验证与确认方法

3. 硬件级安全活动

硬件指汽车里中电子电气系统的硬件，范围包括不可编程的元件，如电容、电阻、传感器，也包括可编程的元件，如微控制器和 ASIC。在安全生命周期中，硬件开发是系统开发的一部分，与软件开发并行。硬件开发的安全活动包括需求定义、硬件设计、硬件架构评估、安全目标评估以及集成和验证。

硬件开发第一步为指定影响硬件的技术安全需求，细化为硬件安全需求，安全需求需指定如何检测、指示和控制硬件中的内部故障和故障容忍时间以及定义硬件指标和故障率需达到的目标值。第二步，根据需求进行硬件设计，包括硬件架构设计以及面向不同 ASIL 等级进行影响单元设计，设计需考虑汽车领域所需要的健壮性。硬件架构与安全目标评估及集成验证需提供可靠的证据证明如何防止违反安全目标的故障，以及如何防止潜在故障永久存在于车辆中，确保硬件适合相应的功能安全标准要求，证明硬件具有足够的机制来检测和控制随机硬件故障，确保安全机制满足其有效性的度量标准，如计算每小时的平均故障概率。

4. 软件级安全活动

软件指各种控制单元、传感器和执行器中的所有软件。功能安全意味着这些软件需要保障车辆的安全，即软件需没有错误，符合规范。随着车辆中软件比例的增加，车辆的安全性越来越依赖于无错误的软件，汽车的软件开发不同于其他领域的应用程序开发，如果软件因清理内存而没有响应驾驶员的制动请求，在汽车领域中是不可接受的。

不同于硬件的随机失效，软件的失效为系统性失效，如发布未经过完全测试的软件，算法检测危险交通情况的分配时间过长导致无法避免碰撞的发生等。软件开发需通过容错机制来应对故障的发生，比如消息或者内存区域的检验和，或者检查软件功能允许值的范围，这些都是容错机制，容错软件运行在安全的微控制器上，用于检测实际应用，或者检测运行在另一个微控制器上的应用软件是否正确运行。当检测到错误时，此类软件必须让整个系统和车辆进入之前定义的安全状态。

对于软件开发，ISO 26262 中定义了阶段参考模型。在功能安全方面，软件开发首先将技术安全需求细化到能够量化软件安全需求，以在软件开发中实施，包括指定面向操作系统以及基本功能、应用软件的测试和监管功能需求，涉及对安全相关故障检测、指示和控制的要求，需要实现和维护安全状态或者定义如何实现降级状态以及容错时间要求等。进一步，需根据需求进行软件架构与软件单元设计，实现所有的功能需求和安全机制，包括预期的功能和软件安全要求。软件集成和测试需制定方法论并成功执行，测试覆盖率以了解测试的完整性。在软件单元的级别上，验证包括确保实现安全机制、代码中没有意外的功能，以及有足够的资源，即执行时间、内存和消息吞吐量，嵌入式软件必须满足在目标环境上的软件安全需求；同时，需要使用方法指定测试用例，进行基于需求的测试，引入故障测试安全机制，验证算法是否能够识别故障并触发所需的安全反应。

8.5 智能汽车预期功能安全

随自动驾驶系统功能架构趋于完善，国际标准 ISO 26262 覆盖的故障性风险造成的功能安全问题分析难以满足高度复杂系统的安全性分析要求，在系统不发生故障的情况下引起的安全风险愈发受到重视，ISO/PAS 21448 将此类问题归结为预期功能安全（Safety of The Intended Functionality，SOTIF），并给出了其详细定义。标准指出进行预期功能安全活动的目标为确保不存在由于影响系统特定行为的性能局限或可合理预见的人为误用所导致的不合理风险。

8.5.1 预期功能安全法规与标准

国际标准 ISO/PAS 21448 将 SOTIF 定义为由于功能不足或人员合理预见的滥用所造成的危害而不存在不合理的风险，SOTIF 开发目标则为将已知的危险行为和未知的潜在危险行为降低到可接受的剩余风险水平，如图 8-18 所示。

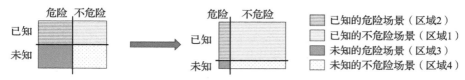

图 8-18 预期功能安全场景分类

区域 1 的改进措施主要为明确定义要开发的功能，包括通过分析识别潜在风险，改进发现弱点的定义，使用与 ISO 26262 类似的风险分析来分析功能和技术规范，如检测到弱点，将改进功能或系统。

区域 2 的改进措施主要为验证功能，包括其系统组件，以模拟功能、场景、测试系统组件和整个系统、确定活动中可以对功能或系统进行改进的脆弱点，确定接受剩余风险的依据。

区域 3 的改进措施主要为验证功能系统，以将区域 3 减少到可接受的水平，例如通过耐力测试、驾驶测试、模拟等。

智能网联汽车的研发面临巨大预期功能安全挑战，主要包括复杂随机的道路交通场景，如环境变化、道路异构混杂、交通参与者违规等；自动驾驶系统自身功能存在局限性，包括 AI 算法训练数据差异和未知边缘情况所导致的感知、认知、决策失误，AI 算法难以认证与解释的局限性等；以及人员合理可预见的误用，如驾驶员疲劳驾驶、HMI 误操作等。这些因素共同衍生出自动驾驶汽车的预期功能安全问题，相关的自动驾驶事故频发，如何保证自动驾驶车辆的预期功能安全性成为研发人员面临的首要难题，如图 8-19 所示。

复杂随机交通场景
• 环境变化
• 道路异构混杂
• 交通参与者违规
• ⋯⋯

合理可预见的误用
• HMI误操作
• 疲劳驾驶
• ⋯⋯

系统功能局限性
• AI算法训练数据差异/未知边缘情况导致感知/认知/决策失误
• AI算法难以认证与解释
• ⋯⋯

图8-19　预期功能安全挑战

　　智能汽车的预期功能安全问题正引起全球汽车行业的高度关注。公开发布的国际标准 ISO/PAS 21448《道路车辆　预期功能的安全》提供了设计、验证和验证措施的指导，以实现 SOTIF。ISO/PAS 21448 给出了预期功能安全设计流程，如图 8-20 所示，包括功能和系统规范的定义、危害识别和风险评估、识别和评估触发条件、功能完善或用例限制、避免或降低 SOTIF 风险、验证和确认策略、在已知危险场景中验证 SOTIF、在未知危险场景中验证 SOTIF 以及剩余风险评估。

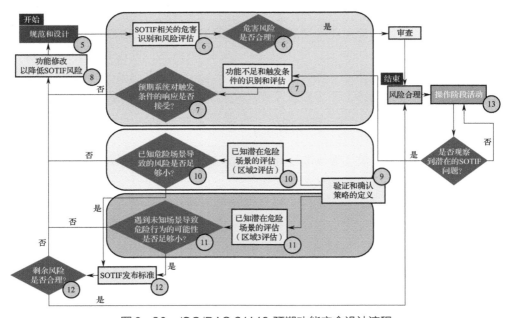

图8-20　ISO/PAS 21448 预期功能安全设计流程

8.5.2　预期功能安全设计流程与关键技术

1. 功能与系统规范定义

功能相关的规范定义主要包括：①预期功能的目标；②预期功能被激活、停用和激活的用例；③预期功能的描述；④车辆动力学的自动化/权威水平；⑤驾驶员、乘客、行人和其他道路使用者、相关的环境条件与道路基础设施的接口等因素相互依赖和交互。

系统相关的规范定义主要包括：①应用于预期功能的系统和元素的描述；②应用于预期功能所安装的传感器、控制器、执行器的描述和性能；③关于预期功能如何使用其他元素的输入的假设；④关于其他元素如何使用预期功能的输出的假设；⑤系统和子系统的概念和技术；⑥局限性及对策；⑦支持应对策略的系统架构；⑧退化的概念；⑨警告策略；⑩车辆其他功能和系统相互依赖和交互。

功能和系统规范提供了对系统及其功能的充分理解，以便在设计该系统时考虑到这些局限性，并确保在必要时采取对策以减轻其对整个系统的影响。系统局限性包括可能导致高概率出现子系统的错误输出，并可能导致潜在的危险行为，例如：不正确的分类、不正确的测量、不正确的跟踪、错误的检测、不正确的目标选择、不正确的运动估计等。系统开发基于对设计局限性的假设，实施措施以确保 SOTIF 并将其集成到功能和系统规范中，减少区域 2 和区域 3 的大小，并通过增加区域 1 的大小来增加整体的健壮性，区域 3 测试仅在与原始系统设计相关的对策不完整或不适用于新引入的用例时应用。

定性故障树、危险与可操作性分析（HAZOP）、FMEA、系统理论过程分析（STPA）、故障树分析等方法可以增加对 SOTIF 的置信度。性能局限性可以通过冗余、多样性、功能限制或其他措施来解决。

2. 预期功能引起的危害识别和风险评估

该阶段对与 SOTIF 有关的潜在危害应系统地识别和评估，指定在确认阶段评估设计的验收标准，如误报率、漏报率等。

危害识别主要基于对功能及其可能偏差的认知，能够通过应用 ISO 26262 - 3：2018 中提出的方法来实现，同时考虑到预期功能的性能限制，例如，AEB 系统不正确的检测可能导致意外的全制动，同车道多辆车使用 ACC 系统，高控制环路延迟可能产生堆积效应，导致系统无法充分制动。

危险事件的危害性和可控性可用 ISO 26262 - 3：2018 第 6 章所述的方法评

估，也能够针对特定的 SOTIF 相关危害对单个危险事件进行评估。例如，紧急制动引起的追尾事故的严重程度可以通过限制制动的强度来降低，如图 8 - 21 所示。强度极限可以看作一种增加可控性的安全机制，或者是对预期行为的一种修正。在分析危害时，极限被认为是预期行为的一部分。然而，与实施限制有关的功能故障可参照 ISO 26262 标准。

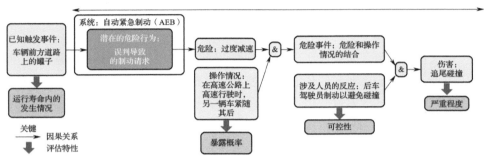

图 8-21　AEB 危害分析实例

在给定的场景中，考虑潜在危险行为的严重性和可控性，以判断是否会导致确信的伤害。对于危险事件的分类，可以考虑相关人员的延迟或没有反应来控制危险，例如，某个环境条件不支持 ADAS，需要驾驶员恢复控制，由驾驶员的反应时间引起的延迟会影响可控性评估，可能成为 SOTIF 相关分析的一个部分。表 8 - 6 给出了一个 AEB 系统和 SOTIF 相关的危险事件潜在后果评估实例。

风险评估考虑预期功能的性能瓶颈，以判断可控性或严重性是否可接受，可控性是指"总体可控"，严重程度是指"不会造成伤害"，严重性和可控性评估可以考虑预期的系统限制以及为减轻其影响而实施的措施。

确认工作的目标考虑行业法律法规以及确保安全所需的当前功能性能水平，指定的验证目标取决于验证策略中选择的方法。例如：推论分析需要考虑所有已知和相关的触发事件的列表，相关的验证目标将确保覆盖此列表中的所有事件；相反，对 SOTIF 相关危害的归纳分析将涉及搜索与应用程序相关的先前未知的触发事件，验证目标的定义应具有统计上的可信度，即经验数据证明触发事件不会带来不合理风险，见表 8 - 6。

表 8-6　AEB 系统和 SOTIF 相关的危险事件潜在后果评估实例

危险事件	潜在后果	严重性		可控性	
		评级	注	评级	注
在高速公路上行驶时，AEB 系统在 $x\mathrm{m/s^2}$ 的加速度下意外激活 y_s	与后方车辆发生追尾碰撞	$S > 0$	有效撞击速度：$v \geqslant x\mathrm{km/h}$	$C > 0$	后方车辆可能无法制动以避免碰撞

3. 预期功能触发事件的识别和评估

该步骤的目标为识别可触发潜在危害行为，可采用系统的方法来进行触发事件的分析，考虑从类似项目和领域的经验中获得的知识，识别系统的弱点（包括传感器、算法、执行器的弱点）和可能导致识别危险的相关场景。这种分析能够并行进行，通常从以下两个方面入手：系统组件的已知限制，以确定这些限制可能导致危险行为的场景；被识别的环境条件和可预见的误用，以确定可能触发系统潜在危险行为的系统限制，分析可以使用归纳或演绎的方法。

与算法相关的触发事件分析考虑分类环境和位置、公路基础设施、城市基础设施、高速公路基础设施、驾驶员行为（包括合理可预见的误操作）、其他驾驶员或道路使用者的预期行为、驾驶情景（例如，建筑工地、意外、紧急通道交通挤塞、行驶到错误道路）与算法局限性（例如，处理可能的情况或不确定性行为的能力）。与传感器和执行器相关的触发事件分析可能导致触发事件考虑的分类，例如天气条件、机械干扰（包括安装、设计位置、信号传输）、电磁干扰（EMI）、来自其他车辆或其他来源（例如，雷达或激光雷达）的干扰、声音干扰、炫光、低质量的反射、精度、范围、反应时间与耐久性等。此外，可以在可能的值范围内（包括潜在的和观察到的场景）对每个环境输入进行系统分析。同时，该步骤需考虑 SOTIF 风险识别和评估期间指定的接受标准，对识别的触发事件进行评估。

4. 功能改进以降低 SPTIF 相关风险

为降低 SOTIF 相关风险，需进行功能改进，达到以下目标：①确定和分配措施，以避免、减少或减轻与 SOTIF 相关的风险；②估计 SOTIF 相关措施对预期功能的影响；③改进功能和系统规范所要求的信息。改进 SOTIF 的措施需避免、减少或缓解导致违背安全的系统局限性以及评估的 SOTIF 相关风险。

系统改进以避免或减少与 SOTIF 相关的风险，包括：①通过以下方法提高传感器性能和/或精度：传感器算法改进、足够的传感器技术、传感器位置修改、传感器扰动检测触发适当的报警和降级策略、识别现有的设计运行域以过渡到合适的传感器应用策略以及应用不同的传感器技术等。②通过以下方法提高执行机构性能和/或精度：适当的执行器技术（如提高精度、扩大输出范围、缩短响应时间、提高耐久性、仲裁权威能力）。③通过以下方法提高识别和决策算法的性能：算法的改进、识别现有的设计运行域过渡到适当的警告和退化策略、为已知的不受支持的 SOTIF 用例合并触发适当的警告和降级策略、缓解和解决功能干扰/冲突（避免由于系统间死锁/活锁而导致的意外行为）。④通过以下方法提高可测试性：允许系统和组件行为的验证等。

为减少或减轻 SOTIF 相关风险而对预期功能进行的功能限制，包括：①限制特定 SOTIF 用例的预期功能，例如，当车道检测设备不能清楚地检测车道时，车道保持辅助功能减少，以避免不必要的转向干预；②对特定用例的预期功能的权限限制，例如，由于午后的阳光反射了周围的光线，使用雷达和其他传感器的操作权限受到限制；③对特定用例的预期功能的总体权限的限制，例如，所有感知传感器被暴风雪致盲，驾驶员被请求接管控制等。将权力从系统移交给驾驶员，以提高关键操作情况影响的可控性（转换本身是可控的，不代表对驾驶员的额外风险），包括：①改善人机界面；②改进预警和降级策略等。减少或减轻合理预见的误操作影响，包括：①改进提供给驾驶员的有关预期功能的信息；②改善人机界面；③实施监测和预警系统，例如，方向盘被释放时警告驾驶员等。

5. 验证与确认策略

验证与确认策略包括：①支持 SOTIF 的基本原理；②生成必要证据（例如，分析结果、测报告、专门的调查）；③制定产生证据的流程。

关于潜在危险行为风险的系统验证和确认活动包括集成测试，范围如下：①传感器和传感器处理算法来模拟环境的能力；②决策算法处理已知和未知情况的能力，以及根据环境模型系统架构做出适当决策的能力；③系统或功能的健壮性；④HMI 防止合理预见的误操作的能力；⑤驾驶员交接的易处理性。

SOTIF 验证（图 8-18 区域 2）：该阶段对系统和组件（传感器、算法和执行器）应进行验证，以表明它们在已知的危险场景和合理预见的误操作（源自提前的分析和认知）中的行为符合预期。

SOTIF 确认（图 8-18 区域 3）：该阶段进行系统和组件（传感器、决策算法和执行器）的功能确认，以证明它们不会在真实的用例中造成不合理的风险。

6. SOTIF 释放方法与标准

SOTIF 释放的评估方法要考虑复查以下因素：①确认策略是否考虑了预期功能范围内的所有指定用例；②预期的功能是否达到了最低的退而求其次的风险条件，必要时，为消费者或其他道路使用者提供一个较安全的状态；③是否完成了充分的验证和确认并满足了验收标准，以确信风险不属于不合理范围；④在发生可能导致危险事件的非预期行为时，所提供的证据证明不存在不合理的风险。

8.6　智能汽车信息安全

智能汽车的快速发展衍生了网络安全问题，每出现一种新的联网接口和电子功能，都将产生新的攻击途径，攻击的影响范围覆盖整个生态系统。近年来，以信息篡改、病毒入侵、恶意代码植入等手段获得智能网联汽车电子系统访问权限，并向其内部车载网络进行攻击而引发的敏感数据泄漏、车辆远程恶意控制等汽车网络安全问题愈发严峻。针对智能网联汽车的攻击事件与日俱增，攻击类型呈现出多样化的发展趋势，涉及 PKES 车钥匙、TSP 服务器、手机 App、ODB 接口以及 ADAS 控制器等，攻击影响范围从单个车辆扩大至同一车型甚至与云端互联的全部车辆。攻击每时每刻都在全球各地上演，而能够引起关注的攻击只是冰山一角，现阶段汽车正面临巨大的网络安全风险，对功能安全的影响正在不断加剧，对车内驾乘人员、交通系统乃至国家的安全构成了严重威胁，信息安全已经成为影响传统汽车面向智能网联汽车发展过渡的关键。

当前出台的原则与法规以车联网、自动驾驶等应用场景为目标，引导汽车产业链上各环节加强对安全保障投入的探索模式，各个国家汽车产业组织正在积极研究并发布汽车网络安全相关政策和指南等，为行业提供可实施的网络安全防护设计原则与规范。汽车产业链较为复杂，需多级供应商协同探索保障汽车信息安全的解决方案。当前，企业与机构处于被动应对状态，远未达到"安全可控"，迫切需要从整体视角分析智能汽车的网络安全态势，纵深协同设计智能汽车的网络安全架构。

8.6.1　信息安全法规与标准

面向智能汽车当前的网络安全形势，各国持续出台了相关的原则与法规，以车联网、自动驾驶等应用场景为目标，引导汽车产业链上各环节加强对安全保障持续投入，同时汽车产业组织正在积极研究并发布汽车网络安全相关政策和指南等，为行业提供可实施的网络安全防护设计原则与规范，如图 8 - 22 所示。

2020 年 6 月，联合国世界车辆法规协调论坛（J3016）通过了网络安全法规 WP. 29 R155 与软件升级法规 WP. 29 R156。R155 规定 OEM 需要满足网络安全强制法规要求，提供基于风险管理的网络安全管理流程体系证据，获得网络安全管理系统（Cyber Security Management System，CSMS）合格证书，网络安全管理系统适用于开发、生产和后期维护阶段。整个法规要求车企进行车辆的风险评估、应用风险缓解的措施、并对网络安全风险缓解措施进行测试与验证，还需具备风险的持续监管和改进能力，WP. 29 R155 法规要求如图 8 - 33 所示。

图 8-22　信息安全政策与标准

图 8-23　WP. 29 R155 法规要求

车辆制造商应证明其网络安全管理系统中使用的处理可确保充分考虑安全性，包括：

1）制造商组织内用于管理网络安全的处理。

2）用于识别车辆类型风险的处理，考虑图 8 - 24 中的威胁以及其他相关威胁。

图 8-24　WP. 29 R155 威胁

3）用于评估、分类和处理已识别风险的处理。

4）验证所识别的风险是否得到适当管理的处理。

5）用于测试车辆类型网络安全的处理。

6）用于确保风险评估持续有效的处理。

7）用于监控、检测和应对网络攻击、网络威胁和车辆类型漏洞的过程，以及用于评估所实施措施是否仍然有效的处理。

8）用于提供相关数据以支持对未遂或成功的网络攻击进行分析的处理。

WP. 29 R156 规定 OEM 需要满足在软件更新和软件更新管理系统方面批准车辆的统一规定，每个 OEM 提供符合软件更新要求的证据，获得软件更新管理系统（Software Update Management System，SUMS）合格证书。

软件更新要求包括：

1）应保护软件更新的真实性和完整性，以合理防止其受到损害并合理防止无效更新。

2）当车辆类型使用 RXSWIN 时，每个 RXSWIN 应是唯一可识别的，当车辆制造商修改型式认可相关软件时，如果导致型式认可延期或新的型式认可，则应更新 RXSWIN。

3）通过使用电子通信接口（OBD 端口），每个 RXSWIN 应以标准化方式易于读取其中被批准的接口。

4）如果车辆上没有 RXSWIN，制造商应向审批机构声明车辆或单个 ECU 的软件版本，并与相关的型式认证相关联。每次更新声明的软件版本时，都应更新此声明。在这种情况下，软件版本应通过使用电子通信接口，至少通过标准接口（OBD 端口）以标准化方式容易读取。

5）车辆制造商应保护车辆上的 RXSWIN 和/或软件版本免受未经授权的修改。

无线更新附加要求包括：

1）车辆在软件更新方面应具备以下功能：①车辆制造商应确保车辆能够在更新失败或中断的情况下将系统恢复到以前的版本，或者在更新失败或中断后可以将车辆置于安全状态；②车辆制造商应确保仅当车辆有足够的电量来完成更新过程（包括可能恢复到先前版本或使车辆进入安全状态所需的电量）时才能执行软件更新；③当更新的执行可能影响车辆的安全时，车辆制造商应展示如何安全地执行更新。

2）车辆在软件更新方面应具备以下功能：车辆制造商应证明车辆用户能够在执行更新之前获知更新，提供信息应包括：①更新的目的，包括更新的重要性以及更新是否用于召回、安全和/或安保目的；②车辆功能更新带来的任何变化；③完成更新执行的预期时间；④在执行更新期间可能无法使用的任何车辆功能；⑤任何可以帮助车辆用户安全执行更新的指令。

3）在驾驶时执行更新可能导致不安全的情况下，车辆制造商应展示如何：①确保在执行更新期间车辆不能被驾驶；②确保驾驶员无法使用任何会影响车辆安全或成功执行更新的车辆功能。

4）执行更新后，车辆制造商应展示如何实施以下内容：①车辆用户能够被告知更新成功（或失败）；②车辆用户能够被告知实施的更改以及用户手册的任何相关更新（如果适用）；③完成更新执行的预期时间；④在执行更新期间可能无法使用的任何车辆功能；⑤任何可以帮助车辆用户安全执行更新的指令。

5）车辆应确保在执行软件更新之前必须满足先决条件。

国际标准化组织（International Organization for Standardization，ISO）下设的道路车辆技术委员会 TC22 主要负责道路车辆及其装备的兼容性、互换性、安全性以及性能评价试验规程的标准化工作。2016 年，ISO/TC22 道路车辆技术委员会成立 SC32/WG11 信息安全工作组，开展信息安全国际标准的制定工作。2016 年 10 月，基于 SAE J306，参考 V 模型开发流程，工作组确定标准范围为电子电气系统（Electricity and Electronics System）、系统间的接口交互（Interface Interactions of Systems）、系统间的通信（System Communication），标准内容涉及信息安全管理、危害分析和风险评估、信息安全概念阶段开发、架构层面和系统层面的威胁减轻措施和安全设计（包括信息安全的设计、集成、验证和确认）、软硬件层面的信息安全开发、信息安全开发过程中的支持流程（包括需求管理、可追溯性、变更管理和配置管理、监控和事件管理）。

工作组发布的标准为 ISO/SAE 21434，该标准旨在使 E/E 系统的工程设计能够适应不断变化的技术和攻击方法，通过该标准设计、生产、测试的产品具备一定信息安全防护能力，包含整体网络安全管理、项目相关的网络安全管理、持续的网络安全活动、风险评估方法、各个阶段产品开发过程以及分布式的网络安全活动。如图 8-25 所示，ISO/SAE 21434 考虑的范围仅限于车辆内部或周边的网络安全相关项目和组件，包括售后市场和服务部件，相关项由组件构成，用于执行车内各个功能，相关项与资产相关，资产具备信息安全属性，属性对应破坏场景，威胁场景导致破坏场景，信息安全目标对应破坏场景，被分配到相关项，组件和相关项都被分配信息安全需求。

AUTOSAR（AUTomotive Open System ARchitecture）是汽车制造商、供应商和其他来自电子、半导体和软件方面公司的联盟，旨在为汽车电气/电子架构提供一套开放的模块化、可扩展、可转换、可重用的行业标准。AUTOSAR 在版本 4.2.2 以硬件安全模块为基础，提供了密码服务层次结构，包含三个层次：密码服务管理、密码硬件抽象和密码驱动程序。此外，AUTOSAR 还提供了安全通信方面的功能（SecOC，Secure Onboard Communication），其架构如图 8-26 所示。SecOC 在协议数据单元层面（PDU）为关键数据提供可行、具有资源有效特性的真实性机制。

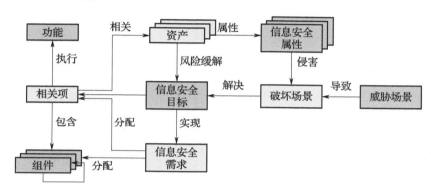

图8-25 ISO/SAE 21434 相关项

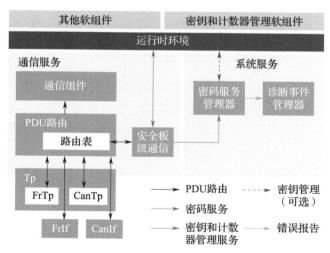

图8-26 AUTOSAR 安全通信架构

8.6.2 信息安全设计流程与关键技术

智能汽车的网络空间具备复杂性，分布式电子系统基于信息交换实现各种功能，在维度与耦合性方面，网络系统具备多维度和强耦合特征，多个分布式的主机通过网络连接协同，功能之间存在高度依赖性，难以追溯攻击发生在何处、如何开展以及预防、控制网络攻击；在速度与可检测性方面，攻击聚合慢，不易察觉，当攻击出现物理表现时，往往已造成巨大的损失。因此，网络安全防护体系需包含多维度的安全解决方案，包括：构建加密认证、入侵检测、审计、授权、防火墙与入侵检测避免等安全防御机制以最大程度避免攻击的发生；设计网络态势感知机制以检测攻击事件相关数据，增强网络态势识别能力；建立网络态势认知机制以评估攻击对系统功能影响的严重性等级，以及预测进一步攻击步骤，以期改变系统风险状况；形成网络监控系统以制定和执行动态防御策略，对应不断变化的网络攻击。智能汽车网络安全防御架构设计原则，包括：

1）最小化攻击面：当前智能汽车网联化并不规范（1 功能 – 1 链路 – 1 接口），应对接口规范化管理，关闭不必要对外开放的端口，影响黑客的信息搜集。

2）默认安全：避免系统配置带来的安全问题，如汽车出厂简单初始化密码；需在系统设计时遵循白名单原则，比如哪些端口允许对外提供服务。

3）权限最小化：保持用户能够使用的最小权限，保护权限过大带来的恶意行为。

4）纵深防御：采取多样化和多层次防御措施，从而当一层或一类防护被攻破后，无法破坏整个应用系统。

5）失败安全：避免异常处理代码处理不当等所导致的安全问题。

6）不信任第三方系统：避免第三方软件漏洞对系统造成影响。

7）功能隔离：避免系统内非安全性功能对安全性功能的造成影响，比如通过娱乐系统，获得对汽车访问权限，再攻击进入安全性功能。

8）等级性：对信息机密等级、用户权限等级等进行划分，制定不同安全等级。

9）动态化：系统设计时尽可能引入可变因素，为升级留有冗余度，具备扩展性。

10）整体性设计：兼顾防护、监控、应急和恢复。

同时，安全防御应以最小化系统风险为目标，而非最大化网络安全投资的规模。网络安全防护方案设计需在其达到的安全性能与目标系统功能、其他性能之间进行权衡，包括有限系统资源、用户友好度、系统功能影响与系统性能影响等。

为保护智能汽车的信息安全，在汽车开发的各个阶段，都需融入信息安全的概念，其开发流程如图 8 – 27 所示，具体包括：

1）概念阶段：建立车辆安全架构并定义有效的基本保护级别的要求，同时进行汽车网络安全风险监控，进而进行攻击建模与定义安全需求。

2）开发阶段：根据信息安全需求，制定纵深防御威胁缓解策略，尤其面向高度互联的组件和高安全性功能。

3）测试阶段：对开发生命周期中初步确定的风险和新识别的威胁进行全面的安全测试和验证，包括源代码审查、合规测试与渗透测试。

同时，产品发布后，需具备持续的安全监控与快速响应能力。

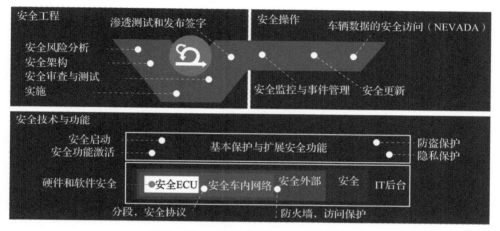

图 8-27 智能汽车信息安全开发流程

1. 概念阶段

在概念阶段需要进行系统车辆信息安全相关系统的安全需求定义。汽车信息安全技术需求分析往往从用例分析开始，进行系统建模和攻击建模，进一步分析攻击的严重性、可控性、成功率，确定风险等级，形成整车或零部件的风险评估和网络安全需求，概念阶段安全开发流程如图 8-28 所示。

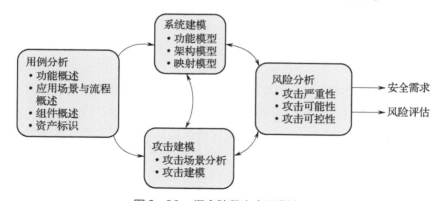

图 8-28 概念阶段安全开发流程

用例分析：用例是一种构建场景的方法，将系统看成黑匣子，描述为了满足用户的目标，系统可能需要的功能属性和操作环境，将系统功能和交互行为建立为一系列简单步骤的描述，而非如何完成。在描述的用例中标识要保护的资产（例如，ECU、应用/过程、传感器、数据、系统实体之间的通信等）。

系统建模：从用例中导出功能视图或数据流图、架构视图，以及功能到架构的映射视图，构建功能模型、架构模型与映射模型。

攻击建模：通过用例分析与系统建模，需进一步识别系统可能的安全攻击，并对攻击的可能性和严重性等方面进行分析，并对攻击进行建模。攻击建模的方法较多，例如 STRIDE、攻击树等。基于扩展的 STRIDE 方法将攻击的类型分为 6 大类（即仿冒、篡改、抵赖、信息泄露、拒绝服务、特权提升），并将它们与影响的安全属性（即真实性、完整性、机密性、可用性、时效性、防抵赖等）对应。在基于攻击树的方法中，攻击树的根（级别 0）是抽象的"攻击目的"，其子节点（级别 1）代表可以满足此攻击目标的不同"攻击目标"。攻击目的对利益相关者（例如，车辆使用者、其他道路使用者、ITS 服务运营商、民政部门、车辆制造商和系统供应商）产生负面影响。因此，可以在此级别上估计结果的严重性。攻击目标可以进一步分解为可用于实现攻击目标的多种"攻击方法"。每种攻击方法将依次基于针对一个或多个填充攻击树最低级别的"资产"攻击的逻辑组合（AND / OR）。该树被截断，可以估计资产攻击的成功概率。随后可以使用逻辑树将这些单个概率进行组合，以评估每种攻击方法的总体概率。

风险分析：为了评估攻击相关的"风险"，有必要分析对利益相关者的可能结果的"严重性"，以及可以成功发起这种攻击的"可能性"以及可控性，风险评估维度如图 8 – 29 所示。攻击的严重性从可能对利益相关者造成伤害的四个不同方面（安全、隐私、财务和操作）进行考虑，作为具有四个定性水平的 4 分量向量，基于车辆安全工程中使用的严重性分类。攻击成功的概率取决于攻击者的"攻击潜力"，以及被攻击系统能够承受的攻击潜力。攻击潜力是对成功进行一次攻击所花费的最小努力的度量，有多种表示和量化影响因素的方法：花费过的时间、专业知识、对被调查系统的了解、机会窗口及所需的 IT 硬件/软件或其他设备。攻击可控性表示驾驶员影响结果严重性的可能性。

对于非安全性安全功能，严重性（S）和综合攻击概率的组合（A）映射到一系列"安全风险级别"。对于安全关键性功能，将三个参数 [严重性、攻击概率和可控性（C）] 映射为定性风险水平，等级" R7 +"表示不太可能被接受的风险级别，例如严重性级别和威胁级别最高的安全隐患，同时可控性的级别非常低。

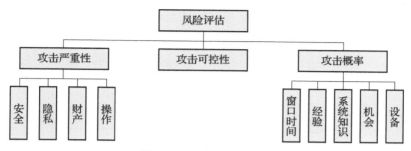

图 8-29　风险评估维度

2. 开发阶段

在该阶段，需根据概念阶段形成的安全需求，进行相应的开发。在开发过程中考虑权衡时，需充分考虑三个维度的信息：风险处理策略、系统状态和风险处理表现形式。处理策略提供了处理风险的选项（例如避免、转移、减轻或接受风险），系统状态有助于定义适当的缓解措施，处理表现有助于理解所选方法如何改变所产生的风险。

如图 8-30 所示，开发纵深防御的车端防护安全架构，保护车内软硬件、车内通信的安全与车内数据的安全。车端防护安全架构具体包括：

1）安全处理层：通过安全的引导、调试、软件签名、硬件安全模块等多个解决方案为 ECU 层面上的数据和固件提供防护。

2）安全网络层：采用安全的通信协议和密钥管理保护车内控制单元之间的通信链路。

3）安全网关层：采用隔离避免非安全关键性系统影响安全关键性系统；防火墙屏蔽各类攻击，避免非法的外部指令发送到单个设备或整个网络上；入侵防御系统实时监测网络通信的异常情况。

4）安全接口层：采用安全的通信协议保护车辆与外部的连接，防火墙屏蔽车辆网络，借助车辆专属证书为固件更新提供保护。

5）安全管理层：采用检测与响应措施保护车辆全生命周期的安全性。

3. 测试阶段

信息安全测试能够将安全需求与设计决策直接联系起来，遵循安全需求分析、解决方案建模和面向测试的需求工程组合的三峰模型，确保从初始危害分析和风险评估到定义安全需求的完全可追溯性。信息安全测试通常开始于静态代码分析，进而进行单元测试，最后通过专用方法进一步进行测试，例如模糊测试和鲁棒性评估，直至渗透测试的水平。安全测试难以完备彻底的完成，需要平衡被攻击的成本、破坏性后果与实施适当的安全机制和在整个生命周期中保持安全更新的开销。

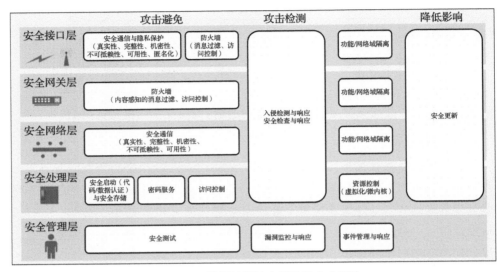

图 8-30　纵深防御的车端防护安全架构

智能汽车信息安全测试流程通常从风险点分析开始，根据车内网络、ECU、T-Box、IVI、车外网络、云平台与第三方服务等维度，当今汽车开放的网联接口与测试维度如图 8-31 所示，分析所存在的风险点；进行相应的测试方案设计，包括测试工具、测试方法、测试用例等的设计，以及测试环境搭建，包括硬件环境与软件环境的搭建；进而进行信息安全测试，包括用例执行、现象观察、问题分析、漏洞确认等；最后进行测试结果分析，包括漏洞分析汇总与修复建议，汽车信息安全测试流程如图 8-32 所示。

图 8-31　当今汽车开放的网联接口与测试维度

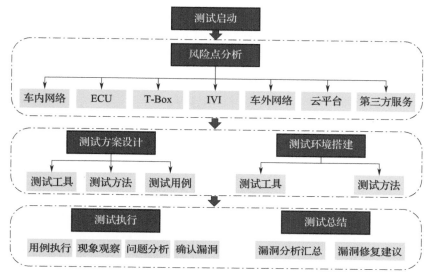

图 8-32　汽车信息安全测试流程

测试技术需要包括代码审计、静态应用安全测试、动态应用安全测试、漏洞扫描、模糊测试、侧信道攻击测试、功能安全测试与基于数字孪生的信息安全测试等。

代码审计指安全测试人员在源代码级别搜索黑客可以利用的编程错误或安全漏洞。该过程关注已实施安全措施的正确行为以及可能处理来自潜在黑客的恶意输入的代码，例如解析器、加密实现或通信堆栈（例如用于网络、无线电、用户界面）。代码审计还可以识别在实施过程中发现的错误，例如输入验证不正确和存储问题（例如缓冲区溢出）。代码审计可通过静态应用安全测试与动态应用安全测试完成。

静态应用安全测试（Static Application Security Testing，SAST）为白盒测试，指在代码编译之前扫描应用程序，是汽车行业软件开发人员在其专有代码中检测 SQL 注入、跨站点脚本和缓冲区溢出等安全漏洞的重要方法，主要用于发现软件开发周期早期开发阶段的问题。

动态应用安全测试（Dynamic Application Security Testing，DAST）为黑盒测试，指在运行时环境中执行代码测试漏洞和动态变量的行为，并尝试像攻击者一样对其进行破解。

漏洞扫描指利用已知漏洞测试目标系统的安全性。该阶段，测试人员通常使用具有当前已知测试对象弱点的数据库进行测试，例如，在 ECU 环境中扫描统一诊断服务协议以查找典型种子值太低或关键计算算法太弱等弱点。

模糊测试用于检查被测系统的稳健性，测试过程中，安全人员会生成大量非典型或无效输入，以便运行系统的许多不同内部状态，以触发可能导致系统受到网络攻击的故障、异常或不可预见的信息。在汽车领域进行模糊测试，需覆盖与汽车相关的协议，包括 CAN、ISO – TP、UDS、USB、蓝牙、Wi – Fi 和基于以太网的协议 IP、TCP、UDP、FTP、TLS 等。

在渗透测试，测试人员通过尝试以黑客的方式识别和破解系统的防御机制来访问目标系统及其所有组件和应用程序。在汽车领域，渗透测试通常用于测试单个 ECU、ECU 组或整车的 IT 安全性，以验证由于技术实施错误、第三方供应商的组件、系统组件的异常交互或与概念的偏差等引起的潜在错误。

侧信道攻击测试通常分为被动和主动侧信道攻击测试。在被动侧信道攻击（也称为侧信道分析）中，测试人员通过测量目标系统的物理特性（如时间行为、功耗和电磁辐射）得出有关内部数据处理的结论。主动侧信道攻击旨在故意操纵系统，如典型方法故障注入攻击，测试人员试图通过暂时中断电源或电磁注入等手段在微处理器中引发处理错误。

功能安全测试用于验证所使用的安全机制的规范是否正确和完全实现，需验证安全机制是否在目标平台上正确集成。在车辆环境中，集成测试需协同多个 ECU 与通信网络，以验证分布式部署的车辆功能的安全性。

数字孪生指将物理对象的虚拟模型以数字的形式表示，从而能够在构建之前对其进行模拟以促进预测性维护。数字孪生可用于建模车辆的组件，例如驾驶辅助系统或信息娱乐系统，进行安全分析。基于数字孪生的信息安全测试将数字模型转换为测试用例，例如将全分析结果转化为攻击向量进行漏洞扫描，或将模型转换为状态机并进行故障注入和模型检查。

参考文献

[1] ISO. Road vehicles – Functional safety：ISO 26262[S]. Geneva：ISO, 2009.

[2] ISO. Road vehicles — Safety of the intended functionality：ISO 21448[S]. Geneva：ISO, 2022.

[3] BMW Group. Safety assessment report[R]. Munich：BMW Group, 2021.

[4] UNECE. Uniform provisions concerning the approval of vehicles with regards to cyber security and cyber security management system：UN Regulation No. 155[A/OL]. (2021 – 03 – 30)[2024 – 09 – 23]. https：//unece. org/sites/default/files/2021 – 03/R155e. pdf.

[5] UNECE. Uniform provisions concerning the approval of vehicles with regards to software update and software updates management system：UN Regulation No. 156[A/OL]. (2021 – 03 – 30)[2024 – 09 – 23]. https：//unece. org/sites/default/files/2021 – 03/R156e. pdf.

[6] ISO. Road vehicles — Cybersecurity engineering：ISO 21434[S]. Geneva：ISO, 2021.

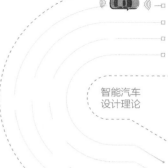

智能汽车
设计理论

第 9 章
智能汽车自动驾驶测试与评价

9.1 概述

智能汽车是指通过搭载先进传感器等装置，运用人工智能等新技术，具有自动驾驶功能，逐步成为智能移动空间和应用终端的新一代汽车，智能汽车通常又称为智能网联汽车、自动驾驶汽车等[1]。

测试与评价是智能汽车功能研制、产品推广的重要环节，更是消费者购买智能汽车时的主要依据。为了衡量汽车的智能化程度，国内外已出台相应的智能车自动驾驶等级划分标准。美国汽车工程师学会（Society of Automotive Engineers，SAE）将智能汽车划分为 L0 ~ L5 总共 6 个级别[2]。中国汽车工业协会（China Association of Automobile Manufactures，CAAM）将智能汽车划分为驾驶辅助、部分自动驾驶、有条件自动驾驶、高度自动驾驶、完全自动驾驶五个级别[3]。随着智能汽车技术不断升级，以及国内外自动驾驶企业对产品在不同领域进行部署，人们愈发认识到由于不同智能汽车运行设计域（ODD）不同，驾驶自动化分级与自动驾驶系统的智能化程度、使用体验等没有直接的对应关系[4]。在同一自动化分级等级下，且满足基本 ODD 条件，不同智能汽车 ODD 覆盖场景可能会有较大差异。因此，在已有的智能驾驶等级划分基础之上，正确的测试与评价方法，是智能车开发、制造、推广的重要衡量指标，从而保证智能汽车的驾驶安全性、乘坐舒适性，同时可有效防范智能汽车驾驶员错误评估智能汽车功能等级而造成误用、滥用自动驾驶功能而引发的安全问题。

9.2 智能汽车自动驾驶测试标准与规范

智能汽车测试标准与规范根据测试场景以及人、车、路三者的不同表现形式，可以分为仿真测试、台架测试、场地测试等。除此之外，近年来还衍生出数字孪生测试、人机交互测试。从仿真测试到真实场地测试，随着虚拟元素逐渐减少，测试结果的可靠性逐渐升高。

9.2.1 仿真测试标准与规范

虚拟仿真测试是一种利用仿真软件对传感器、控制器、车辆、交通环境等要素进行部分或者全部模拟的测试方法[5]。《自动驾驶功能仿真测试标准化需求研究报告》[6]中指出，仿真测试的意义和目的在于：仿真测试是构建自动驾驶技术创新体系的基础，是传统汽车测评的替代与补充，并且能够提高自动驾驶系统的安全性；由于在现实的交通条件下，基于真实道路环境测试成本高、危险系数大，同时可重复性不高、测试效率低，而在虚拟仿真测试中，场景构建成本低、覆盖度高，并且具有较高的测试效率等，所以虚拟仿真测试成为测试智能汽车的一种不可缺少的重要手段，不同测试类型验证不同场景功能示意图如图9-1所示。

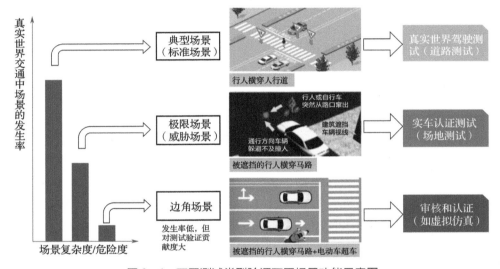

图9-1　不同测试类型验证不同场景功能示意图

基于场景库的汽车仿真测试是解决路测数据匮乏的重要路线[7]。智能汽车仿真测试应发挥其场景覆盖度高、可定制、测试效率高等优点，尽可能覆盖较多场景。《智能网联汽车产品测试评价白皮书》表示"虚拟仿真测试应覆盖ODD范围内可预测的全部场景，包括不易出现的边角场景，覆盖ODD范围内全部自动驾驶功能"[4]。

仿真测试评价应遵循的基本原则为全面性、真实性和可重复性[6]。其中，全面性包含：测试场景的全面性，充分覆盖设计的ODD并考虑极限场景，提高产品的安全性、稳定性、可靠性；测试对象的全面性，对象需要包含自动驾驶功能所涉及的感知-决策-执行系统，确保各个系统之间的功能得到充分的验证；测试方法的全面性，针对不同的测试对象设计不同的测试方法，完全覆盖感知层、决策层和执行层，并涵盖产品开发的不同阶段。真实性指测试场景、测试对象的动力学模型应尽可能贴近现实，实车测试与仿真测试的结果差异应保证在可控范围。可重复性指同一测试工况的测试结果应保持高度一致，测试对象在不同仿真平台的仿真结果偏差也要保证在可接受范围内。《智能网联汽车产品测试评价白皮书》[4]中，虚拟仿真测试基本要求包括以下 2 个方面。

1. 测试要求

项目进行测试时，测试期间人工不进行干预，不对算法和系统进行任何调整，所有测试项目由自动驾驶系统独立完成。阐明测试系统工作原理、系统 ODD、风险减缓策略和最小安全状态。根据自动驾驶功能定义及范围设计测试用例、测试场景。保证单一场景输入测试中同一场景重复测试的高度一致性，并将封闭场地测试和道路测试中测试结果进行对比，验证虚拟仿真测试结果的有效性。路网连续里程测试应遍历预期 ODD 内的测试场景，验证驾驶自动化系统的 ODD 边界，验证对极限场景的鲁棒性。

2. 通过条件

单一场景通过指标包含合规性指标和安全性指标。重点考察测试时是否遵守道路法规、道路标识规则等相关规定，是否能够避免碰撞等安全事故。连续性场景通过条件指标包括场景覆盖度和安全运行里程，重点考察应对多功能和连续性场景时的系统性能，通过条件指标见表 9-1。

表 9-1　通过条件指标

一级指标	二级指标	三级指标	四级指标
合规性	遵守交通规则	不压线	车辆与标线的相对位置
		按照道路指示标志行车	指示标志识别性、距离/速度/加速度值、车道线识别及相对位置
	满足在用的其他标准法规的要求	如 AEB、LKA 等	
安全性	不发生交通事故	不与车辆发生碰撞	本车与周边车辆的相对速度和位置
		不与行人发生碰撞	本车与行人的相对速度和位置

9.2.2　台架测试标准与规范

智能汽车台架测试通常对与主动安全相关的控制器进行性能测试，测试时只有控制器是真实的，而车辆动力学、道路、驾驶员等与该测试控制器相关的汽车其他系统是虚拟的。常见的测试台架包括三自由度模拟驾驶器、六自由度模拟驾驶器[8]、八自由度模拟驾驶器[9]、多自由度大型轮毂测试台架等，不同测试台架的功能根据虚拟测试平台模块的不同有所差异。参照智能汽车虚拟仿真测试和场地测试，台架测试通常由测试台架模块和与之搭配的交通场景模块、传感器模块、车辆动力学模块、自动控制算法模块和测试管理模块构成[10]。

测试台架通过机械结构作用来模拟车辆行驶姿态变化，从而使仿真测试接近真实工况。交通场景模块主要用于复现测试车辆的虚拟场景，其中包括各种危险工况。传感器模块用于检测车辆周围交通环境的状态。自动控制算法模块将传感器探测到的周围信号进行处理，进行决策规划后输出控制指令，完成车辆动态行为。车辆动力学模块通常由专业的车辆动力学软件来完成，对控制算法的输入输出信号动态响应，尽可能模拟车辆的运动学特性。测试管理模块用于对系统中的各模块进行统一管理，包括系统的通断、各模块工作状态检测与管理、数据模型的存储与更改、控制信号的监测、车辆模型数据监测等。

智能汽车台架测试标准与规范目前相关部门还未出台标准政策，通过阅读相关文献，可将相关要求简述如下：

1）测试场景应考虑全面，除考虑标准场景，还应包含威胁场景和部分边角场景。

2）测试用平台应能精确模拟汽车模型的行驶姿态，使车辆动力学特性更加真实。

3）测试系统应具有声、光系统，可辅助驾驶员判断车辆所处的交通环境，可提供人类驾驶员在驾驶过程中的直观感受。

4）测试系统应具有低成本、高效率、高安全性的优势。

9.2.3 场地测试标准与规范

智能汽车场地测试是智能汽车产品投入生产前的必要前提，并且相较于其他仿真测试、台架测试，场地测试直接利用真实的交通条件进行测试，测试结果的可靠性最高，能够最大程度贴近实际道路交通。交通运输部于 2018 年印发《自动驾驶封闭测试场地建设技术指南（暂行）》（简称《指南》）[11]，该《指南》规定了自动驾驶封闭测试场的场地、通信、供电及其他基本要求，极大促进了智能汽车场地测试工作的开展。

车辆在日常使用中，行驶工况复杂多样，场地测试无法覆盖所有可能出现的场景，且相较于仿真测试、台架测试，场地测试成本较高、耗时较长，并且在一些特殊工况中测试具有一定的风险，所以实车场地测试的测试场景选择决定了能否高效率地挖掘缺陷，排除系统风险。表 9－2 所列为智能网联汽车自动驾驶功能典型测试用例示例。

表 9－2　智能网联汽车自动驾驶功能典型测试用例示例[4]

序号	智能网联汽车自动驾驶功能典型测试用例	序号	智能网联汽车自动驾驶功能典型测试用例
1	跟车行驶	15	停车场通行
2	循线行驶	16	坡道停走
3	变道行驶	17	匝道汇入汇出
4	障碍物检测及响应	18	施工区域通行
5	对动物的识别及响应	19	收费站通行
6	行人和非机动车识别及避让	20	通过隧道
7	对交警指挥手势检测和响应	21	通过公交车站
8	应急车辆避让	22	通过学校区域
9	超车	23	特殊天气行驶（雨、雪、雾）
10	交通标志和标线识别及响应	24	夜间行驶
11	道路尽头调头	25	自动泊车
12	靠路边停车	26	路径规划
13	交叉路口通行	27	驾驶员状态监控
14	环形路口通行		

在测试条件允许的情况下，应在连续运行场景中对智能汽车功能进行测试。针对每一个测试场景，智能汽车应遵守每一项交通规则，在此基础上，再对安全、体验、配置进行综合的测试评价。

9.2.4　数字孪生测试标准与规范

数字孪生（Digital Twin）是充分利用物理模型、系统各部分传感器、运行历史数据进行分析与建模，完成从物理系统向虚拟空间映射的关键技术，从而形成多学科、多物理量、多时间尺度、多概率的仿真过程[12]。美国国家航空航天局于 2010 年在太空技术路线图中引入数字孪生技术[13]，此后，各研究机构开始了数字孪生相关技术的研究。数字孪生技术主要由物理空间实体、虚拟空间虚拟实体以及物理实体和虚拟实体之间的连接数据和信息三个部分组成[14]，数字孪生概念模型如图 9－2 所示。

在智能汽车测试领域，车辆数字孪生测试

图 9－2　数字孪生概念模型[15]

可称为车辆在环测试。测试系统在虚拟测试场景生成虚拟车辆实体，将虚拟交通测试场景数据传入现实物理空间待测车辆控制器，车辆控制器根据测试场景产生运动反应，反应数据实时传输至虚拟测试场景的虚拟车辆实体，使其同步物理空间的车辆运动，从而同步完成测试项目，获得测试数据[16-17]。

相比于虚拟仿真测试，数字孪生测试使用车辆真实的动力学模型，测试数据更加可靠，测试场景可以根据测试不同的功能进行定制，测试效率高、场景容易复现。尽管数字孪生有一系列优点，但在汽车测试领域，目前还没有基于数字孪生成熟的测试方案[18]。

通过总结近年来研究现状，可以将数字孪生测试要求总结如下：

1）测试场景要有足够高的覆盖度。虚拟测试场景要有足够的数量和复杂度。

2）场景环境要与真实世界环境准确关联，场景环境必须足够真实。

3）现实物理空间中车辆模型传感器精度要高，可以准确获得车辆状态、位置信息。

4）虚拟测试场景与现实物理空间误差要尽可能小，保证双方之间的数据传输效率，从而使虚拟实体与物理实体运动同步。

5）数字孪生测试方案可以将虚拟仿真测试与实车道路测试的优势相结合，在智能汽车研发、检测、评价等诸多方面具有广阔的应用前景。

9.2.5　人机交互测试标准与规范

随着汽车智能化水平不断提高，车内人机交互方式也发生着重大的变化。安全、体验已成为人机交互设计的重要考虑因素。一方面，随着自动驾驶的发展，驾驶员在特定场景下将转变为乘客的角色。车辆如何呈现与自动驾驶相关的信息，如何与乘客进行"沟通"，驾驶权限如何切换，都会直接影响用户对自动驾驶功能的使用安全及体验。另一方面，随着智能座舱的普及，大屏化、多屏化已成为不可逆转的趋势。然而，目前的汽车人机交互却没有摆脱移动端的设计思路，大多数的车载信息系统看上去仍然像一个"平板计算机"。车内人机交互设计缺乏对驾驶场景以及驾驶员交互能力的考虑，导致功能越多，驾驶员的体验反而越差。

为更好地对汽车人机交互进行评价，促进行业健康发展，通用技术中国汽研所属中汽院智能网联（以下简称"中汽院智能网联"）以驾驶安全影响因素、用户体验基本要素、人机交互基础理论为出发点，构建了一套人机交互主客观评价方法。该方法可应用于智能驾驶、智能座舱相关功能的人机交互评价，人机交互评价流程图如图9-3所示。

图 9-3　人机交互评价流程图

主观评价方面，中汽院智能网联深入分析影响用户体验的基本要素，构建以逻辑体验、交互体验、性能体验为主体的评价方法，人机交互主观评价树形图如图 9-4 所示。

主观评价体验指标											
逻辑体验				交互体验				性能体验			
启动	退出	运行	干预	图像显示	声音提示	振动警示	按键交互	识别性能	机动性能	容错性能	驾乘性能
易理解　易学习　可预测……				信息感知效率　信息提升品质……				跟随性能　爬坡性能　平顺性……			

图 9-4　人机交互主观评价树形图

客观评价方面，中汽院智能网联深入研究人机交互机理，构建了一套"可感知特征量化、交互过程量化、测评结果量化"的人机交互客观评价理论。可感知特征量化是将人机交互产品的设计要素进行量化，例如：图标大小、颜色参数、页面布局等。交互过程量化是指通过仪器设备采集交互过程中的生理行为数据，例如：眼动数据、肌电数据、肢体运动数据等；测评结果量化是指通过统计分析的方法对感知特征和交互过程进行量化分析，根据目的不同可分为产品验收分析、方案选择分析和竞品对标分析，人机交互总体结构框图如图 9-5 所示。

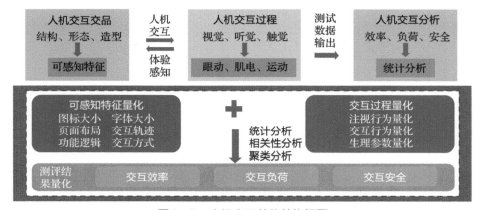

图 9-5　人机交互总体结构框图

9.3 智能汽车自动驾驶测试工具链

智能汽车测试工具是智能汽车进行测试的前提，完备的测试工具链是对智能汽车各项功能进行测试的保证。智能汽车测试工具链必须能够满足高水平测试试验的要求。智能汽车测试工具链能够支撑智能驾驶相关标准的制定。智能车测试工具链应能够适合测试场景的特点。

根据测试形式、阶段不同，测试工具可分为仿真测试工具、台架测试工具、场地测试工具。

9.3.1 仿真测试工具

仿真测试工具主要是指仿真测试软件平台。目前自动驾驶算法测试大约有90%通过仿真平台完成。国内外企业、高校均为仿真市场参与主体。目前常见的仿真软件有美国的 CarSim，支持 SIL、MIL、HIL、DIL 仿真及动力学仿真；德国 IPG 公司的 CarMaker 软件包括车辆本体模型，同时可以生成道路、交通环境以及车辆操作等一些功能，IPG 公司还出品了 TruckMaker、MotorcycleMaker 产品；德国 Tass International 公司的 PreScan 软件，同样支持 MIL、SIL、HIL 以及环境仿真等。自动驾驶厂商 Waymo、Cruise 等针对自身需求研发定制相关仿真软件，如 Carcraft 仿真软件系统、Matrix。

国内方面，具有一定技术储备的科技公司如腾讯、华为、阿里、百度等，均有相关仿真测试平台的研发产品，如腾讯自动驾驶仿真平台 TAD Sim、华为自动驾驶云服务 Octopus、百度自动驾驶仿真系统（AADS）、阿里混合式仿真测试平台，车企利用自动驾驶仿真软件情况见表9-3。

表9-3 车企利用自动驾驶仿真软件情况[7]

车企	自动驾驶仿真软件
一汽	PanoSim、ADAMS、TESIS
上汽	TAD Sim、Mentor、MATLAB、PreScan、CarMaker
江淮	PreScan
蔚来	CarMaker
戴姆勒	Simpack（商用车仿真软件）
宝马	CarMaker、VI-grade
大众	CarSim、CarMaker
奥迪	VTD
丰田	CARL
福特	PanoSim、CarSim、RightHook
沃尔沃	VI-grade
雷诺	Oktal

国内高校包括清华大学、同济大学、吉林大学、北京航空航天大学等也在进行相关自动驾驶仿真研究。吉林大学 PanoSim 仿真平台具有高精度动力学模型、形式环境与交通模型、车载环境传感器模型和丰富的测试场景，并且具有很强的开放性与扩展性，支持第三方的二次定制化开发。

9.3.2 台架测试工具

台架测试工具主要指常用的测试台架，一般包括多自由度大型轮毂测试台架、三自由度、六自由度和八自由度模拟驾驶器等。测试平台往往庞大复杂、造价成本高，本节将简单介绍国内高校对测试试验台的相关研究。

吉林大学管欣教授团队研发的模拟驾驶虚拟测试平台如图 9-6 所示，由六自由度运动平台、被测车辆、运动系统计算机、车辆计算机、实时操作系统、视景系统构成[19]。该系统真实模拟了人类驾驶过程中的所有直观感受，运动平台能反映虚拟车辆的行驶姿态，并且具有声响系统，能够辅助驾驶员判断车辆所处的交通环境，平台可建立汽车试验场地难以实现的工况，更好地测试与改进算法。

长安大学赵祥模团队研发的整车在环测试平台如图 9-7 所示[20]，该系统使用三自由度轮毂台架完成车辆行驶姿态的模拟，转鼓滚筒可模拟道路阻尼，同时机械转向装置可实现前轮的扭转。平台使用 PreScan 仿真软件来设计交通场景，虚拟传感器感知到交通环境后反馈至整车控制器，由控制器完成决策，使用模拟驾驶器进行车辆模型的控制。平台可以结合多台模拟驾驶器实现多车辆联合仿真，极大地提高了测试效率。

图9-6　吉林大学模拟驾驶虚拟测试平台　　　图9-7　长安大学整车在环测试平台

9.3.3 场地测试工具

智能汽车场地测试工具主要包括软体目标假人、假人驱动装置、假人托举装置、车辆尾部软体模型和车辆定位系统等，4A 软体目标假人示意图如图 9-8 所示。

行人安全保护是汽车安全领域的研究重点之一，在汽车 AEB 测试相关测试中，软体假人模型是必不可少的测试工具。软体假人模型可分为行人软体目标物、骑行

图9-8　4A 软体目标
假人示意图

人软体目标物。图9-8所示为奥地利4A公司以欧洲人体标准设计的相关测试假人，该假人可很好地被摄像头、红外传感器、雷达等探测到。图9-9所示为骑行人软体目标物示意图，该假人同样可被主流传感器探测到。

假人驱动装置主要包括驱动端、牵引带、托板和随动端[21]。驱动端和随动端位于测试场地两侧，托板通过卡扣与牵引带连接，如图9-10所示，通过控制假人驱动装置来模拟行人横穿马路时的运动，同时驱动端电机可控制行人运动速度。

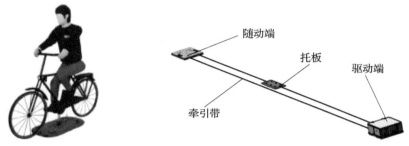

图9-9　骑行人软体目标物示意图　　　　图9-10　假人驱动装置

假人托举装置主要包括托盘和支撑杆，托盘由上托盘、支撑杆嵌套、卡扣组成，如图9-11所示[21]。假人托举装置的主要作用为与传动带相连，使假人利用假人驱动装置做直线运动，同时保证假人与被测车辆产生不可避免的碰撞时，假人可以与托盘分离，避免假人驱动装置因受到冲击而损坏。

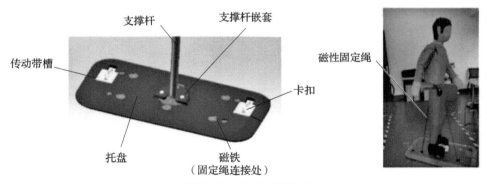

图9-11　假人托举装置

车辆尾部软体模型又可称为"气球车"，其具有车辆外形和与普通汽车相同的反射特性，从而能够由被测车辆的传感器辨识。模型具有较大的抗冲击能力，且能最大限度地减少与被测车辆碰撞时对被测车辆的损害，如图9-12所示。

车辆定位系统往往由于大气层影响、卫星误差、环境影响等多种因素而造成测试精度不准确，难以满足 ADAS 测试中要求的厘米级的定位需求，测试过程通常建立差分定位系统来提高测试精度。差分定位系统包括差分基站和移动站，目前常用的设备有 RT3000 系列和 RT-Range，以此来进行车辆的定位。

图 9-12　车辆尾部软体模型

9.4　智能汽车自动驾驶评价方法与体系

正确的评价方法与评价体系是智能汽车技术应用和功能验证的重要环节，更是消费者购买智能汽车时的重要依据。智能汽车评价方法一般从智能汽车的安全性与舒适性的角度出发，引入主观评价方法与客观评价方法，对已有的测试数据进行评价，从而得出有效的分析结果。

9.4.1　主观评价方法

主观评价是指经过专业培训的评价人员根据主观评价标准或者评价规程，由评价人员根据视觉、听觉、触觉、体感等感觉，在典型的测试场景行驶道路中对车辆的性能指标信息评价，综合权衡后评估出车辆的整体性能水平[22]。

1. SAE 评分法

美国国际自动机工程师学会（SAE）为评价车辆的乘坐舒适性和操作稳定性，在 SAE J1441[23] 中规定了等级平量表，得分为 1~10，SAE J1441 评分法见表 9-4。

表 9-4　SAE J1441 评分法

很差		差		一般		好		出色	
1	2	3	4	5	6	7	8	9	10
不期望区间				分界线		期望区间			

为了对评价得分进行细化，SAE J1060 中引入了评价条件栏，SAE J1060 评分法见表 9-5。

表 9-5　SAE J1060 评分法[24]

1	2	3	4	5	6	7	8	9	10
不可接受				分界线			可以接受		
评价条件									
所有评价者		大部分评价者		少数评价者	个别评价者		受过专业训练的评价者		无评价者
无法忍受	严重	很差	差	分界线	刚刚可以接受	一般	好	很好	出色的

2. 德国贝尔评分法

德国贝尔恩教授提出贝尔评分法，其中引入了评价者和缺陷两个因素，并从正面和反面给出评分提示，使评价变得更加细致，见表 9-6。

表 9-6　德国贝尔评分法[25]

评价	评分	评价者	缺陷
最佳	10	经过培训的评车师	感觉不到
非常好	9		几乎感觉不到
很好	8	经过培训的评车师、挑剔的用户	极少
较好	7	挑剔的用户	很少
基本满意	6		少
及格	5	挑剔的用户、普通用户	较多
不及格	4	普通用户	不满意；需要改进
差	3		不可接受；有缺陷
较差	2	所有用户	不可接受；严重缺陷
最差	1		不可接受；丧失功能

3. 五分制评分标准

五分制评分标准将十分制评分标准的要求降低，由专业的评价人士降低为非专业评价人士，共有 5 个连续刻度，可快速进行评价，见表 9-7。

表 9-7　五分制评分标准

评分分值	特征描述	缺点描述
1	失效	有些缺点令人烦恼并具有破坏性，每位用户都会强烈地抱怨
2	差	有些缺点令人烦恼，并需要改正，大多数用户会抱怨
3	中等	有些缺点被频繁提出，但不认为是问题，大多数用户能满意
4	好	只有专业的评价者能感受到的缺点，所有的用户都能满意
5	优秀	优秀的，主观感觉上无可挑剔

9.4.2　客观评价方法

智能汽车客观评价法主要是由智能汽车在各场景中根据测试要求进行测试而得出的各项数据，数据由专业的测试仪器获得，制定相关评价指标，评价指标与测试内容相对应，根据评价指标和测试数据对智能汽车进行客观评价。

车辆评价指标体系建立原则有以下几点：

1）系统性：选取的评价指标应系统地覆盖要测试的功能，并且具有层次性和内在联系，能够比较全面地反映测试功能的综合性能。

2）科学性：选取的评价指标有一定的科学依据，能够具有客观性和真实性。

3）可行性：选取的评价指标应可行，即可定性或定量测量。

4）可比性：评价指标应能反映不同车辆功能之间的区别。

5）独立性：各指标应不存在明显重叠，相对独立。

6）简约性：评价指标应具有代表性，简介清晰，便于评价。

指标选取方法主要有数学公式法和专家经验法[26]。数学公式法是指在一系列备选指标集合中，利用极大极小离差法、最小均方差法和相关系数法来筛选出所需要的指标。专家经验法是指专家根据经验知识和理性分析，在一系列指标中筛选关键指标。除这两种方法外，实际应用中，常常根据相关的参考规范来确定评价指标，参考规范一般由行业专家制定。表 9-8 所列为 AEB C2C 评分表，i-VISTA 在 AEB C2C 评价项目中对 FCW、AEB 及高级辅助功能评价，规定了各功能表现下对应的分值。

表 9-8　AEB C2C 评分表

评价项目	试验场景	主车车速/（km/h）	目标车车速/（km/h）	评价方法	分值	总分
FCW 功能	目标车静止	72	0	报警时刻 2.1s≤TTC	1	3
	目标车减速	72	72	报警时刻 2.4s≤TTC	1	
	目标车低速	72	32	报警时刻 2.0s≤TTC	1	
AEB 功能	目标车静止	30	0	避免或减轻碰撞	3	16
		50	0		5	
	目标车低速	50	20		3	
		70	20		5	
高级辅助功能	目标车低速	70	20	抬头显示、安全带振动或其他触觉形式的报警	1	3
		70	20		1	
	紧急转向避撞（AES/ESA）	—	—	避撞	1	

汽车各项功能进行客观评价时，有时不建立具体的功能评价评分表，只得到功能测试时具体的数据，如汽车的加/减速度、某项功能的响应时间、与障碍物的安全距离等具体数值，然后使用指标赋权和综合评价方法对测试功能进行评价。指标赋权法中，层次分析法（Analytical Hierarchy Process，AHP）较为常见[27]。层次分析法将对象看作一个系统，将定量分析与定性分析相结合，通过层次化、比较判断等方式进行决策[28]。

9.4.3 主客观融合评价方法

主客观融合评价方法同时考虑了主观性与客观性，将主观评价内容与客观评价内容中的测试项目对应，确定权重系数，建立综合评价模型，得到最终的评价结果。综合评价流程图如图 9–13 所示，主客观融合的评价方法广泛应用于各类功能的评价过程，同时兼顾驾驶员主观感受与汽车的客观性能指标。

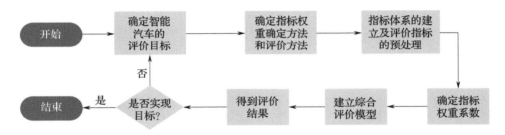

图 9–13 综合评价流程图

9.4.4 海量数据驱动的智能汽车评价方法

数据驱动的评价方法是对多空间、多场景、多时段以及多过程的数据进行记录、采集、加工、处理，使得数据流转累加，实现"1 + 1 > 2"的一种评价方法。数据由多场景数据采集、多空间数据融合，构建精准的分析模型对数据进行可视化分析。

多场景数据采集和多空间数据融合是海量数据驱动评价方法的基础。试验汽车在典型工况下进行测试，试验数据来自试验汽车搭载的专用数据采集终端，主要为整车 CAN 总线数据，同时还包括由 GPS 等设备获得的位置和速度数据，数据采集终端可以外接传感器数据及控制器数据。数据终端采集数据后通过Wi-Fi 或 4G/5G 等通信方式传输至数据平台，由统一的数据平台访问数据进行数据分析工作。采集的数据可能会出现数据不统一、噪声干扰、数值缺失等问题，所以数据融合过程同时包括数据清洗、数据集成、数据变换等工作。

建立分析模型是评价过程中至关重要的一步。智能车评价时，评价目标种类数量较多，评价分析模型应根据评价目标不同，建立相应的评价指标体系；根据评价体系中的评价维度进行数据化表征；采集多源多类型数据后，基于数据清洗、机器学习、深度学习、自然语言处理等技术，对获取的多源数据进行建模，最终获得分析结果。

评价结果可视化指将评价分析结果转变为人们易于理解的图形，将评价结果与具体指标相对应，方便评价人员对不同车辆间或不同系统间的功能进行等级划分。

8.5　智能汽车自动驾驶评价工具链

智能汽车评价工具可以归纳为定量评价方法和定性评价方法。定量评价方法一般采用数学的方法，收集和处理数据资料，最终以精确的评价指标概括全部的评价信息。评价指标有独立评价方法和联合评价方法。

独立评价方法不区分不同指标之间的重要性差异，在获得评价对象在各个指标的评价结果后，并没有关联在一起形成总体评价。

联合评价方法用多个评价指标分别说明被评价对象的不同方面，最终将各评价指标结果综合，用一个总指标来说明被评价对象的综合水平。该方法在建立指标体系后还需要进一步确定指标权重并选择集结模型。

定性评价方法利用专家的知识、经验和判断，通过观察被评价对象的表现或状态，以归纳分析等非量化手段对测试功能进行评价。最终的评价结果是安全性、合规性、舒适性等综合水平的划分，而非精确的数值。

目前对智能汽车性能评价没有一个统一的标准，不同研究机构和研究学者已从不同的维度和侧重点给出了评价指标和方案[29]，如中国自动驾驶仿真技术研究报告[30]、德国 PEGASUS 项目[31]、中国智能车未来挑战赛等。

51VR 公司发布的自动驾驶仿真蓝皮书《中国自动驾驶仿真技术研究报告》提出了一种仿真测试评价体系，以车辆在测试中是否达到终点、是否发生碰撞、是否存在违章行为等为依据，并且以加速、制动、转向等车辆状态数据，从安全性、舒适性、交通协调性和标准匹配四个方面进行评价。测评时对测试车辆的整体表现评价，评价指标以客观指标为主，主观程度较低。

德国 PEGASUS 项目中行为安全评估（BSA）侧重于评估个别测试案例中的高级自动驾驶功能，在单独的测试案例中，应用不同的度量以确认高级自动驾驶符合预定义的行为标准：①保持适当的安全距离；②不引起碰撞；③如果可能的话，减轻碰撞。基于每个标准的结果，提出了一种方法来确定单个测试用例是否通过。

中国智能车未来挑战赛在智能汽车测评方面也做了许多研究，自 2009 年开始举办，2010 年从基本能力测试和复杂环境能力测试两方面进行评价，2013 年第五届从车辆的安全性、智能性、平稳性和速度这四个方面来进行测试和评价。

除以上评价体系，还有许多学者对自动驾驶车辆评价体系进行了学术研究，近年来，国内外也开始为自动驾驶制定各类标准和政策。智能汽车评测体系中，完善合理的评价方案是智能车测评的重点研究内容，未来一段时间内，智能汽车评价工具还会持续完善。

9.6 智能汽车自动驾驶评价案例

智能汽车集成系统试验区 i-VISTA（Intelligent Vehicle Integrated Systems Test Area）于 2021 年 4 月正式启用《中国智能汽车指数管理办法》，测试范围包括智能行车、智能泊车、智能安全、智能交互、智能能效 5 个部分。

9.6.1 AEB 系统评价案例分析

作为 ADAS 功能的一种，AEB 能够有效地避免或减轻因驾驶员未注意到前方障碍物而可能发生的碰撞。国内 i-VISTA 于 2020 年发布车对车自动紧急制动系统（Autonomous Emergency Braking Car to Car System，AEB C2C）的试验规程和评价规程、行人与骑行者自动紧急制动系统（Autonomous Emergency Braking Vulnerable Road User System，AEB VRU）的试验规程和评价规程。AEB C2C 的目的是避免或减轻因驾驶员未注意到前方车辆而可能发生的碰撞，AEB VRU 的目的是避免或减轻因驾驶员未注意到前方行人与骑行者而可能发生的碰撞。i-VISTA在 AEB C2C 试验规程中在目标车静止场景、目标车低速场景对 AEB 进行功能试验，考察 AEB 避免碰撞或减轻碰撞效果的能力。AEB VRU 包括 AEB 行人功能试验和 AEB 自行车骑行者功能试验，考察行人和骑行者横穿和纵向追尾试验工况。

长安大学周文帅[32]首先选用 PreScan 仿真平台和 Simulink 联合仿真对 AEB 系统进行了仿真测试与分析。测试场景包括直道测试场景和十字路口测试场景。其中 AEB C2C 直道测试场景包含前车静止、前车匀速慢行、前车制动，AEB VRU 直道测试场景包含行人与测试车辆在同车道同向直线行驶、行人近端横穿车道、行人远端横穿车道。AEB C2C 十字路口测试场景包含测试车辆直行时，目标车辆对向道路直行通过十字路口、目标车辆从右侧道路直行通过十字路口、目标车辆从左侧道路直行通过十字路口，AEB VRU 十字路口测试场景包含测试车辆转弯通过十字路口时，目标行人从左侧远端直行穿过人行横道、目标行人从右侧近端直行穿过人行横道、目标行人从右侧远端直行穿过人行横道。仿真模型采用 Honda 模型、Mazda 模型、TTC 模型 3 种 AEB 控制算法，测试算法有效性并对三种控制算法进行评价分析。以 AEB C2C 前车静止场景为例，仿真结果对比如图 9 - 14 所示。

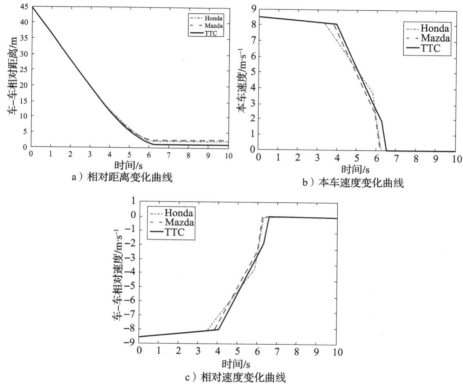

图 9-14　AEB C2C 前车静止场景仿真结果对比

根据仿真结果，试验从多方面评价 AEB 系统的性能，其中包括与目标物的相对距离、AEB 系统介入时刻、本车的制动减速度。建立三层评价模型对 AEB 系统进行综合性评价，第一层对 AEB 测试结果进行评价，第二层对每一类场景下的 AEB 测试结果进行评价，第三层对所有场景的 AEB 测试系统进行一个整体的评价。试验综合评价得分分别为：TTC 模型 78.97 分，Mazda 模型 64.53 分，Honda 模型 56.65 分，可认为 TTC 模型在试验场景中表现最优。所以后续实车试验测试车辆搭载 TTC 模型进行测试，如图 9 - 15 和图 9 - 16 所示。

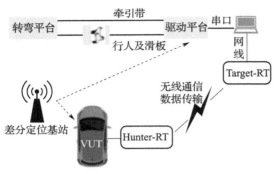

图9-15　系统总体构成

图9-16　行人控制系统整体连线示意图

实车场地测试系统总体架构包括主车控制系统、行人控制系统、RT3000、通信及定位系统。实车场地测试系统搭建后，测试场景以"测试车辆直行，行人从近端横穿"场景对不同的车速进行测试，测试车辆搭载的 AEB 控制算法为 TTC 模型。测试车辆在距离碰撞点 100m 处开始加速至匀速直线行驶，上位机实时接收测试车辆位置信息、速度信息，并控制行人驱动器使假人模型与测试车辆同时到达预设点，测试车辆识别行人后 AEB 系统的工作情况。

9.6.2　ACC 系统评价案例分析

作为 ADAS 功能的一种，ACC 通过车辆传感器直接监测汽车前方道路的交通情况，使本车与前方车辆保持合适的安全距离，进一步增强行车安全性[33]。国内 i-VISTA 发布《自适应巡航控制系统试验规程》[34]，分别在目标车辆静止、目标车低速、目标车减速、横向重叠四个试验场景对体验和安全两个维度进行测试。国外方面，欧洲新车安全评鉴协会（Euro-NCAP）发布高速公路驾驶辅助系统测试与评估协议[35]，其中包含在高速公路上 ACC 系统的表现评估方法。

重庆理工大学陈廖天歌[26]选用 4 台具有 ACC 系统的乘用车作为试验对象，采用毫米波雷达与摄像头不同组合方案的感知形式，在环境条件良好的情况下进行试验，试验场地如图 9－17 所示。试验人员均具有专业的主观评价经验以及试验场地 C2 驾照。

图9-17　试验场地

试验过程中使用假车来代替前方目标车辆，此试验采用德国生产符合 Euro-NCAP 标准的测试用假车，材料及形状完全可代替真实车辆，并且可以承受 50km/h 车速的撞击。试验场景如图 9－18 所示。

图 9-18　试验场景

　　试验对目标车静止场景、跟停目标车场景、目标车低速场景进行主观评价和客观评价，通过主客观结合的组合赋权法对评价指标进行赋权，最后得到 4 台样车的综合评价模型。主观评价中以 SAE 主观评价评分标准为基础，6 位评价人员独立打分，并进行数据处理得到主观评价分值，作为主观评价原始数据。客观评价原始数据由 RT3002 及 RT-Range 设备采集获得。

　　试验评价指标有安全性指标、舒适性指标和效率性指标，其中安全性指标包括距离碰撞时间（TTC）、车头时距（THW）、速度控制精度，舒适性指标包括减速度、减速度变化率、速度保持稳定性，效率性指标包括相对距离（跟车距离和停车距离）。确定每个评价指标的权重，采用灰色综合评价法对样车 ACC 系统进行评价，计算参考列与比较序列之间的灰色关联度，关联度越大说明该对象与最优指标越接近，评价结果就越好。试验将评价结果与 i-VISTA 评分体系下的评价结果进行对比，两者评价结果一致，如图 9-19 所示。

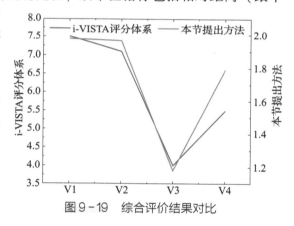

图 9-19　综合评价结果对比

9.6.3　自动泊车辅助系统评价案例分析

　　作为 ADAS 功能的一种，自动泊车辅助（Intelligent Parking Assist，IPA）系统能够在车辆泊车时，自动检测泊车空间并为驾驶员提供泊车指示和/或方向控制等辅助功能。在泊车过程中，若系统只能执行方向控制，则为半自动泊车辅助系统，若系统能同时执行方向和车速控制，则为全自动泊车系统。

　　i-VISTA 于 2018 年发布《泊车辅助系统试验规程》并于 2020 年发布新版规程。规程规定了 i-VISTA 中国智能汽车指数评价体系自动泊车辅助的试验方法，适用于整备质量不超过 3500kg 的载客车辆（M1 类）。规程内对试验场地、环境、数据精度和试验要求准备进行了相关要求，对泊车能力进行试验。泊车场景为：双边界车辆平行车位、白色标线平行车位、双边界车辆垂直车位、白色标线垂直车位、方柱垂直车位、双边界车辆斜向车位、白色标线斜向车位。

重庆交通大学闫晓雷对自动泊车辅助系统进行了测试与评价。测试场景采用常见的平行泊位和垂直泊位进行测试，试验车辆选取具有半自动泊车辅助系统的车辆。

为了对比 IPA 的泊车效果，选取 9 名不同驾龄的驾驶员进行手动泊车，根据驾龄区分驾驶技术，记录泊车数据。记录的试验数据主要包括泊车总时长、停车姿态角、揉库次数以及前/后轮距参考线的距离。

根据试验记录的泊车入位时长数据，对于驾驶技术较好的驾驶员 A 与 B，手动泊车入位时长与 IPA 泊车入位时长对比如图 9－20 所示。

对于驾驶技术较差的驾驶员，手动泊车入位时长与 IPA 泊车入位时长对比如图 9－21 所示。在泊车效果分析中，使用前/后轮距路沿间距 d_f/d_r 和停车姿态角 α 表示，α 计算可通过下式计算。l 为试验车辆轴距。

$$\alpha = \arctan\left(\frac{d_f - d_r}{l}\right) \tag{9-1}$$

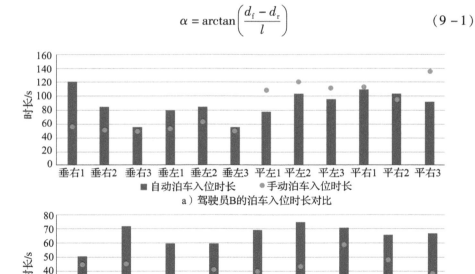

a）驾驶员B的泊车入位时长对比

b）驾驶员A的泊车入位时长对比

图9－20　驾驶技术较好的驾驶员泊车入位时长对比

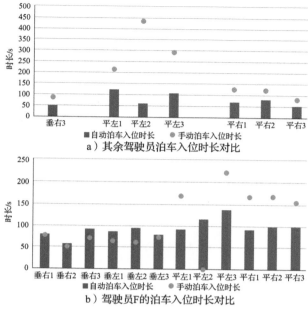

a）其余驾驶员泊车入位时长对比

b）驾驶员F的泊车入位时长对比

图9-21　驾驶技术较差的驾驶员泊车入位时长对比

根据试验记录的数据，具有较好驾驶技术的驾驶员 A 与 B 手动停车姿态角与 IPA 停车姿态角对比如图 9-22 所示。

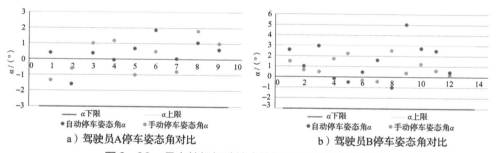

a）驾驶员A停车姿态角对比

b）驾驶员B停车姿态角对比

图9-22　具有较好驾驶技术的驾驶员停车姿态角对比

驾驶技术较差的驾驶员手动停车姿态角与 IPA 停车姿态角对比如图 9-23 所示。

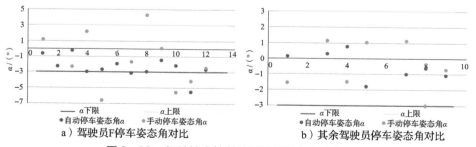

a）驾驶员F停车姿态角对比

b）其余驾驶员停车姿态角对比

图9-23　驾驶技术较差的驾驶员停车姿态角对比

泊车试验中，将泊车过程中的每前进一次和倒车一次的过程，算一次有效揉库，揉库次数能够反映当前泊车对于驾驶员的难度。对于驾驶技术较好的驾驶员 A 与 B，手动泊车入位揉库次数与 IPA 泊车揉库次数对比如图 9-24所示。

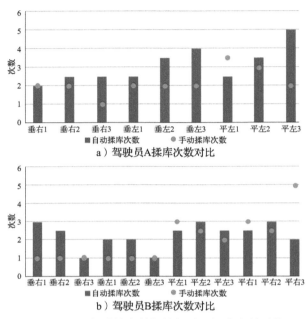

图 9-24　驾驶技术较好的驾驶员揉库次数对比

驾驶技术较差的驾驶员手动泊车入位揉库次数与 IPA 泊车揉库次数对比如图 9-25 所示。综合以上测试结果可以初步得到，IPA 系统对于驾驶技术较好的驾驶员在泊车入位时长、泊车效果和揉库次数方面并不具有明显的改善效果，但对于驾驶技术较差的驾驶员，IPA 系统对泊车总时长、泊车效果和揉库次数有着明显改善效果。

试验中评价指标分为三个层次：第一层为平行泊位和垂直泊位的综合评价，第二层为车位搜索能力和泊车能力评价，第三层为泊车时长、停车姿态角、泊车间距和揉库次数。对于每个层次，确定对应的权重，最终得到自动泊车评分和手动泊车评分。

由此可看出 IPA 系统对驾驶技术较好的驾驶员并无优势，而对驾驶技术较差的驾驶员，IPA 系统对其泊车能力提升明显，驾驶员手动与自动泊车能力评分对比见表 9-9。

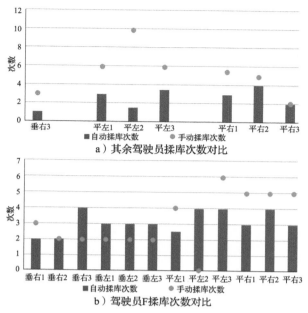

a）其余驾驶员揉库次数对比

b）驾驶员 F 揉库次数对比

图 9-25　驾驶技术较差的驾驶员揉库次数对比

表 9-9　驾驶员手动与自动泊车能力评分对比

驾驶员	自动泊车能力评分	手动泊车能力评分
驾驶员 A	35	35.4
驾驶员 B	50	54.6
驾驶员 C	35.6	31
驾驶员 D 和 E	24.4	17
驾驶员 F	46	26.8
其余驾驶员	32.8	12.2

9.6.4　换道辅助系统评价案例分析

换道行为是导致交通事故的重要原因之一。换道过程中需要考虑相邻车道的车辆状态及道路情况，传统的人-车-路系统中，驾驶行为作为系统输入量受驾驶员的驾驶风格影响，因不同的驾驶员对相同的驾驶场景会做出不同的驾驶行为，在传统汽车的换道辅助系统测试过程中，往往需要对驾驶员风格进行分类和测试，而在智能汽车的换道辅助系统测试过程中，车辆感知系统代替驾驶员完成对车辆周围环境的认知过程。周竞[36]针对换道辅助系统，使用 V-box及 i-tester 进行测试，其中，V-box 获取本车速度和目标车辆的相对位置信息，i-tester 用于采集换道过程的总线及视频信息。换道过程主要通过 HMI、系统功能逻辑、系统性能三个方面进行评价。其中 HMI 重点评价人机交互形式及符合性，评价内容包括功能开关、按键形式、交互方式等。系统功能逻辑性能主要考虑换道过程中影响安全、算法、控制等的因素。车速、车道类型、车道线、转向灯状态等均可作为换道辅助系统某一逻辑状态跳转的条件。性能评价是评估换道过程的时间、换道等待时间、侧向加速度变化范围、相邻车道有车可激活的最小 TTC 及最小距离、本车道前车减速时可激活的最大减速度，以上参数均对乘员的乘坐舒适性及安全感具有直接影响，换道辅助测试场景评价内容如图 9 - 26 所示。

测试场景	HMI	变道成功
		变道失败
	功能逻辑	激活前抑制条件
		激活中抑制条件
		车道线识别
		弯道激活
		BSD报警
		转向灯
		安全带
		制动
		四门两盖
	系统性能	无其他车辆
		相邻车道前方车辆
		相邻车道后方车辆
		本车道前方车辆

图 9-26　换道辅助测试场景评价内容

HMI 测试结果示例如图 9 - 27 所示，按照测试用例测试了主车分别向左、右换道成功及失败的显示情况，在显示仪器上，测试结果表明车辆换道过程中显示换道方向蓝色指示箭头，换道侧车道线由蓝虚线变为蓝色实线，换道过程实时显示车辆与车道线相对位置关系。由此可见，HMI 具有较好的交互性。

图 9-27　HMI 测试结果示例

在功能逻辑测试方面，按照测试用例进行系统功能逻辑的测试，测试结果表明车辆的换道行为符合驾驶员操作习性：虚线可以换道，实线不可换道，可换道车速区间车辆可以换道，可换道车速区间外不可换道，有交通参与者 BSD 报警情况下不可换道，有交通参与者 BSD 未报警情况下换道；驾驶员脱手情况下不可换道；驾驶员主动操作方向盘，系统退出，车道线显示为灰色，功能逻辑测试结果示例如图 9-28 所示。

图9-28　功能逻辑测试结果示例

性能测试评价主要考察换道过程的安全性和舒适性，测试结果显示车辆传感器感知距离远，车辆换道过程中侧向速度及侧向加速度与温和驾驶员驾驶习惯类似，换道过程舒适性好，侧向速度及侧向加速度分布区间集中，系统换道过程一致性好，单次换道时间集中在 10s 左右，换道等待时间集中在 4s 左右，如图 9-29 所示。

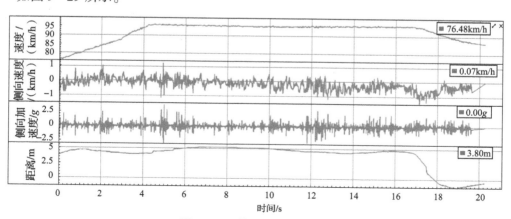

图9-29　换道过程性能对比

9.6.5　智能座舱系统评价案例分析

随着智能显示、人工智能技术的发展，智能座舱呈现大屏化发展，包括智能语音交互、网络互联等技术不断引入智能座舱设施中，汽车人机交互（Human Machine Interaction，HMI）相关研究也成为交互领域的研究热点[37]。智能座舱测试过程主要围绕基本功能和更高级的性能展开。智能座舱的功能测试包括 HMI 界面切换、语音交互、外设交互、电压适配。其中，HMI 界面切换主要测试 HMI 滑屏切换、界面层验证、界面元素拖拽、界面一致性验证。语音交互主要验证语音合成、语音识别、语义识别、语音识别率、多语种多方言交互测试。外设交互包括外置移动 U 盘、智能移动终端，主要验证 U 盘媒体播放、U 盘通断、移动终端互联功能。电压适配主要验证智能座舱的电压适应能力，对不同电压环境、不同供电条件下的功能状态进行测试。完成智能座舱的基本功能测试后，需要对智能座舱更进一步的性能进行测试，主要围绕智能座舱稳定性、可靠性、用户体验方面展开测试。

智能座舱人机交互布局设计的最终目标是寻找多个设计问题的最优解，其中一个设计目标的优化往往会以其他设计目标的优化为代价，同时各个目标的单位往往不一致，难以同时达到最优解。西北工业大学王亚辉[38]使用 3 款已经量产的主流智能汽车特斯拉 Model S（图 9 - 30a）、蔚来 ES8（图 9 - 30b）、比亚迪唐 2 代（图 9 - 30c）作为智能座舱评价对象，三款汽车均包含较大的中控屏，并且人机交互布局也各不相同。试验邀请 15 名用户进行驾乘体验，此外邀请 5 名汽车人机交互设计专家对智能汽车进行体验。

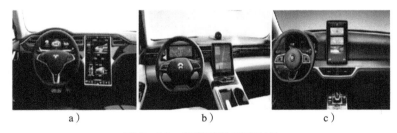

图 9 - 30　智能座舱评价对象

试验第一部分通过深度访谈确定用户模型，第二部分通过实境观察法和情境综合评估，进行无干预真实驾驶情境人机交互试验和指定任务真实驾驶情境人机交互试验。具体试验细节本书不再赘述。

交互式功能测试系统将用于智能座舱系统的用户界面（UI）功能验证、耐久性、响应时间、流畅度、语音交互、手机交互、CAN 通信交互等。系统通过人工向座舱系统发送音频指令，座舱系统识别音频指令后进行界面响应，由工业摄像头采集图像，分析判断界面响应是否准确；拾音器采集座舱系统发出的反馈音频，分析验证座舱系统的音频响应逻辑，语音交互功能测试系统架构如图 9-31 所示。

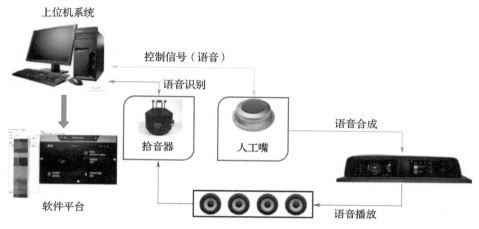

图 9-31　语音交互功能测试系统架构

　　除了客观的评价参数，智能座舱也需要从乘客主观感受进行性能评价，包括座舱功能配置、外观表现、易用性、创新性、驾驶干扰、稳定性等。

　　外观表现评测主要从美观性、豪华感、易用性、创新性 4 个维度进行指标设计。美观性考虑外观形状、UI/用户体验（UE）设计，颜色配置等直观的美学感受。豪华感侧重于座舱产品用料、界面设计、喇叭音质等展现的触感、视觉、听觉等切身感受。易用性体现在用户操作界面的友好性和便捷性。创新性考量智能座舱技术给乘客带来的主观科技感和新性能。驾驶干扰测评主要考虑在驾驶过程中，座舱功能对驾驶员的驾驶干扰。

9.6.6　自动驾驶系统评价案例分析

　　在本案例中，以 L2 级自动驾驶系统的基本功能测试评价为例，参考重庆大学黄丽相关研究[39]。首先，根据 L2 级自动驾驶系统基本功能验证的需求挑选测试场景，然后确定测试场景的静态交通要素，并以此为基础设计每一类场景下所需的车辆运行参数、车辆间相对参数等，进而形成测试用例。当主车直行，处于车道保持模式时存在一辆干扰车，主车与 C1 干扰车的组合可测场景有 6 种，L2 级基本功能测试场景见表 9-10。

表 9 – 10　L2 级基本功能测试场景

功能	场景编号	场景名称	场景描述
自适应巡航 + 车道保持	A21	跟车行驶	主车跟随前方一辆干扰车行驶
	A22 *	前车切出	主车跟随前方干扰车行驶，干扰车换道切出
	A23	前车掉头	主车跟随前方干扰车行驶，干扰车向左掉头
	A24	前车倒车	主车巡航行驶，遇前方干扰车倒车
	A25	前车静止	主车巡航行驶，遇前方静止干扰车
	A26	前车逆行	主车巡航行驶，遇前方干扰车逆行

以跟车行驶场景（A21）为例，跟车行驶场景用于测试自动驾驶车辆的跟车性能，如走停功能、紧急制动等。

具体工况如下：主车与前方干扰车位于同一车道，在此时干扰车以确定的初始速度行驶，测试主车稳定跟随在后方，干扰车以给定减速度减速至停车，且在给定的停车时间后加速起动至之前的初始速度，恢复初始行驶状态。

试验中，干扰车车速参考 ASSESS 项目，定为城市直线路段 30km/h、50km/h 以及 70km/h。干扰车加速和减速的加速度定为 2.5m/s² 和 – 4m/s²。干扰车停车时间定为小于 3s 和大于 3s。主车车速设为比干扰车车速高 10km/h。为了模拟持续走停过程，试验中车速设定为：70km/h 稳定车速制动停车，加速至 50km/h 稳定车速后制动停车，加速至 30km/h 稳定车速后制动停车，最后再起步至 50km/h 稳定车速后制动停车，走停场景测试用例参数见表 9 – 11。

表 9 – 11　走停场景测试用例参数

道路类型	主车设定 车速/ (km/h)	主车设定 跟车时距	干扰车变化 速度/(km/h)	干扰车起 步加速度/ (m/s²)	干扰车停 车减速度/ (m/s²)	干扰车停 车时间/s
直道路段（双车道，>1000m）	80	最大/最小	70 – 0 – 50 – 0 – 30 – 0 – 50	1.5 ~ 2.5	– 4 ~ – 2	< 3
弯道（双车道，直道过渡，半径分别为 250m, 500m, >500m）	80	最大/最小	70 – 0 – 50 – 0 – 30 – 0 – 50	1.5 ~ 2.5	– 4 ~ – 2	< 3
	80	最大/最小	70 – 0 – 50 – 0 – 30 – 0 – 50	1.5 ~ 2.5	– 4 ~ – 2	> 3

对于直道跟车走停场景采用 CarSim 和 Simulink 进行仿真试验。在该场景中，参照表 9 – 11 中的直道部分的参数进行仿真。具体直道跟车走停工况如图 9 – 32 所示，分别为：目标车稳定行驶时间 5s、停车时间 2s 仿真结果；目标车稳定行驶时间 5s、停车时间 5s 仿真结果；目标车稳定行驶时间 10s、停车时间 5s 仿真结果。

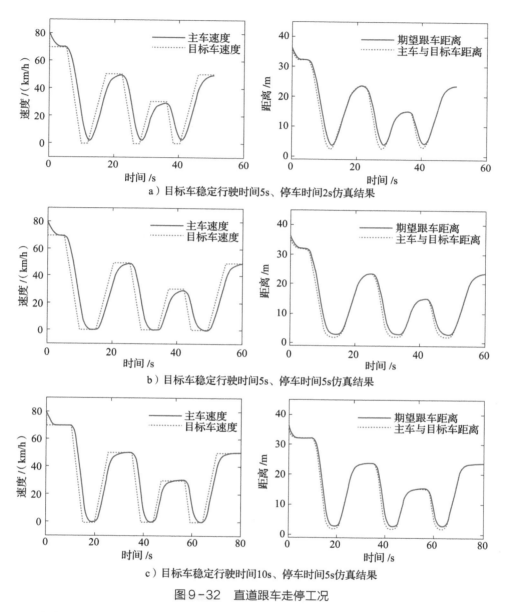

a）目标车稳定行驶时间5s、停车时间2s仿真结果

b）目标车稳定行驶时间5s、停车时间5s仿真结果

c）目标车稳定行驶时间10s、停车时间5s仿真结果

图9-32　直道跟车走停工况

　　本章首先介绍了现有的智能汽车测试评价标准规范，以及现在主流的测试方法，明确了现有智能汽车测试的技术路线。然后，对现有的智能汽车评价方法和体系进行归纳，分析了智能汽车的主客观评价方法以及基于数据驱动的评价方法。最后，针对典型的智能汽车行驶工况进行测试评价案例分析，给出部分典型工况下具体的测试评价步骤流程。由智能汽车评价的整个过程可以看出，智能车测试与评价体系还需要持续完善，准确、客观、公正地测试与评价智能

汽车的功能和表现有利于行业的健康发展，高效、权威的测试评价方案同样是高级智能汽车大规模商业化落地前亟待解决的任务。

参考文献

[1] 陈宁，徐树杰. 智能汽车传感器技术[M]. 北京：机械工业出版社，2020.

[2] SAE. Taxonomy and Definitions for Terms Related to On - Road Motor Vehicle Automated Driving Systems：SAE J3016—2021［S］. Warrendale：SAE International，2014.

[3] 全国汽车标准化技术委员会. 汽车驾驶自动化分级：GB/T 40429—2021[S]. 北京：中国标准出版社，2021.

[4] 俞庆华. 集资本之力，领航创新——2017 国际智能网联白皮书正式发布[J]. 汽车零部件，2017(1)：69.

[5] 中国电子信息产业发展研究院. 智能网联汽车测试与评价技术［M］. 北京：人民邮电出版社，2017.

[6] 李如冰. 面向自动驾驶测试需求的测试场规划方法研究[D]. 上海：同济大学.

[7] 中国电动汽车百人会，腾讯，中汽数据. 中国自动驾驶仿真技术蓝皮书［Z］. 2020.

[8] OLMA S, KOHLSTEDT A, TRAPHöNER P, et al. Observer-based nonlinear control strategies for Hardware-in-the-Loop simulations of multiaxial suspension test rigs [J]. Mechatronics, 2018, 50：212-224.

[9] BAUMGARTNER E, RONELLENFITSCH A, REUSS H - C, et al. A perceptual approach for evaluating vehicle drivability in a dynamic driving simulator [J]. Transportation Research Part F：Traffic Psychology and Behaviour, 2019, 63：83-92.

[10] 秦风. 无人车硬件在环的虚拟测试系统研究［D］. 西安：长安大学，2021.

[11] 交通运输部办公厅. 自动驾驶封闭测试场地建设技术指南[Z]. 2018.

[12] SCHLUSE M, ROSSMANN J. From simulation to experimentable digital twins simulation-based development and operation of complex technical systems[C]//Proceedings of the 2nd Annual IEEE International Symposium on Systems Engineering (ISSE). New York：IEEE, 2016. DOI：10.1109/SysEng. 2016. 7753162.

[13] TUEGEL E J, et al. Reengineering aircraft structural life prediction using a digital twin [J]. International Journal of Aerospace Engineering, 2011. DOI：10.1155/2011/154798.

[14] GLAESSGEN E H, DAVID S. The digital twin paradigm for future NASA and US air force vehicles [C]//Proceedings of the 53rd AIAA/ASME/ASCE/AHS/ASC structures, structural dynamics and materials conference. New York：AIAA, 2012. DOI：10.2514/6. 2012-1818.

[15] 杨林瑶，陈思远，王晓，等. 数字孪生与平行系统：发展现状、对比及展望[J]. 自动化学报，2019, 45(11)：31.

[16] 王庆涛，周正，李超，等. 数字孪生技术在自动驾驶测试领域的应用研究概述[J]. 汽车科技，2021, (2)：11-15.

[17] 申静峰. 自动驾驶汽车车辆在环测试方法研究[D]. 长春：吉林大学，2021.

[18] 葛雨明，汪洋，韩庆文. 基于数字孪生的网联自动驾驶测试方法研究[J]. 中兴通讯技术，2020, 26(1)：25-29.

[19] 管欣，洪峰，贾鑫，等. 基于分层信息数据库的智能车仿真环境感知方法研究[J]. 汽车工程，

2015，37（1）：43 – 48，61.

[20] 赵祥模，承靖钧，徐志刚，等. 基于整车在环仿真的自动驾驶汽车室内快速测试平台[J]. 中国公路学报，2019，32（6）：124 – 136.

[21] 罗荣华. 基于中国人体特征的 AEB 假人开发研究[D]. 长沙：湖南大学，2020.

[22] 雷斌，刘德帅，梁荣亮，等. 浅谈汽车主观评价工程师基本素质要求[J]. 中国汽车，2020，（10）：33 – 37.

[23] SAE. Subjective rating scale for vehicle handling：SAE J1441—2016［S］. Warrendale：SAE International，2016.

[24] SAE. Subjective rating scale for evaluation of noise and ride comfort characteristic related to motor vehicle tires：SAE J1060—2000［S］. Warrendale：SAE International，2000.

[25] 贝尔恩德·海森英，汉斯·于尔根·布兰德耳. 汽车行驶动力学性能的主观评价[M]. 石晓明，陈祯福，译. 北京：人民交通出版社，2010.

[26] 陈廖天歌. 汽车自适应巡航控制测试评价方法研究[D]. 重庆：重庆理工大学，2022.

[27] 许树柏. 层次分析法原理[M]. 天津：天津大学出版社，1988.

[28] 黄涛，赵媛，耿晶，等. 数据驱动的精准化学习评价机制与方法[J]. 现代远程教育研究，2021，33（1）：3 – 12.

[29] 余唯之，苏奕敏，王琳. 自动驾驶测试评价研究综述[J]. 系统科学与数学，2022，42（3）：495 – 508.

[30] 51VR. 中国自动驾驶仿真技术研究报告（2019）［R］. 北京：51VR，2019.

[31] EBERLE U，SCHDLER O，et al. Automated driving and development processes-A brief look beyond［Z］. 2017.

[32] 周文帅. 基于典型测试场景的自动驾驶汽车紧急制动系统测试评价方法研究[D]. 西安：长安大学，2021.

[33] 高振海，吴涛，尤洋. 基于粒子群算法的汽车自适应巡航控制器设计[J]. 农业机械学报，2013，44（12）：11 – 16.

[34] 中国汽车工程研究院股份有限公司. 自适应巡航控制系统实验规程［Z］. 2018.

[35] Euro-NCAP. Highway assist systems test&assessment protocol［Z］. 2020.

[36] 周竞，张强，黄俊富，等. 换道辅助系统测试评价技术研究[J]. 时代汽车，2022，（8）：186 – 189.

[37] GKIKAS N. Automotive ergonomics：Driver-vehicle interaction［M］. New York：CRC Press，2012.

[38] 王亚辉. 智能汽车座舱人机交互认知机制与评价方法研究[D]. 西安：西北工业大学，2019.

[39] 黄丽. 部分自动驾驶汽车场地测试与评价研究[D]. 重庆：重庆大学，2018.

第 10 章
智能汽车驾乘舒适性测试
与评价

10.1　概述

随着科技的飞速发展，以及人们生活水平的提高，车辆驾乘人员对座椅舒适性的要求日益增加，人们对人机关系的研究已然从"人适机"进入"机宜人"的阶段。车辆驾乘人员背部、腰部、臀部以及大腿部等与座椅长时间接触，易引发肌肉疲劳，造成旅途劳累，甚至引发腰椎间盘突出等驾驶职业病。因此，高乘坐舒适性、良好的汽车人机交互不仅是提升车辆驾乘人员的乘坐体验感，降低驾驶疲劳的关键，也是研发高品质汽车座椅的关键，是车用座椅，甚至整车产品形成市场竞争力的关键。

在当今汽车设计过程中，有关人性化的设计和发展已经得到了更多的关注。经过多年的发展，我国整车厂已经拥有了丰富的主观评价试验规范并积累了大量的调校经验，可以利用评车师的心理主观感觉打分评价人机操纵的便捷舒适性能。但同时在实际工程实践中也发现汽车人机交互技术本地化开发缺乏基础数据支撑，尤其缺乏涉及生物力学、心理生理学等多学科基础理论。

为此，本章将从汽车人机交互开始介绍，以人机工程学为理论基础，以优化良好人机性能和人机相宜性为目标，将驾乘人员的骨肌运动控制及其生物电仿真与实测研究推广应用于智能汽车舒适性设计上，重点围绕基于驾乘人员生理特性的汽车舒适性设计方法及应用展开说明。

10.2　智能汽车乘坐舒适性研究方法和评价

不舒适的汽车座椅设计很容易就会影响到驾乘人员身体健康。在当今社会中，驾车出行由于它的方便、快捷已经成为人们首选的出行方式。无论是驾车代步的上班族还是以驾车为职业的出租车驾驶员或者客车/货车驾驶员，长时间驾驶导致的驾驶员身体隐性损伤等疾病也逐渐显现出来，因此如何减缓这种隐性的身体生理损伤是当前人机工程学和医学研究的共同热点之一。

引发如低背痛等职业病的主要原因之一就是长期处于坐姿工作状态，而汽车在使用过程中正是要求驾驶员长时间保持一种驾驶姿态。并且有大量的调研结果显示，由于驾驶员所处的工作环境的特殊性，即长期保持坐姿工作状态，所以从事驾驶工作的人群更容易患有低背痛等职业病，并且发病的概率明显高于非驾驶的人群。1982 年，Laursen 和 Netterstrom 在哥本哈根市对 50 岁以上的公交车驾驶员进行调查发现，在所有离职原因是肌肉和骨骼系统疾病的驾驶员中，有 3/4 的驾驶员是因为患有腰部疾病而选择离开了工作岗位。1994 年，Hales 和 Bernard 就提出长时间处于坐姿状态有可能引发低背痛等疾病。1998 年，日本《汽车管理》杂志中有文章曾为了调查日本职业汽车驾驶员的腰痛情况，抽样选取了 93 名职业汽车驾驶员进行问卷调查，其中有 80% 以上的职业汽车驾驶员表示曾经经历过腰痛。1999 年，于红等人则根据 20 世纪 80 年代后的相关文献提出，腰痛病在汽车驾驶员中的发病率为 57%～82%，这一数值明显高于非驾驶的人群，其中，据不完全统计，从事驾驶重型工程车辆和履带车辆的驾驶员腰痛患病率甚至高达 80%。2010 年，林芬等人曾对汕头市长途汽车驾驶员人群做过职业病方面的调查，结果显示，对照组（即非驾驶人群）中患颈肩痛比例为 9.2%，而患腰腿痛的比例为 6.1%，但是在长途汽车驾驶员人群中患颈肩痛比例为 17%，而患腰腿痛的比例为 17.6%，比例数值明显增加。也有学者研究过历史性的久坐工作与低背痛的发病率和椎间盘蜕变之间的关系。研究表明，当人体处于坐姿状态时，椎间盘处于持续压缩状态，这将阻碍血液流向椎间盘，从而造成椎间盘的缺血和营养不良[1]。

不舒服的汽车驾驶座椅设计极易令驾驶员产生驾驶疲劳，因为处于不舒服驾驶姿态的驾驶员经常要调整他们的坐姿以减缓不适，这就使其注意力不能全部集中在驾驶汽车上，也不能及时提早发现道路上的任何突发状况。若要长时间处于这种驾驶状态，驾驶员的不舒适感将会被放大，从而容易使驾驶员的心理和生理产生疲劳。因此不舒适的驾驶员座椅也会为路面上的交通安全埋下巨大的隐患，也就增大了发生交通事故的可能性。英国交通研究试验室曾做出数据统计，驾驶疲劳所引起的驾驶员误操作导致的路面交通事故占到全部路面交通事故的 10% 以上；美国 NHTSA 也曾进行过类似的统计，一年之中仅仅在美国本土驾驶员驾驶疲劳所引发的车祸就有将近 10 万起，而在所有碰撞致死的事故中有 3.1% 是疾病或者疲劳所引发的；而日本类似的统计显示，驾驶员疲劳驾驶引发的交通事故占全部事故总量1%～1.5%；同样法国国家普察总署事故统计报告指出，驾驶员驾驶疲劳导致的交通意外占死亡事故的20.6%，占人身伤害事故的14.9%。无独有偶，我国针对交通事故的统计数据也表明主要由驾驶员本身导致的交通事故占所有道路交通事故总数的90%，而就在这些事故中，由于驾驶员长时间驾驶产生疲劳所发生的意外又占到了相当大的比例。例如，2013年上半年在湖南省高速公路上发生的300多起产生人员伤亡交通事故中，就有1/5的事故是驾驶员疲劳驾驶所引发的。因此，如何有效地减缓驾驶员在驾驶过程中产生疲劳，提高驾驶员的警觉性，从而提高安全驾驶的能力，已经成为人们所关心的主要话题之一。

目前，西方发达国家因更早地认识到汽车座椅对人们日常生活有着极其重要的影响，它不仅影响驾驶员自身的健康，也影响着道路上其他人员的人身安全，所以发达国家在汽车驾驶座椅的人性化研究方面早已投入巨大的人力、物力，发展也较为超前。而我国在此类相关研究上相对比较滞后。尽管国家已经制定了很多的相应设计标准和功能尺寸的标准来规范座椅的设计与生产，但仍然存在一些不足之处。

首先，座椅设计中绝大多数的标准都是来源于人体测量学，但是对于座椅与人体接触面的具体因素，如软硬程度、形状大小等方面都难以得知。

其次，对于长期处于驾驶姿态的驾驶员来说，最容易产生肌肉疲劳的部位主要是其腰背部、臀部、大腿等，这主要是因为其长时间与椅面接触，所以会产生供血不足等生理上的变化，但是驾驶座椅的人机性能改进往往是最困难的，也经常因为评价模型的缺失而难以进行。因此，在座椅的实际生产设计中往往存在着设计质量与水平不高导致的多次返工，从而造成研发周期较长、成本不断增加的现象。

产生驾驶疲劳的一个重要方面就是肌肉疲劳。因为驾驶员肌肉疲劳与维持驾驶姿势和执行驾驶操作直接相关，姿势维持引发静态肌肉负载时肌肉等长收缩做静力施力，而由实际操作引发动态肌肉负载时肌肉向心收缩做动态施力。故在实际驾驶作业中的驾驶负担由人－车－路三元系统共同决定，表现为驾驶员肌肉骨骼生物力学系统所受的外载荷，特别地表现为载荷种类、强度、施加频度和暴露时间等四类要素的综合作用。目前，仍缺乏客观定量地描绘驾驶员肌肉疲劳的方法和实用模型。

综上所述，由于不合理的汽车座椅设计造成驾驶员身体生理上的不舒适以及驾驶疲劳是影响汽车乘坐舒适性、汽车驾驶安全性和驾驶员职业健康的重要因素之一。不合理、不舒适的汽车座椅不仅会让消费者降低购买欲，也容易使驾驶员产生驾驶疲劳进而影响交通安全，而且长时间驾驶导致的肌肉疲劳累计会引发身体生理上的病变等，如腰背痛和颈肩痛。如何通过客观定量的评价方法对驾驶空间布置和驾驶座椅属性进行优化，以减缓持续驾驶条件下驾驶疲劳的发展进程，成为汽车人机工程领域的重要问题。汽车座椅的舒适性是评价一个汽车座椅好与坏的重要评价指标之一。在多年的研究中，人机工程学也一直没有对舒适性达成一个较为统一的定义。其实所谓舒适性就是人体的主观感受。早在 1969 年，Branton 就曾经指出将舒适性看作非常舒适或是能够引起疼痛感的极端不舒适这两种极端都是不合理、不合适的。舒适感应该是一种连续的主观体验感，既然座椅并不能够主动对坐在其上面的人体增加好的感觉，那就不如将一个我们所谓的好的座椅定义为它能够做的就是不会引起人体产生不舒适的感觉。1972 年，Hertzberg 干脆就直接将不存在不舒适的感觉作为舒适感的定义。但是舒适感的存在与否并不取决于不舒适感，也不会因为没有不舒适的感觉而自然而然地产生。2003 年，De Looze 等人在总结前人研究的基础上，对舒适性做出了如下的解释：舒适是人对自然的一种主观感受；舒适会受到许多种不同因素的影响而发生改变，其中包括但不仅限于生理方面、心理方面、物质方面；舒适是人对环境的一种反应。而这一解释得到了大多数人的认同。

综上所述，由于工作需要具有可重复性的、可靠的数据或者试验方法，不舒适感测量的存在恰恰满足这样的需求，故本书以 Hertzberg 的理论作为参考，即舒适感就是不存在不舒适感这一定义，该定义也得到大多数研究人员的认可。

针对汽车座椅舒适性的基本要求如下：

1）外形，座椅外形美观，符合人体生理轮廓，即可使用不同身材的驾乘人员。

2）负荷，座椅可以有效地将驾乘人员的生理疲劳程度限制在较小的程度范围之内。

3）材料，座椅材料的透气性好、热舒适性好、透湿性好。

10.2.1 智能汽车座椅主观舒适性测试与评价

智能汽车目前应用较多的主观评价的方法主要是在各个厂商和研究所之中采用的主观调查表，这个主管调查表可以用来记录受试人员的主观感受并对这些感受进行不同等级的区分。1997 年，Helander 为了建立一个从多维度、多角度对办公桌座椅进行评价的一个比较完善的主观评价体系，同时采用了 3 种不同的主观评价量表。这其中包括 Shackle 等人提出的通用舒适度尺度（General Comfort Rating Scale，GCR）、Corlette 和 Bishop 提出的局部不舒适性尺度（Body Part Discomfort Scale，BPD），以及 Zhang 等人提出来的座椅评价表单（Chair

Evaluation Checklist，CEC）。Helander 通过对上述 3 种不同的舒适度尺度量表进行系统分析与研究之后，又提出了一种新的 CEC 修正量表，他称之为 final CEC，即在 CEC 的基础上将问题的数目进行了简化，减小到了 12 个，并对其中部分问题进行了修改。

综上所述，有很多的学者使用不舒适研究代替舒适性的评价，从而就有了 Smith 问卷，总结归纳了 20 个影响座椅舒适性的因素，建立了汽车座椅的不舒适性问卷（Automotive Seating Discomfort Questionnaire，ASDQ）。王明扬等人在 Smith 问卷的基础上结合主观知觉评价表（Rating of Perceived Exertion，RPE），针对办公室座椅的舒适性，通过评价不同坐垫、椅背的设计参数对修正后 ASQD 和 RPE 等的效果来进行分析。余江鸿等人则是通过寻找体压分布的指标与不舒适度的主观评价之间的关联，利用 BP 算法搭建出了一个汽车驾驶座椅静态舒适度的客观评价模型。

图 10-1 所示为目前引用较多的 Hartung 身体分区和 CP50 量表[2]，采用该量表对受试者的各身体部位进行舒适性评价，从"没有不舒适"到"非常严重不舒适"，最大打分值设定为 50，但若受试者的感受超过设定值，可以根据主观判断给出更高的测评结果；2006 年，Mergl 等人在采用 Hartung 的身体分区和 CP50 量表测定身体各部位不舒适性主观感觉的同时，运用四分制量表进行了总体舒适性的评价；2016 年，Fang 等人使用五阶李克特量表对受试者肩部至大腿部的主观舒适性进行评定，并测定了座椅的整体舒适性，座椅一般舒适度评价量表见表 10-1。

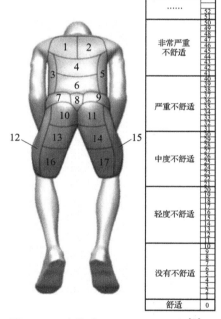

图 10-1 身体分区和 CP50 量表[2]

表 10-1 座椅一般舒适度评价量表

等级	描述	等级	描述
1	感觉完全放松	7	感觉拘谨
2	感觉极为舒适	8	感觉僵硬
3	感觉颇为舒适	9	感觉麻木或如坐针毡
4	感觉有点舒适	10	感觉酸痛和触感
5	感觉不舒适	11	感觉疼痛难以忍受
6	感觉不安和烦躁		

关于汽车座椅舒适性主观评价问卷的研究，1998 年，Park 等人运用主观评价问卷对座椅的舒适性进行评定，问卷一共包含 23 个问题，实测时受试者对每个座椅的特征逐项进行评分，评定分值从 1 到 5。其中，1 表示最差的满意度，5 表示最高满意度；2006 年，Smith 等人通过对座椅舒适性影响因素的总结归纳，构建了汽车座椅不舒适性问卷（Automotive Seating Discomfort Questionnaire，ASDQ）；2008 年，Janwantanakul 等人运用描述性横断面问卷调查的方法，对 54 个地区的 2000 名测试者各身体部位出现不舒适性的比率进行了测试；2015 年，Mastrigt 等人[3]运用十分制的调查问卷对舒适性进行了测试，其中，1 分代表一点也不舒适，10 分代表极度舒适，1~10 分是舒适度的连续状态。

10.2.2　智能汽车客观舒适性测试与评价

所谓客观评价方法就是用数据分析的方法通过记录人体的部分相关数据、人体的行为数据、生理变化数据等来考量分析人体的舒适程度。目前主要的客观评价方法有体压分布分析、驾驶姿势舒适角度分析、计算机辅助工程（CAE）（包括有限元分析等）、基于生理信号的分析法（包括脑电图、心电图、肌电信号、动脉血液氧饱和度等）、热舒适性评价等。

1. 体压分布分析

体压分布的定义就是当人落座于座椅上时，人体与座椅之间相互接触的部位处的压力分布，它与人的身材、坐姿，座椅的形状、材料等有着密不可分的联系，所以测量体压分布数据也是当前评价座椅舒适性的主要方法之一。

早期的关于乘坐舒适性研究大多集中在压力与不舒适感之间的关系。文献资料调查表明，在所有的客观评价方法中，压力和不舒适感的关系最为显著。国外很早就已经开始关注汽车座椅的乘坐舒适性并及时地开展了相关的研究。早在 1995 年，Kuntal Thakurta 等人为了研究对比分析长途驾驶和短途驾驶过程中驾驶员的乘坐舒适性，他们一共记录了 36 名驾驶员的主观评价，与他们的肩部、腰部、坐骨节点以及大腿部的体压分布数据进行综合分析搭建了评价方法。1997 年，Park 与 Kim 就在文章中提出了理想的体压分布图，也就是让人感到舒适的座椅椅面上的压力分布图，它应该是以坐骨结节处为中心逐渐向外扩散的且呈均匀分布的一种对称的图案；而对于那些呈现出不对称的压力分布图的座椅，其舒适度也绝不会很高。此理论在座椅的靠背上也同样适用。而在国内，1997 年，徐明就率先提出了体压分布中的 8 个指标：平均压力（Pv）、最大压力（Pm）、纵向压力分布曲线（PL）、纵向力矩分布曲线、最大压力梯度（Gm）、平均压力梯度（Gv）、侧倾稳定性系数（S）和不对称系数（Cu），可以用来评价座椅的乘坐舒适性，并结合座椅舒适性对以上的 8 个指标的物理意义进行了初步的分析。这也是国内研究体压分布的先驱。

Hartung 通过绘制人体理想体压分布图从而用来指导座椅的外形轮廓的设计[4]，如图 10-2 所示。Zenk 则在宝马 7 系的试验车上做体压分布的试验。这款车的皮质座椅可以进行 16 自由度的调节，使人体可以达到一个理想的体压分布，根据图 10-2 所提供的理想座椅指标，真实的驾驶座椅上的压力分布 54% 是臀部支撑，6.4% 是大腿前部的压力支撑。

Akgunduz 等人通过对同一试验员在 3 款不同的驾驶座椅上椅面和椅背的接触压力、接触面积、峰值接触压强和平均接触压强共 4 个指标进行对比分析，分别在不同座椅靠背倾角、

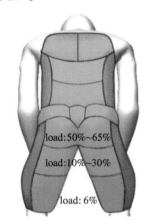

图 10-2　人体理想体压分布图[4]

不同驾驶员膝关节夹角和不同座椅高度时，研究对比分析这 4 个指标以及他们的体压分布图，从而判断这 3 款座椅的舒适程度[5]。具体如图 10-3 所示。

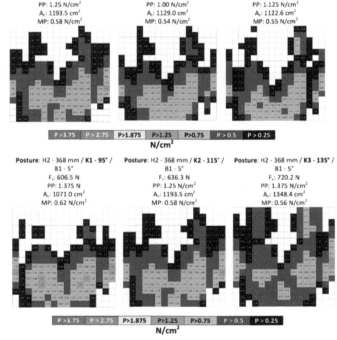

图 10-3　不同状态下的体压分布图对比[5]

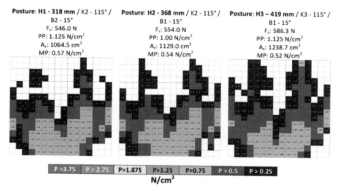

Posture: H1 - 318 mm / K2 - 115° / B2 - 15°
F_c: 546.0 N
PP: 1.125 N/cm²
A_c: 1064.5 cm²
MP: 0.57 N/cm²

Posture: H2 - 368 mm / K2 - 115° / B1 - 15°
F_c: 554.0 N
PP: 1.00 N/cm²
A_c: 1129.0 cm²
MP: 0.54 N/cm²

Posture: H3 - 419 mm / K3 - 115° / B1 - 15°
F_c: 586.3 N
PP: 1.125 N/cm²
A_c: 1238.7 cm²
MP: 0.52 N/cm²

| P >3.75 | P > 2.75 | P>1.875 | P>1.25 | P>0.75 | P > 0.5 | P > 0.25 |

N/cm²

图 10-3　不同状态下的体压分布图对比 [5]（续）

　　王正华、喻凡等人则从人体脊柱的生理结构上分析腰托装置的存在与否对人体乘坐舒适性的影响，通过在座椅上安装压力坐垫，测试座椅靠背有腰托和没有腰托时人体的压力分布变化情况，从而进行客观评价分析。结论得出，人体靠背主要的受力点就在腰曲部位，故腰曲部位的支撑很关键，若此处承载的压力最大，并从此向外逐渐减小，则意味着这是一个较为理想的舒适性座椅。

2. 驾驶姿势舒适角度分析

　　静态驾驶姿势舒适角度的主要研究内容是通过测量驾驶员处于驾驶姿势时身体各个部位之间所呈现的角度与舒适度之间的关系，进而推理出座椅各组成部位与人体生理结构之间的几何关系，最终可以得出驾驶员以何种驾驶姿势进行作业时可以最大程度地减缓疲劳的发生。

　　驾驶姿势舒适角度定义是使人体各个组织承受的压力最小时的关节角度，从而得到的不舒适度也最小。早在 1975 年，Rebiffe[6] 就以人体的生物力学模型和简单的几何结构为基础分析驾驶员的操作动作，提出了人体各个关节之间夹角的推荐值可以使人体处于较为舒适的驾驶姿势。Grandjean 在 Rebiffe 的基础上也得到了他认为的驾驶姿势舒适角度。Ellegast 通过测量肌电信号、人体坐姿各关节角度等研究了不同坐姿对人体肌肉的影响。2000 年，Park 等人为了得到最舒适的适合韩国人的驾驶姿势角度，通过搭建的驾驶姿态监视系统（Driving Posture Monitoring System，DPMS）观察试验员的动作，从而通过三维动作分析和调查问卷等方式最后总结出最合适的人体各关节角度[7]。德国的 Kilincsoy 和意大利的 Naddeo 先后研究了人体各部位呈现不同角度对驾驶舒适性的影响。2005 年，罗仕鉴等人则通过在实车试验中测量人体的各个关节角度得到最适合中国人体征参数的驾驶姿态。

　　表 10-2 所列为上述研究人员提出的处于舒适驾驶姿势时的人体关节角度对比。

表 10-2　驾驶舒适姿势人体关节角度对比

研究人员	Rebiffe/(°)	Grandjean/(°)	Park/(°)	罗仕鉴/(°)
A	10~45	20~40	7~37	5~28
B	95~120	100~120	103~131	99~115
C	95~135	110~130	120~152	111~134
D	90~110	90~110	82~124	89~124
E	80~120	80~120	86~144	80~129

3. 计算机辅助工程在座椅设计中的应用

随着科技的进步与迅猛发展，采用计算机进行模拟仿真的方法已经在汽车产品设计中得到普及和应用。由于传统的基于实车座椅的舒适性设计方法存在成本高、耗时长等缺点，无法满足整车厂和车用座椅生产厂在初期的概念设计阶段即满足座椅乘坐舒适性的需求。为此，国际车用座椅设计已经开始引入采用 CAE 的模拟分析方法，通过建立人体与座椅的有限元模型来模拟分析不同类型乘员在不同结构、材质座椅上的体压分布特性，比如一些国外研发的数字人体模型，包括美国的 JACK、ERGO、德国的 RAMSIS 及法国的 Pam-Comfort 等。诸如此类模型都是一种前瞻性的设计技术，即在投入大量生产前先通过模拟仿真的方式将驾驶员所处的姿态、进行的操控动作以及驾驶员所处的空间位置、驾驶员可以触碰到的人机交互部件等更为直观地展现在设计者的面前，这就使汽车设计工作者在早期汽车的设计开发过程变得更为简单直接、有理有据。

徐孟等人则利用 Poser 建模软件搭建接近人体解剖机构的人体三维模型，结合逆向动力学的动作操纵控制与运动捕捉获取的数据模块相互结合的办法，可以更能准确快速地反映人体运动特性；同时开发了以 VC++ 为基础的面向工作空间设计的虚拟人体建模系统，对上述方法进行了验证。李月凤等人则选择利用 UG 软件中的 UGNX 造型系统构建 2D 人体模型和座椅模型，根据人体处于舒适坐姿时的角度参数进行仿真分析，达到人性化的设计要求。汤小红等人在二维人体模型的基础上，基于人体形体数据和人机工程学的理论利用 SolidWorks 软件建立了人体和座椅的三维模型，再通过与 CAD 模型数据进行对比和几何匹配，最终得到人体模型坐姿状态时的角度。

Amer 等人则搭建了一个 CAD 仿真人体模型，如图 10-4 所示，通过调整座椅的高度、座椅扶手的高度、座椅靠背的倾角、座椅头枕和脚踏的影响、座椅材料的影响和测试时间长短的影响等因素，将驾驶员 CAD 模型仿真得到的接触压力与真人试验结果得到的人体压力分布进行了对比，结果一致性较好[8]。

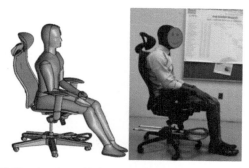

图 10-4　CAD 仿真人体模型和真人模型对比[8]

近年来，研究人员已经不满足于简单的人体模型，为了获得更加真实的数据结构，开始尝试建立人体骨肌力学模型，并与生物力学和人机工程学等学科相结合进行座椅舒适性的仿真分析。丹麦的 Grujicic 等人分析了汽车驾驶座椅对人体骨肌力学模型在长途驾驶中的影响，利用 AnyBody 建模仿真软件搭建更真实合理的驾驶员坐姿骨肌力学模型，通过调整座椅靠背的倾角、座椅的纵向位置、有无靠背支撑和椅面的摩擦系数来研究驾驶员人体骨肌系统模型中不同部位的肌肉活性，通过肌肉活性的大小来判断这些变量对驾驶员乘坐舒适性的影响。最终得到影响驾驶员长途驾驶疲劳的重要要素分别是：驾驶员与座椅之间最大接触压力、驾驶员与座椅之间的切向力、人体最大的肌肉激活程度和脊柱 L4 - L5 椎间盘的压应力。得到驾驶员产生长途驾驶疲劳的函数如下：

$$LDDFF = w_{CMA} \left(\frac{CMA}{CMA^*} \right)^2 + w_{CNF} \left(\frac{CNF}{CNF^*} \right)^2 + w_{CSF} \left(\frac{CSF}{CSF^*} \right)^2 \qquad (10-1)$$

式中，LDDFF（Long-Distance Driving-Fatigue Function）为长途驾驶疲劳函数；CMA（Cumulative Muscle Activity）为肌肉激活程度；CNF（Cumulative Normal Force）为法向接触压力；CSF（Contact Shear Force）为切向接触压力；CNF* 通常为 1.0；w_{CMA}、w_{CNF}、w_{CSF} 均为权重系数。

此外，山东大学的李文昊也曾基于 AnyBody 骨肌建模软件研究分析了不同振动频率以及靠背倾角对人体腰部、腹部、腿部肌肉活动程度产生的综合影响。同样是山东大学的昌国敏则研究踏板与座椅间距对驾驶员 L4 - L5 腰椎受力和肌氧的影响。

4. 基于生理信号的分析法

生理信号的测试最大的一个优势就是它能够连续记录驾驶员的操作反应且操作环境可控，具有较高的客观性。目前常用于分析驾驶员驾驶疲劳的生理指标主要是脑电信号、心电信号和肌电信号等。

　　疲劳是内部和外部因素共同作用下的时间累积效应，是作业负荷即外部暴露量的生物标志物。因此根据驾驶时间和驾驶任务量化肌肉疲劳程度一直是相关研究领域的重点。疲劳程度可以通过作业前后氧需和氧债的变化比、脑电图技术、心率变异度、代谢物质如钙离子浓度、乳酸和肌酶水平、体温变化和主观意识问卷等获得。

　　1974 年，Andersson 等人主要利用肌电图法来研究分析人体背部肌肉。研究结果发现人体腰椎部位的肌肉随着腰部支撑的凸起高度从 0mm 增加到 50mm 时，人体背部肌肉的肌电图幅值整整降低了一半，也就意味着腰部支撑可以充分帮助肌肉放松。但是，1998 年，Reed 得出来截然相反的结论，他们同样也是利用肌电图法，在试验中发现参与试验的人群选择他们认为的舒适坐姿都是使其背伸肌处于较小激活程度时的坐姿，而且腰部支撑的存在与否对受试者的姿势及其腰部肌肉激活程度并没有产生很大的影响。

　　2011 年，陕西师范大学的南姣芬利用驾驶模拟器采集驾驶员在驾驶过程中的脑电信号从而分析脑电信号与驾驶疲劳的关系。研究结果表明，脑电信号的S 变换时频谱、双谱以及HH 谱都发生明显的改变，这些都与驾驶疲劳有较强的相关性。

　　2011 年，赵晓华等人综合采用主观评价表的方式对心电与脑电信号同时进行研究分析[9]。其试验流程图如图 10-5 所示。

　　浙江大学的罗仕鉴则通过长时间采集 14 名出租车驾驶员的肌电信号来研究驾

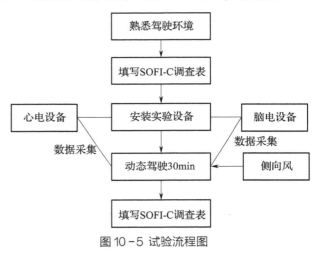

图 10-5 试验流程图

驶疲劳发生时肌电信号的变化。他们把试验时间分为两个时间段，分别是从7:00到14:30 和 18:30 到第二天凌晨 1:30。将采集到的肌电信号进行分析整理发现驾驶员的主观舒适度评价与其腰背肌肉的肌电信号和驾驶员主观感到疲劳的程度都具有较强的相关性和一致性。

　　1975 年，Kelsey 等人就研究发现人体长时间处于振动状态可能会对人体产生有害的副作用，并且在某种特定的情况下这种副作用将产生不可逆的永久性伤害。而汽车由于其工作状态的特殊性，只要在路面上行驶过程中就会产生不同频率的振动通过座椅、方向盘、踏板等反馈传递给驾驶员，其中大多数都是 2～10Hz 的振动，这个范围内的振动频率与人体各部位的固有频率较为接近，所以更容易令驾驶员产生疲劳驾驶的状态。人体各部位的固有频率见表 10-3。

表 10-3　人体各部位的固有频率

人体部位	固有频率/Hz	人体部位	固有频率/Hz
人体垂直振动	4～8	人体水平振动	1～2
头与颈垂直方向	20～30	头与颈水平方向	1.5～2
躯干垂直方向	4～5	躯干水平方向	1.5～2
骨盆垂直方向	4～6	骨盆水平方向	1.5～2.0
神经系统	250	胸腹系统	3～4
眼球	18～50	窦腔与鼻腔	1000～1500
心脏	4～6	胃	2～3
肾	6～8	手臂	2～5
脊柱垂直方向	4～6	平衡器官	0.5～1.3

2003 年，李增勇等人则通过测量和分析在 1.8Hz、4Hz、6Hz 垂直振动的频率下 36 名驾驶员的腰部肌肉的肌电图变化情况，进而得出驾驶员腰部肌肉疲劳的进展情况，最终达到预防和减缓腰背部疾病发生的目的。研究结果表明，当驾驶员处于 4Hz 的振动频率时，驾驶员的腰部肌肉疲劳程度进展最快。

2003 年，Marco 等人则通过测量在 0Hz、30Hz、40Hz 和 50Hz 这 4 种振动频率下的人体股外侧肌的表面肌电信号代表其肌肉活性。结果发现股外侧肌的肌肉活性在各种振动状态下都得到加强。

2004 年，杨渝书等人将振动试验台和模拟驾驶试验台进行了结合。一共选取了 16 名驾驶员，通过采集保持直立坐姿状态驾驶的驾驶员的心电图，并对采集到的心电图的时域和频域的指标变化进行分析，从而研究驾驶员在驾驶过程中所产生的疲劳。研究结果显示，随着驾驶时间的增加，驾驶员产生疲劳的程度也在增加，驾驶员的心电信号表现出 RR 间期（指心脏两次跳动之间的时间）的标准差增大，同时出现低频段功率值上升、高频段功率值下降的现象。

陈景农和王健等人研究了在等长收缩条件下的 14 名试验员的腰部竖脊肌表面肌电信号的变化，进而分析疲劳的产生和发展的状况与过程。卫杰等人则以试验员的竖脊肌表面肌电作为疲劳的指标，并通过 18 名试验员的重复试验验证了其可重复性。田晓峰等人则测量了在振动加速度为 1.2m/s^2、振动频率为 4Hz 时的试验人员腰部肌肉多裂肌和竖脊肌的表面肌电信号变化。研究结果显示，随着驾驶时间的增加，驾驶员的多裂肌和竖脊肌的疲劳程度也在增加，肌电信号数据的均方根上升而平均功率频率则表现为下降。

5. 热舒适性评价

以上方法主要是针对座椅舒适性的基本要求的前两条，而第三条基本要求则主要关于座椅的热舒适性。乘坐舒适性也会受到座椅表面与人体表面相接触部位的微气候的影响。若人体长时间处于高温度、高湿度的环境中，就会感到四肢乏力、浑身不适，从而产生疲劳。

Bartels等人则搭建了人体皮肤的仿真模型，模拟当人坐在不同材质的座椅上时不同的透气性能。Karimi等人则建立了21个部分组成的人体模型，每个部分分三层，分别是核心层、皮肤层和衣物层，其中核心层可释放代谢热。通过数学公式模拟热空气与冷空气流过座椅表面的作用，来预测驾驶员在不均匀热环境下的反应。Temmingd等人的研究则指出高的水蒸气透过性有利于舒适性的提高，尤其是在高的热负荷条件下。Diebschlag等人在研究了衬垫材料、厚度及压缩对其水蒸气透过性的影响后发现在椅面上增加小孔可显著增加其水蒸气透过性。结果显示在椅面10%的区域上增加小孔，可增加座椅85%的水蒸气透过性。

10.2.3 驾驶员理想驾姿设计与评价

现如今我国的汽车行业已经步入了稳步发展的阶段，汽车这一产品已经渗透进人们的工作生活等诸多方面。2019年，上海、北京、广州等城市纷纷举办国际车展，各式各样的新颖车型吸引着作为消费者主力军的80后、90后年轻群体。其中汽车的个性化设计成为消费者关注的焦点，汽车智能驾驶座舱这一概念更加颠覆了人们对于汽车的认识，随之而来的是消费者对于包括驾驶体验、内部空间、驾驶室内部细节设计等的诉求。而在当下竞争激烈的全球汽车行业市场中，如果能够在短期内设计出满足覆盖范围更广的目标群体舒适性和个性化需求的汽车，便可在市场中占得先机，立于不败之地。而汽车驾驶室作为直接与驾驶员交互的部分，直接影响用户的驾驶体验感和驾驶舒适性。

驾驶室的不适当设计会使驾驶员处于不舒适的驾驶状态，从而导致驾驶员产生疲劳。而汽车这一工作环境要求驾驶员长期保持坐姿状态下，上肢操纵方向盘、换档杆等部件，下肢操作制动踏板、加速踏板等，需要手脚协调配合完成驾驶过程。若长期处于一种不适当的驾驶姿势下，会触发如腰肌劳损、关节炎等各种职业病，危害驾驶员健康，甚至会影响驾驶员的行车安全，造成交通事故。据不完全统计，我国道路安全事故有90%以上是由于驾驶员本身的原因引起的，而这其中很大的诱因包括驾驶员疲劳、驾驶员误操作等方面。这也印证了良好的驾驶室人机交互设计所带来的驾驶员的合理驾驶姿态是十分必要的。

对于汽车操纵部件的人机交互设计问题，目前最主要的手段是依据美国 SAE 的标准。而这一标准主要借助在汽车驾驶室设计中积累的丰富经验以及对数据的统计分析，对人体舒适性的评价仍局限于关节角度范围这一指标，大部分考虑的仍然是内部空间设计，以及部件间的合理布局，并没有完全将人作为一个因素导入概念设计阶段。目前国内虽然拥有较为完善的人机交互性能主观评价方法，但存在诸多问题：

1）评价能力良莠不齐，评价结果不够全面和准确。

2）部分产品问题和缺陷发现较晚，难以或无法修改。

3）产品在概念设计时只能给出主观舒适性要求，无法给出具体的主要布置参数、约束尺寸，主观评分与客观指标之间难以建立定量的映射关系。

4）目前主要依据的美国 SAE 标准人体数据库来自欧美人体征，缺乏针对中国人体征进行人机参数设计以提升汽车乘坐舒适性。

1. 国内外研究现状

近年来，越来越多的学者将人体生物力学用于前瞻性和回顾性的人机工程学分析，这一方面可以从机理上剖析驾驶姿态对人的影响的舒适程度，进而进行人机布置设计。不同的驾驶姿态会对应不同的人体生理指标，驾驶员处于最优驾驶姿势时，主观感受是最舒适的，此时所对应的人体生物负荷如肌肉力、关节扭矩、肌肉激活程度及接触力等指标也处于"舒适"范围。早在 2007 年，就有学者指出，驾驶员更偏好处于中间的驾驶位置。但是目前尚无客观的方法对这一主观感觉进行量化分析，得出可应用于实车设计的具体人机布置参数。

目前国内外学者对于人机交互舒适性的研究主要分为试验和仿真两种，试验研究又分为主观评价和客观评价。主观评价试验多选择有一定经验的试验者对目标汽车进行乘坐打分，给出主观感受的分值，但这个分值与受试者的主观喜好、参与测试时的生理、心理状态等有很大关系，结果往往存在较大的波动；客观评价试验方法有肌电信号测量、姿势捕捉等，这些方法可以提供客观的生理测量指标，为驾驶姿势的评价提供较稳定的生理指标参数，但也存在肌电信号容易被干扰、试验成本较高、所选择的测试参数点不能过多等缺点。仿真模拟是借助生物力学骨肌建模软件对驾驶姿势进行分析的研究，可以给出各种工况下的生物负荷指标，相比试验研究，仿真模拟成本较低、适用工况范围广、仿真结果表达方式直观，已经越来越多地被应用于人机参数设计研究中。

2006 年，浙江大学学者通过对驾驶员进行运动捕捉，在 ANOVA 中，根据方向盘、踏板、座椅位置对于驾驶姿态的影响关系，建立出可以根据人机布置参数和人体参数计算出驾驶员姿态的预测模型，最终搭建了可以进行姿态预测的人机工程原型系统（ZJU-ERGO）的框架，可以实现人体建模、人体静态受力分析、关节角度计算、舒适性评价等实用算法。

2007年，哈尔滨工程大学基于UG系统的二次开发，设计了一款可以进行驾驶室设计和评价的OPEHM（虚拟人体建模系统），该系统中具有完整的人体尺寸数学模型和数据库，并且可以与ODBC数据源之间进行共享连接，该系统主要从人体骨骼和肌肉层面对驾驶员模型进行正向运动控制，并依据SAE标准，开发了可以进行舒适性评价的人机交互软件。

2009年，金哲等人基于实际车辆情况，改装了方向盘、踏板、座椅均可多自由度调节的汽车试验平台，可以实时显示三者的调节参数，并在编码器中提供了绝对转数算法，可以保证座椅高度的精准控制，可为汽车乘坐舒适性研究提供可靠的测试依据和试验手段。

2011年，费凤强等人将人体分为19个评价部位，采用自由模量幅度估计法对调查问卷进行评价，给出了不同性别驾驶员的轿车驾驶座椅的舒适调节范围，并利用摄像法获取驾驶员坐姿下的生理角度数据，确定了与座椅相关的手伸及界面的常用范围。

2013年，陈景辉等人利用CATIA的人机工程学模块，针对商用车进行了仿真试验。求取不同驾驶员、不同关节角度下的关节负荷和关节坐标数据，利用线性回归的方法建立了基于人体关节角度的不舒适度评价模型，并对驾驶员驾驶姿态进行了优化验证。

2015年，吉林大学基于目前主流的生物力学仿真软件AnyBody生物力学系统，建立了完整的驾驶员坐姿状态的骨骼肌肉模型和环境模型，讨论了驾驶室内各人机布置参数（如踏板行程、踏板高度、座椅高度等）、人体BMI指数对于驾驶员生物负荷的影响，并各自给出了一套驾驶舒适性评价方法[10]。

2016年，陈子昂等人采用蒙特卡洛和主成分分析法，以95th驾驶员为样本，利用上肢各关节力矩参数，在RAMSIS软件中对驾驶员转向驾姿进行了预测，最终建立出上肢操纵不舒适评价模型。

2017年，张淼等人通过对驾驶员膝关节应力分布的研究，给出了汽车踏板操纵舒适性的一套评价方法，首先利用Kane方法分析踏板力与驾驶员下肢关节力矩之间的关系曲线，从而得出膝关节的载荷；然后利用有限元法选择出主要反映膝关节应力分布情况的特征参数，作为评价踏板舒适性的客观指标；最终建立了评价踏板舒适性的线性回归模型。

2018 年，苗伟针对乘用车的加速踏板和制动踏板舒适性进行了评价，通过在实车试验中采集乘用车的踏板力、踏板行程等数据，并将实车数据导入 AnyBody 仿真软件中，建立驾驶员－环境系统耦合模型，对踏板操纵舒适性相关参数进行分析，并最终利用遗传算法以驾驶员生理参数为目标函数进行参数优化设计。

2. 基于人体生物力学的理想驾姿测试案例

（1）人机布置参数

人机布置试验研究因子的确定首先需要确定汽车驾驶舱的人机校核关键指标，才能在后续的研究中分析其舒适范围，为不同百分位的驾驶员提供个性化的人机布置参数设计意见。

例如，在实车总布置设计中，采用加速踏板踵点 AHP、加速踏板中心点、驾驶员 H 点、方向盘中心点 SWC、座椅靠背角 A40 以及坐垫倾角 A27 等参数描述驾驶姿势。根据 SAE J826 标准的规定，座椅参考点 SgRP 点、驾驶员 AHP 点以及 SWC 点需要围成满足一定约束条件的三角形，这个三角形的角度以及 SWC 点到 AHP 的距离必须在一定范围之内才能保证驾驶姿势的合理性。定义 SWC 到 H 点的 X 向距离为 L1、SWC 到 AHP 的 Z 向距离为 H1、加速踏板中心点到 H 点到的 X 向距离为 L2、AHP 到 H 点的 Z 向距离为 H2，如图 10－6 所示。L1、H1 定义了座椅与方向盘间相对位置关系，决定了驾驶员手臂姿态，L2、H2 定义了座椅与踏板的相对位置关系，决定了驾驶员的下肢姿态。在固定 A40 为最佳推荐值 25° 的前提下，调整以上 4 个参数，就能找到适合驾驶员的最佳驾驶姿势。

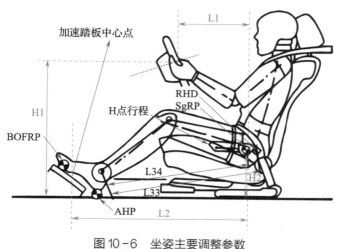

图 10－6　坐姿主要调整参数

（2）台架试验

肌电信号台架试验测试试验基于人体生物力学，主要利用肌肉激活程度来评价肌肉的舒适性，需要在相应肌肉上贴电极片，为避免肌肉疲劳对试验数据结果造成影响，要求所有受试者在试验前 12h 内未进行任何形式的剧烈运动。选择多名合适百分位的驾驶员进行台架试验，试验台架是自行搭建的柔性试验台，其侧视图如图 10-7 所示。试验台架需要进行标定，可以用 H 点装置等相关工具。

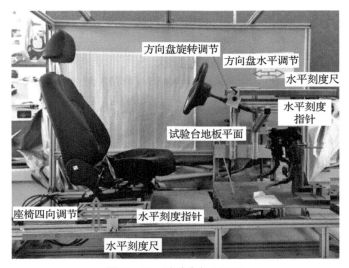

图 10-7　试验台架侧视图

驾驶员处于驾驶姿势时，上肢肌肉实现手握方向盘的动作，主要工作肌群包括胸上肢肌肌群、肩肌肌群和臂肌肌群。驾驶员处于驾驶姿势时，下肢支撑人体重量并实现操纵加速踏板、制动踏板等动作，臀部、大腿部肌肉受到挤压，小腿部肌肉受到拉伸，主要工作肌群包括盆带肌、大腿肌和小腿肌。可以先在仿真软件中评估一下主要参与工作的肌肉，根据需要在试验台架中进行选择。

试验流程如下：

1）试验人员向受试者说明试验任务，受试者填写个人基本资料表格，测量受试者身高、体重等基本信息。

2）粘贴电极片，去除粘贴区域的死皮和毛发，同时使用消毒酒精进行擦拭，保证电极间较低的阻抗值。两个电极中心之间的距离为 20mm。在没有肌肉的皮肤表面固定一个参考电极，作为地线。在选取的手臂处肌肉以及下肢肌肉的相应位置贴好电极片，并检测电极片粘贴的准确性。

3）进行测试肌肉的标定，测得肌肉最大自主收缩力（MVC）时的肌电信号。

4）驾姿试验，受试者坐上试验台架，双手手扶方向盘，右脚踩在加速踏板上，等姿势摆好后，生理记录仪开始测量，测试时间为 10min。测试结束后受试者填写主观评价表格。

5）位置测量，初始位置测量完毕后，分别通过测量和计算，分别调节方向盘中心点、踏板中心点，以及 H 点相对于初始位置的相对位置参数，使受试者处于舒适坐姿位置。

重复上述步骤，采集受试者肌肉的肌电信号，每两次测试间休息 20min，以降低肌肉疲劳的影响。

最后，对采集到的肌电数据进行滤波与分析，可以得到较为舒适的理想驾姿调节范围。

10.2.4　智能汽车减缓晕动症设计与评价

晕动症（Motion Sickness，MS）是一种常见病症，在医学上表示人体暴露在刺激性的运动环境中时，出现面色苍白、出冷汗、胃部不适、头晕、恶心以及呕吐等反应。晕动症持续时间为几分钟至数小时，通常不会对人体造成严重的生命或健康危险，但症状严重时可能出现衰竭甚至脱水的情况。

车辆乘员晕动症问题由来已久，Turner 和 Griffin 通过让 3256 名乘客乘坐由不同驾驶员在不同路线上驾驶的 56 辆公交车或长途汽车，对乘客的个人特征、外部视野、乘车活动、乘坐规律以及使用抗晕动症药物的影响进行调查，结果表明有 28.4% 的乘客在乘车时感到不适，12.8% 的乘客在乘车时感到恶心，1.7% 的乘客在乘车时呕吐。

伴随车辆智能化研究的深入，研究者发现自动驾驶车辆中晕动症的发生率和严重程度进一步增加。Sivak 和 Schoette 在美国、中国、印度、日本、英国和澳大利亚六个国家针对成年人在乘坐自动驾驶汽车时参与的活动进行调查，并分析乘客参与的活动与晕动症的相关性以及对晕动症发生率和严重程度的影响。结果显示，乘坐自动驾驶车辆时乘客参与的活动中易引发晕动症的主要为阅读、发短信、看电视、工作、玩游戏，在参与晕动症相关活动的乘客中有 14% 经常经历晕动症，有 17% 会经历中度或严重的晕动症。

因此，自动驾驶车辆晕动症的研究对于自动驾驶出行服务的普及与服务水平的提升具有重要意义。

1. 自动驾驶车辆晕动症发生机理

国内外研究者提出了若干学说来解释晕动症的发生机理，其中感觉冲突假说最被广泛接受，其主要内容是人体前庭系统整合视觉和位置觉等信息，传递到中枢神经系统进行加工，若传入的信息与根据以往存储经验建立的"内部模型"预期的信息不匹配，就会导致感觉冲突，进而引起前庭 – 自主神经反应以及前庭 – 代谢紊乱，最终导致晕动症的发生。

Held 通过试验研究证明机体的主动运动在晕动症过程中的重要性，为晕动症发生机理模型提出一个假想的结构元件，称为"相关存储器"，用来保留传出信号和自传入信号以前的组合痕迹，并提出"感官重排"这一概念，用来描述一个或多个感觉器官的自传入信号被系统地扭曲的运动情境。

在此基础上，Reason 提出感觉冲突假说，将晕动症定义为人体各种感觉器官感知到的信息不一致导致机体不协调后引发的运动反应。当机体受到异常的运动刺激时，其前庭系统、视觉系统与本体感受器感知到的运动信息互相矛盾，引起半规管感知到的旋转加速度和耳石感知到的线性平移加速度（包括重力）之间的前庭内冲突，冲突持续时间足够长，并且强度足够大，就会导致晕动症的发生。

经过进一步的研究与完善，感觉冲突假说发展为无论是在真实或虚拟的环境中，视觉、动觉以及位置觉等实际传入的感觉信息和根据以往经验而形成的"内部模型"所预测的感觉信息之间的差异即为导致晕动症症状的感觉冲突。将感觉冲突反馈给内部模型，能够提高运动估计精度，用于运动控制，通过这一过程有望减少感觉冲突。当外力引起的运动扰动使冲突无法消除时，晕动症严重程度就会加剧。基于内部模型假设的感觉冲突假说原理框图如图 10 – 8 所示。

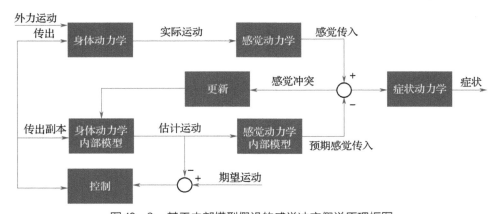

图 10 – 8　基于内部模型假设的感觉冲突假说原理框图

Oman 和 Cullen 通过在人体大脑中发现与感觉冲突假说中的假想元件相对应的区域，验证了假说的有效性。与存储以往经验的"内部模型"相对应的是具有记忆存储功能的海马体和前庭皮质区域，与感觉冲突神经元相对应的是接收各种传入感觉信息的前庭核和小脑神经元。

Bles 和 Bos 等人在感觉冲突假说的基础上提出更为简化的主观垂直冲突（Subjective Vertical Conflict，SVC）假说，将引发晕动症的感觉冲突简化为主观（或内部模型预测）的垂直或重力方向与实际感知到的垂直或重力方向之间的冲突。

自动驾驶车辆中主动驾驶车辆的驾驶员转变为进行非驾驶活动的乘客、朝向后方或侧方的座椅使乘客乘车姿态多样化以及乘客不习惯的自动化驾驶风格，都将引发驾乘人员乘车行为的转变，导致乘员晕动症发生率和严重程度的增加。

大多数乘客选择在自动驾驶车辆中进行的活动如阅读、看电视等，使乘客的视线从前方道路转移至车内显示器。Cowings 和 Toscano 等人的试验表明受试者在车辆行驶过程中观看显示器，晕动症发生率增加。根据感觉冲突假说，运动是诱发晕动症的主要因素。人体前庭系统与视觉系统中感知运动的平衡器官本质上是生物加速度计，仅对加速度，即速度变化敏感。若车辆以恒定速度行驶，前庭系统感知到身体处于静止状态，与阅读或观看静态图像的显示器时视觉系统感知到的静止景象一致，产生感觉冲突引发晕动症的可能性并不大；而观看具有动态内容的显示器时，前庭系统与视觉系统感知到的运动不一致，就会产生易引发晕动症的感觉冲突。

随着自动驾驶车辆自动化级别的提高，驾驶员的角色转变为乘客。之前有研究指出同乘一辆车时，乘客通常比驾驶员更易患晕动症。Rolnick 针对驾驶员与乘客晕动症发生率的不同进行试验研究，将 22 对受试者暴露在刺激的旋转运动中，每一对受试者中的一人可以控制旋转运动和头部运动，另一人只能被动地进行相同的旋转运动和头部运动。结果表明，被动运动组晕动症发生率比控制运动组晕动症发生率增加 78%。根据感觉冲突假说，当人体中枢神经系统发出动作指令时，中枢神经系统内的内部模型将模拟该指令的预期运动，预期运动与实际感知到的运动之间的差异将反馈到内部模型中进行更新，直至差异消除。驾驶员通过控制车辆运动能够对感知的运动信号即未来的运动路径进行额外的预测，在该机制中可以更快地减小预期运动与实际感知运动的差异，而乘客只能被动运动时，差异存在时间较长或无法消除，就会产生易引发晕动症的感觉冲突。

在自动驾驶车辆中通常会设置可旋转的座椅，乘客乘车时将朝向侧方或背离行驶方向，并且在阅读、看电视等非驾驶活动中视线都将转移到显示器上，无法获得与行驶道路有关的视觉信息，即无法预测未来运动路径，这都增加了晕动症发生的可能性。根据 SVC 假说，除了通过控制运动预测未来运动路径，人体在被动运动的情况下，通过获取与未来运动路径有关的视觉、听觉等感觉信息也能进行预测。Feenstra 和 Bos 等人针对视觉信息预测未来路径的有效性，在驾驶模拟器中向受试者呈现行驶轨迹的图像进行晕动测试，结果表明晕动症发生率降低为原来的 1/4。

自动驾驶车辆急加速、急减速与急转弯等驾驶行为，对乘客形成低频加速度运动刺激，增加晕动症发生的可能性。感觉冲突不仅由人体前庭系统和视觉系统感知到的运动差异以及内部模型预期和实际感知的运动差异产生，也由人体不习惯的低频振荡运动产生。Griffin 等人针对地面车辆的运动加速度刺激以水平方向为主，对受试者施加水平方向上不同频率与幅值的加速度刺激进行晕动测试。结果表明，在相同频率下，晕动症发生率随运动刺激幅值的增加而增加；在相同幅值下，晕动症发生率随运动刺激频率的增加先增加后减小，并在 0.03 ~ 0.25Hz 达到峰值；并且相同的横向加速度与纵向加速度对人体的刺激等效。

2. 自动驾驶车辆晕动症测量方法

自动驾驶车辆中个体患晕动症严重程度的差异与运动刺激和个体晕动症易感性等因素有关。评价个体晕动症易感性强弱与测量个体晕动症严重程度的方法分为主观测量法和客观测量法。

（1）主观测量法

主观测量法主要有调查问卷法和症状诊断法。目前使用最广泛的主观测量法是调查问卷法。例如，Golding 提出的晕动症易感性问卷（Motion Sickness Susceptibility Questionnaire，MSSQ）以及简短晕动症易感性问卷（MSSQ - short）。MSSQ 是根据个体在儿童时期和成人时期是否会在乘坐交通工具或者游乐设施时发生晕动症症状，以及症状发生的频率和严重程度，利用计算公式对个体晕动症易感性进行量化。通常在试验之前使用，以了解受试者易感性的整体水平。

常用的调查问卷还包括晕动症评估问卷（Motion Sickness Assessment Questionnaire，MSAQ）和痛苦程度量表（Misery Scale，MISC）。MSAQ 从 4 个方面评估晕动症严重程度，分别为胃肠道（胃部不适、恶心）、中枢（昏厥、头晕）、外围（冷汗、发热）、睡眠（困倦、疲劳）。通常在试验开始前和结束后使用以评估试验的有效性。MISC 以 11 分制衡量晕动症严重程度，通常在试验期间的不同时间点使用。

主观测量法因实施方便、成本低、有效性高被广泛采用，但多用于试验开始前和结束后，无法记录试验过程中晕动症严重程度随时间的推移而可能存在的非线性变化。

（2）客观测量法

客观测量法通过测量个体的各种生理信号与指标，反映该个体晕动症严重程度并评价其晕动症易感性。

前庭 – 眼动反射（Vestibulo-Ocular Reflex，VOR）是目前临床上比较常用的测量晕动症严重程度的方法。前庭器官是与视觉有关的主要器官，前庭器官与单突触和多突触动眼神经核联系、小脑与各种中枢联系时，前庭半规管的神经活动影响动眼肌的收缩与放松活动。

胃电图（Electrogastrogram，EGG）用于检测晕动症发生后的胃部活动变化，Hu 和 McChesney 等人发现 EGG 活动增加，即胃节律失常，是反映晕动症症状严重程度最敏感的生理指标。

心率变异率（Heart Rate Variability，HRV）用于检测晕动症发生后交感神经和迷走神经的活动性。Ishii 发现在前庭 – 视觉冲突情境下，通过交感神经活动引起的心率变化增加。Lin 和 Jung 等人通过检测 HRV 证明晕动症严重程度的增加会提高交感神经活性，降低迷走神经活性。

Gruden 和 Popovic 等人通过采集 EGG 与 HRV 信号测量晕动症症状严重程度，结果显示在驾驶模拟器运动过程中，EGG 与 HRV 信号幅值随运动刺激的增加而增加，但与对照组差异并不显著，不具有统计学意义。Schartmuller 通过采集 EGG 信号测量晕动症症状严重程度，结果表明一段时间内检测到的 EGG 信号幅值增加可以作为准确的短时指标，但试验前测和后测的信号幅值差异并不显著，不具有统计学意义。

客观测量法通常需要测量 VOR、EGG 与 HRV 等参数的组合，无法只使用一个有效的生理参数准确地表征晕动。而且生理信号易受到噪声与受试个体的影响，测量结果难以具有统计学意义。

3. 自动驾驶车辆晕动症减缓方法

根据上述内容，自动驾驶车辆减缓晕动症关键在于减少易引发晕动症的感觉冲突。目前自动驾驶车辆减缓晕动症方法分为感觉线索获取与运动算法优化。

感觉线索包括视觉线索、听觉线索、触觉线索等。Diels 和 Bos 等人提出将显示器定位在窗口附近，使乘客在利用中心视觉查看显示内容的同时利用周边视觉获取路径信息，并且限制显示器的大小以提供足够的外围视觉信息，或使用增强现实（Augmented Reality，AR）显示器，将显示内容叠加在前方道路的视图上。Bos 等人提出在显示器周围施加与车辆运动一致的视觉刺激，或控制显示器的位置与车辆运动同步以提供与车辆运动相一致的稳定图像。Meschtscherjakov 等人提出在车内使用有机发光二极管（Oganic Light Emitting Diodes，OLED）等照明技术，通过不同的灯光显示，提示车辆即将进行的操作。Winkel 等人提出设计与车辆运动路径一致的 VR 游戏。密歇根大学的研究团队提出防晕车眼镜架，通过在乘客的视觉边缘设置 4 个含有色液体的圆环，当车辆进行加速、制动、转弯、颠簸等运动时，圆环内液体随之流动，使视觉系统与前庭系统感知到的运动一致。

运动算法优化包括运动规划算法与运动控制算法。优化运动规划算法以选择最小化乘客晕动症发生率的行驶方案，优化运动控制算法以避免急加速、急减速与急转弯等刺激性驾驶行为。Waymo 研究团队针对车辆在拥堵路段行驶时急加速、急制动行为较多，提出根据备选路径拥堵情况判断晕动症发生率的算法，选择晕动症发生率最小的路径，并通过显示面板与乘客交流，获取乘客的晕动反馈以及时调整驾驶风格。Saruchi 等人基于弯道行驶时车辆横向加速度与乘客头部倾斜角度相关性的研究，针对晕动症发生率随头部倾斜角度增加而增加，提出根据车辆横向加速度预测乘客头部倾斜角度的算法，通过调整车辆横向加速度降低乘客晕动症发生率。Htike 等人基于量化晕动症发生率的数学模型研究，提出对任意路径规划最优轨迹与速度的最优控制算法，最小化固定行驶时间内乘客的晕动症发生率。

10.3 智能汽车驾乘舒适性测评案例

10.3.1 影响驾乘舒适性的主要人机布置参数

在整车总布置中，驾驶座椅、方向盘和加速踏板三者之间的布置关系主要影响了驾驶员的驾驶姿态。根据 SAE J826 标准的规定，由座椅参考点 SgRP、加速踏板踵点 AHP 以及方向盘中心点 SWC 形成了一个人机三角形，当三角形的角度以及方向盘与加速踏板的中心点距离在一定约束条件下时，驾驶员的驾驶姿势才是合理的，如图 10-9 所示。

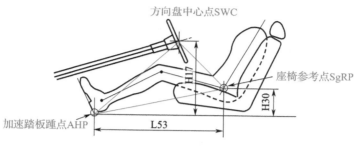

图 10-9　汽车人机工程三角形

　　定义方向盘中心点与驾驶员 H 点的 X 向距离为 L1、与地板的 Z 向距离即方向盘高度为 H1，定义加速踏板中心点与 H 点的 X 向距离为 L2、与 H 点的 Z 向距离为 H2。L1 和 H1 控制了座椅与方向盘的布置关系，主要影响驾驶员上肢的姿势，L2 和 H2 控制了座椅与加速踏板的布置关系，主要影响驾驶员下肢的姿势。根据德国汽车工业协会（VDA）推荐的靠背倾角最佳范围为 20°~30°之间，将座椅靠背倾角 A40 取为 25°的前提下，通过对以上 4 个参数的研究，即可得出各个百分位驾驶员的舒适驾驶姿势。因此选取 L1、H1、L2、H2 这 4 个人机布置参数作为本节的研究因子。

　　在确定研究因子后，需要对加速踏板中心与地板的 Z 向距离 PH1、加速踏板倾角 α、方向盘与 Z 轴夹角 A18、坐垫角 A27、加速踏板中心与 H 点的 Y 向距离 PW1 等参数进行变量控制，也就是将这些参数作为控制因子，确定它们的取值。

　　根据 SAE J1516 标准，得出加速踏板倾角 α 和加速踏板高度 PH1 的计算公式，也就是说，PH1 和 α 属于受控因子，随 H2 数值的变化而变化。其他参数根据市场调研确定其取值，在试验中保证取值不变。最终的控制因子取值见表 10-4。

表 10-4　控制因子取值

人机布置参数	定义	取值
PW1/mm	加速踏板中心与 H 点的 Y 向距离	180
PH1	加速踏板中心与 H 点的 Z 向距离	210 - 0.2 H2
α/(°)	加速踏板倾角	$\alpha = 77 - 0.08$ H2
A18/(°)	方向盘倾角	25
W9/mm	方向盘直径	380
A40/(°)	驾驶座椅靠背倾角	25
A27/(°)	驾驶座椅坐垫角	13

　　在确定 4 个研究因子后，调研目前现有的乘用车车型的人机布置参数范围，在使每个因子有适当且均匀的变化量的情况下，最终为每个研究因子选择 5 个

水平，乘用车的研究因子水平见表 10 - 5。

表 10 - 5　乘用车的研究因子水平

研究因子	取值范围/mm	水平/mm				
		-2	-1	0	1	2
L1	366 ~ 454	366	388	410	432	454
H1	625 ~ 745	625	655	685	715	745
L2	912 ~ 952	912	922	932	942	952
H2	220 ~ 300	220	240	260	280	300

10.3.2　驾乘舒适性评价指标

驾驶舒适性的评价方法可分为客观评价法和主观评价法两大类。本研究综合以上两类评价方法，对驾姿的舒适性进行了深入探究，并提出相应方案。

1. 客观评价方案

对于驾驶舒适性的客观评价主要指通过测量人体的生物力学指标，定量分析驾驶姿势的舒适程度。对于本研究，客观评价方案即从生物力学层面，通过肌肉被激活的程度，即此时的肌肉力与此肌肉可产生最大力的比值反映驾乘感受。根据前人的研究，驾驶员的疲劳机理和舒适程度与肌肉激活程度息息相关，一般来说肌肉激活程度越大，人体主观感觉越不舒适。因此，每一组台架试验过程中都要测量各驾驶员主要工作且方便测量的 8 块肌肉的肌电信号。

2. 主观评价方案

10.2.1 节对主观评价方法已有详细介绍，此处不再说明。目前主流的打分量度是美国 SAE 十分制评分标准，在此基础上制定主观评价的量度范围，其中各打分数值的含义解释如下：采用 10 级舒适范围，由 1 ~ 10 表示舒适程度逐渐增强，1 表示极度不舒适，有疼痛感；3 表示较为不舒适；5 表示感受适中；7 表示舒适性好；10 表示舒适度极好，身体完全放松，认为 8 ~ 10 分表示驾驶员处于理想舒适程度。在驾驶员打分之前，试验人员需要详细向受试人员讲解打分量度标准。

在此基础上，为反映驾驶员对于各操纵部件不同布置状态下的主观舒适感觉，将对于操纵部件的舒适性评价与人体各肢体部位的舒适度评价结合起来，选取对应的身体部件进行舒适程度的评价。由于本节主要研究方向盘、加速踏板、换档杆和座椅之间的人机布置关系，因此选取驾驶员的左上肢、右上肢和右下肢三个身体局部位置进行舒适程度的评价。除此以外，驾驶员还要对全部操纵件的布置状态，即肢体与操纵件是否有干涉，以及该驾驶姿态的整体舒适程度进行评价。表 10 - 6 为驾驶员主观舒适评价表，试验过程中采集到的全部主观和客观评价数据，均需在后续研究中进一步处理和分析。

表 10 - 6　驾驶员主观舒适评价表

主观舒适评价表		
被试人员		试验编号
评价项	部位	打分
身体局部舒适评价	左上肢	
	右上肢	
	右下肢	
整体舒适评价	操纵件与肢体干涉情况	
	整体舒适度	

10.3.3　驾乘舒适性逆向动力学仿真

为模拟商用车驾驶员的驾驶姿态，获取此时驾驶员的生物力学指标，可在 AnyBody 软件中完成商用车驾驶员的生物力学仿真建模工作。该生物力学仿真建模软件通过计算机实现完整的人体骨肌系统数字建模工作，求解骨肌系统对于外界载荷的全部生物力学响应，包括计算肌肉收缩元和关节的受力、肌肉激活程度、肌肉强度以及肌腱的弹性势能等指标参数。这些指标表征了肌肉的功能状态和人体的疲劳程度，辅助我们从生物力学角度探究舒适性的本质与机理，定量地兼顾解决骨肌力学问题和人机工程学问题。

AnyBody 软件依靠自己独特的编程脚本语言 AnyScript 搭建模型，软件内嵌多个应用实例（人体骨骼肌肉模型和外部环境），使用者能够直接调用样本库中已有的模型，在其基础上修改调整参数以匹配实际情况。该软件拥有完善的前后处理功能模块，前处理建模结束后就可以进行模拟分析工作，其工作核心是逆向动力学分析，即先确定外界环境的运动规律和载荷，由于环境跟人体骨肌模型之间存在连接，外部环境模型的运动会带动人体模型随之运动，肌肉将被激活，肌肉和关节处还会产生力以平衡外界载荷，这些生物力学指标在经过逆向动力学分析后均可被定量求得。通过仿真计算，AnyBody 软件可以求解试验无法测量采集的人体深层肌肉的肌肉力和激活程度，被广泛应用于各个领域。

1. 肌肉力学模型的建立

人体运动的基础就是肌肉的功能与肌肉的力学特性，而一个合理的肌肉模型是构成骨肌系统仿真模型的一个重要基本要素，其中把化学能转化为机械能做功就是肌肉的主要机能特性。肌张力和肌肉的收缩速度是在肌肉的整个发力过程中表征肌肉活动力学特性的两个最基本生物力学指标，它们与肌肉的实际活动息息相关且都是可以被人为测量得出宏观量值的。其中，肌张力是在肌肉端部测量出来的力。

（1）三元素肌肉模型

早在 1938 年，Hill 就拿青蛙的缝匠肌作为试验样本，在试验中首先要确保缝匠肌的长度保持在 L_0，故用试验台两端的夹子将肌肉的两端夹紧；然后用足以使缝匠肌发生痉挛的高频率大电压对缝匠肌肌肉进行电刺激致使其产生张力，测定为 F_0；接着将缝匠肌的一端的夹子松开，缝匠肌发生收缩，从而测得缝匠肌的肌肉张力下降为 F，且 $F < F_0$；与此同时可以测出在整个肌肉收缩变化的过程中肌肉的收缩速度为 v，从而可以最终得到肌肉的收缩力 F 与肌肉的收缩速度 v 之间的关系式如下：

$$(F + a)(v + b) = (F_0 + a)b \qquad (10-2)$$

该公式就是著名的 Hill 方程。其中，常数 a 和 b 的大小可采用纯力学方法测量，F 与 v 之间的关系曲线通过力学方法测得，F_0 代表最大等长收缩力。

Hill 方程揭示的仅仅是肌肉性质的一个方面，整个试验推导过程主要是通过快速释放痉挛状态的青蛙腿部肌肉缝匠肌而得出的，但是没有受到刺激的肌肉的力学特性肯定与发生痉挛状态时的肌肉不同，而且释放条件如果变为缓慢释放时，肌肉的张力-速度之间的关系曲线又将如何还不确定。因此，Hill 随后又提出了改进版的三元素肌肉模型，从而能够更好地解决以上这些问题。

Hill 模型表明具有活性的肌肉主要可以划分为 3 种不同的元素，分别是并联弹性元件、串联弹性元件和收缩元。Hill 肌肉功能模型如图 10-10 所示。

在 Hill 肌肉功能模型中，肌肉的结构不同、组成方式不同，则代表各个肌肉的具体意义的元素也是不同的。例如，肌肉中的肌球蛋白和肌动蛋白就是由收缩元来表征其具体意义的；而肌肉中肌节与结缔组织中所具有的固有弹性由串联弹性元件来表征其具体意义；最后部分结缔组织所具有的固有弹性的意义是由并联弹性元件来表征的。

串联弹性元件只有在处于静息状态的肌肉中才是真正意义上的线弹性的，因为处于静息状态的肌肉中的收缩元是不存在张力的。所以肌节的几何形状是可以用肌球蛋白和肌动蛋白的纤维来表示和描绘的，肌节单元中各个元素的几何名称如图 10-11 所示。

图 10-11 中，肌节的总长度由 L 表示；Δ 代表着肌球蛋白纤维丝（即图中的 M）与肌动蛋白纤维丝（即图中的 C）相互重叠搭接那一部分的长度。

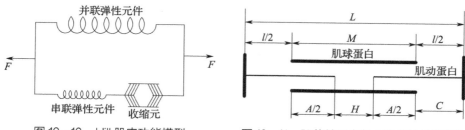

图 10-10 Hill 肌肉功能模型　　　图 10-11 肌节单元中各个元素的几何名称

基于以上这些关系，可以得出一个基本的运动学关系式：

$$\frac{\mathrm{d}L}{\mathrm{d}t} = \frac{\mathrm{d}\Delta}{\mathrm{d}t} + \frac{\mathrm{d}\eta}{\mathrm{d}t} \tag{10-3}$$

和一个基本的动力学方程：

$$\frac{\mathrm{d}\tau}{\mathrm{d}t} = \left[\frac{\mathrm{d}p}{\mathrm{d}L} + \left.\frac{\partial S}{\partial \eta}\right|_{\Delta}\right]\frac{\mathrm{d}L}{\mathrm{d}t} + \left[\left.\frac{\partial S}{\partial \eta}\right|_{\Delta} + \left.\frac{\partial S}{\partial \Delta}\right|_{\eta}\right]\frac{\mathrm{d}\Delta}{\mathrm{d}t} \tag{10-4}$$

式中，τ 为收缩应力；η 为在一个肌节中串联弹性元件的伸长量；p 和 S 为函数，并联弹性元件所能产生的应力由 p 表示，而串联弹性元件所能产生的应力由 S 表示。但是在肌肉运动过程中存在着两种不容忽视的特殊情况：

1）肌肉做等长收缩时式（10-4）中的 L 为常数，所以动力学方程可以简化为

$$\frac{\mathrm{d}\tau}{\mathrm{d}t} = \left[\left.\frac{\partial S}{\partial \eta}\right|_{\Delta} + \left.\frac{\partial S}{\partial \Delta}\right|_{\eta}\right]\frac{\mathrm{d}\Delta}{\mathrm{d}t} \tag{10-5}$$

2）肌肉做等长收缩时式（10-4）中的 τ 为常数，所以动力学方程可以简化为

$$\left[\frac{\mathrm{d}p}{\mathrm{d}L} + \left.\frac{\partial S}{\partial \eta}\right|_{\Delta}\right]\frac{\mathrm{d}L}{\mathrm{d}t} + \left[\left.\frac{\partial S}{\partial \eta}\right|_{\Delta} + \left.\frac{\partial S}{\partial \Delta}\right|_{\eta}\right]\frac{\mathrm{d}\Delta}{\mathrm{d}t} = 0 \tag{10-6}$$

（2）横桥动力学模型

目前大家普遍接受的肌丝滑动学说，即肌收缩理论，最早是由 A. F. Huxley 与 H. E. Huxley 共同提出来的。在此肌收缩理论中就指出，是由于细肌丝与粗肌丝之间产生了相对滑动，因此肌节与肌肉发生了主动收缩，但是在这个过程中肌丝的长度却并没有缩短。细肌丝与粗肌丝重叠部分处的肌球蛋白分子头部可以围绕一个固定点进行旋转的部位就叫作横桥（Cross-Bridge），它是肌肉发生收缩（Deliberate）时产生力的主要来源。当肌纤维的所有肌节都以全/无的方式同时缩短就可以称为一次收缩。通过横桥与肌动蛋白结合可以牵引细肌丝向肌节的中心部位滑动的模型就是横桥动力学模型，也叫作 Huxley 模型。

根据 Huxley 关于肌动蛋白－肌球蛋白的模型推出滑动速率方程：

$$\left[\frac{\partial n}{\partial t}\right] - V(t)\left[\frac{\partial n}{\partial t}\right] = f(1-n) - gn \tag{10-7}$$

式中，n 为肌球蛋白头部数量；$V(t)$ 为滑动速率；g 为分离率。

在横截面上，肌丝的作用力 $p(t)$ 为

$$p(t) = \frac{mskA}{2l} \int_{-\infty}^{+\infty} n(x,t)x\mathrm{d}x \qquad (10-8)$$

式中，A 为肌组织横截面积；s 为肌节长度；k 为横桥的弹性系数；$n(x,t)$ 为横桥的结合率。

计算其刚度方程为

$$K_\mathrm{c} = \frac{\Delta p}{\Delta x} = \left(\frac{ms^2 k}{2l}\right)\left(\frac{A}{2x}\right)\int_{-\infty}^{+\infty} n(x,t)\,\mathrm{d}x \qquad (10-9)$$

式中，Δp 为肌张力的变化；Δx 为肌组织长度的变化；$n(x,t)$ 为横桥的结合率。

Huxley 较为详细地描述了关于肌肉的收缩机制，他通过横桥和肌动蛋白相结合的横桥动力学模型从微观的角度研究了张力 – 速度的变化关系，更从解剖学的角度分析了骨骼肌的生理结构和收缩原理，以此为基础搭建肌肉的力学模型。结果表明，在 $0 < F < F_0$，$0 < v < v_0$ 的范围内，该肌肉模型得出的数值与 Hill 方程非常接近，所以在以下的研究中还是以传统的 Hill 三元素肌肉模型为基础。

2. 人体骨骼肌肉模型的建立

无论是人体模型还是环境模型，均需建立在全局坐标系下以便定位，因此在建立模型之前要定义全局参考坐标系的位置，本研究中将原点设定在驾驶员头部中心，即双眼连线的中心点处，取驾驶员正前方为 x 轴的正方向，驾驶员正右方为 z 轴的正方向，驾驶员正上方为 y 轴的正方向，最终建立全局坐标系如图 10 – 12 所示。

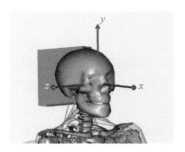

图 10 – 12　原点和全局坐标系

在此基础上，从人体模型库中调用 Seated Human 模型作为人体骨肌模型，关于人体模型的全部编程语句均存放于 Main 函数下的 "HumanModel.any" 文件夹中。由于本节同时对 9 名驾驶员进行了研究，因此需要改变人体模型的身体尺寸以与实际驾驶员匹配。通过 AnyBody 软件中的缩放函数 "AnyMan Uniform" 就可以实现人体模型各项身体尺寸的调整，表 10 – 7 所列为 AnyBody 人体模型尺寸参数，表中列举了本研究需要修改的人体尺寸参数。

表 10-7　AnyBody 人体模型尺寸参数

英文名称	中文名称	英文名称	中文名称
Body Mass	体重	Trunk Height	躯干高
Body Height	身高	Head Height	头高
Thigh Length	大腿长	Upper Arm Length	上臂长
Shank Length	小腿长	Lower Arm Length	前臂长
Foot Length	足长	Hand Length	手长

3. 肌肉力学模型的建立

本研究所涉及的环境模型为方向盘、换档杆、座椅（头枕、靠背、坐垫）以及加速踏板。在 AnyBody 软件中，常通过添加刚性元素即体节（segments）来完成建模。人体中的骨骼、外部环境中的操纵件或机器等都可以作为体节插入整个模型，因此，建立驾驶环境模型就是定义并显示体节的过程，而定义一个体节也是在定义一个全局坐标系下的局部坐标系。

在插入方向盘体节时，首先用 "AnyRefNode" 函数定义一个点作为方向盘的中心，此点需在全局坐标系下定义，以便在后续的研究中随时调整方向盘的位置。将该点确定为方向盘局部坐标系的原点后，利用 "AnySeg" 函数插入方向盘体节，对其基础属性，如质量、惯性张量的对角元素等进行设置，随后在 Main 函数下插入文件夹定义方向盘其余参数，如倾斜角、力矩和初始角度等，就完成了对方向盘体节的插入。

换档杆和加速踏板体节与方向盘体节的插入原理相同，首先均需在全局参考坐标系下定义两个体节各自的铰链点，然后利用 "AnySeg" 函数插入换档杆和踏板体节，定义质量和惯性张量的对角元素后，再设置两个部件的尺寸、属性参数，如踏板的倾斜角、初始位置等。

本研究建立的模型是在模型库中 Seated Human 模型的基础上建立的，该模型的座椅由腿部支撑、头枕、靠背和坐垫组成，这 4 个体节之间通过 "AnyRevoluteJoint" 定义的铰链连接，在铰链处可以互相转动，各自的倾角均可根据实际情况调整。

实际仿真时，环境模型中各体节布置位置的改变均可通过改变体节的关键点（方向盘中心点、加速踏板铰链点、换档杆铰链点）坐标或相关部件的尺寸来实现。

4. 人体骨肌模型与驾驶环境模型的连接

人体骨肌模型和驾驶环境模型之间的连接是通过在体节上插入附着点（通

过"AnyRefNode"函数定义），再利用"AnyRevoluteJoint"函数插入关节将这些点连接起来实现的，根据体节之间相互运动的类型和自由度数目选择插入关节的类型。

将驾驶员人体模型和座椅连接起来的目的是使靠背倾角等座椅参数发生变化时，人体姿势能够随之变化，同时座椅也需要对人体产生支持作用。为实现以上目的，对应实际驾驶姿态在座椅靠背上添加了 11 个支撑点，这实现了靠背与人体 T_5、T_6、$T_{9\sim11}$ 胸椎、骶骨以及 $L_1\sim L_5$ 腰椎之间的支撑与连接；在坐垫面上添加了 12 个支撑点，这实现了坐垫与左右大腿及坐骨结节之间的支撑与连接。最后在"Support"文件夹中定义支撑力和摩擦系数后就完成了座椅和人体的连接。

对于换档杆和右上肢的连接，需要在右手上定义"RightHandle"点，在换档杆中心定义"ManualShift"点，通过"AnyRevoluteJoint"定义的球铰关节将两个点连接起来。由于仿真模型中所有的体节都有 6 个自由度，当两个体节连接后会增添约束，导致整个模型变成超静定结构，因此需要删除原模型已有的约束，使模型重新变为静定结构才能进行静力学分析。对于该连接，删除肩关节屈曲、旋转和肘关节屈曲 3 项约束，使得自由度和约束的数目重新相等，就完成了换档杆和右手的连接。而方向盘和左上肢的连接，加速踏板和右下肢的连接原理与换档杆和右上肢的连接原理相同，仅在增添和删除的具体约束上有区别，需要根据实际的驾驶姿态评估判断应该被增添和删除的约束类型。

完成驾驶员骨肌模型与环境模型各部件之间的连接后，最终建立起本研究的商用车驾驶员驾驶姿态与环境仿真模型，如图 10 - 13 所示。建立起商用车驾驶员驾姿模型后，就可以根据具体的人机布置方案修改模型参数，通过软件的逆向动力学分析功能，输出所需的肌肉激活程度结果。

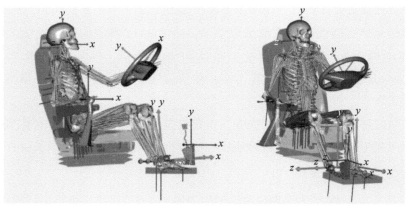

图 10 - 13　基于 AnyBody 的商用车驾驶员驾驶姿态与环境仿真模型

参考文献

[1] KINGMA I, DIEËN J H V, NICOLAY K, et al. Monitoring water content in deforming intervertebral disc tissue by finite element analysis of MRI data[J]. Magnetic Resonance in Medicine, 2000, 44 (4): 650 - 654.

[2] ZENK R, MERGL C, HARTUNG J, et al. Objectifying the comfort of car seats[C]//SAE 2006 World Congress & Exhibition. Warrendale: SAE International, 2006. DOI: 10.4271/2006 - 01 - 1299.

[3] MASTRIGT H V, KAMP I, VEEN S A T V, et al. The influence of active seating on car passengers' perceived comfort and activity levels[J]. Applied Ergonomics, 2015, 47: 211 - 220.

[4] HARTUNG J. Objektivierung des statischen sitzkomforts auf fahrzeugsitzendurch die kontaktkräfte zwischen mensch und sitz[D]. Munich: Technical University of Munich, 2006.

[5] AKGUNDUZ A, RAKHEJA S, TARCZAY A. Distributed occupant - seat interactions as an objective measure of seating comfort[J]. International Journal of Vehicle Design, 2014, 65(4): 293 - 313.

[6] REBIFFE, R, The driving seat: Its adaption to functional and anthropometric requirements [C]// Proeeedings of a Symposium on Sitting Posture. Oxford: Taylor & Francis, 1969: 132 - 147.

[7] PARK S J, KIM C B, KIM, C J, et al. Comfortable driving postures for Koreans[J]. International Journal of Industrial Ergonomics, 2000, 26(4): 489 - 497.

[8] AMER S T, ONYEBUEKE L. Experimental validation of the computer aided design technique for seat comfort design and evaluation[J]. SAE Technical Papers, 2013. DOI: 10.4271/2013 - 01 - 0448.

[9] 赵晓华, 房瑞雪, 荣建, 等. 基于生理信号的驾驶疲劳综合评价方法试验研究[J]. 北京工业大学学报, 2011, 37(10): 1511 - 1516.

[10] 高振海, 高菲, 胡宏宇, 等. 车辆驾乘人员不同坐姿时腰腹部骨肌力学特性分析[J]. 吉林大学学报(工学版), 2017, 47(1): 35 - 41.